O novo Código Civil
e a Constituição

1015

N945   O novo Código Civil e a Constituição / Cláudio Ari Mello
        ... [et al.]; org. Ingo Wolfgang Sarlet. 2.ed. rev. e ampl.
        — Porto Alegre: Livraria do Advogado, 2006.
        320 p.; 16 x 23 cm.

        ISBN 85-7348-423-3

        1. Direito Civil. 2. Código Civil. 3. Constituição.
        I. Sarlet, Ingo Wolfgang, org.

                                    CDU – 347

        Índices para o catálogo sistemático:

        Direito Civil
        Código Civil
        Constituição

        (Bibliotecária responsável: Marta Roberto, CRB-10/652)

Ingo Wolfgang Sarlet
(organizador)

O novo Código Civil e a Constituição

Cláudio Ari Mello
Eduardo Kraemer
Eugênio Facchini Neto
Fábio Siebeneichler de Andrade
Jorge Cesa Ferreira da Silva
Luis Renato Ferreira da Silva
Luiz Felipe Brasil Santos
Maria Aracy Menezes da Costa
Maria Cristina Cereser Pezzella
Renan Lotufo
Ricardo Aronne
Sérgio Gischkow Pereira

Segunda edição
Revista e Ampliada

livraria
DO ADVOGADO
editora

Porto Alegre 2006

©

Ingo Wolfgang Sarlet (org.)
Cláudio Ari Mello
Eduardo Kraemer
Eugênio Facchini Neto
Fábio Siebeneichler de Andrade
Jorge Cesa Ferreira da Silva
Luis Renato Ferreira da Silva
Luiz Felipe Brasil Santos
Maria Cristina Cereser Pezzella
Maria Aracy Menezes da Costa
Renan Lotufo
Ricardo Aronne
Sérgio Gischkow Pereira
2006

Capa, projeto gráfico e composição
Livraria do Advogado Editora

Revisão
Rosane Marques Borba

Direitos desta edição reservados por
Livraria do Advogado Editora Ltda.
Rua Riachuelo, 1338
90010-273 Porto Alegre RS
Fone/fax: 0800-51-7522
editora@livrariadoadvogado.com.br
www.doadvogado.com.br

Impresso no Brasil / Printed in Brazil

Sumário

Apresentação da 2ª edição 7

Apresentação da 1ª edição: algumas notas sobre a *ratio* e o *telos* desta obra . 9

1. Da oportunidade da Codificação Civil e a Constituição
   Renan Lotufo 13

2. Código Civil em perspectiva histórica
   Maria Cristina Cereser Pezzella 33

3. Contribuição para uma teoria híbrida dos direitos de personalidade
   Cláudio Ari Mello 69

4. Considerações sobre a Tutela dos Direitos da Personalidade no
   Código Civil de 2002
   Fábio Siebeneichler de Andrade 101

5. Princípios de direito das obrigações no novo Código Civil
   Jorge Cesa Ferreira da Silva 119

6. A função social do contrato no novo Código Civil e sua conexão com a
   solidariedade social
   Luis Renato Ferreira da Silva 147

7. Da responsabilidade civil no novo Código
   Eugênio Facchini Neto 171

8. Algumas anotações sobre os direitos reais no novo Código Civil
   Eduardo Kraemer 219

9. Titularidades e apropriação no novo Código Civil brasileiro –
   Breve ensaio sobre a posse e sua natureza
   Ricardo Aronne 235

10. A separação judicial e o divórcio no novo Código Civil
    Luiz Felipe Brasil Santos 271

11. Restrições à liberdade de dispor: o testamento no novo Código Civil
    Maria Aracy Menezes da Costa 293

12. A transmissão da obrigação alimentar
    Sérgio Gischkow Pereira 309

Apresentação da 2ª edição

Considerando a boa acolhida obtida pela coletânea e tendo em conta que as questões versadas nas diversas contribuições seguem atuais e relevantes, seja no plano da discussão doutrinária, seja na esfera da jurisprudência, consideramos plenamente justificado o lançamento de uma nova edição. Ainda que não tenham sido feitos ajustes no que diz com os ensaios inseridos na primeira edição, foram agregados novos textos, inclusive abordando temas não contemplados na edição anterior. Cuida-se, portanto, de uma edição consideravelmente ampliada e aperfeiçoada, mediante os qualificados acréscimos fornecidos por autores e juristas de nomeada, como é o caso de SÉRGIO GISCHKOW PEREIRA (A transmissão da obrigação alimentar), FÁBIO SIEBENEICHLER DE ANDRADE (Tutela dos direitos de personalidade no Código Civil de 2002) e MARIA ARACY MENEZES DA COSTA (Restrições à liberdade de dispor no novo Código Civil).

Esperamos, portanto, que a obra, renovada e ampliada pelas inserções ora efetuadas, siga contando com a simpatia da comunidade jurídica e contribuindo para o debate qualificado em torno dos inúmeros temas suscitados no que diz com as relações entre a Constituição e o Direito Civil.

Porto Alegre, janeiro de 2006.

Prof. Dr. Ingo Wolfgang Sarlet

Apresentação da 1ª edição: algumas notas sobre a *ratio* e o *telos* desta obra

A coletânea que ora tenho a honra de apresentar e que – além disso – tive o privilégio de organizar, ostenta propositadamente o de certo modo ambicioso e pretensioso título "O novo Código Civil e a Constituição". Com isso, corre-se o risco de frustrar as expectativas daqueles que porventura possam imaginar que a obra tenha por objetivo propiciar um comentário exaustivo de todo o texto do novo Código, à luz da normativa constitucional. É justamente para evitar tal equívoco que esta apresentação - que não pretende em hipótese alguma adiantar qualquer comentário a respeito do conteúdo de cada uma das contribuições que a integram - haverá de cumprir tríplice função. Com efeito, se por um lado importa clarificar qual a motivação e finalidade da presente coletânea, por outro, impõe-se uma breve e introdutória referência a cada um dos estudos que compõe o livro. Por derradeiro (embora não em plano secundário) há que registrar o necessário e justo agradecimento aos ilustres autores que prontamente atenderam ao convite formulado.

Quanto ao primeiro aspecto, há de se lembrar aqui que nos últimos anos, notadamente a partir do advento da Constituição Federal de 1988, houve como que um "redescobrimento" do papel central exercido pelo Direito Constitucional no âmbito do sistema jurídico, redescoberta que logo passou a ser acompanhada de uma gradativa e saudável tomada de consciência de que a Constituição terá a sua eficácia e efetividade asseguradas apenas (embora não exclusivamente por esta razão) se também incidir no âmbito da normativa infraconstitucional, isto é, se esta for produzida e aplicada à luz dos princípios e regras constitucionais. Felizmente, hoje já se pode assumir como certa a circunstância – apontada com lucidez e perspicácia por Luiz Edson Fachin – de que com a habitualmente assim designada "constitucionalização do direito privado", operou-se uma autêntica "virada de Copérnico". Em virtude do esforço concentrado e eficiente de significativo grupo de ilustres autores, mas também em decorrência de uma notável evolução na esfera jurisprudencial (o que não afasta a existência – tanto na doutrina, quanto na jurisprudência – de focos de "resistência" mais ou menos conservadores), o nosso "antigo" Código Civil, cuja trajetória existencial praticamente coincidiu com a "Era dos Extremos" da qual nos fala Hobsbawn, ao referir-se ao Século XX, já vinha passando por uma intensa "filtragem constitucional", isto sem falar nos avanços representados pela edição de significativa e moderna legislação infraconstitucional (cite-se aqui apenas o Código de Defesa do Consumidor e o Estatuto da Criança e do Adolescente) na esteira de uma tendência rumo à formação de "microsistemas" normativos no contexto de uma descodificação. De fato, tudo parecia estar correndo – ao menos até certo ponto - muito bem.

Com a edição do Novo Código Civil – e sem que aqui se vá controverter a respeito dos méritos e deméritos da nova codificação (inclusive da própria necessidade e oportunidade de uma nova codificação) toda a construção doutrinária, jurisprudencial e legislativa que resultou numa normativa privada cada vez mais afinada com os valores superiores da ordem jurídica corre o risco de se ver superada (e não simplesmente substituída) de uma hora para outra, por um estatuto cujas raízes deitam no período anterior à própria Constituição vigente e que, se ainda formos considerar a data na qual foi apresentada ao Congresso a primeira versão do projeto de codificação, dificilmente poderia ser designado de "novo". Se os motivos apontados já serviriam – por si só – para sustentar uma crítica incisiva em relação ao "Novo Código", também é certo que tal linha argumentativa se revela perigosamente reducionista e unilateral, pois não há como se fazer uma avaliação consistente e justa sem que se faça uma análise tópico-sistemática (tal como enfaticamente propõe Juarez Freitas) de cada dispositivo da nova legislação, no contexto de sua conexão com a realidade atual e da sua compatibilidade com a Constituição.

Feitas estas sumárias considerações, já se vislumbra qual o intuito que move esta obra coletiva. Com efeito, sem que se pretenda aqui o inalcançável, isto é, um comentário extensivo e exaustivo do novo Código à luz da ordem de valores consagrada na Constituição, o objetivo primeiro foi o de reunir um conjunto de estudos autônomos cujo denominador comum reside na tentativa de refletir sobre alguns aspectos e institutos da nova legislação, levando em consideração sempre o estado vigente da evolução doutrinária, jurisprudencial e legislativa e, de modo particular, a harmonia (ou se for esta a conclusão, a incompatibilidade) com a nossa Carta Magna. Cuida-se, ademais, de análises que – mesmo o fazendo de modo diversificado – foram norteadas pela tentativa de conciliar uma sólida fundamentação dogmática (no sentido de uma dogmática afinada com os princípios e valores fundamentais da ordem jurídica) voltada, no entanto, para a aplicação coerente e constitucionalmente adequada da nova legislação. Assim, espera-se que além da comunidade acadêmica, também os advogados (aqui abrangendo todo o espectro de funções ligadas à advocacia pública e privada), Magistrados e membros do Ministério Público encontrem nesta coletânea não apenas um conjunto de formulações teóricas sobre os diferentes temas versados, mas também uma fonte de informações útil para reflexão pessoal e aplicação concreta dos mesmos.

No que diz com a "construção" da obra, especialmente sob o aspecto da ordem interna das contribuições, optamos por adotar a mesma seqüência dos livros do novo Código Civil, iniciando, portanto, pelo título das pessoas. Antes, contudo, de iniciar a análise de institutos representativos dos diversos títulos do Código, apresenta-se – à guisa de estudo introdutório – o contributo de Renan Lotufo, Desembargador aposentado do Tribunal de Justiça de São Paulo, Advogado e Professor Universitário (na Pontifícia Universidade Católica de São Paulo) discorrendo sobre a "Oportunidade da Codificação Civil e a Constituição". Cuidando especialmente da dimensão histórica, traçando uma evolução do codificação civil pátria, temos o trabalho da Professora Doutora Maria Cristina Cereser Pezzella, intitulado "O Novo Código Civil em Perspectiva Histórica". A Parte Geral da nova legislação encontra-se versada em dois estudos. O texto da lavra do Promotor de Justiça e Professor Universitário Cláudio Ari Mello, trata dos direitos de personalidade (certamente uma das salutares inovações do Código), propondo aquilo que designou de uma "teoria híbrida dos direitos de personalidade".

O Direito das Obrigações, por sua vez, acabou sendo objeto de três dos textos que compõem a coletânea, a começar pelo texto da lavra de Jorge Cesa Ferreira da Silva, Advogado, Mestre e Doutorando em Direito, além de Professor Universitário, que trata da temática dos "Princípios de Direito das Obrigações no Novo Código Civil", propondo um necessário diálogo entre os princípios constitucionais e o direito das obrigações. Segue-se o contributo de Luís Renato Ferreira da Silva, também Advogado, Professor Universitário e Doutor em Direito, que discorre sobre a "Função social do contrato no novo Código Civil e sua conexão com a solidariedade social", tema que – como o próprio título já dá conta - remete diretamente a valores basilares da nossa ordem jurídica. A responsabilidade civil no novo Código foi objeto da atenção de Eugênio Facchini Neto, Magistrado, Doutor em Direito pela Universidade de Florença e Professor Universitário, que explorou um número significativo de aspectos suscitados pela temática. A posse e a propriedade, que foram objeto de diversas, importantes e em boa parte controversas modificações no novo Código, constituem a preocupação central dos dois textos que seguem. No primeiro trabalho, Eduardo Kraemer, Magistrado, Professor Universitário, Mestre e Doutorando em Direito, nos apresenta "Algumas Anotações sobre os

Direitos Reais no Novo Código Civil", ao passo que Ricardo Aronne, Advogado, Doutor em Direito e Professor Universitário, oferece ensaio discorrendo sobre as "Titularidades e Apropriação no Novo Código Civil". Por derradeiro, no âmbito do direito de família e das sucessões, Luís Felipe Brasil Santos, Desembargador do Tribunal de Justiça do RS e Professor das Escolas Superiores da Magistratura e do Ministério Público, encerra a coletânea com seu estudo sobre a "Separação Judicial e o Divórcio no novo Código Civil".

Apresentadas sumariamente as razões e apontados os objetivos da obra, importa agradecer sensibilizado ao empenho e dedicação revelados por todos os ilustres e eminentes autores que puderam atender ao convite e que tornaram possível mais este empreendimento. Espera-se que a obra encontre boa acolhida (o que abrange o exercício da crítica leal e construtiva, mas sempre indispensável ao aprimoramento de qualquer trabalho), especialmente por aqueles que terão de desempenhar a difícil tarefa de aplicar de modo coerente e constitucionalmente adequado o novo Código, almejando uma solução para os mais diversos problemas que a vida nos reserva.

Porto Alegre, abril de 2003.

Prof. Dr. Ingo Wolfgang Sarlet

1. Da oportunidade da Codificação Civil e a Constituição

RENAN LOTUFO
Desembargador aposentado do TJSP, Advogado, Professor na PUC/SP

O projeto do Código no tempo e na história

O Código recém-aprovado e sancionado pelo Presidente da República foi apresentado como anteprojeto no dia 7 de agosto de 1972, fazendo parte de uma revisão global da legislação brasileira, incluindo Código Penal, Código de Processo Penal, Código Civil e Processo Civil. Era uma tentativa de reforma de toda a legislação e de uma maneira integrada, de sorte que deveria ocorrer uma tramitação conjunta, dada a interpenetração do direito material com o processual. No âmbito do Direito Privado, buscava-se a unificação do direito obrigacional, com o que matéria do Direito Comercial viria a integrar o novo Código que seria o Código do Direito Privado, ainda que sob a denominação de Código Civil.

Importante observar que na história do direito brasileiro quase todos os outros projetos ficaram marcados como de um grande autor.

Falar-se no Código de Processo Civil é falar no Código Buzaid, porque o Professor Alfredo Buzaid foi o principal elaborador do projeto. Esse Código Civil, no entanto, teve essa marca diferencial, posto que retrata o trabalho de uma comissão, presidida pelo Professor emérito de Filosofia do Direito da USP, professor de renome internacional, o único jusfilósofo brasileiro citado no mundo inteiro: o Professor Miguel Reale.

Para cada Livro do projeto do Código foi convidado um professor: na Parte Geral, a incumbência ficou a cargo do mestre José Carlos Moreira Alves, Ministro do Supremo Tribunal Federal, professor de Direito Civil da Faculdade de Direito da USP, bem como da Universidade de Brasília. Na Parte dos Direitos das Obrigações, foi convidado Agostinho Alvim, que foi professor de Direito Civil e um dos fundadores da Faculdade de

Direito da PUC/SP, livro este que envolve, também, a parte dos Contratos. A parte dos Direitos Reais ficou com Erbert Chamoun, Desembargador do Rio de Janeiro e professor de Direito Romano. O Direito de Família ficou a cargo de Clóvis Couto e Silva, eminente professor do Rio Grande do Sul, e no Direito das Sucessões, o Professor Torquato Castro, eminente mestre da Universidade Federal do Pernambuco, um grande civilista e processualista. E como novidade maior, o livro chamado Atividade Negocial, para compor a parte especial, para o qual foi chamado o professor Silvio Marcondes, que era Titular da Cadeira de Direito Comercial da Faculdade de Direito da USP.

O anteprojeto do Código foi colocado ao público em geral para receber as críticas e observações em 19 de março de 1973, e após as mesmas, foi revisto pela comissão e apresentado ao governo, que o encaminhou ao congresso como Projeto de Código Civil, contendo mais uma novidade, que consistiu em mais um livro especial, o relativo a Títulos de Crédito, relatado pelo professor Mauro Brandão Lopes, também titular de Direito Comercial da Faculdade de Direito da USP.

Na Câmara foi originalmente relator o deputado do Rio Grande do Norte, Djalma Marinho, e após sua morte, foi substituído pelo deputado cearense Ernani Sátiro, que ofereceu parecer final na Câmara dos deputados. O projeto de n° 634, na Câmara, recebeu 1063 emendas, e saiu como o projeto de lei 634-B, quando foi para o Senado da República, onde entrou no dia 17 de maio de 1984, com o número 118/84.

Curiosamente, de 1984 até 1997, não houve tramitação do Código Civil no Senado, por motivos políticos e por outras ingerências e necessidades, inclusive, a instauração da Assembléia Nacional Constituinte que culminou na elaboração da Constituição de 1988.

Com o fito de se adaptar às novas regras constitucionais e civis, o projeto foi submetido a uma atualização em 1997, tendo sido designado relator o senador Josaphat Marinho, da Bahia, e Professor de Direito Constitucional, que em novembro, com 332 emendas, submeteu à apreciação do Senado, vindo a ser aprovado e novamente remetido à Câmara, para o exame das emendas do Senado.

Na Câmara, foi designado como relator o Deputado Ricardo Fiúza, que destacou as emendas do senado e propôs uma reorganização e adaptação do Código com o novo texto constitucional.

Cumpre observar que para evitar que o Projeto, em razão de adaptações reputadas necessárias, tivesse sua tramitação emperrada ou impedida, foi editada a Resolução n° 1/2000, do Congresso Nacional:

O CONGRESSO NACIONAL *resolve*:
Art 1° A Resolução n° 1, de 1970-CN, passa a vigorar acrescida do seguinte dispositivo:

"Art. 139-A. O projeto de código em tramitação no Congresso Nacional há mais de três legislaturas, será, antes de sua discussão final na Casa que o encaminhará à sanção, submetido a uma revisão para sua adequação às alterações constitucionais e legais promulgadas desde sua apresentação.

§ 1º O relator do projeto na Casa em que se finalizar sua tramitação no Congresso Nacional, antes de apresentar perante a Comissão respectiva seu parecer, encaminhará ao Presidente da Casa relatório apontando as alterações necessárias para atualizar o texto do projeto em face das alterações legais aprovadas durante o curso de sua tramitação. § 2º O relatório mencionado no § 1º será encaminhado pelo Presidente à outra Casa do Congresso Nacional, que o submeterá à respectiva Comissão de Constituição e Justiça.

§ 3º A Comissão, no prazo de 5 (cinco) dias, oferecerá parecer sobre a matéria, que se limitará a verificar se as alterações propostas restringem-se a promover a necessária atualização, na forma do § 1º.

§ 4º O parecer da Comissão será apreciado em plenário no prazo de 5 (cinco) dias, com preferência sobre as demais proposições, vedadas emendas ou modificações.

§ 5º Votado o parecer, será feita a devida comunicação à Casa em que se encontra o projeto de código para o prosseguimento de sua tramitação regimental, incorporadas as alterações aprovadas.

(...)"

No ano de 2001, após acordo de lideranças partidárias, o parecer do relator foi aprovado na Câmara dos Deputados, apreciado pelo Senado, através da sua Comissão de Constituição e Justiça, e submetido à aprovação pela Câmara, sendo remetido então à sanção presidencial em dezembro daquele mesmo ano.

No dia 10 de janeiro de 2002, após quase trinta anos de tramitação, com a *vacatio legis* de um ano, que se seguirá, em cerimônia no Palácio do Planalto, o presidente sancionou, sem vetos, o novo Código Civil Brasileiro (Lei 10.406, de 10 de janeiro de 2002), evento que da comissão original, somente os remanescentes, Professores Miguel Reale e José Carlos Moreira Alves, tiveram o prazer de presenciar.

A pergunta que se fez nos últimos tempos, após a retomada pelo Senado da tramitação, foi: cabe a vinda de um novo Código Civil? É viável ter um novo Código Civil quando estamos nesta fase da sociedade, nesta evolução do próprio mundo do direito em que fala muito em era de descodificação?

Em primeiro lugar é preciso que se diga que só quem quis é que foi pegado de surpresa. Enquanto projeto, o novo Código Civil vem sendo discutido desde 1975, ano a partir do qual passamos a trabalhar com o mesmo em nossa cadeira na graduação da PUC/SP. Discutimos seu texto, no tocante ao negócio jurídico, obrigações e contratos, nos estudos de pós-graduação desde 1997. Por isso mesmo confesso que tenho um verdadeiro caso de amor com este Código.

Quando falávamos no projeto do Código Civil, escutávamos críticas, posições contrárias à sua versão final, mas grande parte da doutrina e dos demais críticos sequer tinham lido seu conteúdo.

Sob enfoque de crítica doutrinária fundamentada, tivemos renomados professores, como Luiz Edson Fachin,[1] Gustavo Tepedino,[2] Antônio Junqueira de Azevedo,[3] os quais sustentaram que estamos em uma época em que não há mais espaço para grandes codificações. Ao ver desses mestres, hoje em dia seria a época para a Descodificação, reportando suas críticas, em grande parte, ao estudo do autor italiano Natalino Irti, que em seu "A era da descodificação"[4] (*Letá della decodificazione*), escreveu sobre esta tendência do direito moderno.

Ilustrando tal posicionamento, convém citarmos o professor da UERJ Gustavo Tepedino:

> "Do ponto de vista político, a redação do projeto precede a consolidação de processo histórico identificado, nos anos 70, justamente , como a era da descodificação. Vale dizer, uma codificação não surge por acaso. Expressa momento de unificação política e ideológica de um povo, fazendo prevalecer o conjunto de regras que a sintetiza. Assim, foi no século XIX, após a Revolução Francesa, assim se deu na Europa do pós guerra, com a derrubada dos governos totalitários.
>
> Tais circunstâncias históricas não mais existem: deram lugar a cenário inteiramente diverso, pluralista e multifacetado, onde os grupos políticos emergentes manifestaram-se através de robusto conjunto de leis especiais, que regula de maneira setorial a atividade privada e parece insuscetível de unificação no plano de leis ordinárias. Basta pensar no Estatuto da Criança e do Adolescente, no Código de Defesa do Consumidor e na Lei das Locações Prediais Urbanas, todos posteriores ao projeto. Tais estatutos não se limitam a tratar de forma específica situações excepcionais ou especiais, como ocorrera no passado. Regulam setores inteiros da vida civil vinculando, inclusive, normas interpretativas, de direito administrativo, penais e processuais". (...)

---

[1] FACHIN, Luiz Edson, *in* Parecer solicitado pelo Deputado Federal Gustavo Fruet.

[2] TEPEDINO, Gustavo: "O velho projeto do velho Código Civil", *in Temas de Direito Civil*. Rio de Janeiro, Ed. Renovar, 2001 e "O Novo Código Civil: duro golpe na recente experiência constitucional brasileira", *Editorial da Revista Trimestral de Direito Civil*, volume 7, julho-setembro 2001, p. III.

[3] AZEVEDO, Antônio Junqueira de. *Tribuna do Direito*, março de 1998, p. 18 (*para o jurista, o projeto é ultrapassado*).

[4] IRTI, Natalino. *La Edad de la Descodificación*. Barcelona, Ed. Bosch, 1992.

Natalino Irti escreveu sua obra em 1975, que foi complementada e reeditada doze anos depois. Mas mesmo antes da complementação, o autor sustentava que havia cessado a época da Codificação, pois o Direito Civil tinha deixado de ter como centro o Código para ter como centro a Constituição. Era exatamente o princípio daquilo que chamamos e ensinamos como Direito Civil Constitucional.

Mas qual era a realidade vivida por Natalino Irti? Qual o momento histórico?

O direito positivo que o mestre examinava era o do direito italiano, que, então, contava com o Código Civil de 1942 e a Constituição de 1947.

E qual a implicação desta situação histórica? O Código Italiano de 1942 foi elaborado no período do fascismo de Mussolini, portanto, um Código voltado para a *produtividade*, para a produção em larga medida, mas sem qualquer referência ao valor fundamental do ser humano. O centro de toda aquela necessidade social, de toda aquela doutrina elaborada se deu no projeto de Código Italiano, transformando tudo quanto possível em *regras à produtividade*. Tudo girava em torno da *produtividade* em benefício do Estado.

Cumpre ressaltar que o fascismo representava o Nacional-Socialismo, tal qual que na Alemanha figurava o Nazismo.

Sobre um Código deste tipo vai suceder, após o final da Segunda Grande Guerra, uma Constituição democrática, que enaltecerá profunda alteração de comportamento social. A Constituição democrática sofre impulso das nações vitoriosas, que já tinham conseguido introduzir na Alemanha a chamada *"Lei Fundamental"*, editada pelos 4 quatro países vencedores (EUA, Inglaterra, França e Rússia), que vigora até hoje como a base de seu ordenamento jurídico e cujo artigo 1º diz que *"é fundamento da República Democrática Alemã a dignidade do ser humano"*.

Como sabemos, a Alemanha foi um dos maiores exemplos de desrespeito à dignidade da pessoa humana, e ao término da Segunda Grande Guerra impõe a mudança deste comportamento.

A Itália, ao fazer sua Constituição, mesmo não sendo obrigada a adotar a lei fundamental imposta pelos países vitoriosos, não deixou de seguir esta mudança de posicionamento. Elaborou democraticamente a sua Constituição, com grande participação inclusive de partidos comunistas, socialistas, partidos de esquerda, além da democracia cristã e social democracia, elaborando um texto em que também procurava centrar sua filosofia na dignidade do ser humano.

Como havia um descompasso de filosofia entre o Código Civil italiano e a Constituição italiana, a doutrina partiu para o estudo do Direito Civil Constitucional, como único meio de se recepcionar o Código Civil, pois submetido à releitura pelo enfoque constitucional. Não se podia admitir um Direito Civil, cujo centro era um Código que só enfocava a *produtividade* e a *propriedade*, fosse diametralmente oposto àquilo que dispunha a superveniente e democrática Constituição italiana. Daí o posicionamento de outros grandes autores italianos, dentre eles o que mais usamos em nossos estudos de pós-graduação: o Professor Pietro Perlingieri.[5]

Pietro Perlingieri também não aceita que o centro do Direito Civil seja tão-somente o Código italiano, com concepções arcaicas. Quer o centro do Direito Civil em nível Constitucional, porque todos os valores que sempre existiram naquele Direito, pelo contexto histórico, ascenderam à Constituição, passando a ter expressas disposições constitucionais e através delas é que se deveria enfocar todo o Direito Privado.

Mas por que a necessidade dessa nova visão? Porque até então todo o estudo do Direito Civil, no mundo, tinha suas premissas focadas no Código Napoleônico, centrado no Código Civil.

Voltando-nos para o estudo das origens do Direito Privado nacional, imprescindível estudarmos as origens da formação do ordenamento jurídico francês, em grande parte nossa maior influência, apesar de nosso Código de 1916 sofrer influência maior do Código Alemão (BGB).

A Revolução Francesa tem sua origem não só para romper com a monarquia, romper com a nobreza, o clero e todo o seu fausto, que ditava os rumos da sociedade francesa, mas também contra a magistratura francesa.[6]

Mas por que razão uma revolução contra a magistratura francesa? Porque o povo não mais aceitava que o direito favorecesse só a nobreza, porque inexistindo um sistema de legislação nacional, os juízes, sendo locais, sofriam a influência do seu meio, e decidiam no mais das vezes de acordo com a *praxe* e o *costume*, evidentemente favoráveis ao *status quo*. E o povo, observando esta situação, bradava *que a justiça tardava para os pobres* e geralmente *favorecia aos ricos e aos nobres*, não atendendo os verdadeiros anseios populares. As decisões não seguiam nenhum parâmetro objetivo, imperando o casuísmo, e esse casuísmo invariavelmente contrário à vontade da maioria.

A revolução, pois, determinou, através da assembléia nacional constituinte, a elaboração dos códigos nacionais.

Existia a necessidade de se estabelecer um sistema legal único que, por sua generalidade, fosse obrigatório para todos, uma vez que, até, então,

---

[5] PERLINGIERI, Pietro. *Il Diritto civile nella legalità costituzionale, 2. ed.*, Napoli, Scientifiche Italiane, 1991. Este livro obteve tradução quando em sua 1ª edição, sob o título "Perfis do Direito Civil Constitucional", Ed. Renovar, 1997.

[6] PORTALIS, Jean Etienne Marie. *Discurso preliminar al código civil francés*. Madrid, Civitas, 1977.

imperavam as decisões casuísticas: "Que los códigos civil y criminal sean reformados, simplificados, hechos inteligibles a todos y conformes con nuestras costumbres y con las Luces del siglo, para que sean después ejecutados uniformemente en todo el reino".[7] A busca do primado da lei visava a evitar a facciosidade, até então existente, do Rei, tanto quanto do Judiciário, a ponto de a Constituição da França, de 3 de setembro de 1791, ter disposto, "*il n'y a pas en France autorité supérieure la loi* "(não há na França autoridade superior à lei).

Em razão disso, o revolucionário francês pleiteava a edição de uma nova ordem jurídica. E assim, a nova Constituição francesa determinou que se elaborassem as novas leis, e essas deveriam viger em todo território nacional. Daí partiu-se para o trabalho de Codificação.

Estudando mais profundamente a elaboração do Código Civil Francês, verificamos que a 1ª comissão formada para sua elaboração é integrada por um dos maiores doutrinadores franceses da época, chamado Cambacérès. Após os trabalhos, Cambacérès apresenta um projeto com mais de 3.000 artigos, e o legislador constituinte repugna um projeto tão extenso, dizendo que seria um Código de difícil compreensão, já que o projeto não apresentava uma estrutura lógica definida e de tal porte e volume que jamais o povo iria entender. E assim o projeto foi rejeitado.

O próprio Cambacérès apresentou, 2 anos depois, um novo projeto extremamente sintético, com 267 artigos. E isso agradou de início a assembléia constituinte, já que haveria a possibilidade de um Código de fácil compreensão. Mas o revolucionário francês começa a pensar e percebe que não seria um bom negócio um Código tão sintético, pois sendo sintético, o juiz seria o intérprete, e fará o que eles não queriam. O revolucionário francês, ante as atrocidades, insegurança e casuísmo queriam a segurança e um "*juiz escravo da lei*". Por isso, o 2º projeto foi rejeitado.

Vem o 3º projeto de Cambacérès e é rejeitado. Nomeado um novo coordenador, após alguns anos de estudos, vem a dissolução da comissão, e seu trabalho não chega sequer a ser apreciado.

Finalmente, com Napoleão no poder, percebendo o clamor social e a necessidade da lei nacional, forma nova comissão, que é integrada por Portalis, que além de excelente jurista é um bom orador.

Após os trabalhos Portalis elabora o famoso "*Discurso preliminar do Código Civil Francês*",[8] que é o discurso de apresentação do projeto do Código Civil daquele país. Napoleão, ao receber e ouvir as referências

---

[7] PORTALIS, Jean Etienne Marie. *Discurso preliminar al código civil francés*. Madrid, Civitas, 1977, p. 13.
[8] Idem.

do jurista apressa-se em dizer que *"ali está a constituição do cidadão francês"*. Em seguida, edita o Código Civil francês.

A partir daí, a França não deu maior valor às demais legislações. Toda a França passa a centrar-se no Código Civil francês. E este Código e tal posicionamento legislativo ganham tamanha repercussão que a Itália passa a adotar o próprio Código Civil francês como base legislativa. E este Código acaba servindo de modelo para inúmeros outros países, como a própria Bélgica, que acabaram herdando esta nova ordem jurídica.

O Código francês, que deveria refletir os princípios da Revolução (Liberdade, Fraternidade e Igualdade), focaliza dois outros valores fundamentais: *propriedade* e *contrato*. Admite que a propriedade deve ser para todos e que deve existir liberdade contratual para todos. Essa liberdade é entendida como algo inato a todo ser humano, sendo que todo o ser humano é livre para contratar como e com quem quiser.

Sabemos que essa estrutura de Código vai ser extremamente criticada no curso do tempo, pois é exatamente essa liberdade dada ao contratante que levou o fraco a ser submetido ao forte, de onde pudemos chegar à célebre frase de Lacordaire: *"entre o fraco e o forte a liberdade escraviza e a lei liberta"*.

Daí surgiram novos Códigos: na Alemanha, o grande BGB vem com toda sua força, visando à unificação do povo e da nação, mas em outro estilo e construção, pois enquanto o Código Civil francês é composto por livros autônomos entre si, sem parte geral, o Código Civil alemão aparece com um sentido orgânico, ou seja, com uma parte geral e livros especiais. Neste sentido, Thiabaut venceu Savigny, defendendo que a legislação civil deveria servir de fator de unidade nacional.

Já tínhamos o Código Civil austríaco e também surgiu o Código Civil suíço, cada qual serviu como modelo para inúmeros outros países.

Temos, portanto, que o primeiro Código orgânico foi o da Alemanha, sendo que curiosamente o Brasil perdeu a precedência no curso da história porque não teve coragem de adotar o esboço de Teixeira de Freitas, que muito antes do legislador alemão tinha proposto um Código Civil com parte geral e livros especiais, infelizmente não foi por nós adotado, mas que serviu de base para ao projeto do Código Civil argentino, de Velez Sarsfield, e do Código Civil uruguaio e, também, o Código Civil argentino veio a servir de Código Civil paraguaio, até sua reforma em 1978. Como vemos, todos os nossos parceiros originais do Mercosul tiveram uma legislação com base brasileira em Teixeira de Freitas.[9]

Nosso Código vem com Clóvis Bevilaqua, que vai se abeberar no modelo alemão, já que tivera sofrido forte influência de formação na

---

[9] FREITAS, A. Teixeira. *Código Civil: esboço*. Rio de Janeiro, v., Imprensa nacional, 1952.

Escola de Recife, também criada a partir da escola alemã, cujos ícones como Silvio Romero e Tobias Barreto também se abeberaram na cultura jurídica e filosófica daquele país.

O Código de 1916 é considerado um monumento legislativo de tal porte que é citado nos grande autores internacionais, mas um monumento voltado a sua época. Ainda que Clovis tivesse a genialidade suficiente para enxergar para o futuro, o futuro é sempre incerto, sem contar que mesmo que se esforçasse para regular ao máximo a vida das pessoas, a redação final tinha que se submeter na Câmara Legislativa às alterações por interesses políticos e ideológicos, que muitas vezes alteraram a lógica e a coerência.

Cumpre observar, por oportuno, fazendo justiça à genialidade de Clovis Bevilaqua, por muitos agora esquecida, que no desenvolvimento de pesquisas sobre o tema, acabamos recebendo de um aluno a reprodução de conferência pronunciada por ele logo após a edição da Carta de 1934, publicada na RT 97, de setembro de 1935, às páginas 31 a 38, artigo que demonstra que, tanto quanto Teixeira de Freitas foi o precursor dos Códigos orgânicos com Parte Geral, antecedendo à BGB, Clóvis foi o precursor do Direito Civil Constitucional, ao tratar do tema sob a denominação *"A Constituição e o Código Civil"*, onde inovadoramente refere à Constituição de 1934, e suas repercussões sobre dispositivos do Código Civil.

Tirando Pernambuco, que teve na história profunda influência germânica, bem como Rio Grande do Sul e parte de Santa Catarina por fatores da colonização, o resto de nosso país sofreu uma outra influência cultural, a influência cultural francesa. Esta influência predomina no Brasil e no mundo do direito, recebendo fortes influências, no Direito Privado, dos estudos de Domat, Demogue, Pothier, Demolombe, Planiol, Rippert, Savatier, Mazeaud & Mazeaud (Henri, Léon e Jean) e Carbonier.

Esses são os doutrinadores que encontramos nos mais divulgados manuais, uma doutrina no mais das vezes incompatível com o ordenamento que temos. Esta doutrina parte do Código Civil como o centro, numa visão que nada tem a ver com o nosso sistema vigente. Um Código Civil que vale mais que a própria Constituição. Por mais que pareça estranho para nós, esta foi a ideologia que prevaleceu na França até os dias de hoje, tanto o Código vale mais que a Constituição que aquele país jamais teve um Tribunal Constitucional, resolvendo seus problemas constitucionais em Tribunais Administrativos (vale frisar que a estrutura do Direito Administrativo francês é completamente diversa da que nós conhecemos).

O Código Civil é o monumento legislativo, é o centro do Direito Civil e o símbolo da história do cidadão francês. Esta concepção servirá de molde para muitas estruturas legislativas, sem falar na forma de encarar e interpretar o sistema legislativo. O Direito francês, com toda sua influência, será exatamente aquilo que o revolucionário quis, ou seja, o juiz será a *boca da lei*, o *escravo da lei*. Não pode interpretá-la, deve seguir um raciocínio puramente dedutivo e aplicar estritamente o que está na lei.

Quando estamos diante de uma estrutura deste tipo, essa influência e este raciocínio firme em cima da exegese, como poderia uma Itália, que obtém uma constituição Democrática, aplicar um Código fascista? É evidente que o raciocínio alterou-se, como também alterou-se todo o sentido de interpretação do Código Civil, e tudo isso sem que haja a necessidade de qualquer mudança do que estava escrito como ordenamento. Para ler o Código, a partir daí, será necessária uma leitura através da Constituição. A Constituição, então, é o foco de iluminação, é quem informa e dá os valores ao Direito Civil e com isso foi possível que todo o Direito Privado italiano progredisse, abarcando as novas concepções elevadas ao Texto Maior daquele país.

Este fenômeno, esta nova concepção ocorreu em diversos países. E qual a razão? Porque a partir do final da 2ª guerra tivemos a redemocratização do mundo. E este fenômeno não ocorreu só na Europa.

Na Europa, também tivemos grandes regimes ditatoriais. A França, mesmo que não tivesse expressamente uma ditadura, sempre teve um regime de força, muito centralizado, suportando De Gaulle por diversos anos, que mandou e desmandou, não deixando de fechar casas de lei como os piores exemplos de ditaduras da América Latina.

Na Itália, tivemos a ditadura de Mussolini; na Alemanha a de Hitler; na Espanha, a do general Franco; em Portugal, Salazar. Na América Latina, especificadamente na Argentina, tivemos Peron; no Brasil, Getúlio Vargas. Todos ditadores.

Com a vitória das Nações Unidas, ocorreu a conquista da redemocratização, começando com a Declaração Universal dos Direitos do Homem, que passa a ser o grande centro emanador de valores para todo o mundo, inclusive para o Direito privado.

É bom lembrar que no curso da história o elenco dos direitos humanos se modificou, como ensina Bobbio:[10]

"... Direitos que foram declarados absolutos no final do século XVIII, com a propriedade *sacre et inviolable*, foram submetidos a radicais limitações nas declarações contemporâneas; direitos que as declarações do século XVIII nem sequer mencionavam, como os direitos sociais, são agora proclamados com grande ostentação nas recentes declarações."

---

[10] BOBBIO, Norberto. *A Era dos Direitos*, Ed. Campus, 1992, p. 18.

Daí se ter a aguda observação, ainda, uma vez de Bobbio:[11]

"... Não sei se se tem consciência de até que ponto a Declaração Universal representa um fato novo na história, na medida em que, pela primeira vez, um sistema de princípios fundamentais da conduta humana foi livre expressamente aceito, através de seus respectivos governos, pela maioria dos homens que vive na Terra. Com essa declaração, um sistema de valores é – pela primeira vez na história – universal, não em princípio, mas *de fato*, na medida em que o consenso sobre sua validade e sua capacidade para reger os destinos da comunidade futura de todos os homens foi explicitamente declarado. (...)"

Note-se que com o surgimento da Declaração Universal, de imediato, três países subscrevem e internam esses direitos em suas Constituições. Hoje são 155 países no mundo que internaram a Declaração Universal em suas Constituições. Constitucionalizaram a Declaração Universal, não sendo esta carta de direitos algo utópico, passando a ser algo concreto, algo positivado e que produz efeitos nas legislações dos países.

Mas quase todos os países do mundo, nesse período, continuaram tendo os seus Códigos, cujos textos eram anteriores a esta remodelação trazida pelas Constituições. Para termos uma idéia, citemos a situação de alguns países:

País	Edição do Código Civil	Edição da Constituição
França	1804	1946
Itália	1942	1976
Portugal	1966	1976
Espanha	1889	1978
Brasil	1916	1988

A França tinha um Código de 1804 e uma Constituição de 1946 já inserida no período democrático, que ainda foi objeto de diversas outras modificações. Foi um país que modificou tanto sua Constituição cuja instabilidade legislativa, sendo objeto de inúmeras piadas pela comunidade jurídica da época. Uma delas dizia que o francês era obrigado a perguntar ao jornaleiro se já tinha a *"Constituição do dia"* para vender.

Evidentemente que tais diferenças de datas importarão na exigência de uma leitura diferenciada do Direito privado. Muitas matérias relativas à pessoa humana ascenderam, neste período, à nível Constitucional, sendo necessário, portanto, uma ampla reforma de concepção do Direito Civil, bem como toda uma reestruturação dos Códigos Civis. Surge um descompasso e a necessidade de um novo estudo, o que muitos autores, entre estes

---

[11] BOBBIO, Norberto. *A Era dos Direitos*, Ed. Campus, 1992, p. 28.

Joaquim Arce Florez-Valdes,[12] na Espanha, Ana Prata,[13] em Portugal, Marc Frangi[14] e Pierre Kayser,[15] na França, Pietro Perlingieri e Antonio Baldassare,[16] na Itália, chamaram de Direito Civil Constitucional, pregando a inteligência do Direito Civil tendo como centro não mais o Código, mas a Constituição dos respectivos países.

E partindo dessas premissas, Natalino Irti, inserido na corrente que já admitia esta nova visão, posiciona-se que a época era de plena Descodificação, repetindo, para isso, os argumentos acima explanados.

O Código não podia ser considerado como o único centro de informações da vida civil. Muitos de nossos manuais e muitos professores de Direito Civil continuaram ensinando a matéria, como se nosso Código continuasse a ser o mais importante, pois dentro de nosso corpo legislativo não bastara o advento da Constituição, pois essa não revogara o Código Civil. Sem perceberem as mudanças de concepção sociopolítica, permaneceram como se as normas deste Código sobrepairassem sobre a Constituição, numa visão totalmente incongruente com a própria teoria geral do direito.

Com o advento da nossa Constituição de 1988, ocorreu um choque de perplexidade na doutrina e na jurisprudência, por passar a mesma a disciplinar diretamente matérias que até então eram de exclusivo tratamento pela lei ordinária, muito particularmente por tratar de matéria, até então, objeto de regulação exclusiva do Código Civil.

É obvio que a superveniência do texto constitucional, dentro do estudo das hierarquias das normas, implicará que ela sempre será o faixo, a fonte de iluminação do sistema, e é ela que deverá dar os valores fundamentais do nosso sistema, por ser refletidora de princípios fundantes.

Com muita dificuldade, muitos passaram a aceitar e a não discordar desta mudança de enfoque do Direito Civil. Mas ao lado desta crítica muitos continuaram a defender a época da descodificação escorados em uma outra observação de Natalino Irti: segundo o mestre italiano, esta descodificação implicou o surgimento do que veio a chamar de *microssistemas*, que são as leis especiais que começam a crescer e passam a ganhar tal importância e significado deixam de ter o *status* de *efêmeras leis* e passam a ser consideradas leis permanentes, com princípios próprios.

---

[12] FLOREZ-VALDES, Joaquim Arce y. *Los Principios generales del derecho y su formulación consticional*. Madrid, Civitas, 1990.

[13] PRATA, Ana. *A Tutela constitucional da autonomia privada*, Coimbra, Almedina, 1982.

[14] FRANGI, Marc. *Constitution et droit privè: les droits individeels et les droits economiques*. Paris, Economica, 1992.

[15] KAYSER, Pierre. *La Protection de la vie privée par le droit*. 3. ed., Paris, Economica, 1998.

[16] BALDASSARE, Antonio. *Diritti della Persona e Valori Costituzionali*. Torino, G. Giappichelli Editore.

Diante desses novos argumentos, alguns autores defendem que o ordenamento jurídico pátrio melhor regulamentaria as situações jurídicas se fosse *polissistêmico*, e não central, pois a atual função do Código Civil, segundo novas tendências, é, na verdade, meramente residual. O Código é um resíduo daquilo que não é mais significativo, porque o mais significativo foi para os microssistemas, que começam a se formar. Essa é a colocação de Natalino Irti, acolhida em grande parte pela doutrina nacional que se antepôs a este novo Código.

O Código Civil, como já dissemos repetidas vezes, não é mais o centro. A Constituição passou a ser o foco de informação. Mas nunca podemos deixar de lado que o Código também tem uma função participativa, intermédia entre a Constituição e os Microssistemas. Esta atual tendência do direito em criar microssistemas não pode deixar de lado regras gerais, que nem sempre são reguladas por estas leis especiais, e que muitas vezes se amparam nos Códigos para regular situações específicas.

Não estamos sós nessa colocação, como se vê na colocação do Professor Christian Von Bar, coordenador dos estudos para a criação do Código Civil europeu:[17]

"Proprio come ogni codificazione, un Codice civile europeo fisserà i princìpi giuridici ma, allo stesso tempo, dovrà lasciare spazio per i futuri sviluppi. Ovviamente, una codificazione non ha valore di una costituzione (un punto che, in previsione di possibili malintesi, deve essere sottolineato); la sua forza deriva, in fin dei conti, dal fatto che non è così facilmente emendato come alcuni regolamenti sulla protezione dei consumatori. Ciò vale per il Codice civile europeo ancor di più che per i Codici civili nazionali. Si dovrà preferire, quindi, limpiego di locuzioni che siano le più incisive possibili. Gli autori del Code Napoléon avevano deciso, quasi 200 anni or sono, di codificare semplicemente delle 'verità eterne' – vérités éternelle. Nessuno, al giorno doggi, oserebbe esprimersi in maniera così pomposa, ma potrebbe essere utile tenere a mente questo obiettivo. In una codificazione Europea non è necessario disciplinare ogni singolo dettaglio, come non è necessario richiamare ogni singolo caso deciso fino ad oggi."

Em momento muito anterior à Constituição Democrática, surgiu a CLT, representando uma enorme regulamentação fora do Código Civil, regulando do lado exterior a este corpo legislativo a locação e a prestação de serviços. A Consolidação de Leis do Trabalho perfeitamente poderia ganhar o nome de Código, já que composto por regras específicas e princípios próprios.

---

[17] VON BAR, Chistian. "Il Grupo di studio su um Codice Civile Europeu", *in Il Codice Civile Europeo: Materiali del Seminari 1999-2000*. Giuffrè editore, 2001, p. 3.

E a CLT trouxe inúmeros instrumentos inovadores, mas que advieram em grande parte da doutrina do Direito Privado. As figuras da *lesão enorme, a oneração excessiva, estado de necessidade, abuso de direito*, introdução da *conciliação prévia*, etc, trazendo em seu corpo, desde 1942, o que para muitos ainda hoje é novidade.

Outro *microssistema* que podemos citar é o da Locação Predial, a chamada *Lei do Inquilinato*. Sabemos que a legislação atinente a esta matéria é caracterizada por sua constante instabilidade, variando de acordo com a política econômica do governo e o desenvolvimento da construção civil. Por isso mesmo não pode matéria ficar submetida a um sistema rígido, tendendo a ficar regulada como legislação especial, dada sua mutabilidade permanente. Não há razão para um Código de Locação, porque ele rapidamente se tornará obsoleto, tendo a necessidade de ser emendado e remendado. A lei não é feita para provocar caos social, mas sim para resolver problemas. É neste enfoque que se justifica a regulamentação especial desta matéria.

Outro ponto que evoluiu e atingiu um microssistema estanque e de grande importância foi o Código de Defesa do Consumidor. Saliente-se que, ao contrário que muitos pensam, não foi o Brasil, precursor das legislações consumeristas no mundo, e não foi o Código de Defesa do Consumidor que inventou a Constituição. A constituição já existia antes do CDC, e todas as previsões nele contidas já estavam dentro de estudos do Direito Privado.

O CDC surge com forte influência dos EUA, local onde esta modalidade de legislação protetiva tem origem através do trabalho de um advogado americano, que começou a defender consumidores daquele país, reunindo-os em grupos, do que formaram-se associações de consumidores, que começaram a ingressar em juízo atrás de seus direitos, contra grandes redes de magazines, lojas e supermercados, exportando esta idéia a ponto de propiciar fortes influências no ordenamento daquele e de outros países e comunidades, sendo inclusive um ponto de forte influência na criação de uma Declaração Universal e uma Convenção Européia em favor do Consumidor.

Em decorrência disso, nossa Constituição federal também previu expressamente a necessidade de criação de uma legislação protetiva sobre os direitos do consumidor. E aí sim, elaboramos, pela primeira vez, um Código de Proteção ao Consumidor, que ganha esta denominação porque fundou-se em sistema próprio, consolidado, com mecanismos e princípios peculiares, que também já eram conhecidos em todo Direito Privado do mundo. Criou-se, portanto, uma legislação especial para regular, dentre inúmeras relações possíveis previstas no Código Civil, as relações de consumo. Logo, aquelas que não são de consumo permaneceram dentro do

Código Civil. Evidentemente há que se realçar o grande benefício que a criação do CDC trouxe para o consumidor brasileiro.

De grande relevância quanto ao argumento dos microssistemas como impeditivos de codificação é exatamente o sentido inverso tomado pela Alemanha, com a BGBI. Teil 1 Nr. 28, 29 Juni 2000, que recepcionou o direito do consumidor no Código Civil, acolhendo posição doutrinária inversa à da descodificação. Claudia Lima Marques, autora maior sobre o Direito do Consumidor em nosso país, assim refere à questão:[18]

> "Significativo, pois, que a Alemanha, um país principal do Direito Comparado, tenha modificado o seu famoso Código Civil de 1900 para incluir – ou melhor, para receber – a figura do consumidor (novo § 13 BGB – *Verbraucher*) e do fornecedor (novo § 14 BGB – *Unternehmer*), absorvendo assim, no seio da codificação do Direito Civil, o seu filho mais novo, o direito do consumidor. Hoje, as relações de consumo são Direito Civil geral na Alemanha. Essas relações mistas, entre um fornecedor e um consumidor, pessoa física com fins não profissionais (§ 13 e § 14 do BGB) são Direito Civil, não Direito Comercial ou Direito Econômico, como muitos defendiam. O Direito Civil renasce como centro científico do Direito Privado para abraçar a proteção dos mais fracos, dos vulneráveis, dos consumidores. Um Direito Civil assumindo a sua função social e de harmonia em todas as relações civis, inclusive as de consumo, evitando assim o radicalismo das disciplinas autônomas. Em 29 de junho de 2000, o Parlamento alemão modificou substancialmente o Código Civil Alemão e uma série de leis esparsas e instituiu uma nova lei sobre contratos à distância (*Fernabsatzgesetz – FernAbsG*), cumprindo assim a determinação das Diretivas Européias e os reclamos de sistematização da proteção do consumidor."

Outro campo que após a Constituição de 1988 sofre grande modificação é o Direito de Família, a ponto de parte dos doutrinadores brasileiros defender a elaboração de um Código de Família, argumentando que este ramo do Direito Civil tem regras próprias, e por isso mereceria uma regulamentação especial. Além disso, sustentam que se o novo Código permanecesse na redação original, esta situação representaria um atentado à família.

É evidente que houve açodamento em tais observações, pois o anteprojeto e o projeto antecederam à própria emenda do Divórcio, na vigência da Constituição anterior, com o que todo o Direito de Família continuava sendo direito do casamento, e não de família, se bem que o projeto fosse

---

[18] Código Civil Alemão muda para incluir a figura do consumidor: renasce o "direito civil geral e social"?, na *Revista Trimestral de Direito Civil*, vol. 3, jul/set 2000, p. 269 e ss.

altamente inovador em favor da posição da mulher. Mas, à evidência, as alterações do Senado e da Câmara supriram grande parte das incompatibilidades entre o projetado à luz de outra constituição e a vigente.

Estamos diante de um Código que não quer ser uma Constituição, não quer ser o centro, e sim ser um corpo de normas com cláusulas abertas para servir e viabilizar a atuação de todo o Direito privado.

A recolocação do instituto do negócio jurídico dentro das normas da Parte Geral, carregado de valores que nunca tivemos, a inclusão do abuso de direito até então ignorada pelo Direito Civil brasileiro, a introdução da oneração excessiva, da lesão enorme, do estado de necessidade, da função social dos contratos, relativisando o símbolo maior do individualismo que permanecia em detrimento dos novos valores constitucionais, enfim, inúmeros institutos surgem com o projeto, dando margem a uma leitura do Direito Civil que, se não mais se centraliza no Código, por necessária uma leitura à luz dos preceitos elevados à Carta Maior, não deixa de ter a sua importância no dia-a-dia do cidadão comum brasileiro, como mecanismo intermediário necessário à eficaz atuação dos dispositivos necessariamente genéricos dos princípios e valores fundantes.. Evidente que tais inovações não são suficientes, mas sem dúvida representam um avanço significativo para uma melhor efetividade dos valores constitucionais.

Ante a estas mudanças, não há como negar a importância do Código na vida do cidadão comum, pois só ele será capaz de dar efetividade às regras consubstanciadas na Constituição Democrática. Isso faz com que as conclusões de Natalino Irti percam o objeto, o que não é novidade pois consubstanciadas em época e circunstância legislativa totalmente diversa da de hoje, o que talvez não foi considerado por seus leitores, hoje críticos do Projeto de Código.

Este Código, pelas suas próprias raízes metodológicas e filosóficas (*eticidade-sociabilidade-praticidade*), não tem a aspiração de ser um Código fechado. É um Código que está permeado por valores que vão de encontro ao puro liberalismo e ao individualismo exacerbado. É um Código que está embuído do que o prof. Reale chamou de *princípio da socialidade*, ou seja, todos os valores do Código encontram um balanço entre o valor do indivíduo e valor da sociedade. Não exacerba o social e, ao mesmo tempo, procura em todas as regras não exacerbar o individualismo.

Aliás, importante frisar o ponto de vista de Arcangeli, citado por Moreira Alves, em suas respostas às críticas imputadoras de retrocesso do Projeto:

> "os códigos geralmente não surgem muito bons, mas, pouco a pouco, com o trabalho da doutrina e da jurisprudência, vão-se lendo o que neles não está escrito, deixando-se de ler, muitas vezes, o que nele está

e, no final de certo tempo, por força da sua utilização, da comutação dessas lacunas, da eliminação de certos princípios da sua literalidade, o código vai melhorando e, no final de certo tempo, já se considera que é um bom código. E mais: toda vez que se fala em mudanças, começa-se a pensar se valerá ou não a pena, se não dará trabalho ter de estudar novamente o Direito Civil ou, àqueles que já escreveram manuais e tratados de Direito Civil, revê-los. Em suma, haverá o problema de se estar diante daquilo que o homem mais teme, que de certa forma decorre do desconhecimento dos efeitos daquilo que de novo apresenta-se, principalmente em uma legislação dessa grandeza, que é um Código Civil — a constituição da vida comum dos homens, que nos disciplina desde antes do nosso nascimento até depois de nossa morte."

O novo Código é muito mais avançado que o antigo, e sua aprovação trará a imposição do reestudo do Direito Civil, bem como a redefinição de posições dos nossos Tribunais, sendo que os maiores beneficiados, sem sombra de dúvida, somos nós, cidadãos.

A existência dos chamados microssistemas não impõe a supressão do Código, mas sim sua compatibilização e harmonização, aliás, com regras advindas de seu próprio corpo enquanto projeto. O Código Civil é indispensável para a vida cotidiana do cidadão, já que regra os conceitos primordiais de qualquer relação jurídica, daí sua denominação. É o direito básico da civilização.[19]

Muitos criticam o Código sob a argumentação que está velho e ultrapassado, sem apresentar qualquer regra concernente à *clonagem humana, internet, questões genéticas, etc.*, representando esta omissão verdadeiro retrocesso legislativo. Ocorre que tais temas sequer foram submetidos ao debate acadêmico e temos para nós que legislação básica deve representar o verdadeiro amadurecimento de idéias da civilização, para então serem incorporadas ao texto legislativo. Se regular assuntos não assimilados, corre o sério risco de ser efêmera e rapidamente defasada.[20]

É um Código que procura, com este contrapeso de valores, dar efetividade às normas constitucionais, que propugnam, em última análise, a dignidade do ser humano. Há no Código disposições que elevam este ideal ao cume do Direito Privado brasileiro.

Mas o surgimento do denominado Direito civil constitucional não inibiu o aparecimento de diversos novos códigos civis pelo mundo, como

---

[19] REALE, Miguel. *O Projeto do novo código civil: situação após a aprovação pelo Senado Federal.* 2. ed., São Paulo, Saraiva, 1999.

[20] NANNI, Giovanni Ettore. "Da oportunidade da codificação", *Jornal Valor Econômico*, terça-feira, 8 de maio de 2001, p. E1 (*Legislação e Tributos*).

não inibiu os estudos de reforma de códigos tradicionais. Para aqueles que acham que o processo de grandes codificações no mundo acabou-se, importante destacarmos a tabela abaixo:

Códigos Civis no Mundo

Código Civil	Original	Alteração
Francês	1804	-
Austríaco	1811	
Holandês	1838	1ª fase: 1971, 2ª fase: 1976, 3ª fase: 1991
Italiano	1865	1942
Português	1867	1966
Argentino	1869	Lei 17.711, de 27 de abril de 1968
Paraguaio	19/08/1876 (Código de Vélez Sársfield) e 27/07/1889	1986 (Lei 1183/86)
Espanhol	1889	-
Alemão	1900	Alteração em alguns dispositivos pela lei da igualdade de direitos, de 18/06/57
Japonês	1907	Está em processo de alteração. Projeto do Prof. Eiichi Hoshino
Suíço	1907-1911	
da URSS (Competência Constitucional – CF/1957)	1922	1964
Peruano	1936	1984
Grego	1946	-
Egipcio	1948	-
Sírio	1949	-
Iraquiano	1951	-
Líbio	1953	-
Sudanês	1971	-
Húngaro	1959	-
Polonês	1964	-
Princípios Fundamentais da Legislação Civil Russa	09/07/1993	-
da Província de Quebec	1994 (01/01/94)	-
Russo	- Primeira parte em 01/01/1995 - Segunda parte em 01/03/1996	-

Veja-se que a França, um dos países que mais guarda sua memória, e que cultua o Código Napoleônico como um monumento, desenvolve estudos sobre a reforma do Código, tanto que os estudos e os debates vêm empolgando os juristas franceses, como se vê em três números da Revista *Droits* (Revista Francesa de Teoria, Filosofia e de Cultura Jurídicas) 24, de 1997, e 26 e 27, de 1998.

Mais, em 1959 a Hungria editou seu novo Código Civil; a Polônia em 1964; a URSS, enquanto existente, editou em 1961 as bases da legislação civil da URSS e das Províncias, resultando nos Códigos Civis de 1964 e 1965; Portugal, em 1966; a Holanda vem fazendo a reforma por livros do Código, assim já aprovou uma parte em 1971, outra em 1976 e a última em 1991; o Estado de Quebec, no Canadá, promulgou o seu novo Código Civil em 1994, após quarenta anos de tramitação legislativa. Na América do Sul, temos o do Peru em 1984, e o do Paraguai em 1986.

Anota-se, ainda, que o Japão está apreciando a reforma do seu Código Civil, tendo por orientador o Professor Eiichi Hoshino, enquanto o parlamento europeu convocou professores, em 1989, para a elaboração do Código Civil europeu, conforme publicação no *Official Journal of the European Communities* 1989, n. C 158/400, cujo desenvolvimento não teve o entusiasmo da Comissão Européia, mas não impediu que doutrinadores entusiastas e entusiasmados com a proposta, eminentes professores do norte europeu e britânicos, buscaram desenvolver os estudos e publicaram *Towards a European Civil Code*, em 1994, livro que foi distribuído, inclusive nos EUA e no Canadá, com inúmeras referências ao *Unidroit Principles for International Commercial Contracts* e ao *Principles of European Contract Law*. Exatamente este a "Academia de Jusprivatistas Europeus" acaba de oferecer a debate como o Anteprojeto de *"Código Europeu de Contratos"*, já circulando dentre nós versão publicada em italiano pela Editora Giuffrè, de Milão, em 1999.

Especial importância há que se dar, ainda, ao *Uniform Commercial Code*, dos Estados Unidos, visto que se trata de importantíssima lei nacional daquele país, de tradição contrária ao sistema legislado, e o projeto do Código Civil Europeu em matéria de gestão de negócios e de enriquecimento sem causa, através de comissão presidida pelo Professor Von Bar, da Alemanha.[21]

Até mesmo Orlando Gomes, que foi um dos maiores críticos a este modelo de Código, dizia que buscava, além de consolidar uma série de coisas, inovar em alguns pontos.[22] E ele dizia "inovar não significa, porém,

---

[21] DANOVI, Remo; ALPA, Guido; BUCCICO, Emilio Nicola. *Codice Civile Europeo*, II: Materiali dei Seminari 1999 - 2000. Milão, Giufrè, 2001.

[22] GOMES. Orlando. *Código Civil: Projeto Orlando Gomes*. Rio de Janeiro, Ed. Renovar, 1985.

amor indiscriminado à novidade, senão aproveitamento da experiência nacional, condensada na doutrina e na jurisprudência".

Hegel, que era um dos grande pensadores, dizia que "toda época é oportuna para legislar, desde que se tenha consciência do tempo", coincidindo com o pensamento de outro jurista, Georges Ripert,[23] que diz "legislar, qualquer que seja o objeto da legislação, parece ser progredir". Temos portanto que o novo Código é um progresso, apesar de grande parte dos professores como acima referimos não verem isso como um progresso e acharem que se deve permancer como está, sob a alegação que o Código não estaria tão moderno quanto desejado. Atualizar o ultrapassado também é evolutivo, e não poderíamos perder esta oportunidade de atualização.

Para aqueles que gostam da força inercial , de ficar naquela situação do "deixa como está para ver como é que fica", que aliás é muito mais fácil e menos oneroso, agora deverão ter que estudar, o que para muitos será um calvário pois até então conseguiam criticar o Código sem mesmo lê-lo.

Portanto, nada será como antes, porque tudo será conforme os ditames da Constituição Federal. Não há qualquer incompatibilidade com as tendências do direito moderno, mas há perfeita compatibilidade com o ideal de melhor distribuição de justiça, e uma melhor colocação do ser humano dentro da sociedade e seu enfoque dentro do ordenamento. Afinal, todos nós temos o direito de ser dignos e sermos felizes.

---

[23] RIPERT, Georges. *Traité pratique de droit civil français*. 2ª ed., Paris, 1953, LGDJ, v. 1.

2. Código Civil em perspectiva histórica

MARIA CRISTINA CERESER PEZZELLA
Professora na UNISINOS, Mestre em Direito pela UFRGS e Doutora em Direito pela UFPR. Advogada.

Sumário: Introdução; 1. A ruptura causada pela codificação na percepção de Paolo Grossi; 2. Processo de Codificação Civil no Brasil; 3. Polissistema e a legislação protetiva das relações de consumo; 4. Sociedade de massa e o indivíduo despreparado; 4.1. Surgimento da pessoa como sujeito de direitos e a sua dignidade; 4.2. Dignidade da pessoa humana para a ordem jurídica brasileira; Conclusão.

Introdução

Este trabalho foi recortado da tese de doutorado, com vistas a atender ao convite do Professor-Doutor Ingo Wolfgan Sarlet para obra coletiva que trata do novo Código Civil elaborada por profissionais de nítida afinidade intelectual unidos por laços de compreensão e amizade.

Em razão do gosto pelo corte histórico e, sem pretender aborrecer o leitor com o estudo do caso concreto desde o direito romano, este ensaio inicia-se da perspectiva da ruptura causada pela primeira codificação sob o olhar virtuoso do Professor-Doutor Paulo Grossi. Passo seguinte, antes mesmo, de se enfrentar o momento histórico recente da nova codificação se fez necessário relembrar as discussões que antecederam a codificação civil de 1916, assim como foi trazido a compreensão dos autores nacionais que se envolveram na elaboração de projetos de código civil. Coube, também a este estudo demonstrar que o processo que antecedeu a codificação atual não foi fruto de uma sinfonia no todo harmônica, havendo vozes discordantes como a dos Professores-Doutores Luiz Edson Fachin e Gustavo Tepedino. As críticas formuladas pelos autores permitiu que fossem feitas algumas alterações no corpo do código ainda no curso do processo de aprovação legislativa.

O código civil brasileiro no senário internacional passa a ser o código mais novo deste século. Por esta razão, além da importância merecida do Brasil, na perspectiva internacional, os doutrinadores de parcela significativa dos países que possuem sua origem no sistema romano-germânico já se interessam pela nossa produção. Revivem-se neste estudo as questões lançadas e relançadas por Natalino Irti, no que se refere à oportunidade da codificação e sob quais restrições as novas codificações surgem. Feita a advertência dos limites deste trabalho, cabe enfrentar a importância da escolha de uma codificação e a ruptura que esta escolha já causou e ainda hoje pode causar.

1. A ruptura causada pela codificação na percepção de Paolo Grossi[1]

Antes mesmo de se tratar do período contemporâneo, faz-se necessário compreender a ruptura causada pela codificação dos direitos civis, um momento histórico em que se rompe com a pluralidade das fontes do direito medieval e se constrói a estrutura do direito sobre o alicerce da lei. Segundo Paolo Grossi no ciclo de palestras que realizou na Faculdade de Direito da UFRGS, teve como objetivo tentar demonstrar qual o itinerário do moderno direito privado que chegou até nós. Inicialmente, referiu o autor que:

"La modernità del diritto privato si identifica, secondo lo storico del diritto e secondo il civilista, nella età della codificazione. I codici rappresentano il moderno nel campo del diritto privato. (...) il codice non è un piccolo libro innocuo, una raccolta di articoli, il codice è una grande scelta, non solo dal punto di vista del diritto, ma anche della antropologia giuridica. Per capire l'età dei codici e per capire i codici civili – a questi noi soprattuto limitiamo il nostro sguardo – per capire tutto ciò occorre andare a esplorare innanzitutto le radici storiche da cui questi codici provengono. Poi li analizzeremo, o tenteremo di analizzarli, nel loro contenuto tecnico-giuridico".[2]

---

[1] O trabalho desenvolvido nesta parte do estudo fundou-se principalmente no pensamento do Professor Doutor Paolo Grossi no ciclo de palestras. No que toca à correção das citações em italiano no corpo do trabalho e das traduções constantes nas notas de rodapé, contou-se com a gentil ajuda de Gianluigi Tosches para a correta grafia na língua italiana e a mais adequada tradução nas notas.

[2] Conforme Paolo Grossi, no ciclo de palestras apresentado na UFRGS em 1995, na primeira *Lezione* em 21.06.1995, *Fondamenti del pensiero giuscivilistico moderno*. Tradução livre: "A modernidade do direito privado se identifica, segundo o histórico do direito e segundo o civilista, na idade da codificação. Os códigos representam o moderno no campo do direito privado. (...) O código não é um pequeno livro inócuo, uma coletânea de artigos, o código é uma grande escolha, não só do ponto de vista do direito, mas também da antropologia jurídica. Para compreender a idade dos códigos e

Para Paolo Grossi, a era da codificação dos direitos privados no direito continental europeu representa uma profunda ruptura do passado com o presente, e os cultores do direito comparado apontam o *civil law* como uma área que sofreu uma profunda descontinuidade. Diverso ocorreu com os países de tradição anglo-saxônica que se fundam na *commom law*, e, por isso, sempre recusaram e ainda hoje têm recusado o direito como base legislativa, percebendo-se alteração, apenas no primeiro governo trabalhista inglês de 1945, que por sua iniciativa e com vistas a uma política social passou a usar do instrumento legislativo. A diferença de escolha e experiência que distancia o sistema *common law* do sistema *civil law* consiste sobretudo em um ponto central, o *common law* sempre recusou e até hoje, em parte, não aceita fazer com que sua única fonte de direito seja a lei. O sistema *common law* tem recusado ser um direito de base legislativa. Este tem-se mantido até tempos muito recentes, como referido acima, à exceção feita ao final do primeiro governo trabalhista inglês.

Grossi, ao comparar a sua pátria, a Itália, com o Brasil, os quais têm uma origem fundada na escolha do direito codificado, refere haver em ambos importantes ligações: uma delas é a ligação entre o Estado e o Direito, e uma outra, a ligação entre indivíduo e Direito. O historiador do direito explica: "Le scelte dei paesi continentali si sono diversificate dal loro passato soprattutto con due legami completamente nuovi che si sono instaurati. Il primo é il legame fra Stato e diritto, il secondo è il legame fra individuo e diritto. E qui dobbiamo spiegare, perché sono affermazioni sibilline ed equivoche".[3]

Grossi suscita reflexão a partir de Filippo Vassalli, responsável em grande parte pelo vigente código civil italiano de 1942 e autor de *Extrastatualità del Diritto Privato*. Vassalli, ao meditar a respeito do Antigo Regime, antes da existência dos códigos, constatou que o direito privado não era um direito produzido pelo Estado, não era um direito que se consolidava na lei. Na Europa continental, havia um direito *extrastatuale*[4]

---

para compreender os códigos civis – a estes nós sobretudo limitamos o nosso olhar – para compreender tudo isso devemos explorar antes de mais nada a raiz histórica das quais estes códigos provêm. Depois os analisaremos, ou tentaremos analisar, no seu conteúdo técnico-jurídico".

[3] Tradução livre: "As escolhas dos países continentais foram diferentes das do passado sobretudo com duas ligações completamente novas que foram instauradas. O primeiro é a ligação entre Estado e direito, o segundo é a ligação entre indivíduo e direito. E aqui devemos explicar, porque são afirmações sibilinas e equívocas". Ver Paolo GROSSI, p.2. Neste sentido José Antonio Peres Gediel chama atenção para o direito insular e conclui que: "no Direito inglês, a distinção teórica entre liberdade e direito subjetivo vai se apresentar com menor grau de intensidade. Assim, o direito subjetivo (*right*) poderia decorrer apenas de sua relação com a lei (*law*), mas também poderia ser visto como uma liberdade (*liberty*)" (GEDIEL, José Antônio Peres. *Os transplantes de órgão e a invenção moderna do corpo*. Curitiba: Moinho do Verbo, 2000. p.16).

[4] *Extrastatuale* significa extra-estatal, um direito extra-Estado, fora do Estado, não produzido pelo Estado.

porque produto também de certos juristas, de certos juízes e sobretudo, doutores, isto é, mestres de direito. Era, como diziam os alemães, um *professorenrecht*,[5] isto é, um direito feito pelos professores.[6]

No antigo regime na época Medieval o aspecto mais autêntico consiste na inexistência do Estado. Estado compreendido evidentemente como uma união política, "quella entità politica munita di effettività di potere, ma soprattutto munita di una psicologia totalizzante".[7] O Estado, que o Medievo não conheceu, é uma entidade política que tende a apropriar-se de todas as relações sociais que se desenvolvem no seu âmbito, o Estado é, por sua vocação, uma entidade *omnicompresiva*.[8] No Medievo, o detentor do poder político não retinha o direito como coisa sua, como coisa da qual ele devesse ocupar-se; o direito, outras fontes o produziam. Recorda Paolo Grossi: "Il risultato era che di giudici, i quali mediante il loro sapere tecnico contribuivano all'adeguamento costante del diritto alla realtà sociale".[9]

A história jurídica da época moderna ocorre paulatinamente. Isto é, o Estado aparece na França no século XIV e começa súbito a dar a atenção ao direito. O fenômeno jurídico lhe interessa, o direito é um precioso amálgama para a entidade política. A história dos grandes países da Europa ocidental pode demonstrar como - não só na França, mas também na Espanha e em Portugal - se verificou uma alteração na figura do Príncipe. O velho Príncipe medieval era sobretudo juiz, e grande juiz dos seus súditos; o Príncipe legislador, o Príncipe produtor do direito que se ocupa, profundamente, do direito é uma realidade moderna.[10] Adverte Paolo Grossi:

---

[5] Na cultura e na elaboração do conhecimento houve uma época em que os professores detinham uma parcela mais significativa na construção das ciências, no direito isto não foi diferente. Por esta razão os alemães chegaram a falar em um direito edificado pelos professores – *professorenrecht*.

[6] Em um passo seguinte deste trabalho, enfrentar-se-á o papel dos formadores da justiça, aqueles que com coragem e ousadia constroem o Direito; sem dúvida, não se trata de obra individual, mas sim de um grande grupo, sem que com isso se deixe de reconhecer o trabalho individual.

[7] Ver nesse sentido GROSSI, p. 2. Tradução livre: "aquela entidade política munida de efetividade de poder, mas sobretudo munida de uma psicologia totalizante".

[8] *Omnicompresiva* é uma expressão italiana sem uma correspondente na língua portuguesa, mas pode ser compreendida assim: *que inclui tudo*.

[9] Tradução livre: "O resultado era que estas fontes consistiam justamente em um grande *ceto (classe ou categoria)* de professores, em que grande *ceto* de juízes, as quais mediante o seu saber técnico contribuíam para a adequação constante do direito à realidade social" (GROSSI, p. 3).

[10] Paolo GROSSI, p.3, exemplifica assim: "La prima grande testimonianza è alla fine del 1600 in francia, con le Ordonnances di Luigi XIV; Ordonnance civil, che si occupa della procedura civile, Ordennance de la marine, che si occupa di quello che noi oggi chiameremo diritto della navigazione". Tradução livre: "A primeira grande testemunha é ao final de 1600 em França, com as Ordenanças de Luiz XIV, Ordenança civil, que se ocupa do processo civil, Ordenança comercial, que se ocupa de todos os atos próprios dos comerciantes, Ordenanças da marinha, que se ocupa daquele que nós hoje chamamos de direito de navegação".

"Il nuovo Principe, il Principe moderno, non è più il Principe giustiziere, il Principe giudice, ma è il Principe legislatore, sempre più legislatore; l'attività legislativa diventa il cuore della sua attività, diventa il simbolo dell'essere veramente Principe. Ecco quindi una situazione pericolosa per il regno, il potere politico si sta impossessando del diritto, il vecchio pluralismo di fonti ora sta cedendo a un monismo: un'unica fonte, il Principe, un'unica forma giuridica, la legge. Ecco un nuovo legame che è profondamente moderno: Stato-diritto, non più indifferenza dello Stato verso il diritto, ma un legame intimo, profondo. C' 'e un'altra circonstanza, un altro legame che va segnalato, ed è il legame tra individuo e diritto. Nel mondo medievale non c'era lo Stato, c'era un potere politico ma non con i connotati dello Stato. Nel mondo medievale l'individuo non esiste, o meglio, intendo dire l'ordine giuridico non si basa sull'individuo, non si costruisce sull'individuo; si ha una enorme sfiducia verso l'individuo singolo e si tende a inglobare l'individuo singolo all'interno della comunità, di tante comunità. Il mondo medievale è il mondo non de individui, ma di tante comunità, associazioni, fondazioni, in cui il singolo deve operare e deve ricevere protezione. Perché questo? È il segno di una antropologia, anche antropologia giuridica che non ha fiducia nelle forze individuali. L'individuo è una creatura di per sé imperfetta, la comunità è la creatura socialmente perfetta. Questo è tipicamente medieval."[11]

O moderno se aproxima do plano antropológico quando, com a revolução humanista, verdadeira e própria revolução cultural, o indivíduo vem liberado da comunidade. A velha antropologia da desconfiança no indivíduo é substituída, lenta mas maciçamente, por uma antropologia de plena fidúcia. O resultado desta nova fidúcia é aquilo que se chama Jusnaturalismo. Começa-se a entrar em uma zona que precede a codificação, que

---

[11] Tradução livre: "O novo Príncipe, o Príncipe moderno, não é mais o Príncipe justiceiro, o príncipe juiz, mas é o Príncipe legislador, sempre mais legislador; a atividade legislativa torna-se o coração da sua atividade, torna-se o símbolo de ser verdadeiramente Príncipe. Eis então uma situação perigosa para o reino, o poder político está se apoderando do direito, o velho pluralismo de fonte ora está cedendo a um monismo: uma única fonte, o Príncipe, uma única forma jurídica, a lei. Eis uma nova ligação que é profundamente moderna: Estado-direito, não mais a indiferença do Estado verso o direito, mas uma ligação íntima, profunda. Existe uma outra circunstância, uma outra ligação que vai assinalando, e é a ligação entre o indivíduo e o direito. No mundo medieval não havia o Estado, havia um poder político mas não com as características do Estado. No mundo medieval o indivíduo não existe, ou melhor, quero dizer a ordem jurídica não se baseia sobre o indivíduo, não se constrói sobre o indivíduo; se tem uma enorme desconfiança sobre o indivíduo singular e se tende a englobar o indivíduo singular no interior da comunidade, de tantas comunidades. O mundo medieval é um mundo não de indivíduos, mas de tantas comunidades, associações, fundações, nas quais o singular deve operar e deve receber proteção. Por que isto? É o sinal de uma antropologia, também antropologia jurídica que não tem confiança nas forças individuais. O indivíduo é uma criatura por si só imperfeita, a comunidade é a criatura socialmente perfeita. Isto é tipicamente medieval" (GROSSI, p. 3 e 4).

O novo Código Civil e a Constituição

explica, justifica a codificação. Jusnaturalismo é aquela grande corrente de pensamento que domina toda a Europa continental nos séculos XVII e XVIII e que consiste nesta operação cultural: uma tentativa de criar algumas defesas, algumas ajudas, algumas proteções para o sujeito singular.[12]

> "Fare del singolo soggetto un soggetto forte che non debba temere né la comunità e nemmeno il mostro Stato che ormai è sempre più presente. Giusnaturalismo vuol dire che questo uomo nuovo, fiducioso in se stesso, presuntuoso, può leggere da sè il libro della natura, della natura delle cose sociali e può rinvenire in essa delle situazioni soggettive che esistevano prima che si formasse un potere politico, prima che si creasse qualsiasi Stato. Situazioni soggettive volute da dio, una divinità un po' panteista ma sempre divinità, e inattaccabili da parte del potere politico perché situazioni precedenti alla storia umana, precedenti a ogni consociazione umana, risalenti ad un mondo in cui i giusnaturalisti amano vedere non delle comunità, ma soltanto dei soggetti singoli operanti. È proprio in questo momento che nasce quell'idea che dominerà tutto il diritto borghese ed è quella di diritto soggettivo."[13]

---

[12] GROSSI, p. 4.

[13] Refere Paolo Grossi. Tradução livre: "Fazer o sujeito singular um sujeito forte que não deve temer nem a comunidade e nem mesmo o monstro do Estado que já é sempre mais presente. Jusnaturalismo quer dizer que este homem novo, confiante em si mesmo, vaidoso que pode ler por si o livro da natureza, da natureza das coisas sociais e mais descobrir nela algumas situações subjetivas que existiam antes que se formasse um poder político, antes que se criasse qualquer Estado. Situações subjetivas queridas por Deus, uma divindade um pouco panteísta mas sempre divindade, e inatacável por parte do poder político porque situações precedentes a história humana, precedentes a cada associação humana, originárias de um mundo no qual os jusnaturalistas amam ver não da comunidade, mas somente dos sujeitos singulares operantes. É próprio neste momento que nasce aquela idéia que dominará todo o direito burguês e é aquela de direito subjetivo" (GROSSI, p. 4). A noção que foi possível ser construída de direito subjetivo é desenvolvida a partir do momento político que se divulga a igualdade formal de todos frente a uma ordem jurídica que pode ser acessada por qualquer pessoa que possa ser reconhecida como sujeito de direitos. Evidentemente, a expressão *direito subjetivo* é muito abrangente e capaz de produzir múltiplas compreensões, entre elas destacam-se a de Judith Martins-Costa: "Atualmente admite-se que os poderes do titular de um direito subjetivo estão condicionados pela respectiva função e a categoria do direito subjetivo, posto que histórica e contingente com todas as categorias jurídicas, não vem mais revestidas pelo *mito jusnaturalista* que a recobria na codificação oitocentista, na qual fora elevada ao *status* de realidade ontológica, esfera jurídica de soberania do indivíduo. Portanto, o direito subjetivo de contratar e a forma de seu exercício também são afetados pela funcionalização, que indica a atribuição de um poder que se desdobra num dever, posto concedido para a satisfação de interesses alheios". O direito privado como sistema em construção – as cláusulas gerais no projeto do código civil brasileiro (MARTINS-COSTA, Judith. *Revista dos Tribunais*, São Paulo, ano 87, v.753, p. 39, jul.1998). Ensina Luiz Edson Fachin que: "A crítica se volta contra a abstração excessiva que se deu sobre o conceito no modelo privado, que desaguou diretamente no Código Civil brasileiro. E é por isso que, não raro, nos elementos da relação jurídica coloca-se o sujeito, e aí se revela claramente que a pessoa não precede ao conceito jurídico de si próprio, ou seja, só se é pessoa quem o Direito define como tal. Não sem sentido, nesses quadrantes, o sujeito não 'é' em si, mas 'tem' para si titularidades" (FACHIN, *Teoria crítica do Direito Civil*. Rio de Janeiro: Renovar, 2000, p. 85).

Lembra Grossi a definição formulada de direito subjetivo desenvolvida por Savigny: "direito subjetivo é o poder conexo à vontade de um sujeito". Isto é, finalmente passa-se a compreender um sujeito singular que age por si só, com a sua força, e que graças à sua vontade pode criar uma armadura de direito que o defende não só dos outros semelhantes, mas, sobretudo, da sociedade como complexo. Registra Paolo Grossi:

"Il Mondo giuridico che il giusnaturalismo ci propone è un mondo non di soggetti concreti, non di soggetti realmente esistenti, ma di modelli di uomo. E questo è naturale, l'età dell'oro, la primitiva età della natura è chiaro che non è mai esistita storicamente, è un artificio di questi grandi filosofi del diritto i quali lavoravano su dei modelli astratti. Nella vecchia età medievale, piena di ingiustizie sociali, però i singoli individui erano soggetti in carne ed ossa, erano soggetti storici; in questo mondo medievale si parla di ricchi e di poveri, di maschi e di femmine, di malati e di sani, di nobili e di plebei, di mercanti e di contadini. Cioè, è una umanità carnale che emerge all'attenzione del diritto medievale. É importantissimo per il civilista moderno segnalare invece che il giusnaturalismo ha creato un mondo di soggetti astratti, ha creato un mondo di modelli, l'uno uguale all'altro, l'uno, rispetto all'altro, titolare di una serie di situazioni giuridiche perfette, prima fra tutte la proprietà individuale. Qual era il risultado a cui si voleva arrivare? Si voleva arrivare a identificare un diritto civile eterno, valevole per ogni luogo e per ogni tempo, in cui il singolo potesse trovare il proprio presidio. L'artificio stava che si credeva di leggere questo, o si faceva finta di leggere questo in un fantomatico livro della natura. Ecco perché in quel titolo della prima lezione io vi sottolineavo un risultato importante per capire i codici futuri: l'unità del soggetto di diritto civile. Nel diritto medievale, nel diritto privato medievale questa unicità non c'era, c'era una pluralità di soggetti, c'era una umanità svariatissima che emergeva; d'ora in avanti il diritto civile - che è un diritto che si occupa di soggetti astratti, di schemi astratti – conoscerà soltanto un soggetto, perché tutti i soggetti saranno uguali, uguali giuridicamente, quasi uno strano mondo di manichini o di statue che viene confezionato da questa grande corrente giusnaturalistica. Ogni istanza di giustizia materiale, ogni istanza di storicità concreta è estranea proprio perchè si vuloe costruire da parte di questi filosofi del diritto un mondo voluntamente astratto. Nasce da qui la grande astrattezza del diritto civile otto centesco, che è la sua grandezza e anche il suo difetto."[14]

---

[14] Tradução livre: "O mundo jurídico que o jusnaturalismo nos propõe é um mundo não de sujeitos concretos, não de sujeitos realmente existentes, mas de modelos de homem. E isto é natural, a idade

Paolo Grossi destacou a interpretação do grande escritor francês Anatole France, no romance *Le lis rouge* (*Il giglio rosso* - O lírio vermelho), no que toca aos sujeitos iguais diante da lei. É dele a frase: "maestosa uguaglianza di cul si fanno portatrici le leggi che proibiscono al ricco come al povere di dormire sotto i ponti di mendicare nelle strade e di dormire sotto i ponti, di mendicare nelle strade e di rubare il pane".[15]

Em realidade, Grossi denuncia o escárnio feito pelo autor ao demonstrar a injustiça da regra, por não considerar o plano concreto. Anatole

---

de ouro, a primitiva idade da natureza é claro que nunca existiu historicamente, é um artifício daqueles grandes filósofos do direito os quais trabalhavam sobre alguns modelos abstratos. Na velha idade medieval, plena de injustiças sociais, mas os indivíduos singulares eram sujeitos de carne e osso, eram sujeitos históricos; neste mundo medieval se fala de ricos e de pobres, de machos e de fêmeas, de doentes e de sãos, de nobres e de plebeus, de mercadores e de camponeses. Isto é, é uma humanidade carnal que chama à atenção do direito medieval. É importantíssimo para o civilista moderno sinalizar ao invés que o jusnaturalismo criou um mundo de sujeitos abstratos, criou um mundo de modelos, um igual ao outro, um para outro, um comparado ao outro, titulares de uma série de situações jurídicas perfeitas, primeira entre todas a propriedade privada individual. Qual era o resultado a que se queria chegar? Se queria chegar a identificar um direito civil eterno, valido para cada lugar e para cada tempo, no qual o singular pudesse encontrar a própria proteção. O artificio estava que se acreditava de ler este, ou se fazia de conta ler isto em um fantomático livro da natureza. Eis por que o que o título da primeira lição eu ressaltava um resultado importante para compreender os códigos futuros: a humanidade do sujeito de direito civil. No direito medieval, no direito privado medieval esta unicidade não existia, existia uma pluralidade de sujeitos, existia uma humanidade variada que emergia; daqui para frente o direito civil – que é um direito que se ocupa de sujeitos abstratos, de esquemas abstratos – conhecerá apenas um sujeito, porque todos os sujeitos seriam iguais, iguais juridicamente, quase um estranho mundo de máquinas ou de estátuas que vem confeccionadas por esta grande corrente jusnaturalista. Cada instância de justiça material, cada instância de historicidade concreta é estranha, justo porque se quer construir da parte destes filósofos do direito um mundo voluntariamente abstrato. Nasce daqui a grande abstração do direito civil de mil e oitocentos, que é a sua grandeza e também o seu defeito" (GROSSI, p. 5-6).

[15] Anatole FRANCE, segundo Paolo Grossi. Tradução livre: "majestosa igualdade de que se faz portador da lei que proíbe ao rico como ao pobre de dormir sobre a ponte, de mendigar na estrada e de roubar o pão" (GROSSI, p.6). Numa outra leitura, mais restrita, da obra de Anatole France pode-se ler: "...e faz concorrência Bourget com *O Lírio Vermelho* 1894: Massenet fêz . Esta obra é devida à inspiração direta da Sra. Arman, que insistiu com seu amante para que escrevesse um romance destinado a eclipsar os de Paul Bourget, muito em moda. (...) Sentimos, porém, o autor contrafeito num meio que não é o seu e o próprio estilo, por mais belamente trabalhado que seja, acaba cansando quando se observa que todos os personagens o empregam uniformemente. Tal como é, *O Lírio Vermelho* alcança franco êxito. (..) De *O Jardim* podemos extrair estas linhas que bem resumem a obra: "Quanto mais penso na vida humana, tanto mais acredito que é preciso dar-lhe por testemunha e por juízes a Ironia e a Piedade, como os egípcios invocavam em favor de seus mortos a deusa Ísis e a deusa Neftes. A Ironia e a Piedade são duas boas conselheiras: uma, sorrindo, nos torna a vida amável; a outra, que chora, no-la torna sagrada. A Ironia que invoco não é nada cruel. Não escarnece nem do amor nem, da bondade. É doce e indulgente. Seu riso serena a cólera, e é ela que nos ensina a rir dos maus e dos tolos, que, se não fosse ela, poderíamos ter a fraqueza de odiar." Agora a reputação de France, como escritor e até como pensador, está solidamente assentada. Falta-lhe uma consagração: a da Academia Francesa. Esta lhe chega em 1896, quando é eleito para a cadeira vaga com morte de Ferdinand de Lesseps, o criador do canal de Suez. Ver da Coleção dos Prêmios Nobel de Literatura patrocinada pela academia Sueca e pela Fundação Nobel: Pequena história da atribuição do prêmio nobel a *Anatole France* pelo Dr. Gunnar Ahlströn membro do Svenska Institutet, p. 43-45.

France, que não era um jurista, não compreende qual foi a grande operação do Jusnaturalismo, aquela de crer numa série de instrumentos meta-históricos, não variáveis, ao criar um direito civil baseado sobre um sujeito abstrato e portanto unitário.

Na perspectiva jurídica, o moderno inicia quando se alteram duas ligações: a do Estado com o direito e a do indivíduo com o direito. Advirta-se que o indivíduo é um indivíduo novo, liberado da opressão da comunidade, sobretudo tendo-se em conta, liberado da primeira, maior, mais sublime, mas também mais opressiva comunidade que é a Igreja Romana. Conforme Paolo Grossi: "Questo individuo liberato ora può leggere da sé il libro della natura, può essere l'artefice del suo diritto, si construisce un diritto civile a sua immagine e per sua funzione".[16]

O direito privado a partir da Revolução Francesa sofreu uma mudança de paradigma muito importante, pois parte do pressuposto formal de que todos são iguais. Todavia, isto não é o suficiente, uma vez que as diferenças devem ser observadas não para excluir como faziam os romanos, mas, ao contrário, para atentar o estudo do caso concreto de modo que de alguma forma se diminuam as diferenças a fim de incluir todos na malha social e no manto da proteção jurídica. Verificar o caso *sub judice* e compreender a igualdade na diversidade é o desafio que está posto para o direito contemporâneo.

Os modelos, e as abstrações estão relacionados com a utilidade e a finalidade, as quais se vinculam, em um determinado local e em uma determinada época; mas a construção de novos modelos é uma necessidade constante. Para usar uma linguagem da biologia, pois ocorre uma seleção natural dos modelos e só os mais aptos, também na cultura jurídica, permanecem, e, quando não se adaptam ao momento histórico e cultural, devem ser criados outros novos. Não perceber este momento de alteração e querer repetir modelos desconectados com o mundo atual é o problema a ser resolvido. Zimerman destaca a importância dos modelos na psicanálise e demostra também com um exemplo elucidativo a sua transitoriedade: "Assim, o modelo que a mim ocorre para conceber essa última definição é o dos andaimes de uma obra em construção: eles são úteis e indispensáveis até que a construção se complete e então se os dispense".[17]

Durante a Idade Média, vários soberanos efetuaram diferentes esboços de consolidações, mas, em realidade, desejavam realizar um Código que reunisse os direitos hoje conhecidos como direitos civis. Todavia não

---

[16] Tradução livre: "Este indivíduo liberado ora pode ler por si o livro da natureza, pode ser artífice do seu direito, construir a si um direito civil a sua imagem e para sua função" (GROSSI, p. 6-7).

[17] ZIMERMAN, D.E. *Bion da teoria à prática uma leitura didática*. Porto Alegre: Artes médicas, 1995, p. 43. Também se poderia pensar nos modelos para a feitura de uma escultura, ou um quadro enquanto o pintor faz nascer a obra.

obtiveram êxito. O primeiro Código em sentido técnico foi o *Code Napoleon*, sendo possível somente a partir da ruptura realizada com o passado, conforme grifa Grossi, ao traçar a diferença entre consolidação e codificação:

> "La consolidazione è un setaccio del passato, non intende avere derisione sverso il passato, lo utilizza e di questo passato lascia anche come vigente una buona parte del diritto. Il Codice si pone sempre, anche quando lo utilizza, in una posizione polemica con il passato; il Codice è l'inizio di una vita nuova, manda in soffitta tutto ciò che si è fatto fino a ieri o, per meglio dire, crede di mandare in soffitta tutto ciò che si è fatto fino a ieri e cancella ogni altra fonte diversa da se stesso. Il Codice è innanzitutto norma esclusiva, proiettata verso il futuro e norma esclusiva. Questi caratteri li ha soltanto il primo grande Codice che è il Codice della Francia napoleonica."[18]

O pensamento jurídico só pode desenvolver o projeto de uma codificação depois de se debruçar sobre uma série de casos concretos e de modelos ao longo do tempo para, a partir deles, construir o edifício da codificação que tão bem resolveu os problemas sociais enfrentados até aquela época; todavia, esta, por certo, não passou a ser a única forma de enfrentar os litígios que não se desenvolvem necessariamente sob os trilhos restritos do pensamento codificado. A estrada desta viagem jurídica se altera profunda e constantemente; não é apenas linear, mas tridimensional.[19] Trata-se de construir uma nova estrada por onde vários outros mecanismos deverão ser construídos para dar vazão aos abalos sísmicos que se constroem constantemente, respeitando as características de um mundo em constante expansão.

Ultrapassado o momento histórico que antecedeu e justificou a codificação dos direitos privados, faz-se indispensável enfrentar a codificação na esfera brasileira, o próximo objeto de investigação.

---

[18] Tradução livre: "A consolidação é uma peneira do passado, não intende menosprezar o passado, o utiliza e deste passado deixa também como vigente uma boa parte do direito. O código se põe sempre, também quando o utiliza, em uma posição polêmica com o passado; o Código é o início de uma vida nova, deixa de lado tudo isto que se fez até ontem e apaga qualquer outra fonte diferente de si mesmo. O código é antes de tudo norma exclusiva, projetada para (verso) o futuro e norma exclusiva. Esta característica tem apenas o primeiro grande Código que é o Código da França napoleônica" (GROSSI, p. 8).

[19] Aqui pode ser lembrada a idéia desenvolvida por Miguel REALE e a sua teoria tridimensional do direito visualizado como fato, valor e norma. Ver com mais propriedade o desenvolvimento do pensamento do autor nas obras: *Estudos de filosofia e ciência do Direito*. São Paulo: Saraiva, 1976; *O Direito com experiência*. São Paulo: Saraiva, 1992; *Nova fase do Direito moderno*. São Paulo: Saraiva, 1990; *Fontes e modelos do Direito*: para um novo paradigma hermenêutico. São Paulo: Saraiva, 1994; *Lições preliminares de Direito*. São Paulo: Saraiva, 1985.

2. Processo de Codificação Civil no Brasil[20]

José de Alencar, no relatório do Ministério da Justiça, em 1869, para justificar a oportunidade de naquele momento pôr em prática a escolha do processo de codificação dos direitos civis no Brasil, assim se referiu: "Um Codigo Civil não é obra da ciência e do talento unicamente; é, sobretudo, a obra dos costumes, das tradições, em uma palavra, da civilização, brilhante ou modesta, de um povo".[21] Busca o autor de imediato afastar a idéia de que o processo de codificação seja a obra de um autor ou de um grupo de iluminados, mas aproxima a idéia de que a codificação é um fruto maduro ou verde de um povo. Refere o autor que não se trata de um talento unicamente, e aqui se traz Flaubert: *"o talento é uma longa paciência, e a originalidade é um esforço de vontade e de observação intenso?"*[22]

Em momento mais atual, repete a mesma idéia o italiano Perlingiere, ao desenvolver:

"O conceito de ciência jurídica tem uma função prática, não tanto apenas de conhecimento e de descrição teórica, porque é aplicativa, ou seja, ela é necessária para que sejam resolvidos os problemas civis e os problemas concretos dos seres humanos. Observe-se que o conhecimento jurídico é duplo: não são apenas as leis o objeto do conhecimento jurídico, como também o são os fatos concretos (os casos concretos) estudados, considerados e qualificados à luz das disposições legislativas. O objeto da ciência jurídica é unitariamente a realidade concreta, os fatos concretos e a norma jurídica, fato e norma concretas

---

[20] O trabalho que resultou na codificação dos direitos civis no Brasil foi fruto amadurecido por uma série de tentativas que não obtiveram êxito. Em 1845 o advogado e posteriormente diplomata Francisco Ignacio de Carvalho Moreira apresentou ao Instituto da Ordem dos Advogados Brasileiros a sugestão *Da revisão geral e codificação das leis civis e do processo, no Brasil*, identificando a legislação da época com: "esparsa, antinomica, desordenada e numerossima". Euzebio de Queiroz, seguindo as mesmas idéias, mas julgando muito difícil a elaboração de um Código Civil, sugeriu que se adotasse como tal o *Digesto portuguez, de Correia Telles*. Consultado o Instituto dos Advogados, este manifestou-se desfavoravelmente. Vingou o pensamento de realizar um trabalho preparatório ao Código Civil confiado a Teixeira de Freitas, por contrato de 15 de fevereiro de 1855. Ultrapassados três anos estava concluída e aprovada a Consolidação das leis civil. Em 10 de janeiro de 1859 o Ministro da Justiça, Nabuco de Araujo, contratou com Teixeira de Freitas o preparo de um Projeto de Código Civil, que deveria concluir-se em 31 de dezembro de 1861, prazo prorrogado até 30 de junho de 1864. Teixeira de Feitas desgostou-se com a comissão composta por Visconde de Uruguay, Nabuco de Araujo, Caetano Alberto Soares, Ribas, Braz Florentizo, Furtado, Mariani e Lourenço Ribeiro e com o pouco reconhecimento nacional. Confortou-se com o mérito recebido pelo jurisconsulto argentino Velez Sarsfiel, que para o projeto de Código Civil Argentino lhe aceitou o método, a doutrina em grande parte do articulado. Ver neste sentido o *Código Civil dos Estados Unidos do Brasil*. Comentado por Clóvis Bevilaqua. Rio de Janeiro: Rio Estácio de Sá, [s.d.]. Edição histórica. v.1. p. 9.

[21] BEVILAQUA, *Código...*, p. 9.

[22] Flaubert citado por Vincent VAN GOGH, *Cartas a Théo*: antologia. Tradução de Pierre Ruprecht. Porto Alegre, 2001. p.53. (Coleção L&PM, Pocket)

que estão em contínua dialética. A realidade não pode ser dividida, mas sim estudada unitariamente. Não há realidade econômica distinta da realidade jurídica: igualmente não há realidade social separada da realidade jurídica, como também não há realidade ética ou religiosa divorciada da realidade jurídica. A realidade é una, é unitária, e o seu aspecto (o seu perfil) nada mais é que um aspecto da realidade unitária. Por isso o Estado de Direito não pode se limitar ao estudo das leis. Os instrumentos da ciência jurídica, as noções, as definições, os conceitos não são fins em si mesmos, mas sim instrumentos para o conhecimento desta realidade. Por isso, devem ser instrumentos adequados à realidade. Não existem instrumentos válidos em todos os tempos e em todos os lugares: os instrumentos devem ser construídos pelo jurista levando-se em conta a realidade que ele deve estudar.[23]

Traçando igual pensamento, o português Castanheira Neves advoga a idéia de um modelo metódico de realização do direito a partir da dialética entre as dimensões do sistema e do problema, a partir da organização dos contornos estruturais do que seja "questão de fato-questão de direito" e da certeza da impossibilidade de que cada uma delas não pode ser individualmente considerada. A referência advogada pelo autor parte da compreensão do "caso jurídico" percebido como concreto no sentido problemático e verifica o problema jurídico numa situação histórico-social como obstáculo, uma exigência de cumprimento em contraste com uma situação real que resiste. Segundo o autor, em virtude da alteração de seus elementos, os problemas acabam por situar-se de modo diverso, e por esta razão torna-se necessária a automização do pensamento problemático perante o anterior, já que não é possível deduzir deste a posição de problema novo. Para o autor, a juridicidade assemelha-se ao modelo axiológico-normativo que se constitui na vida histórica de uma determinada comunidade e se desdobra em três dimensões: mundano-social, antropológico-existencial e ética.[24]

O conhecimento prévio do saber jurídico, compreendendo-o as normas positivas, a jurisprudência e a doutrina, não dispensa uma autônoma referência ao problema a ser decidido, em uma consciência do não saber fundamentante. Castanheira Neves concluiu que a indagação do caso concreto faz emergir dele um sentido problemático que só é possível esclarecer a partir do projeto axiológico que é escolhido. Elabora-se uma contínua integração dos princípios conforme as intenções axiológico-culturais des-

---

[23] PERLINGIERI, Pietro. Normas constitucionais nas relações privadas. *Revista da Faculdade de Direito da UERJ*, Rio de Janeiro, n.6/7, 1998/1999. p. 63.
[24] CASTANHEIRA NEVES, Antonio. *Metodologia jurídica*: problemas fundamentais. Coimbra: Coimbra Editora, 1993.

nudadas com as decisões dos casos concretos. A determinação da validade de uma situação concreta com referência às intenções axiológico-normativas transcende essa mesma situação, objetivando-se. O próprio sentido da situação problemática analisada é que faz nascer os limites de relevância da situação. A individualidade objetivada é a identificação de uma relevância, e o caso jurídico concreto consiste na unidade jurídico-material entre a situação e o problema.[25]

A conjugação de uma intenção normativa geral ou de validade com uma situação concreta é a pré-síntese de um sentido concreto de intenção jurídica, ou o próprio problema jurídico. Dissociando metodologicamente os momentos de análise do caso jurídico, aponta o autor para a questão de fato e para a questão de direito. A questão de fato fixa a relevância da situação histórico-concreta e a demonstração dos elementos específicos dessa relevância e de seus efeitos. A questão de fato não deixa de ser uma questão de direito que diz com a identificação e seleção das circunstâncias do problema jurídico concreto.[26]

Andréia Terre do Amaral conclui que da reflexão elaborada a partir da obra de Castanheira Neves não há possibilidade de identificar e conceituar, dissociadamente, os termos do fenômeno aludido, a questão de fato e a questão de direito, como se fossem realidades distintas e constitutivamente contrapostas, "senão como texturas que se implicam reciprocamente e se chamam a complementar o sentidos em uma unitária e não dicotômica realização do direito".[27]

A reflexão que se constrói ao pensar e repensar o direito exige, dos que a ele se dedicam, um esforço contínuo e constante. Seu nascimento e renascimento é um fruto que só pode ser colhido quando os fatos sociais incidem sobre a relação jurídica, e, assim, comportam um nexo indissociado com a realidade e os conceitos jurídicos abstratamente construídos pela mente atenta aos fatos da vida. A codificação dos direitos privados

---

[25] O problema é compreendido aqui como a pergunta. Significativa a reflexão que desenvolve Emmanuel Carneiro Leão no que toca a toda pergunta: "No pensamento, a fala nunca é primeiro. O pensamento nunca fala de modo próprio. Sempre responde por já ter escutado. Toda pergunta ou questão do pensamento torna-se radical por já ser sempre resposta. Só se consegue dizer a palavra essencial na escuta do sentido, a essência de escuta do sentido. Obediência é uma audiência atenta do sentido. Por lhe dirigir continuamente a essência da palavra, o tempo, enquanto pronome do ser, está sempre dizendo a palavra crucial, mas que o pensamento só consegue repetir numa variedade infinita de palavras, de gestos, de sentidos, de ações". Ver, neste sentido, Emmanuel Carneiro LEÃO na apresentação feita à obra *Ser e tempo*, de Martin HEIDEGGER, para o público leitor brasileiro. 10.ed. Tradução de Márcia de Sá Cavalcante. Petrópolis: Vozes, 2001. p. 15.

[26] CASTANHEIRA NEVES, p. 154 e segs.

[27] Ver a dissertação de mestrado de Andréia Terre do Amaral defendida em 2001, na Faculdade de Direito da Universidade Federal do Rio Grande do Sul, sob o título *Iura novit curia*: os sujeitos processuais e a aplicação do Direito, p. 166.

ocorrida no Brasil seguiu, em certa medida, a influência que já havia sido sublinhada por Clóvis do Couto e Silva:

"Para conhecer a situação atual de um sistema jurídico, ainda que em suas grandes linhas, é necessário ter uma idéia do seu desenvolvimento histórico, das influências que lhe marcaram as soluções no curso dos tempos. De outro modo, ter-se-á a justaposição de soluções jurídicas, sem que se defina a sua estrutura íntima. Convém, assim, examinar a posição do direito de determinado país em face dos Códigos mais influentes e, nesse caso, não haverá dúvida que o Código Civil Brasileiro, sofreu influência do Código Napoleônico, ou do Código Civil Germânico, de 1900, levando-se em conta o fato de que ele foi publicado em 1916."[28]

Luiz Edson Fachin lembra que "transmissão do conhecimento jurídico sem debate é proceder que fica a dever à educação e não fomenta exercícios de cidadania". Reforçando sua argumentação, o mesmo autor alerta:

"Não se trata de uma reciclagem funcional dos parâmetros do Direito Civil, mas sim de uma recomposição do vínculo e da dedicação a partir de um redimensionamento dos afazeres didáticos e de pesquisa. Mirada na sociedade contemporânea, acolhe como motivação a não reprodução de saberes, no intercâmbio e na independência de novas fontes de investigação. Na complexidade, esse fenômeno apresenta, neste momento, um interessante banco de prova que se abre em afazeres epistemológicos que acolhem as novas demandas da jurisdicidade, ao lado da recuperação discursiva de valores como ética e justiça. Um ensaio pode ser caminho aconselhável para encontrar interrogações que entrelaçam o Direito Civil e a sociedade."[29]

Produto característico da cultura nacional e com uma visão em perspectiva, no que toca à educação, demarca Paulo Freire o desafio do conhecer para transformar:

"A educação é um ato de amor, por isso, um ato de coragem. Não pode temer o debate. A análise da realidade. Não pode fugir à discussão criadora, sob pena de ser uma farsa. Como aprender a discutir e a debater com uma educação que impõe? Ditamos idéias. Não trocamos idéias. Discursamos aulas. Não debatemos ou discutimos temas. Trabalhamos *sobre* o educando. Não trabalhamos *com* ele. Impomos-lhe uma ordem a que ele não adere, mas se acomoda. Não lhe propiciamos

---

[28] COUTO E SILVA, Clóvis do. O Direito Civil brasileiro em perspectiva histórica e visão de futuro. *Ajuris*, Porto Alegre, v.14, p.128, jul. 1987.
[29] Referiu Luiz Edson FACHIN, *Teoria...*, p. 2-3.

meios para o pensar autêntico, porque recebendo as fórmulas que lhe damos, simplesmente as guarda. Não as incorpora porque a incorporação é o resultado da busca de algo que exige, de quem o tenta, esforço de recriação e de procura. Exige reinvenção."[30]

A recomposição dos vínculos afetivos está para a solução dos conflitos e das angústias internas e pessoais, assim como a recomposição dos vínculos com os institutos jurídicos do passado está para a solução dos conflitos e agruras sociais. Repensar e reconstruir necessita conhecer a si muito bem, assim como o passado dos nossos institutos e as abstrações por nós construídas para, a partir delas, reconstruir um direito sob novos paradigmas, sob a moldura flexível do mundo que agora se refaz.

A questão que envolve a necessidade de se codificar ou se alterar a codificação existente está ainda pendente de questionamento por parte da doutrina pátria. João Uchôa Cavalcanti Netto destacou, antes mesmo de se nomear a comissão coordenada por Miguel Reale, as características do século que fez nascer a codificação civil de 1916:

"A vida social estagnada em certa permanência, inventou-se o instrumento paralelo da lei que se monta na estabilidade. Acontece que, neste século, o homem resvalou para um ritmo vertiginoso de mudanças. Com isto, os relacionamentos humanos perderam o equilíbrio estático e, conseqüentemente, a lei foi atingida no seu vital respaldo de razoável quietude. E descambamos todos no furor legislativo, aflitos por conseguir que as leis acompanhem, versáteis, as estruturas e ininterruptas mutações. Entretanto, lei demais é lei nenhuma. (...) Num tal ambiente, como legislar, ou deixar de legislar? Parece que o homem, sem alternativas, enfrenta uma situação inédita para a qual, talvez, a lei mesma, como instrumento, já não seja mais apta. E aí ? De qualquer forma, o que o esplendor desta crise produziu foi uma vertigem no pensamento, habituado a operar somente nos trilhos de leis. E a atividade jurídico-intelectural do mundo se suspendeu, os autores, prudentes, aguardando sempre a nova lei para que seus livros não sejam velhos desde o nascimento. Inútil. Sai a lei nova mas, enquanto o autor prepara a obra respectiva, outra lei corrige a anterior. E o impasse perdura. Só resta, então, buscar juristas intemporais, aqueles que resistem às tempestades das legislações."[31]

---

[30] Escreveu Paulo FREIRE, *Educação como prática da liberdade*. 23.ed. Rio de Janeiro: Paz e Terra, 1999. p. 42.

[31] Descreveu João Uchôa CAVALCANTI NETTO, *Ainda, e sempre, Clóvis*: prefácio ao Código Civil dos Estados Unidos do Brasil, comentado por Clóvis Bevilaqua. Rio de Janeiro, [s.d.]. Edição Histórica.

João Uchôa Cavalcanti Netto presta uma homenagem a Clóvis Bevilaqua ao dizer: "Reeditar Clóvis, portanto, constitui inestimável serviço à posteridade e, sobretudo, aos contemporâneos, hoje perdidos numa encruzilhada que desorientou a razão. Porque Clóvis, no fundo, não nos ensina apenas a lei ou somente o Direito: ele principalmente nos faz aprender a pensar".[32]

O processo que antecedeu a codificação dos direitos civis resultante do Código de 1916 envolveu amplamente a comunidade, inclusive a jurídica, num período de sessenta anos com um intervalo de seis anos. O resultado alcançado pelo processo da codificação civil que entrou em vigor em 1916 está assim resumido por Caio Mário da Silva Pereira:

"Não obstante o rumo tomado pelos civilistas franceses, cujas obras chegaram a este século, Clóvis Bevilaqua não se deixou restringir pelo colete apertado do modelo gaulês. Arejada a sua cultura pela influência dos autores que já se insurgiram contra as delimitações da hermenêutica tradicional, revela sua familiaridade com Salleilles, Geny, Lamber e quantos aprovaram o mar alto da investigação científica, para imprimir ele, à hermenêutica dos preceitos, algo mais do que a explicação gramatical ou o esclarecimento vocabular da linguagem, que a lima preciosa de Rui Barbosa castigara, fazendo do Código de 1916 um modelo vernáculo a par de monumento jurídico. Clovis Bevilaqua, familiarizado com os autores germânicos, tais que Windscheid, Dernburg, Köhler, Endemann, Sohn, Gerber, e com o Bürgerliches Gezetzbuch, cuja elaboração acompanhou, e cuja estrutura adotou na elaboração de seu Projeto, abriu horizontes novos à evolução de nosso direito, que os Comentários a cada passo refletem, sem se perder contudo nos exageros que haveriam de votar ao desperstígio a escola livre investigação científica, Que numa concentração vocabular e estrenação conceitual, se apelidaria de 'direito livre' (*freies Recht*). Mas não esqueceu a tradição jurídica pátria, que os seus Comentários assimilam na referência às fontes próximas de cada um dos preceitos interpretados: a obra ciclópica de Teixeira de Freitas; os Projetos de Nabuco, Felício dos Santos, Coelho Rodrigues, e o Revisto pela Comissão dos 21; a segura doutrina de Lafayette."[33]

A Lei nº 10.406, publicada em 10 de janeiro de 2002, em vigor após um ano de *vacacio legis,* torna-se o próximo Código Civil brasileiro. O projeto de codificação civil sofreu um processo de descontinuidade ante a

---

[32] CAVALCANTI NETTO, p. 1- 2.

[33] Ver para maiores esclarecimentos a íntegra da introdução elaborada por Caio Mário da Silva PEREIRA, ao *Código Civil dos Estados Unidos do Brasil, comentado por Clóvis Bevilaqua.* Rio de Janeiro, [s.d.]. Edição histórica. p.XII-XIII.

lenta apreciação por parte do Legislativo e o pouco envolvimento da sociedade em face da falta de crença na possibilidade de ele vir a se tornar, efetivamente, o novo Código Civil.

O processo de escolha da criação da Constituição chamada cidadã na década de oitenta e, posteriormente, na década de noventa, a criação de uma série de polissistemas indicados pela Constituição também são resultados da grande espera que o processo de transformação da codificação civil experimentou. Todavia uma gama considerável de juristas tem-se manifestado contrária à codificação nos moldes apresentados, chamando a atenção para as diferenças existentes entre o momento em que se criou o projeto agora transformado em lei e o momento que se vive hoje, na perspectiva dos costumes sociais, da legislação, inclusive constitucional, o desenvolvimento da doutrina e o processo de criação da jurisprudência.[34]

Seguindo um desejo e uma escolha pela codificação, pode-se observar o trabalho de toda uma vida de Miguel Reale ao coordenar o projeto e ser seu fiel defensor. Somam-se a ele outros juristas que não deixam de perceber vários pontos sob os quais se deverá interpretar a codificação, com olhos atentos nos avanços das normas constitucionais, em vigor desde 1988,[35] e das normas contidas em todas as legislações especiais que devem se harmonizar com a legislação constitucional, a jurisprudência e a doutrina.

Contudo, não se pode deixar de compreendê-lo como um trabalho de envergadura, envolvendo o direito privado de nosso país que perpassa o século que se foi e ingressa no atual por obra de sete professores de Direito, sendo cinco deles advogados e dois membros da magistratura. Eles elaboraram um estudo de fôlego que, mesmo que possa receber várias críticas, se caracteriza por uma iniciativa que perpassa a idéia da obra de um só para ser a obra escrita por várias mãos, que faz renascer a discussão adormecida dos Direitos Privados. Uma perspectiva diferente da codificada por Clóvis Bevilaqua, que retoma discussões não devidamente processadas, mas que o esboço de Teixeira de Freitas deixou como legado.

---

[34] Ilustra-se esse debate, que não tem envolvido a comunidade mais amplamente, com o ponto de vista de Jussara Suzi Assis Borges Nasser Ferreira: "*Enquanto* críticas ácidas são dirigidas, aos códigos, vozes erguem-se em defesa, para justificar a indispensabilidade de uma construção normativa sistemática, única, reunindo por ordem, matérias que pela própria natureza, não devem prescindir de tratativa formulada em conjunto ordenado, na forma de código" (FERREIRA, Jussara Suzi Assis Borges Nasser. O projeto de novo código civil e a tutela dos direitos individuais e coletivos. *Scientia Iuris*: Revista do Curso de Mestrado em Direito Negocial da UEL, Londrina, v.1, n.1, p.44, 1997).

[35] No campo jurídico que regula as relações civis, as normas constitucionais possuem, pelo menos, eficácia negativa, sendo complementáveis ou não, "vedam qualquer conduta contrária ao que estabelecem". Araken de Assis destaca que a eficácia das normas constitucionais impede o surgimento de regras opostas no âmbito infraconstitucional e não recepcionam normas de conteúdo normativo antagônico (ASSIS, A. Eficácia das normas constitucionais. *Ajuris*, Porto Alegre, v.50, p.39 e 40, nov. 1990).

Recentemente Judith Martins-Costa sintetizou assim as suas idéias em curso realizado na Escola da AJURIS, para magistrados:

"Configurando uma verdadeira "escola de ensamento", formada por Professores portadores de solidíssima cultura dogmática, à qual se aliava a vivência na *praxis* das lides forenses, sendo todos ou advogados ou juízes, a Comissão Revisora e Elaboradora do Código Civil apresentou um primeiro texto, em 1972. Conquanto nascida para revisar o Projeto Orlando Gomes, na verdade a Comissão apresentou um *novo texto*, que englobou, é certo, como subsídios, as anteriores tentativas, afirmando Miguel Reale que o Projeto Orlando Gomes refletiu-se no espírito anti-individualista, na diretriz da socialidade que acabou por impregnar o novo trabalho. Este novo texto, a par de superar a idéia da fratura do Código Civil, reintroduzindo no seu *corpus* o Direito Obrigacional, promoveu a própria unidade do Direito das Obrigações civis e comerciais, '*Verdadeira vocação da experiência jurídica brasileira*', no dizer de Reale, pois, antes de copiar a legislação civil italiana de 1942, mais propriamente retoma idéia do grande jurista Teixeira de Freitas que acabara não acolhida por Bevilaqua".[36]

Em sentido diverso, Gustavo Tepedino,[37] citando Antônio Junqueira de Azevedo, tornou claras suas idéias da impropriedade da aprovação do Código antes que ele viesse a se tornar a Lei nº 10.406, de 10.01.2002, aprovada, recentemente:

"Pretende alguns, equivocamente, fazer aprovar un novo Código Civil, concebido nos anos 70, cujo Projeto Lei toma hoje o n. 118, de 1984 (n. 634, de 1975, na Casa de origem), que pudesse corrigir as imperfeições do anterior, evidentemente envelhecido pelo passar dos anos, como se a reprodução da mesma técnica legislativa, quase um século depois, tivesse o condão de harmonizar o atual sistema de fontes. O Código projetado peca, a rigor, duplamente: do ponto de vista técnico, desconhece as profundas alterações trazidas pela Carta de 1988, pela robusta legislação especial e, sobretudo, pela rica jurispru-

---

[36] Judith MARTINS-COSTA, estudo apresentado na escola da AJURIS em setembro de 2001, p. 6-7.

[37] Ver Gustavo Tepedino que, manifestando inconformidade com os defensores do projeto de Código Civil, cita Judith Martins-Costa e simultaneamente reclama coerência: "A culta autora, após produzir a mais importante contribuição sobre cláusulas gerais do direito brasileiro, *Sistema e Cláusula Geral (a Boa-Fé objetiva no Processo Obrigacional)*, expressando de sua tese de doutoramento apresentada no Programa de Pós-Graduação da USP, 1996, dá-se por satisfeita, surpreendentemente, com as previsões de cláusulas gerais do Projeto de Código Civil". TEPEDINO, G., O Código Civil, os chamados microssistemas e a Constituição: premissas para uma reforma legislativa. Trabalho apresentado originalmente no painel *Crise das Codificações*, no âmbito da XVII Conferência da Ordem dos Advogados do Brasil, realizada no *campus* da Universidade do Estado do Rio de Janeiro, de 29 de agosto a 2 de setembro de 1999 e publicado no livro coordenado pelo autor intitulado *Prolemas de direito civil-constitucional* (p. 9).

dência consolidada na experiência constitucional da última década. Demais disso, procurando ser neutro e abstrato em sua dimensão axiológica, como ditava a cartilha das codificações dos Séculos XVIII e XIX, restitui, purificada, a técnica regulamentar. Vale-se o Projeto, é bem verdade, candidamente, de algumas poucas cláusulas gerais (particularmente as dos arts. 420 e 421, em tema de função social do contrato e da boa-fé objetiva), as quais, contudo, desassociadas de um conteúdo axiológico preciso, acabam por carrear insengurança às relações que procuram disciplinar.[38]

Luiz Edson Fachin advogou o mesmo pensamento em parecer publicado no Boletim da Universidade de Coimbra em momento histórico anterior à publicação da Lei nº 10.406, de 10.01.2002; antes, porém, fez a seguinte advertênci:

"Tem o presente estudo a finalidade de levar a efeito análise do Projeto do Código Civil, ainda em trâmite, no momento da formulação deste exame, perante a Câmara Federal, visando a uma conclusão acerca de sua aprovação – e conseqüente inserção no ordenamento jurídico positivo – frente à ordem constitucional vigente. Ressalte-se que não está em questão, nem de longe, a notória autoridade intelectual da Comissão Elaboradora e revisora do Projeto, merecedora de elevada e inegável consideração na comunidade jurídica. São as idéias que, aqui, se apresentam ao debate e que não impugnam alguns reflexos positivos internos contidos no projeto. Coloca-se, então, em análise, sem pretensão de esgotar o tema, não só o texto e o conteúdo explícito do projeto, mas a racionalidade que o informa, buscando-se, assim, avaliar-se sua adequação ou não à tábua axiológica e à ordem normativa trazida pela Constituição de 1988.[39]

Aponta Luiz Edson Fachin várias razões de impropriedade da estrutura e conteúdo do novo Código, e em todos os quadrantes, mas a merecedora de maior destaque funda-se no princípio constitucional da dignidade da pessoa humana:

"A Constituição Federal de 1988 impôs ao Direito Civil o abandono da postura patrimonialisata herdada do século XIX, em especial, Código napoleônico, migrando para uma concepção em que se privilegia o desenvolvimento humano e a dignidade da pessoa concretamente considerada, em suas relações interpessoais, visando à sua emancipação. Nesse contexto, à luz do sistema constitucional, o aspecto patri-

---

[38] TEPEDINO, p. 9.

[39] FACHIN, Luiz Edson. Sobre o projeto do Código Civil Brasileiro: crítica à racionalidade patrimonialista e conceitualista. Separata de: *Boletim da Faculdade de Direito*, Coimbra, v.76, p.129, 2000.

monial, que era o elemento de maior destaque é deixado em segundo plano. Não tem mais guarida constitucional uma codificação parimonial imobiliária, ranço que marcou a edição do Código Civil em 1916. (...) O patrimônio foi considerado, por muitos autores "atributo da personalidade". Duas reflexões devem ser levadas em consideração nessa perspectiva. Em primeiro lugar, a personalidade a que se está a referir-se é a personalidade abstrata, ou seja, aquela que é conferida pelo ordenamento, tornando alguém apto a ser sujeito de direitos. Não se trata da pessoa concreta, com necessidades, sentimentos, desejos, aptidões, mas de uma categoria abstrata, que não se confunde com o ser humano em concreto. Em segundo lugar, a idéia de que o patrimônio seria atributo da personalidadade faz com que se chegue à idéia de que a personalidade se confunde com o próprio patrimônio. Constata-se, por conta disso, confusão conceitual que vincula o patrimônio à pessoa. Ocorre que essa pessoa abstrata não se confunde com o ser humano concreto. Ainda que se pudesse admitir que o patrimonio fosse um abributo da personalidade, está-se, aqui, a falar de uma categoria abstrata, que não se confunde com o valor da pessoa humana, que não se limita a uma categoria abstrata. Desse modo, privilegiar-se o patrimônio – ao contrário do que se poderia imaginar, em uma visão pouco aprofundada do que significaria essa noção de "atributo da personalidade"- é colocar à margem o valor constitucional da dignidade da pessoa humana. Esta tem agora, sob o texto de 1988, o *status* de princípio de cardeal organizativo dentro do sistema jurídico, e toda regra, positivada ou proposta, que com esse princípio colide, no todo ou em parte, é inconstitucional.[40]

No que toca ao conteúdo do ainda projeto, adverte, critica e conclui Luiz Edson Fachin que a codificação, no que afronta a Constituição, é norma inconstitucional, e para chegar a este entendimento argumenta no corpo da publicação, na esfera constitucional, juntamente com Luiz Roberto Barroso, José Afonso da Silva e José Joaquim Gomes Canotilho:

"Com a aprovação do projeto de codificação, há o risco de, aplicando-se as mesmas regras de direito intertemporal, tomarem-se por revogadas disposições do CDC, sem embargo da especialidade da matéria ali disciplinada. O Projeto do Código Civil, desde o início – como pode-se perceber pela disciplina do Direito da Empresa e dos títulos de crédito – pretendeu a unificação do direito Privado. A inexistência de menção no projeto à possibilidade de as matérias ali reguladas, quando se tratarem de relações de consumo, serem

---

[40] FACHIN, Sobre o projeto..., p. 130-131.

submetidas ao Código de Defesa do Consumidor, pode, em consonância com a pretensão de unificação já exposta, levar à conclusão de que esse diploma legal estaria revogado, ainda que tacitamente, pela lei posterior, no caso, o Código Civil. Diante do exposto concluímos que o advento da Constituição de 1988, ao impor ao direito a valorização da pessoa humana, sobrepondo-se ao patrimônio, tornou inconstitucional o Projeto do Código Civil. A constituição de 1988, ao impor ao direito a concretização da dignidade da pessoa humana, tornou o projeto, com sua preocupação eminentemente patrimonialista, inadequado à nova ordem jurídica.[41]

Luiz Edson Fachin compreende que a nova codificação recentemente aprovada perdeu a oportunidade de construir-se sob fundamentos consoantes a nossa era, como projetar-se e, sinteticamente, criticou e sublinhou os pequenos avanços da legislação:

"Em 1975 o Poder Executivo remeteu ao Congresso Nacional um novo projeto de Código Civil formulado de costas para o futuro e distante da realidade brasileira contemporânea. (...) Merecedora de encômicos, nessa perspectiva conjuntural, a introdução da *função social do contrato* (artigo 421), referindo-se expressamente à *probidade* e a *boa-fé* (artigo 422).Demais cumprido (artigo 476) e da resolução por onerosidade excessiva (artigo 478) fecha um importante circuito jurídico de tutela à pessoa e à parte, ciclo esse que princípio pelos novos vícios ou defeitos introduzidos: o estado de perigo (artigo 156) e a lesão (artigo 157). A mesma referência pode merecer o capítulo especial sobre o enriquecimento sem causa (a partir do artigo 886), de todo oportuno, sem embargo do caráter subsidiário injustificável que o projeto lhe atribuiu (no artigo 888).[42]

Retomar antigas discussões e reintroduzir institutos não recepcionados no Código de 1916 não se trata de um retrocesso; ao contrário, relembrar o indevidamente esquecido é ter presente a idéia de construção do direito com os olhos atentos no passado, no presente e no futuro. Parece que um profissional detém um condão de unir as diferentes funções e atividades no exercício do desempenho das mais diversas profissões que envolvem o direito e esse profissional, assim como no *Corpus Iuris* e nas codificações, é o profissional do ensino do direito. Pode-se constatar esta afirmação do trabalho realizado em grupo do Projeto de Código Civil, hoje Lei nº 10.406, de 10.01.2002, coordenado por Miguel Reale e fundado no seguinte propósito:

---

[41] FACHIN, Sobre o projeto..., p. 150.
[42] FACHIN, Luiz Edson. O "aggiornamento" do direito civil brasileiro e a confiança negocial. In: *Repensando Fundamentos do Direito Civil Brasileiro Contemporâneo*, Rio de Janeiro: Renovar, 1998.

"Quando fui convidado para desempenhar tão alta missão, respondi a Gama e Silva que não a poderia aceitar sozinho, por considerar o mundo contemporâneo incompatível com a vaidade de legisladores solitários, tentando repetir a façanha de Sólon, para Atenas, e de Licurgo, para Esparta. Assente a idéia de constituir-se um Comissão Especial, procurei atender a diversos requisitos, não só de alta competência, mas também de afinidade intelectual, sem a qual seria impossível levar a bom termo um trabalho que, mais do que qualquer outro, exige harmonia das partes no todo, numa unidade sistemática. Além disto, para prevenir acusações de bairrismo, julguei necessário convidar juristas de vários pontos do País, entrelaçados por vínculos de compreensão e amizade".[43]

Realizar um trabalho de grande envergadura depende mais do que da obra de um ser solitário, mas a conjugação de esforços e a responsabilidade da construção à mera crítica descomprometida não deve mais vingar, pois o professor do ensino do direito não é um mero repetidor de conceitos jurídicos previamente elaborados por um legislador iluminado, mas um agente provocador e atuante.

Cada profissional de todos os segmentos sociais, inclusive do direito, tem um papel importante no momento em que ocorrem a discussão e a realização de uma norma jurídica, assim como de sua mais adequada interpretação. Se o Código atual é um Código, redigido por profissionais em sua totalidade integrantes do magistério, que poderá vir a ser chamado de Código dos juízes, uma vez que aumentaram expressivamente as hipóteses de cláusulas gerais,[44] é, sem sombra de dúvida, um Código que

---

[43] REALE, Miguel. *Memórias*. São Paulo: Saraiva, 1987. v.2. A Balança e a Espada. p. 221.

[44] Cláusulas gerais existem por autorização do próprio legislador, que admite a impossibilidade, e por vezes a inconveniência de previsão legislativa casuística, optando por deixar em *aberto* para que a jurisprudência e a doutrina formulem os critérios mais apropriados para preenchê-las. Martins-Costa sintetiza assim: "verifica-se a ocorrência de normas cujo enunciado, ao invés de traçar punctualmente a hipótese e as suas conseqüências, é intencionalmente desenhado como uma vaga moldura, permitido, pela abrangência de sua formulação, a incorporação de valores, princípios, diretrizes e máximas de conduta originalmente estrangeiros ao *corpus* codificado, bem como a constante formulação de novas normas: são as chamadas *cláusulas gerais*" (MARTINS-COSTA, A *boa-fé*..., p.286). Ver também no estudo das cláusulas gerais no artigo O Direito Privado como construção: as cláusulas gerais no projeto do Código Civil Brasileiro. *Revista de Informação Legislativa*, Brasília, v.139, p.5, 1998, de Paulo Luís Neto LÔBO. A ênfase que se queira conferir à interpretação e ao papel desenvolvido pelo juiz e percebido de maneira diferente pelos doutrinadores, o pensamento de Carlos Alberto da Mota Pinto retrata a idéia de não se poder atribuir à jurisprudência o caracter de fonte de direito. Assim refere o autor: "Apesar, porém, do carácter concretizador da actividade do juiz – concretização que tanto tem lugar quando ele aplica normas com conceitos fixos, como quando aplica cláusulas gerais e conceitos indeterminados – *não podemos atribuir à jurisprudência o carácter de fonte de direito*. É que os resultados a que o julgador chegou só tem *força vinculativa para o caso concreto* a ser decidido. Nenhum outro tribunal está vinculado a aplicar a um caso da mesma espécie da norma ou mesmo na concretização de uma cláusula geral ou de um conceito indeterminado. Quaisquer correntes de jurisprudência que se formem, através de uma uniformidade de decisões, não têm eficácia vincu-

exigirá dos meios acadêmicos uma produção revigorada, pois estas cláusulas gerais irão necessitar de um estudo e de um trabalho com os pés bem fincados na realidade, pois é para ela e, em razão dela, que as leis surgem numa perspectiva constante de serem aprimoradas. Não se trata de uma estrada que chegou ao ponto desejado, nada disso, trata-se de um material bruto que necessita de todos para ser aprimorado. A realização de um trabalho que vai demandar a participação de todos com um *animus* criador, tal qual uma criança brinca com massas de modelar. Um modelo diferente que, por certo, poderá fazer o direito avançar respeitando as normas constitucionais e à luz delas.

Como o projeto em uma série de pontos merece uma crítica mais severa por demonstrar que ficou em descompasso com a cultura, os costumes e, também, as aquisições jurisprudenciais e legislativas que foram surgindo ao longo da gestação de vários anos, mestres atentos e preocupados com as inadequações, que porventura poderiam se tornar lei, contribuíram com uma série de sugestões – as mais significativas foram realizadas por Luiz Edson Fachin, Fábio Konder Comparato e Álvaro Villaça de Azevedo.

Como referiu recentemente o Professor e Desembargador Paulo de Tarso Vieira Sansseverino, a gestação do Código e da Constituição se deu em períodos diferentes, mas a Constituição entrou em vigor antes do Código, e este não irá, por evidente, entrar em linha de colisão, pois deverá ser apreciado à luz da Constituição. Toda a obra caracteriza-se por não ser plena. A virtude desta codificação é que hoje já se tem consciência disso. Se se pudesse falar nessa obra como se ela fosse detendora de uma essência, poder-se-ia dizer que ela possui mais princípios, mais cláusulas gerais do que as normas contidas na codificação anterior, mesmo que se entenda que ela pudesse percorrer caminhos mais amplos.

Compreendendo-se que há várias formas de legislar e em razão da necessidade da atualização constante, pode se observar o surgimento de polissistemas, conforme Natalino Irti denominou o que a seguir se enfrentará.

---

lativa para os julgadores que se defrontam de novo com um caso do tipo a que elas se referem. Frise-se até que, entre nós, tal liberdade de cada juiz em face da jurisprudência anterior é constantemente manifestada, raras sendo, com prejuízo para a certeza do direito e para a segurança da vida, as correntes jurisprudências uniformemente acatadas" (MOTA PINTO, Carlos Alberto da. *Teoria geral do Direito Civil*. 3.ed. Coimbra: Coimbra Editora, 1992. p.52-53). Mota Pinto, ao comentar o Código Civil Português, sublinha sua preocupação "com um tipo predominante de recurso a conceitos gerais-abstractos e fixos vem combinar-se uma ampla série de cláusulas gerais e conceitos indeterminados – põe, perante nós, um dos grandes problemas – senão o maior – que hoje, num período de 'fuga para as cláusulas gerais', se põe à metodologia do direito" (MOTA PINTO, *Teoria...*, p.61). O entendimento de a jurisprudência ser compreendida como fonte do direito confere à atividade do magistrado um papel mais destacado e por via de conseqüência de todos que participam dos conflitos levados ao Judiciário. O Judiciário, assumindo este papel, pode atuar de duas maneiras: legitimando a injustiça ou fazendo crescer o conceito de justiça nas esferas qualitativa e quantitativa.

3. Polissistemas e a Legislação Protetiva das Relações de Consumo[45]

Experimentado o período conhecido como da codificação dos direitos civis, os países que adotaram a codificação como estrutura principal para construção dos direitos enfrentaram, como num movimento pendular, o apogeu e o sentimento de declínio da idéia de codificação, o qual não detinha mais utilidade e fez nascer o pensamento de Natalino Irti, que o denominou como era da decodificação.

"La difesa del codice civile si atteggia così, non a disputa su tecniche e metodi di studio, ma a 'lotta politica', capace di fronteggiare altri principî e criterî di disciplina. Il codice, che si liberi di parti caduche o di materie esposte allérosione esterna, e si renda custode del 'diritto privato comune'(degli istituti e della discipline – si scriveva già vent'anni sono- presupposti della leggi speciali); quel codice, più snello e stabile, meglio potrà esser salvaguardato nei 'Valori' essenziali."[46]

---

[45] A expressão em italiano *poli-sistema* foi utilizada por Natalino Irti no estudo que recebeu o título *Leggi Speciali (das mono-sistema al poli-sistema)*, in *Rivista Di Diritto Civile*, Padova, v.25, n.2, mar./apr. 1979. Adotada noutra perspectiva por Clóvis Veríssimo do Couto e Silva, que demonstrava preferência por esta expressão, pois compreendia o autor que a idéia destas leis especiais, CDC e ECA, por exemplo, continha uma pluralidade de normas de direito material, processual, administrativo, penal e civil. Referia-se com predileção ao Estatuto da Criança e do Adolescente que do seu ponto de vista na perspectiva legislativa detinha uma melhor coerência interna. Gustavo Tepedino suscita reflexão a partir do pensamento de Natalino Irti, *in verbis*: "Esse longo percurso histórico, cujo itinerário não se poderia aqui palmilhar, caracteriza o que se convencionou chamar de processo de descodificação do direito civil, com o deslocamento do centro de gravidade do direito privado, do Código Civil, antes um corpo legislativo monolítico, por isso mesmo chamado de monossistema, para uma realidade fragmentada pela pluralidade de estatutos autônomos. Em relação a estes o Código Civil perdeu qualquer capacidade de influência normativa, configurando-se um polissistema, caracterizado por um conjunto crescente de leis tidas como centros de gravidade autônomos e chamados, por conhecida corrente doutrinária, de microssistemas". Gustavo TEPEDINO (Coord.) na apresentação a obra *Problemas de Direito Civil-Constitucional* (p. 5). Adota a mesma terminologia Ricardo Luis LORENZETTI, tradução de Vera Maria Jacob Fradera, da edição em espanhol do livro *Las normas fundamentales de derecho privado*, em Santa Fé, Argentina, pela Rubinzal – Culzoni Editores, em abril de 1995, *Fundamentos do Direito Privado*, São Paulo: RT, 1998. p. 46-57. Destaca Lorenzetti: "O jurista se converte em militante do microssistema. O Direito Civil e os civilistas tendem a perder a imparcialidade, se transformam em militantes de verdades parciais. O mesmo ocorre com o juiz, quando deve decidir a cerca de problemas ambientais ou de consumo; também ele é consumidor e está sendo prejudicado como ser vivo. A verdade que se expressa é subjetiva, particularizada. (...) O douto em Direito torna-se, pouco a pouco, um 'exegeta', um tradutor da lei especializada. Isso conduz à perda da globalidade, da pretensão de regular a sociedade em seu conjunto, o que era a finalidade precípua dos Códigos" (LORENZETTI, p. 56-57). Contudo, quem se envolve com as questões particularizadas não significa tenha perdido de completo a noção do todo, inclusive pode ser por esta razão que se justifique ainda mais a terminologia polissistema, vez que cada um desses chamados microssistemas contém em si uma parte do todo e dele não se desprende inteiramente.

[46] "A defesa do código civil se configura assim, não como disputa entre técnicas e métodos de estudos, mas como "luta política" capaz de enfrentar outros princípios e critérios da disciplina. O código civil, que uma vez livre de partes caducas e de partes sujeitas ao desgaste externo, se torne vigilante do direito privado comum (dos institutos e das disciplinas – sim já escrevi vinte anos são pressupostos

É evidente que a reflexão de Natalino Irti não foi aceita por todos, mas fez desencadear uma série de reflexões. O próprio autor, posteriormente, em artigo, reescreve suas idéias, deixando clara a importância da codificação:

"La decodificazione, ormai entrata come lemma nelle enciclopedie del diritto, e come termine ellittico nella teoria delle fonti, non è in grado di dare ciò che le viene chiesto dai critici, e che, più seriamente ed efficacemente, si può e si deve perseguire nella lotta politica. Essa designa, oggi al pari di vent'anni fa, un tipo di descrizione fenomenologica e un correlativo metodo di studio. E perciò non sa, né vuole, pronosticare se la storia futura segnerà un ritorno al mondo di ieri – o, piuttosto, delláltro ieri -; o se le leggi speciali recheranno a compimento lópera di erosione, dissolvendo il codice nel poli-sistema; o se, fermato nel codice il diritto privato comune, le leggi speciali se situeranno in territori autonomi e indipendenti. Chi vuole che la storia abbia uno od altro esito, quegli dia mano alla vita politica, e corra l'incognita del vincere o del soccombere. La critica della decodificazione non uò giovargli in alcun modo."[47]

No Brasil, várias legislações especiais detêm esse aspecto de recompreender os direitos civis, são exemplos recentes e marcantes o Código de Defesa do Consumidor e o Estatuto da Criança e do Adolescente. Estes marcos vão ensejar uma mudança ainda não plenamente aceita, mas que tem causado repercussão nas relações interpessoais. Cláudia Lima Marques grifou este momento assim:

"A maior contribuição do CDC ao Direito civil atual reside justamente na superação do conceito de sujeito individual, o que – na prática – altera todas as nossas definições de terceiro. Se o sujeito da relação juridicamente relevante pode ser individual, coletivo ou difuso, se pode ser além do contratante e da vítima-contratante também o *bystander*, vítima terceira em relação ao contrato, o filho e a vizinha em caso de transporte, 'participante indireto da relação', por exemplo, o

---

das leis especiais); Esse código, mas ágil e estável, que melhor poderá ser guardado nos 'Valores' essenciais" (IRTI, Natalino. *L'età della decodificazione*. 4.ed. Milano: Giuffrè, 1999. p.12).

[47] "A decodificação, que já entrou como lema nas enciclopédias do direito e como termo 'elíptico' nas teorias das fontes, não tem condição de dar o que os críticos exigem dela. A decodificação indica, hoje como vinte anos atrás, um tipo de descrição do fenômeno e um correspondente método de estudo. Assim, a decodificação não sabe, nem quer saber de prever, se a história futura marcará um retorno ao mundo de ontem – o melhor ao mundo de anteontem –; ou se as leis especiais levarão a completar a obra de erosão, dissolvendo o código no polissistema, ou se, amarrado ao código o direito privado comum, as leis especiais se situarão em território autônomo e independente. Quem quiser que a história tenha um outro êxito, que corra o risco de ganhar ou de perder, pois a crítica da decodificação não lhes ajudara de maneira alguma" (IRTI, *L'età...*, p. 12).

beneficiado em contrato de seguro, o dependente da relação principal de seguro ou plano de saúde, se pode ser exposto à prática comercial, quem aceita estacionar em *shopping center*, mas não consome propriamente dito, o exposto à publicidade, que nunca sequer adquiriu o serviço ofertado."[48]

Construir novos paradigmas[49] só é possível a partir do descontentamento com os já existentes; é essa irresignação que conjuga a percepção do pretérito, sua superação e, ao mesmo tempo, a edificação do futuro. Para que isso ocorra, o pressuposto é conhecê-los em sua essência e substância. Não se trata de uma construção individual, mas sim de um processo como uma revolução no campo das idéias em que não se identifica ao certo quando uma idéia nasce e a anterior deixa de ser aceita. Nem sempre é uma transformação violenta, mas a própria falência do modelo anterior aponta para a necessidade de um novo enfrentamento. Descreve Kuhn: "O fracasso das regras existentes é o prelúdio para a busca de novas regras".[50] A erupção de novas teorias é, geralmente, precedida por um período de destruição em larga escala dos paradigmas e grandes alterações nos problemas e nas técnicas da ciência anteriormente dominada. Ocorre simultaneamente à decisão de se rejeitar um paradigma e de se decidir aceitar outro. Entretanto, as mudanças não são totais, permanecendo no novo conjunto de regras algumas das regras precedentemente aceitas.[51]

Paulo Luiz Neto Lôbo, atento à unidade da hermenêutica, defende:

"Na atualidade, não se cuida de buscar a demarcação dos espaços distintos e até contrapostos. Antes havia a disjunção; hoje, a unidade hermenêutica, tendo a Constituição como ápice conformador da elaboração e aplicação da legislação civil. A mudança de atitude é substancial: deve o jurista interpretar o Código Civil segundo a Constituição e não a Constituição segundo o Código, como ocorria com freqüência (e ainda ocorre)."[52]

---

[48] Ver Cláudia Lima MARQUES no artigo: Proposta de uma teoria geral dos serviços com base no Código de Defesa do Consumidor – a evolução das obrigações envolvendo serviços remunerados direta ou indiretamente (*Revista do Consumidor*, São Paulo, v.33, p. 79 e seg., jan./mar. 2000).

[49] Paradigma é utilizado neste texto com o sentido proposto por KUHN, *A estrutura das revoluções científicas*. Tradução de Beatriz Vianna Boeira e Nelson Boeira. 2.ed. São Paulo: Perspectiva, 1987. p.19-20. (Coleção Debates, 115). Título original do inglês: *The struture of scientific revolutions*).

[50] KUHN, p. 95.

[51] KUHN, p. 108.

[52] LÔBO, P.L.N., Constitucionalização do Direito Civil. *Revista de Informação Legislativa*, Brasília, ano 36, n.141, p.100, jan./mar. 1999. Francesco Galgano adverte que deve-se valorizar a categoria constitucional da *iniciativa econômica*, privada ou pública. Compreender o contrato em série deve ser transferido de um âmbito conceitual pensado em termos de fatos, atos, negócios jurídicos, para um âmbito conceitual a ser edificado sob os alicerces da iniciativa econômica, devendo-se reinterpretar como iniciativa econômica a autonomia contratual, com todas as implicações constitucionais

A defesa de um pensamento e o desenvolvimento de uma idéia não dependem, apenas, de argumentos lógicos e que possam conter fonte de convencimento. O agente desencadeador de uma atitude pessoal que serve para romper a inércia é a emoção do pesquisador. A emoção consiste no *animus*. Luís Roberto Barroso destacou a importância desta compreensão assim: "A linguagem do direito há de conformar-se aos rigores da técnica jurídica. Mas sem desprezo à clareza, à transparência, à elegância e ao ritmo melodioso da poesia. As palavras, para o Professor, para o advogado, para os operadores do Direito, em geral são feitas para persuadir, demover incentivar. Não basta ortografia. Não basta semântica. É preciso paixão".[53]

Os polissistemas detêm a característica de envolver os interessados em virtude do grupo de direitos a serem tutelados e, desta maneira, abarcam uma gama maior de emoção, característica escamoteada no processo de abstração dos direitos civis em que todos são formalmente iguais. As pessoas acabam por perder a sua característica básica de seres singulares, restando despersonalizadas. No momento em que a codificação dos direitos civis atingiu o objetivo de tornar, formalmente, iguais, em direitos, os indivíduos realizou um reconhecimento importante, mas insuficiente. Eles são de certa maneira a correção do exagero e a retomada da importância de se olhar atentamente para os casos concretos que se repetem. Os polissistemas nada mais são do que um amplo leque de situações que não estava suficientemente protegido pela codificação civil.

4. Sociedade de massa e o indivíduo despreparado

Na sociedade de massa, várias são as concepções a respeito da dignidade da pessoa humana que podem ser representadas pelas mais diversas leituras de seus autores e seus peculiares pontos de vista, elaborados, principalmente, durante as discussões as que elevaram ao reconhecimento constitucional deste princípio.[54]

---

que esta operação comporta (GALGANO, F. *Il Diritto Privato fra Codice e Costituzione*. Bolonha: Zanichelli, 1983. p. 83 e 84).

[53] BARROSO, Luís Roberto. Direito e paixão. *Revista da Faculdade de Direito da UERJ*, Rio de Janeiro, n.2, p. 338, 1994.

[54] No essencial, segue-se a obra de Ingo Wolfgang Sarlet para enfrentar as várias concepções da dignidade da pessoa humana e direitos fundamentais na Constituição brasileira de 1988. Ver, para maiores esclarecimentos, SARLET, Ingo Wolfgang. *Dignidade da pessoa humana e direitos fundamentais na Constituição brasileira de 1988*. Porto Alegre: Livraria do Advogado, 2001.

4.1. Surgimento da Pessoa como Sujeito de Direitos e a sua Dignidade[55]

Inicialmente, faz-se necessário circunscrever o momento histórico em que a pessoa humana nasce como sujeito de direitos para, passo seguinte, compreender o conteúdo e o significado atual da noção de dignidade da pessoa humana. A pessoa humana só se compreende na sua inteireza quando visualizada em sua plenitude, na sua dignidade. Na antiguidade clássica a idéia de dignidade da pessoa humana relacionava-se com a posição social ocupada pelo indivíduo e o seu grau de reconhecimento pelos demais membros da comunidade; por esta razão, naquele momento histórico foi possível falar em quantificação e modulação da dignidade, compreendendo-se inclusive admitir a existência de pessoas mais dignas do que outras.[56]

O surgimento da discussão a respeito do direito subjetivo só tem razão de existir quando se tem o reconhecimento político, social e jurídico da pessoa humana como sujeitos de direitos a serem protegidos e tutelados nas relações com o Estado e entre os particulares. Anteriormente ao reconhecimento de todas as pessoas como seres de direitos e obrigações sequer poderia ser conferida a expressão "dignidade da pessoa humana" uma compreensão que pudesse abranger a todos, pois algumas pessoas ainda estavam na seara de serem consideradas objetos de direitos de outros. Não se restringe esta compreensão a um passado muito distante quando nem todos eram considerados cidadãos, mas existem momentos ainda próximos no tempo como no caso dos índios e das mulheres que tinham sua capacidade restringida, e ainda em algumas sociedades contemporâneas são gravadas de uma série de injustificáveis e inadmissíveis restrições.

A importância do pensamento de Michel Villey a respeito dos direitos subjetivos e sua crítica aos direitos humanos não são de todos conhecidas e, em certo modo de ser, são muito propícias para que se tenha em mente a realização dos direitos fundamentais e da dignidade da pessoa humana. Compreender esta discussão, que se travou na história, implica compreender melhor a evolução do que inicialmente se chamou de direitos humanos e quais as razões jurídicas que levaram a uma transmutação não apenas na esfera semântica, como também na expectativa política, social e jurídica da efetividade da proteção dos direitos lesados ou ameaçados de lesão. Sujeitos de direitos e deveres são, na compreensão de Michel Villey, conforme descreve Alejandro Guzmán Brito:

---

[55] No que toca ao aspecto da investigação histórica, segue-se o pensamento de Michel VILLEY, fundado nas palestras desenvolvidas pelo autor na Universidade de Valparaíso, posteriormente publicadas sob o título *Estudios en torno a la noción de derecho subjetivo*. Tradução de Alejandro Guzmán Brito e outros. Chile: Ediciones Universitarias de Valparaiso, 1976.

[56] Ver nesse sentido Podlech, in Alternativ Kommentar, v.1, p.275. Citado por Ingo Wolfgang SARLET, p. 30.

"En efecto, según Villey, la noción de derecho subjetivo tenía que nacer como tal, entre aquellos filósofos que a fines de la Edad Media y en la Epoca Moderna han emprendido una lucha contra la filosofía aristotélico-tomista; contra esa filosofía objetivista y realista, la escuela nominalista y la moderna oponen un mundo de individuos aislados entre sí, que sólo se interconexionan por el nombre común pero no por esencias o naturalezas comunes. Al orden del derecho natural clásico, al carácter natural de la Sociedad de que aquél partía, los modernos oponen el estado presocial, también natural, pero en donde lo natural deja de ser precisamente la Sociedad y pasa a ser el individuo con sus plenas libertades y poderes. Porque hay que hacer notar que la doctrina del derecho subjetivo nace y se desarrolla también como una doctrina del derecho natural; sólo que si en la concepción antigua el derecho natural era lo justo objetivo, de modo que misión del derecho positivo era la determinación de la parte justa de cada cual, en la doutrina del derecho subjetivo lo natural son precisamente los derechos subjetivos: el hombre, y sus derechos aislado y en contra de todos los demás hombres, constituirá un estado natural; y aunque a dicho estado se ha superpuesto un pacto social, las exigencias del individuo siguen siendo la fuente de los derechos subjetivos, que deben ser analizadas por el jurista y el legislador con el fin de determinar los derechos de cada cual. De acuerdo con este modo de pensar, el dominio, p. ej., ya no será más la parte justa de cosas repartidas entre todos, sino que el poder mismo que se ejerce sobre las cosas en propio provecho."[57]

A essência do pensamento de Michel Villey consiste em advogar a tese de que o direito antigo não conheceu a idéia de direito subjetivo e que esta tem origem moderna.[58] Na busca da origem dos direitos subjetivos, Michel Villey realiza toda uma investigação histórica e filosófica, perpassando o pensamento romano e o ambiente espiritual e individualista cristão, para dizer que as pessoas com necessidade de defender-se e salvaguardar-se diante da catástrofe do poder público apenas na desordem da Alta Idade Média podem encontrar o conjunto de elementos que teriam sido propícios para o nascimento da noção de direito subjetivo.[59]

Defende Michel Villey que, pelo fato de o direito romano não conter a acepção subjetiva de Direito, não se deve concluir sua total inexistência, mas sim de supor que esta acepção teria um lugar, muito secundário, e que

---

[57] Nesse sentido, ver BRITO, apresentação da obra VILLEY, *Estudios...*, p. 17-18.

[58] Conforme afirma Alejandro Guzmán BRITO resume o pensamento de Michel VILLEY, *Estudios...*, p. 18.

[59] BRITO in VILLEY, *Estudios...*, p. 19.

ela não se afirma com suficiente nitidez. Comenta a exposição teórica do *Corpus juris que* o leitor pode extrair os sentidos sempre na esteira do direito objetivo.[60]

Refere Villey que essa idéia segue sendo exposta no tratado de Santo Tomás, IIa. Ilac. Q. 57 a. 1 ad 1: "Hoc nomen primo impositum est ad significandam ipsam rem justam; postea autem derivatum est ad artem qua cognoscitur quid sit justum; et ulterius ad significandum locum in quo jus redditur ..., et ulterius dicitur etiam jus quod redditur ab eo ad cujus officium pertinet justitiam facere licet etiam id quod decernit sit iniquum".[61] Dante continua na mesma trilha da concepção objetiva: *"jus est realis et personalis hominis ad hominen proportio".*[62]

Michel Villey adverte para que se afastem as traduções simplistas de *Ius* que foram lidas conforme o interesse do intérprete que pretendeu conferir a este vocábulo um significado que os romanos não haviam ainda imaginado. Por esta razão, Villey busca encontrar a primeira afirmação que pretende conferir de fato os contornos desta nova forma de compreender o direito do seu ponto de vista subjetivo, vale referir, da pessoa sujeito de direitos, detentora de faculdades e escolhas (e deveres), e não mais a concepção objetiva em que os papéis sociais estavam previamente delimitados e estratificados frente a variáveis muito pouco alteráveis.

O mundo que se faz nascer dos direitos subjetivos cria faculdades, possibilidades antes ainda desconhecidas ou garimpadas apenas por exceção, e não como regra formal de considerar todos iguais, mesmo que esta igualdade compreenda uma afirmação meramente retórica. Em virtude da pesquisa realizada por Michel Villey, o autor acredita ter encontrado a primeira afirmação textual deste novo conceito nos escritos de Guillermo de Occam, *in verbis*:

> "redactados con ocasión de la querella de la pobreza que también enfrentó a la orden franciscana y al Papado (una querella realmente singular, como que se trataba nada menos que de rechazar el título de proprietario por parte de cada uno de los contendientes). De él, la noción pasó a los filósofos neotomistas, como Suárez o De Soto; entre los juristas, aparece tímidamente en Grotius, pero con gran empuje en

---

[60] VILLEY, *Estudios...*, p. 35.

[61] "O vocábulo Direito originalmente se empregou para significar a própria coisa justa. Mais tarde derivou até denominar a Arte com que se distingue o que é justo; depois, até designar o lugar de onde se administra o Direito..., finalmente também se chama Direito a sentença dada por aquele a cujo ministério pertence administrar a justiça, todavia – quando o que se resolva resulte inócuo". Ver nesse sentido a citação feita por Michel VILLEY, *Estudios...*, p. 35, cuja tradução livre se reservou a nota de rodapé.

[62] "Direito é a proporção real e pessoal de um homem sobre outro". Ver neste sentido a citação feita por Michel VILLEY, *Estudios...*, p. 35, cuja tradução livre se reservou a nota de rodapé.

Pufendorf o Gassendi. Hobbes construye todo su sistema sobre esta noción."[63]

A compreensão e a delimitação do conceito de *direitos fundamentais* foram sendo construídas na realidade social com o surgimento do mundo moderno nos séculos XV e XVI; trata-se de conceito histórico, por isso foi sendo costurado em conjunto com a realidade e submetido a esses elementos que concorrem para a sua percepção pelo Direito Positivo. Adverte Ingo Wolfgang Sarlet que:

> "Mesmo durante o medioevo – de acordo com a lição de Klaus Stern – a concepção de inspiração cristã e estóica seguiu sendo sustentada, destacando-se Tomás de Aquino, o qual chegou a referir expressamente o termo 'dignitas humana', secundado, já em plena Renascença e no limiar da Idade Moderna, pelo humanista italiano Pico della Mirandola, que, partindo da racionalidade como qualidade que lhe possibilita construir de forma livre e independente sua própria existência e seu próprio destino."[64]

O reconhecimento dos *direitos fundamentais*[65] clássicos tem como referência histórica a Declaração de Direitos do Povo de Virgínia, de 20.06.1776, a Declaração de Independência dos Treze Estados Unidos da América, de 04.07.1776, e a Declaração dos Direitos do Homem e do Cidadão, francesa, de 1789; compuseram também esse momento, as Declarações inglesas (Petition of Rights, de 1628, *Act of Habeas Corpus*, de 1679, e *Bill of Rights*, de 1689). Conforme José Felipe Ledur, o reconhecimento destes direitos já havia sido anteriormente praticados. Mas refere o autor "muito antes de os direitos fundamentais terem sido reconhecidos nas mencionadas Declarações, estavam eles presentes na cultura de sociedades ocidentais e não-ocidentais, desde a antiguidade, embora sem o caráter de generalidade que passaram a ter, ao serem positivados nas Declarações de direitos citadas".[66]

A edificação e consolidação dos direitos civis, a afirmação da autonomia individual e de um espaço livre da interferência do Estado, assim

---

[63] BRITO, in VILLEY, *Estudios...*, p. 19.

[64] Ver nesse sentido SARLET, p. 31.

[65] É usual encontrar a terminologia que emprega a expressão *direitos humanos* vinculada à proteção dos direitos das pessoas; a opção pela designação *direitos fundamentais* se deve ao fato de serem direitos positivados. Embora não integre as preocupações específicas do presente texto, a tese recolhe e apreende as diversas possibilidades teóricas e práticas ligadas aos direitos humanos, neles reconhecendo, quer à luz da teoria crítica, quer sob o influxo da "praxis" de militância em favor de sua proteção, uma premissa fundamental no desenho social, histórico e jurídico da sociedade brasileira e da América Latina, abertura, plural e multicultural.

[66] Ver nesse sentido a obra de José Felipe LEDUR, *A realização do direito ao trabalho*. Porto Alegre: Sergio Antonio Fabris, 1998. p. 27-28.

O novo Código Civil e a Constituição

como no aspecto político que se determinou o surgimento concomitante ao do Estado moderno,[67] no século XVIII, e dos direitos fundamentais clássicos. Como surgimento do Estado, mesmo que da perspectiva meramente formal, a substancial alteração que se faz é compreender que surge o indivíduo como senhor de direitos, pois o indivíduo deixa de ser súdito para ser cidadão e objetiva-se a relação entre o cidadão e o Estado, construindo-se um vínculo político-jurídico entre ambos, o qual determina que aquele assuma a soberania. Como sintetiza Ledur: "No estabelecimento de direitos e deveres entre o indivíduo e o Estado está a origem do Estado moderno".[68]

Construído e imposto, por força das pressões de variadas ordens, ao soberano absolutista o respeito ao direito à vida, à liberdade e à garantia da propriedade. Circunscrevem-se aos direitos fundamentais clássicos os identificados como sendo os "direitos de liberdade", por expressarem a idéia de um espaço privado vital não sujeito à violação pelo Estado. Sublinha Ledur que "esse espaço é expressão da idéia de autonomia do indivíduo diante do Estado. A autonomia tem uma contrapartida, ou seja, a pessoa passa a ter responsabilidade pela preservação e aprimoramento da sua esfera existencial. Assim, além de estar vedada a violação estatal do espaço vital da pessoa, a possibilidade da subsistência do paternalismo nas relações entre o indivíduo e o Estado é eliminada".[69]

Contudo, como as relações jurídicas se travam entre pessoas desiguais, o Estado deve atuar de maneira a proteger, tutelar e prover as necessidades com vistas sempre a reequilibrar as relações no plano concreto dos fatos que se desenvolvem no cotidiano. Para que, de fato, isso possa se realizar, o CDC tomou posição firme também na esfera ambiental, prevendo no artigo 4º que a política Nacional de Relações de Consumo terá por objetivo, em primeiro lugar, o "... atendimento das necessidades dos consumidores...", e por esta razão a fundamental necessidade de proteção ao meio ambiente, a fim de que possa ser respeitada a sua "... dignidade, saúde, segurança, proteção dos seus interesses econômicos, a melhoria da sua qualidade de vida..." Seguindo a mesma trilha já apontada, torna claro Alcides Tomassetti ao desenvolver a sua idéia:

---

[67] Historiadores contemporâneos referem que o aparecimento do Estado seria a passagem da fase selvagem para a civilidade. Esta compreensão se funda na doutrina jusnaturalista, em especial na obra de Hobbes, que considerava o estado de natureza como antecedente do estado civil. Existem outras teorias que têm por objetivo explicar o surgimento do Estado, entre elas a marxista, que compreende que o Estado nasce a partir da dominação exercida pela classe que é proprietária sobre os que dela são excluídos.

[68] LEDUR, p. 30.

[69] LEDUR, p. 30-31.

"Para efeitos de comunicação rápida, pode ser definido o Estado-Promotor ou Estado-Providência como a modalidade de organização Estatal que se constitui e se revela, no plano jurídico, mediante a atribuição de direitos (em sentido subjetivo) sociais e econômicos múltiplos (direitos positivos a prestações ou ações), que têm por sujeito passivo o próprio Estado (lembre-se o art. 5° da Constituição de 1988). 'Promover' – dentro da linguagem comum e também na terminologia tecnojurídica – é mais do que 'defender' e mais do que 'proteger' o consumidor."[70]

Compreendendo-se a relevância de se construir no plano concreto das relações interpessoais, sociais e jurídicas, pode-se perceber que a nova forma de legislar inclui princípios de matriz ética, significativos, como se pode verificar no artigo 4°, inciso III, do CDC, ao prescrever a necessária compatibilidade da proteção do consumidor com o desenvolvimento econômico e tecnológico "... de modo a viabilizar os princípios nos quais se funda a ordem econômica (art. 170 da Constituição Federal)", bem como no inciso seguinte a preocupação do legislador com o princípio da defesa do meio ambiente. No que toca à dignidade e à proteção da vida, saúde, segurança contra os riscos provocados por práticas no fornecimento de produtos e serviços considerados perigosos ou nocivos (art. 6°, inciso I, do CDC), engloba também a saúde e sua integridade física e psíquica. Comporta, atualmente, na ordem jurídica brasileira perceber a amplitude da dignidade da pessoa humana vista como norma, princípio e valor.

4.2. Dignidade da Pessoa Humana para a Ordem Jurídica Brasileira

A importância que a sociedade confere à dignidade da pessoa humana nas relações pessoais, privadas e de maneira mais ampla com o macrossistema da cultura social e jurídica, enfrentando a sua repercussão concreta e efetiva, está imbricada com a potencialidade que se atribui à capacitação de quem compõe, em última análise, a sociedade. Desta forma, quanto mais protegida a dignidade da pessoa humana, mais desenvolvida, culturalmente, a sociedade e mais próxima de uma realização efetiva das possibilidades de seus formadores. Uma sociedade que não perquire, não discute e não confere possibilidades para uma ampliada discussão social e jurídica da importância da pessoa em sua plenitude, e, por assim dizer, integral na perspectiva física e psíquica, deixa de cumprir o seu principal papel: o desenvolvimento integral da pessoa.

Razão pela qual se faz indispensável partir do ponto de vista da obra desenvolvida pelo pensamento do filósofo alemão Immanuel Kant, que

---

[70] TOMASSETTI, Alcides. A configuração constitucional e o modelo normativo do CDC. *Revista de Direito do Consumidor*, São Paulo, v.14, p.28 e segs., maio/jun. 1995.

compreende que só aos seres racionais foi conferida a faculdade de se guiar por princípios. Refere o autor:

"tudo na natureza age segundo leis. Só um ser racional tem a capacidade de agir *segundo a representação* das leis, isso é, segundo princípios, ou; só ele tem uma vontade. Como para derivar as acções das leis é necessária a *razão* a vontade não é outra coisa senão razão prática. Se a razão determina infalivelmente a vontade, as acções de um tal ser, que são conhecidas como objectivamente necessárias, são também subjectivamente necessárias, isso é, a vontade é a faculdade de escolher só aquilo que a razão, independentemente da inclinação, reconhece como praticamente necessário, quer dizer, como bom."[71]

Na perspectiva de Immanuel Kant, ao longo de sua obra, pode ser esclarecida a amplitude do papel do ser por meio do seu ato de vontade apontando os seus contornos:

"a vontade é uma espécie de causalidade dos seres vivos, enquanto racionais, e a *liberdade* seria a propriedade desta causalidade, pela qual ela pode ser eficiente, independentemente de causas estranhas que a *determinem*; assim como necessidade natural é a propriedade da causalidade de todos os seres irracionais de serem determinados à atividade pela influência de causas estranhas."[72]

Compreender a dignidade da pessoa humana abarca uma séria discussão no campo das idéias na esfera jurídica constitucional e no campo de todas as relações na esfera do direito infraconstitucional inclusive, além de outras repercussões do pleno desenvolvimento da pessoa na perspectiva física, emocional, intelectual e psíquica, porém este estudo não tem esta dimensão e permite-se deixar de enfrentá-la.

Todavia, cabe ponderar que a Lei nº 10.406, fruto do projeto coordenado por Miguel Reale, poderia ter avançado nesta matéria; provavelmente a melhor opção seria o emprego de uma cláusula geral do direito de personalidade, como procedeu relativamente a um dos seus aspectos, qual seja, o direito ao resguardo da vida privada. Conforme Judith Martins-Costa descreve:

"Poderia assim criar uma ponte com o princípio constitucional da dignidade da pessoa e com os direitos constitucionais sociais, também atinentes às dimensões da personalidade, sendo indiscutível que a atual ênfase numa esfera de valores existenciais da pessoa deve-se,

---

[71] KANT, Immanuel. *Fundamentação da metafísica dos costumes.* Tradução de Paulo Quintela. Lisboa: Edições 70, 1995. p. 47.

[72] KANT, p. 93.

entre outros fatores, à compreensão do papel desempenhado pelos princípios constitucionais no Direito Civil. Estes, para além de constituírem normas jurídicas atuantes nas relações de direito Público, têm incidência especial em todo o ordenamento e, nesta perspectiva, também no direito Civil, disciplina das relações jurídicas travadas entre os particulares entre si."[73]

A Lei nº 10.406, de 10.01.2002, cuidou da indenização em razão da indevida utilização da imagem,[74] porém perdeu a oportunidade para proteger também na perspectiva preventiva. Refere Martins-Costa: "Uma efetiva tutela da imagem é absolutamente necessária num tempo em que a indústria do *marketing* conduz à decisão de valores do pudor pessoal e da intimidade, em que o totalitarismo das empresas de comunicação tudo transforma em matéria de sua ganância".[75] Nesta situação uma cláusula geral de proteção à imagem, juntamente com a norma do art. 21, e outra relativa ao direito geral de personalidade por certo encenariam maior flexibilidade e permeabilidade conferidas às relações civis e aos valores constitucionais fundamentais.[76] Conforme Miguel Reale denominou de "valor-fonte" do ordenamento, a pessoa humana, considerada em sua dignidade, mas projetando para a fácil construção e o desenvolvimento jurisprudencial de novas hipóteses que não se restringem ao reconhecimento dos tradicionais atributos, como a honra, o nome, a imagem, a

---

[73] Ver MARTINS-COSTA, J. *O projeto de Código Civil Brasileiro*: em busca da "ética da situação", estudo originalmente elaborado para integrar volume acerca da codificação nas Américas, a ser publicado na Revista Jurídica de La Universidad Interamericana de Puerto Rico, inédito. p.14. No mesmo sentido, consulte-se Pietro PERLINGIERE, *Il Diritto Civile nella legalità constituzionale*. Nápoles: Edizione Scientifiche Italiane, 1991, Joaquim Arce FLORES-VALDEZ, *El Derecho Civil Constitucional*. Madrid: Civitas, 1986; Konrad HESSE, *Derecho Constitucional y Derecho Privado*. Madrid: Civitas, 1985. Na literatura brasileira, Maria Celina Bodin de MORAES, A caminho do Direito Civil-Constitucional. *Revista Direito, Estado e Sociedade*, Rio de Janeiro, n.1, p.59, jul./dez. 1991. p.59, Teresa NEGREIROS, *Fundamentos para uma interpretação constitucional do princípio da boa-fé*. Rio de Janeiro: Renovar e Luís Afonso HECK, Direitos fundamentais e sua influência no Direito Civil. *Revista da Faculdade de Direito da UFRGS*, Porto Alegre, n.16, p.111, 1999.

[74] No artigo 20, que guarda a seguinte redação: "Salvo se autorizadas, ou se necessárias à administração da justiça ou à manutenção da ordem pública, a divulgação de escritos, a transmissão da palavra, ou a publicação, a exposição da imagem de uma pessoa poderão ser proibidas, a seu requerimento e sem prejuízo da indenização que couber, se lhe atingirem a honra, a boa fama ou a respeitabilidade, ou se se destinarem a fins comerciais. Parágrafo único. Em se tratando de morto ou de ausente, são partes legítimas para requerer essa proteção o cônjuge, os ascendentes ou os descendentes".

[75] MARTINS-COSTA, *O projeto...*, p. 15.

[76] Conforme se enfrentará com mais detalhes no capítulo seguinte, a Constituição Federal brasileira, no inciso III do artigo 1º, conferiu a dignidade da pessoa humana entre os valores fundamentais da República, tratando, no art. 5º, dos direitos fundamentais individuais, como os de proteção da vida, da saúde, da honra, da imagem, da vida privada e da intimidade das pessoas. O artigo. 21 da Lei nº 10.406, de 10.01.2002, prescreve: "A vida privada da pessoa *natural* é inviolável, e o juiz, a requerimento do interessado, adotará, as providências necessárias para impedir ou fazer cessar ato contrário a esta norma".

intimidade e a vida privada, mas tem alargada possibilidade de contínua expansão.[77]

Na elaboração da Lei n° 10.406, de 10.01.2002, percebe-se uma inédita proteção à tutela da vida da pessoa natural e uma ampliação via cláusula geral das atribuições do juiz que adotará as medidas e providências que julgar necessárias para impedir ou fazer cessar ato contrário à inviolabilidade dos direitos da pessoa natural.

Conclusão

A título de conclusão, mesmo que temerária, sinto que novos ventos sopram e esta legislação traz consigo a opoutunidade de se discutir e realizar a constante mudança necessária para que o direito cumpra seus objetivos de atender em essência e substância o desejo e projeto de se fazer justiça, conforme os princípios constitucionais de igualdade e dignidade da pessoa humana. Vive-se um momento em que qualquer obra legislativa é compreendida em suas escolhas e se projeta os seus efeitos, por isso não se trata de uma obra a ser contemplada, mas um projeto a ser constantemente aprimorado.

Nasce neste ano de 2003 o Código Civil brasileiro com virtudes inquestionáveis e problemas retocáveis que lança a todos nós um desafio merecedor de esforços vigorosos para fazer brilhar as corajosas iniciativas fincadas no novo código, que ao surgir traz consigo muito de seus idealizadores, mas despreende-se deles para ser de responsabilidade de todos nós.

Com o objetivo do diálogo constante e fruto da experiência como professora e advogada este trabalho se realiza, nos limites do possível, com vistas a aprimorar-se a cada dia de vida da nova codificação. Ao Professor Coordenador desta obra, Doutor Ingo Wolfgang Sarlet, o agradecimento pela confiança depositada.

---

[77] Judith Martins-Costa comenta que, para Miguel Reale, "O valor da pessoa humana como 'valor fonte de todos os valores' ou 'valor fonte do ordenamento' tem sido objeto de atenção de REALE desde os seus primeiros escritos filosóficos, ainda na década de 1940, do século passado, sendo versado já em *Fundamentos do Direito*. (1.ed., 1940, 3.ed., São Paulo: Revista dos Tribunais, 1998). Porém é em *Pluralismo e liberdade*. (Rio de Janeiro: Expressão e Cultura, 1998. - 2.ed., 1.ed. 1963) que assentará com todas as letras que o 'problema central da axiologia jurídica, vista em função da experiência histórica, é o relativo ao valor da pessoa humana', ali produzindo, notadamente no Capítulo V, notáveis ensaios" (MARTINS-COSTA, O projeto..., p. 15).

3. Contribuição para uma teoria híbrida dos direitos de personalidade[1]

CLÁUDIO ARI MELLO
Professor de Direito Constitucional do Campus de Uruguaiana da PUCRS e Promotor de Justiça

Sumário: 1. Introdução; 2. Fundamentos históricos e filosóficos; 3. A fundação constitucional dos direitos de personalidade; 4. A tutela da personalidade como um interseção entre o direito constitucional e o direito privado; 5. As fontes normativas do direito geral de personalidade; 6. Os atributos intrínsecos dos direitos de personalidade; 7. A tutela judicial; 8. Conclusão.

1. Introdução

Na antiga querela jurídica entre a vontade de estabilidade e a necessidade de dinâmica, o direito civil esteve sempre do lado da primeira. O direito civil moderno caracterizou-se pela reivindicação de imutabilidade e de fechamento para o restante do *corpus* do direito, em um cenário em que ele não apenas seria o sol do sistema jurídico, como sobreviveria com autonomia e independência normativa em relação aos demais componentes do sistema. Mas desde Heráclito sabe-se que a imutabilidade não é um atributo das coisas deste mundo, que nada está em repouso, nada é constante e tudo flui. Não foi e não poderia ter sido diferente com o direito civil.

As fissuras fizeram-se sentir em meados do século XX. As constituições, originalmente idealizadas como meros estatutos de organização jurídica do Estado, passaram a incorporar, depois de 1945, institutos

---

[1] Este artigo é resultado de estudo desenvolvido e apresentado na disciplina Direito Civil e Sociedade, ministrada pelo Professor Doutor Eugênio Facchini Neto, no curso de Mestrado em Direito do Estado da Pontifícia Universidade Católica do Rio Grande do Sul, no segundo semestre de 2001.

nucleares do direito privado, determinando um deslocamento normativo que alterou radicalmente o perfil do sistema jurídico e da ciência do direito. O contágio tornou-se inevitável. O direito deixava de ser apenas pluridisciplinar e tornava-se interdisciplinar. Abandonava o paradigma da segmentação para adotar um modelo simbiótico. A constitucionalização do direito civil é o sintoma mais nítido dessa dinâmica.[2]

Os seus fundamentos ideológicos também foram abalados. Era um direito pensado a partir de uma raiz particular e contingente que havia vencido, política e economicamente, nos séculos XVIII e XIX: o homem burguês. Por essa via ideológica, o direito civil impôs à sociedade uma universalização violenta e enganosa. Em lugar algum o homem dos códigos civis representava a totalidade dos modelos sociais. Sociologicamente, os códigos civis foram uma fraude. A universalização violenta do particular começou a ruir cedo, já em meados do século XIX, mas o modelo burguês foi suficientemente resistente para preservar o monopólio do direito privado por ainda um século. Essa queda está representada no deslocamento das atenções normativas do direito civil, da proteção da propriedade do homem burguês para a tutela da pessoa, considerada em toda sua diversidade e complexidade. Por isso se diz que o direito civil experimentou um processo de personalização.

A constitucionalização e a personalização do direito civil são os paradigmas que orientam este estudo sobre os direitos de personalidade. Produto eminente desses dois fenômenos recentes do direito, a tutela da personalidade humana através do instituto do direito subjetivo exerce uma função estratégica de grande relevância para a vida social da pessoa, tanto em suas relações com o Estado, quanto no universo das relações privadas.[3] Essa importância reforçou-se no direito civil brasileiro com a pioneira inclusão de um capítulo disciplinando os direitos da personalidade no Novo Código Civil.

A proposta do estudo é efetuar uma revisão panorâmica geral sobre os pontos fundamentais do tema, partindo da premissa de que é possível conceber uma teoria geral dos direitos de personalidade, capaz de fornecer uma dogmática dessa classe de direitos efetivamente afinada com os novos

---

[2] O fenômeno insere-se em um movimento de constitucionalização do direito como um todo, cuja complexidade não recomenda um exame nos limites desse ensaio, conquanto seus reflexos no direito privado sejam enfocados no momento propício. Para uma perspectiva geral sobre o fenômeno, ver Riccardo Guastini, *Lezione di diritto costituzionale*. Torino: G. Giappichelli editore, 2001, p. 203-231; e a obra coletiva, dirigida por Bertrand Mathieu e Michel Verpeaux, *La constitutionnalisation des branches du droit*. Paris: Presses Universitaires D'Aix-Marseille, 1998.

[3] O estudo não analisa a conveniência filosófica desse processo característico das sociedades ocidentais contemporâneas. Para sua crítica, ver Alaisdair MacIntyre, *After Virtue*. Notre Dame; University of Notre Dame Presss, 1984; e *Justiça de quem? Qual racionalidade?* São Paulo: Edições Loyola, 1991.

paradigmas do direito civil, que, como disse, constituem o eixo intelectual sobre o qual repousa o estudo. Não tenho a pretensão de haver esgotado ou aprofundado qualquer dos pontos examinados. Como adianta o título, o objetivo é de contribuir para um debate que, no Brasil, não passa de incipiente.

2. Fundamentos históricos e filosóficos

Os direitos da personalidade podem ser considerados uma categoria recente do pensamento jurídico ocidental. O primeiro movimento codificatório, no século XIX, do qual o Código Civil Brasileiro de 1916 foi um representante tardio, não os acolheu como uma classe autônoma e específica de direitos subjetivos. Seu surgimento no direito contemporâneo ocorreu gradativamente ao longo do século passado e consolidou-se tanto no direito positivo, através da inserção de direitos da personalidade nos códigos editados após a segunda guerra mundial, quanto na ciência jurídica, que passou a desenvolver uma teoria geral dos direitos da personalidade.

A eclosão dessa nova categoria de direitos, ampliando o espectro dos direitos subjetivos privados clássicos, ilustra uma transformação decisiva do direito privado ao longo do século XX. O centro de gravidade dos direitos subjetivos estava na proteção da propriedade, com os códigos limitando-se a regular a atividade econômica do homem-proprietário. De fato, os códigos tutelavam os institutos da propriedade propriamente dita, do contrato e das sucessões, instrumentos de circulação da propriedade; mesmo quando regulavam a vida familiar, concentravam-se especialmente no regime de bens da relação matrimonial. Nesse sentido, é perfeitamente adequado qualificar o direito privado da primeira codificação como *patrimonialista*, em consonância com os fundamentos culturais, políticos e econômicos que ensejaram o surgimento dos primeiros códigos civis. Como se sabe, foi a hegemonia política e econômica da burguesia que reivindicou a segurança e a certeza como os valores máximos a serem garantidos pelos sistemas jurídicos. Além disso, a sociedade burguesa colonizou o direito a fim de instrumentalizá-lo para assegurar condições sociais, políticas e econômicas propícias para a reprodução do seu modelo de sociedade. O direito privado foi o instrumento político-jurídico por excelência do projeto social da burguesia.

O homem era filtrado na sua recepção pelo sistema jurídico. Os códigos civis cuidavam apenas de regular as relações com repercussão patrimonial estabelecidas pelas pessoas. Tudo quanto escapava à órbita do patrimônio desinteressava ao direito privado. Ora, essa situação era uma conseqüência natural dos fundamentos ideológicos do direito privado liberal.[4] O grande sonho do burguês era reduzir o homem a proprietário-contratante. MacPherson, estudando as origens intelectuais do individualismo possessivo na modernidade, demonstrou que desde o movimento dos *levellers*, na Inglaterra do século XVI, o homem passou a ser considerado *proprietário* de sua própria *pessoa*, filosofema assumido mais tarde como ponto cardeal da teoria política de Locke, para quem "todo o homem tem a propriedade de sua pessoa, sobre a qual ninguém tem direito, a não ser ele mesmo."[5]

Nesse cenário, a proteção de aspectos extrapatrimoniais do ser humano não poderia deixar de ser meramente marginal e ancilar à tutela da propriedade. A sanção civil ao dano moral, que simbolizou a ruptura com o direito privado possessivo, foi obra produzida com muito custo pela doutrina e pela jurisprudência ao longo do século XX, e sua afirmação só se consolidou, a rigor, nas últimas décadas do século passado.

Aos poucos, contudo, a evolução da sociedade e da própria cultura jurídica impôs uma mudança do foco de atenção do direito privado acerca do homem e das suas relações sociais. O elevado grau de complexidade das sociedades modernas evidentemente não se encaixa no limitado espectro do homem burguês. Em diferentes níveis, as sociedades ocidentais modernas são compostas por categorias sociais distintas entre si e muito diferentes do modelo burguês. Grande parte das nações ocidentais é formada por indivíduos sem propriedade, e as principais relações em que eles se envolvem concernem a bens distintos da propriedade imobiliária e seus acessórios, objeto da preocupação central do direito civil da primeira codificação. As relações de trabalho e de consumo têm impacto bem mais intenso e são muito mais freqüentes na vida da grande maioria dessas populações, e nenhuma delas foi disciplinada naqueles estatutos legais.

Por outro lado, a descoberta da personalidade humana, como um aspecto inerente à natureza do homem e fundamental para a sua qualidade de vida, despertou a necessidade de tutelar alguns desses valores através do direito. É evidente que a personalidade acompanhou desde sempre a natureza humana. Sem embargo, a percepção da sua própria existência e da sua complexidade e relevância para a vida humana é relativamente recente. Conquanto se possa reportar aos gregos para afirmar que o estudo

---

[4] Ver Judith Martins-Costa. Os danos à pessoa no direito brasileiro e a natureza da sua reparação. *Revista dos Tribunais*, vo. 789, jul. 2001, p. 21-47.

[5] MacPherson, C. B.. *A teoria política do individualismo possessivo*. Rio de Janeiro: Editora Paz e Terra, 1979, p. 117-169 e 226. Como se sabe, Locke desenvolveu uma concepção ambígua de propriedade no Segundo Tratado sobre o Governo Civil, por vezes sustentando uma noção abrangente de propriedade, nela incluindo a vida, a liberdade e a posse de bens materiais, noutras limitando o conceito de propriedade à definição tradicional de domínio de terras e demais bens patrimoniais. Cf. *Segundo Tratado do Governo Civil*. São Paulo: Editora Vozes, 1994.

de fatores psicológicos da natureza humana é antigo, é apenas com o cristianismo que a subjetividade do homem é revelada e passa a ser objeto de atenção e estudo. Mesmo assim, as sociedades ocidentais não estavam maduras para lidar com a descoberta do indivíduo e sua subjetividade, de modo que foi precária e instável a proteção da personalidade humana. É com o radical desenvolvimento da psicologia a partir dos estudos de Sigmund Freud e seus discípulos e sucessores,[6] no final do século XIX, e da mudança de foco do discurso cristão, iniciada na mesma época, que ganham impulso a atenção e a tutela de alguns elementos da personalidade humana.

Essas mudanças culturais repercutiram no direito privado. A ancoragem do sistema jurídico-civil na proteção da propriedade perdeu sustentação. Como resultado, teve início um processo de gradual despatrimonialização[7] e um movimento de personalização do direito civil, ou seja, o eixo axiológico do direito civil deixou de ser a proteção do patrimônio e passou a ser a proteção do homem, inclusive de elementos intrínsecos a sua subjetividade.

Desde então, não são apenas os bens externos à subjetividade humana, necessários em maior ou medida para assegurar o êxito de determinadas finalidades do homem unificado pela ideologia burguesa, que são objeto de normatização jurídica. Os elementos intrínsecos à pessoa como tal, em toda a sua complexidade natural e histórica, racional e emocional, irrompem como fundamentais para garantir a felicidade humana, e essa fundamentalidade não pôde mais ser ignorada pelo sistema jurídico. A honra, a reputação, a imagem, o nome e os atributos humanos que determinam a positividade ou negatividade das relações da pessoa com outros indivíduos e a comunidade em geral; a afetividade, a sexualidade, a integridade física e psíquica, todos os fatores fisiológicos, psicológicos e emocionais que são decisivos para o bem-estar humano compõem, da mesma forma, um conjunto de elementos que, dada a sua fundamentalidade para a felicidade do homem, exigem a atenção incisiva do direito. E embora ainda inexplorada pela doutrina – conquanto sempre reconhecida pelo Direito moderno, também a religiosidade é atributo fundamental da natureza do homem.

Pois todos esses elementos intrínsecos à "humanidade essencial" da pessoa, que concernem a sua personalidade, ou seja, à dimensão existencial

---

[6] Ver Judith Martins-Costa. *Os danos à pessoa no direito brasileiro e a natureza da sua reparação*, *cit.*, p. 22.

[7] Conforme registra Pietro Perlingieri, o termo despatrimonialização não pretende significar uma "expulsão do conteúdo patrimonial" da ordem jurídica, mas a sua submissão aos valores que permitem o livre desenvolvimento da pessoa. *Perfis do Direito Civil*. Rio de Janeiro: Editora Renovar, 1999, p. 33.

da subjetividade humana, compreendem hoje os *direitos de personalidade*. São direitos subjetivos que protegem a *identidade* e a *subjetividade* do *self* do homem, não as coisas externas que se sujeitam ao *ter* do homem, da pessoa como agente possuidor de bens exteriores ao seu próprio *self*. Protegem o que a pessoa é, não o que a pessoa tem. Reclama-se que se resguarde o que a pessoa tem de *ser*, não o que ela tem de *seu*. Por isso a referência a uma transformação ontológica do direito privado, desde um direito patrimonial destinado a tutelar as relações possessivas para um direito centrado na subjetividade humana, em que se demanda o respeito pelo que a pessoa humana é enquanto uma singularidade em sua situação existencial necessariamente própria, um *self* singular que não pode ser vítima do imperialismo de qualquer "Eu" individual mais poderoso ou do "Eu" hipostasiado no Estado.

Esse processo envolveu uma invasão da *interioridade humana* e um refluxo da *exterioridade objetivista* no mundo jurídico. Tais mudanças implicaram uma ruptura com uma certa neurose da formalidade e da assepsia jurídicas, que reivindicava para o direito o *status* de um espaço imune às incertezas e inseguranças do mar revolto da subjetividade humana. O amor, a moralidade, o sofrimento, a vaidade, o prazer e a religiosidade foram sempre temas proscritos à investigação e à prática do Direito, ilhas de sereias para as quais o jurista Ulisses deveria cerrar os ouvidos a fim de evitar o naufrágio e a perdição. A dor moral, o pleito pelo respeito a esferas muito íntimas do ser, o amor como exigência ética nas relações intersubjetivas constavam no *index* dos temas proibidos ao jurista e à lei. Kelsen deu o amor como exemplo de tema intocável pelo Direito.

Tudo isso não se pôde manter impávido quando o humanismo cristão expôs que, a despeito da animalização do homem, promovida com evidências científicas tão irresistíveis pelo darwinismo, apesar da mercantilização do homem imposta pela lógica burguesa, há algo que resiste à ciência e à frieza impassível do capital, e esse algo pode chamar-se de alma, de espírito ou de outro nome qualquer, mas é um algo que habita o interior inexpugnável da pessoa, que a faz única e unicamente humana, que reivindica o que nela está sempre além da animalidade e da mercantilidade. Esse algo é a subjetividade ou, para usarmos a expressão assumida no discurso jurídico contemporâneo, a personalidade singular da pessoa humana.[8]

Também não pôde resistir à exuberância das provas sobre a função da sexualidade para a saúde mental humana, estrada que, aberta assim por Freud, permitiu, desde a investigação da sexualidade, acessos antes im-

---

[8] Como disse Emmanuel Levinas, "Existe uma tirania do universal e do impessoal, ordem inumana, embora diferente do brutal. Contra ela, afirma-se o homem como singularidade irredutível". *Totalidade e infinito*. Lisboa: Edições 70, 1980, p. 220.

pensáveis a tantos outros mundos da nossa personalidade. Os estudos sobre o narcisismo esclareceram como a pessoa vive, convive e depende da sua vaidade, da imagem que faz de si e da que pensa que de si fazem os outros indivíduos. A gênese das misérias psicológicas, a origem dos traumas familiares, dos traumas físicos e psíquicos, as dificuldades e por vezes impossibilidades de superá-los. As repressões, as rejeições, os recalcamentos, as perversões, e assim tantos caminhos obscuros e incertos, mas ainda assim tão decisivos para o bem-estar do homem, que foram aflorando ao longo do século passado no curso das explorações psicanalíticas e revelando ao homem o que é mesmo ser um homem. E o que ele reconheceu em tudo isso foi, mais uma vez, que ele *é* uma personalidade, que ele *é* uma subjetividade.

E como se nada disso fosse suficiente para arrasar o paradigma central de homem do direito privado dos códigos civis burgueses, a perplexidade profunda, que se expressou como incredulidade e estupefação, diante da *reductio ad absurdum* da humanidade na Segunda Guerra Mundial, feriu gravemente a crença triunfante e presunçosa na racionalidade técnica e formal que deu suporte intelectual ao direito privado patrimonialista. Zagrebelsky foi feliz ao sintetizar o choque da racionalidade moderna frente ao nazismo: "Auschwitz é um acontecimento ambivalente. Nos mostra que nunca deveria ter acontecido de acordo com a idéia que temos de nós mesmos, mas nos mostra que ainda assim aconteceu. E aconteceu porque assim o quiseram os próprios homens. Na natureza humana há horror por Auschwitz, mas nela estão também as causas que o produziram."[9]

A racionalidade técnica e formal havia avalizado o positivismo jurídico e as teorias puras do direito. O projeto cientificista e antijusnaturalista fornecera os argumentos para expulsar os valores, a moral e a subjetividade do discurso e da *praxis* jurídicos. Sua desautorização desde a queda dos regimes totalitários deixou tanto o positivismo quanto o purismo jurídicos órfãos de uma instância teórica legitimadora, e com isso não foi possível impedir que o mundo jurídico fosse invadido por valores, pela moral, pela subjetividade e, de resto, por muitos outros fatores que, sob a hegemonia positivista, eram classificados como instâncias metajurídicas, com isso significando que não se prestavam para a ciência e para a prática do direito.

O fenômeno da personalização do direito civil, representado pelo surgimento dos direitos de personalidade, além de expressar a percepção da existência da subjetividade, pressupõe também a tomada de consciência da vulnerabilidade da subjetividade. A fundamentalidade de muitos atributos da personalidade humana, associada à sua fragilidade, exigiu que o direito promovesse a tutela da personalidade, justamente através de direi-

---

[9] Zagrebelsky, Gustavo. *El Derecho Dúctil*. 3ª edição. Madrid: Editorial Trotta, 1999, p. 106.

tos subjetivos cujo objeto é composto por aspectos da própria subjetividade. Veremos a seguir que esse processo não começou no direito privado, mas no direito constitucional.

3. A fundação constitucional dos direitos de personalidade

A assimilação inicial da proteção da personalidade pelos sistemas jurídicos não ocorreu através do direito privado. Foi no âmbito do direito constitucional que ela se originou, com a tutela dos direitos fundamentais nas constituições modernas. Como se sabe, a gênese histórica, filosófica e política dos direitos fundamentais do homem está na reserva de um espaço de autonomia individual protegido em face do exercício arbitrário e abusivo do poder político. A primeira geração de direitos fundamentais foi constituída de posições jurídicas subjetivas de defesa da pessoa contra o Estado, sob o fundamento de que o homem possui atributos naturais cuja proteção é indispensável para que atinja a felicidade e o bem-estar, e o Estado revelou-se, no curso da história moderna, o grande responsável pela violação desses atributos. E embora a propriedade tenha figurado quase sempre nas declarações de direitos fundamentais que foram sendo inscritas nas constituições modernas, os direitos fundamentais de primeira geração cuidaram principalmente de defender aspectos vinculados à personalidade do homem, como as liberdades e igualdades e a privacidade, e não bens externos à subjetividade humana.

A preocupação em promover a reserva de atributos intrínsecos da pessoa humana esteve presente de modo muito expressivo já na Declaração de Independência dos Estados Unidos da América, de 1776. Naquele texto, os representantes do povo americano fizeram constar que consideravam como verdades auto-evidentes que todos os homens são criaturas iguais e que são dotados pelo seu criador de direitos inalienáveis, entre os quais a vida, a liberdade e a busca da felicidade, e os governos são instituídos para assegurar esses direitos, de tal modo que perdem a legitimidade quando se voltam contra os governados, e por eles podem ser destituídos.[10]

Desde então, o recurso à categoria do direito subjetivo para defender valores fundamentais do homem contra agressões externas transformou-se no eixo filosófico do pensamento político e jurídico moderno. E perceba-se que a referência à felicidade, na Declaração de Independência norte-americana, não é acidental: ela revela uma marca decisiva no constituciona-

---

[10] Para uma análise geral das declarações de direitos humanos, desde a Idade Média até a história moderna, ver Fábio Konder Comparato, *A afirmação histórica dos direitos humanos*. São Paulo: Editora Saraiva, 1999.

lismo moderno, de garantir condições políticas gerais que permitam ao indivíduo o livre desenvolvimento de sua personalidade, concepção que representa sinteticamente a idéia de felicidade do mundo ocidental.

Mais recentemente, sobretudo a partir da catarse política e jurídica coletiva que se seguiu à Segunda Guerra, quando as concepções culturais de homem e sociedade tiveram de ser profundamente repensadas, a proteção da personalidade humana através de direitos subjetivos constitucionalmente assegurados foi sintetizada pela concepção de dignidade da pessoa humana. É bem verdade que essa era uma noção presente já no pensamento medieval cristão e na filosofia da ilustração. Sem embargo, a partir do segundo pós-guerra, a dignidade da pessoa humana converteu-se em uma idéia reguladora do pensamento político e jurídico contemporâneo, para ela convergindo a fundamentação de quase todos os direitos fundamentais, inclusive aqueles concernentes à tutela específica da personalidade. No Preâmbulo da Declaração Universal dos Direitos do Homem, de 1948, o primeiro *considerando* reporta-se ao "reconhecimento da dignidade inerente a todos os membros da família humana e de seus direitos iguais e inalienáveis", e o artigo 1º afirma que "todos os homens nascem livres e iguais em dignidade e direitos. São dotados de razão e consciência e devem agir em relação uns aos outros com espírito de fraternidade".

Portanto, há uma interdependência entre a idéia de dignidade da pessoa humana e a proteção dos direitos individuais fundamentais que se articula ao nível constitucional desde o início da história do Estado de Direito, muito embora essa relação só se tenha explicitado definitivamente na segunda metade do século XX. E na mesma medida há uma linha de confluência entre a proteção de direitos individuais fundamentais e personalidade humana, porquanto os aspectos centrais da subjetividade do homem foram sempre o objeto preferencial dos direitos fundamentais. De fato, os direitos de tutela da vida, da integridade física, da liberdade, privacidade, contra tratamentos discriminatórios ou cruéis são instrumentos jurídico-políticos de proteção de bens diretamente vinculados à felicidade, ao bem-estar e à dignidade humana, e cada um deles reserva atributos inerentes à personalidade humana.

Por conseguinte, os direitos de personalidade têm sua gênese histórica, enquanto instrumentos jurídicos de proteção de aspectos da subjetividade humana, na categoria de direitos fundamentais individuais, que originalmente eram direitos atribuídos a indivíduos contra o Estado, destinados a preservá-los do uso arbitrário e abusivo do poder político. Seu espaço existencial era o direito público, não o direito privado.[11]

---

[11] Tepedino, Gustavo. A Tutela da Personalidade no Ordenamento Civil-constitucional Brasileiro. In: *Temas de Direito Civil*. Rio de Janeiro: Editora Renovar, 2001, p. 33.

Com efeito, o reconhecimento de direitos da personalidade no direito privado é bem mais recente do que a proteção jurídica dos direitos fundamentais. Pode-se localizar adequadamente sua assimilação pelo direito civil a partir da nova onda de codificação que se inicia depois da Segunda Guerra Mundial. Nesse caso, não é evidentemente mera coincidência que a globalização do constitucionalismo norte-americano, que combina a proteção efetiva de um catálogo de direitos fundamentais com a organização do Estado no conteúdo constitucional, tenha ocorrido na mesma época. Como foi dito, o impacto da desumanidade total provocado pelo nazismo e regimes semelhantes, na primeira metade do século, e a exposição da interioridade do ser pela psicologia impuseram ao direito, de um modo geral, uma viagem para dentro do homem, uma reversão do *patrimoniocentrismo* da civilística clássica em direção à personalização do direito, inclusive do direito civil.

É bem verdade que o direito civil da codificação liberal não ignorava de todo a personalidade humana. Assim, por exemplo, o artigo 1.538 do Código Civil de 1916 instituiu uma clara hipótese de indenização por lesão ao direito à integridade física e psicológica. O *caput* do dispositivo determina o pagamento de um valor referenciado na multa criminal correspondente ao ato ilícito, a fim de reparar o sofrimento suportado pela vítima, e o § 1º prevê a duplicação da multa quando do ferimento resultar aleijão ou deformidade permanente. Se a vítima do aleijão ou deformidade fosse mulher solteira ou viúva, ainda capaz de casar, a indenização consistiria num dote, de valor proporcional às posses do ofensor e à gravidade do defeito. O artigo 1.547, por seu turno, previa a reparação do dano à honra em caso de injúria ou calúnia. O artigo 1.548 dispunha sobre um caso especial de indenização por dano à honra da mulher nas seguintes situações: a) defloramento da mulher virgem e menor; b) violência sexual física ou moral, mediante ameaças "aterradoras", contra mulher honesta; c) sedução com promessas de casamento; d) rapto. O artigo 1.549 continha uma cláusula geral sobre o ressarcimento de danos morais causados por crimes de violência sexual. Por fim, os artigos 1.550 e 1.551 previam o direito à indenização por ofensa extrapatrimonial à liberdade pessoal nos casos de: a) cárcere privado; b) prisão por queixa ou denúncia falsa e de má-fé e c) prisão ilegal.

Todas essas hipóteses legais do Código Civil de 1916 eram situações legais típicas e expressas de proteção de direitos da personalidade mediante a prescrição da reparação dos danos extrapatrimoniais ou morais causados pela ofensa ilícita. Estão protegidos pelas normas os direitos à liberdade, à integridade física e psicológica, à honra, à reputação e à imagem. A dor e o sofrimento pessoal íntimos estão evidentemente subjacentes às espécies normativas, e é a elas que se endereça a reparação em dinheiro prescrita nos comandos legais.

Pois a despeito da clareza da redação dos artigos citados, que permitiriam mesmo ao jurista contemporâneo mais conservador extrair do texto, através de uma interpretação literal, a intenção inequívoca do legislador de impor a indenizabilidade do dano exclusivamente moral, independentemente da coexistência de lesão patrimonial, ainda assim a doutrina e a jurisprudência civilistas brasileiras resistiram a aceitar a possibilidade de reparação do dano moral praticamente até a promulgação da Constituição Federal de 1988, que, no artigo 5º, incisos V[12] e X,[13] previu expressamente a possibilidade de indenização do dano exclusivamente moral. Isso demonstra que a ciência jurídica e os práticos do direito extraem do direito positivo apenas as conseqüências que lhes interessam ou aquelas exigidas pela cultura predominante em cada época.

Assim, o verdadeiro *turning point* da proteção jurídica da personalidade está na positivação de direitos humanos vinculados à personalidade humana nas constituições do segundo pós-guerra. É somente após a difusão dos direitos fundamentais nos sistemas jurídicos nacionais que adotaram o constitucionalismo liberal depois de 1945, que se difundem e se positivam os direitos da personalidade. Por conseqüência, a ligação íntima que ainda hoje persiste entre direitos fundamentais e direitos da personalidade tem razões históricas bem definidas e concretas.

E essa relação é, de fato, inquestionável. A primeira constituição escrita, a Constituição dos Estados Unidos da América de 1787, desde que recebeu as emendas do *Bill of Rights*, em 1791, já previu direitos de proteção da personalidade.[14] A primeira emenda[15] tutela os direitos de autonomia religiosa, através das liberdades de crença e de expressão religiosas, vale dizer, preserva a religiosidade, aspecto imanente à subjetividade do ser humano em todos os tempos e em todos os lugares do mundo. A mesma emenda assegura o direito à liberdade de expressão, outro aspecto fundamental ao livre desenvolvimento da personalidade. A quinta emenda[16] e depois a décima quarta emenda[17] garantem os direitos à vida e à liberdade, de que as pessoas não podem ser privadas sem o devido

---

[12] "É assegurado o direito de resposta, proporcional ao agravo, além da indenização por dano material, moral ou à imagem."

[13] "São invioláveis a intimidade, a vida privada, a honra e a imagem das pessoas, assegurado o direito a indenização pelo dano material ou moral decorrente da sua violação."

[14] Para um excelente histórico sobre a proteção da personalidade no direito constitucional norte-americano, ver Laurence Tribe, *American Constitutional Law*. New York: The Foundation Press, 1988. p. 1.302-1.435.

[15] "Congress shall make no law respecting an establishment of religion, or prohibiting the free exercise thereof; or abridging the freedom of speech, or of the press".

[16] "No person shall be (...) deprived of life, liberty, or property, without due process of law;"

[17] "(...) nor shall any State deprive any person of life, liberty, or property, without process of law; nor deny to any person within its jurisdiction the equal protection of law."

O novo Código Civil e a Constituição

processo legal. A décima quarta emenda assegura, ainda, o direito à igualdade. Além disso, na tradição jurídica norte-americana, um dos mais prestigiados direitos constitucionais consiste no direito à privacidade, que foi definido pelo Justice Louis Brandeis como "the right to be alone – the most comprehensive of rights and the right most valued by civilized men",[18] cuja importância como um dos mais vigorosos instrumentos de proteção da personalidade humana cresceu progressivamente ao longo do século XX, inclusive tendo sido o principal fundamento da célebre decisão *Roe vs. Wade*, de 1973, na qual a Suprema Corte norte-americana considerou inconstitucional a proibição do aborto pelos legisladores federal e estaduais.

Como já registrei, a positivação dos direitos humanos de defesa da personalidade humana nas constituições ocidentais consolidou-se desde 1945, e a Constituição Federal de 1988 seguiu estritamente essa tendência mundial. O artigo 1º define, no seu inciso III, a dignidade da pessoa humana como um dos fundamentos da República, princípio que congloba todos os atributos inerentes à personalidade humana.[19] Depois, o artigo 5º, no *caput* e nos primeiros quinze incisos, tutela diversos direitos de personalidade, sob a categoria de direitos fundamentais. O *caput* garante os direitos à vida, à liberdade e à igualdade. O direito ao igual tratamento volta a ser tutelado no inciso I; o direito geral de liberdade está assegurado pelo inciso II; o direito de liberdade de ir e vir, pelo inciso XV; a integridade física e mental no inciso III, a liberdade de expressão, pelo inciso IV; as autonomias religiosa, filosófica e política, pelos incisos VI e VIII; a privacidade, a intimidade, a honra e a imagem estão preservadas pelo inciso X, sendo que a privacidade e a intimidade estão ainda tuteladas nos incisos XI e XII.

E para além dos direitos fundamentais de personalidade, expressamente previstos no texto constitucional, é não apenas possível, como juridicamente necessário fundamentar diversos outros direitos de personalidade no próprio sistema normativo constitucional, nos princípios e regime adotados pela lei fundamental acerca dos direitos fundamentais, consoante permite a cláusula de abertura do sistema de direitos fundamentais do § 2º do artigo 5º. Dentre eles, merecem destaque o direito à identidade biológica, que permite, por exemplo, alavancar o direito ao reconhecimento da paternidade à escala constitucional, e o próprio direito ao nome, historicamente atribuído ao direito civil. Isso porque, um como

---

[18] Olmsted v. United States, 277, U. S. 438, 478 (1928) (dissenting opinion).

[19] Sobre a constitucionalização do princípio da dignidade humana, ver Marie-Luce Pavia, La porteé de la constitutionnalisation du principe de dignité de la personne humaine. In: Mathieu, Bertrand e Verpeaux, Michel. *La constitutionnalisation des branches du droit.* Paris: Presses Universitaires D'Aix-Marseille, 1998, p. 133-146.

outro concernem a fatores essenciais à própria dignidade da pessoa humana, que não apenas é fundamento da República, como é também valor-fonte básico do próprio sistema constitucional de direitos fundamentais.

À primeira vista seria pertinente a dúvida sobre a validade de uma doutrina civilista dos direitos de personalidade, na medida em que esses direitos encontram-se hoje disciplinados, expressa ou implicitamente, no plano constitucional. Qual seria o propósito de formular uma doutrina privatista e propor uma positivação no plano da legislação ordinária civilista dos direitos de personalidade, se eles se encontram atualmente tutelados em um estágio normativo hierarquicamente mais elevado do que o das normas de direito civil, e se, na condição de direitos fundamentais, contam já com uma teoria jurídica extremamente bem elaborada para sua compreensão e aplicação?

Para responder a essa questão, a doutrina, de modo geral, recorda que os direitos fundamentais foram concebidos para tutelar uma esfera de autonomia privada do indivíduo em face do Estado, para assegurar-lhe mecanismos jurídicos de defesa contra o uso arbitrário e violento do poder político por parte do aparelho estatal. Por conseguinte, os direitos fundamentais nasceram como direitos de defesa do indivíduo contra o Estado, vale dizer, sua *ratio essendi* consiste em impor ao poder político um dever de abstenção ou de não-fazer; portanto, a relação jurídica típica decorrente dos direitos fundamentais de defesa envolve o indivíduo como credor e o Estado como devedor, sendo o dever de abstenção a prestação jurídica objeto da relação.

Muito embora essa seja uma explicação reconhecidamente reducionista e até grosseira do fenômeno dos direitos fundamentais, já que desde sua origem eles já pressupunham ao menos algumas relações jurídicas envolvendo exclusivamente particulares, é possível afirmar que, de modo geral, os direitos fundamentais efetivamente visavam a tutelar a autonomia privada individual em face do Estado. As violações por outros indivíduos não eram, em princípio, objeto de preocupação da teoria e prática jusfundamental. E conquanto diversos direitos individuais estivessem, desde sempre, expostos a ofensas nas relações entre particulares, como o direito à vida, à integridade física, a proteção da igualdade de tratamento e da privacidade, esses aspectos foram historicamente marginalizados na abordagem doutrinária e judicial do tema. Com a exceção do direito penal, as demais áreas do direito relegaram os estudos e a *praxis* dos direitos fundamentais ao direito constitucional, demitindo-se de investigar as necessárias interseções e influências deles nas relações intersubjetivas de natureza privada.

Contudo, era impossível ignorar os efeitos das normas constitucionais de direitos fundamentais sobre as relações jurídicas de natureza

O novo Código Civil e a Constituição

privada.[20] Conforme assinala Carlos Alberto da Mota Pinto, "a *Constituição* contém, na verdade, uma *'força geradora' de direito privado*", e "as normas constitucionais, designadamente as que reconhecem direitos fundamentais, têm, também, eficácia no domínio das relações entre particulares (relações jurídico-privadas), impondo-se, p. ex., à vontade dos sujeitos jurídico-privados nas suas convenções".[21] A compreensão de que as normas de direitos fundamentais das constituições visam não apenas a resguardar os indivíduos frente ao abuso do poder estatal, mas preservar seus bens e interesses mais importantes também nas relações que entretêm com outros indivíduos ou com empresas, representou uma das mais contundentes evidências da ruptura da tradicional separação rígida entre direito público e direito privado, poderosa ideologia que cegara a doutrina civilista para a nova realidade do direito que eclodiu na segunda metade do século XX. Na medida em que extensos setores, outrora regulados exclusivamente na legislação ordinária sobre relações privadas, passaram a ser objeto de normatização constitucional, percebeu-se que a histórica linha divisória entre direito público e direito privado havia se tornado menos segura e precisa, sobretudo porque as normas constitucionais possuem freqüentemente caráter principiológico, com conteúdo normativo denso e expansivo, e portanto passaram a sujeitar um número indeterminado, indeterminável e crescente de relações privadas. A esse fenômeno a doutrina tem chamado de "constitucionalização do direito civil".[22]

A incidência dos direitos fundamentais nas relações jurídicas entre particulares, explorada pela doutrina da eficácia "privada" ou "horizontal" dos direitos fundamentais, é um dos mais importantes reflexos da aproximação entre direito público e direito privado e da conseqüente constitucionalização do direito civil. A rigor, a teoria e a jurisprudência constitucionais do século XX apenas explicitaram uma eficácia dos direitos fundamentais que já existia, mas que não era científica e judicialmente

---

[20] Sobre o tema, ver Konrad Hesse. *Derecho Constitucional y Derecho Privado*. Madrid: Civitas Ediciones, 2001.

[21] Mota Pinto, Carlos Alberto da. *Teoria Geral do Direito Civil*. Coimbra: Coimbra Editora, 1991, p. 72-73.

[22] Há já uma significativa, embora recente, literatura brasileira sobre esse tema. Ver: Tepedino, Maria Celina B. M. A caminho de um Direito Civil Constitucional. *Revista de Direito Civil*, n. 65, jul-set de 1993, p. 21-32; Lobo, Paulo Luiz Neto. Constitucionalização do Direito Civil. In: *Revista do Ministério Público*, n. 45. Porto Alegre, 2001, p. 61 e ss.; Tepedino, Gustavo. Premissas Metodológicas para uma Constitucionalização do Direito Civil. In: *Temas de Direito Civil*. Rio de Janeiro: Editora Renovar, 2ª edição, 2001, p. 1-22; Finger, Júlio César. Constituição e direito privado: algumas notas sobre a chamada constitucionalização do direito civil. *In*: Sarlet, Ingo Wolfgang (org.). *A Constituição Concretizada: Construindo pontes com o Público e o Privado*. Porto Alegre: Livraria do Advogado, 2000, p. 85 e ss; Ramos, Carmem Lúcia Silveira. A constitucionalização do direito privado e a sociedade sem fronteiras. *In*: Fachin, Luiz Edson (co.) *Repensando fundamentos do Direito Civil brasileiro contemporâneo*. Rio de Janeiro: Editora Renovar, 2000, p. 3-30.

explorada, em face, sobretudo, da omissão da doutrina civilista. Por outro lado, a própria autoconsciência do fenômeno no âmbito teórico apenas desvelou uma publicização de setores do direito privado há muito regulados pelo direito público.

Assim aconteceu, por exemplo, com as relações trabalhistas, que, embora sendo travadas exclusivamente no plano privado, desde a primeira metade do século XX passaram a ser progressivamente disciplinadas com exclusividade ou predominância pelo Estado. Em alguns casos, essa publicização do direito do trabalho resultou na sua constitucionalização, como ocorreu no Brasil, onde a Constituição Federal de 1988, seguindo tradição inaugurada com a Constituição de 1934,[23] consagrou os direitos dos trabalhadores como direitos fundamentais sociais e regulou extensamente as relações contratuais de trabalho. Noutros casos, a publicização do direito do trabalho exerceu função de aríete contra o conservadorismo mais radical, que sustentava ser inadmissível a interferência estatal em relações jurídicas reguladas pela autonomia privada, como se sucedeu na época da implementação dos programas do *New Deal* nos Estados Unidos, que sofreram acirrada resistência da Suprema Corte, a qual, com base nas premissas do caso *Lochner vs. New York*, de 1905, julgou reiteradamente inconstitucional a interferência governamental em relações privadas.[24]

Por conseguinte, é preciso investigar, com mais atenção, se o tema dos direitos de personalidade pertence ao direito público, ao direito privado ou se representa, como penso, um *locus* de encontro entre as duas esferas do universo jurídico. É a questão que passo a examinar.

4. A tutela da personalidade como interseção entre o direito constitucional e o direito privado

O desafio que se apresenta à teoria jurídica civilista é verificar se a constitucionalização do direito civil determinou um deslocamento dos setores constitucionalizados para a teoria juspublicista. Ou seja, é preciso investigar se o direito civil tem ainda algo a dizer sobre os conteúdos normativos que migraram da legislação ordinária civil para as constituições. Esse desafio é particularmente importante para o tema dos direitos de personalidade, porquanto esses direitos estão todos, expressa ou implicitamente, tutelados por normas constitucionais de direitos fundamentais, e

---

[23] Art. 121 da Constituição Federal de 1934; art. 137 da Carta Constitucional de 1937; art. 157 da Constituição de 1946; art. 158 da Carta Constitucional de 1967.

[24] Schwartz, Bernard. *A History of the Supreme Court*. New York: Oxford University Press, 1993, p. 190-203 e 225-245.

a categoria dos direitos fundamentais é atualmente objeto das mais elaboradas pesquisas da ciência jurídica, pesquisas que envolvem também o exame da vinculação dos particulares aos direitos fundamentais.[25] Então: haverá, ainda, algum sentido em regular direitos de personalidade na legislação civil e estudá-los sob a ótica do direito privado? O estudo dos direitos de personalidade não pertence à teoria geral dos direitos fundamentais, cujo *locus* científico é exclusivamente o direito constitucional?

Como assinalei alhures, é preciso reconhecer que a *summa divisio* do universo jurídico, a separação rígida entre direito público e direito privado, e, por conseqüência, entre direito constitucional e direito civil, não se sustenta mais. O corte radical típico do apogeu triunfalista do positivismo jurídico está, a essa altura, plenamente superado. O contágio é já inevitável. A sobriedade conceitual e a organização temática do direito civil não podem recusar a contaminação pelas inconstâncias e imprecisões científicas do direito público. O rio caudoloso que separava as duas margens do mundo jurídico secou, e em muitos pontos já se confundem os leitos do direito público e do direito privado. Nesses lugares, nenhuma ponte necessita ser construída. Os direitos da personalidade são um desses lugares-comuns, desses pontos de interseção dos dois universos. Para eles confluem métodos e concepções civilistas e constitucionalistas.

Sem embargo, não há razão alguma para renunciar à autonomia normativa e científica do direito civil enquanto estatuto jurídico da vida privada. Conquanto seja impossível e desaconselhável preservar a vontade de independência do individualismo burguês em relação ao Estado e à sociedade, e embora se deva promover o comércio entre valores e finalidades comunitários e interesses e expectativas particulares, a afirmação de um espaço reservado à individualidade e às relações intersubjetivas relativamente autônomas em face do Estado permanece sendo uma conquista notável da modernidade.

Por outro lado, o direito civil possui em seu patrimônio dogmático uma pletora de institutos jurídicos intelectualmente sofisticados e dotados de longa tradição judicial. Institutos como a teoria das relações jurídicas, a categoria dos direitos subjetivos, a tipologia das obrigações, a teoria geral da responsabilidade civil e a disciplina de liquidação das obrigações, submetidos evidentemente a aperfeiçoamentos, atualizações e contextualizações, continuam sendo instrumentos jurídicos úteis e eficazes no direito das sociedades ocidentais contemporâneas. Todos esses institutos beneficiam em distintos graus a teoria e a prática dos direitos da persona-

---

[25] Seguimos a denominação sugerida por Ingo Wolfgang Sarlet para o problema da chamada eficácia "privada" ou "horizontal" dos direitos fundamentais. V. Direitos Fundamentais e Direito Privado: algumas considerações em torno da vinculação dos particulares aos direitos fundamentais. *Cit.*, p. 107-164.

lidade, razão por que a uma teoria geral dessa espécie de direitos não interessa reivindicar a migração completa para o direito constitucional. Parece-nos que o processo de construção de uma teoria geral dos direitos de personalidade deverá envolver uma confluência e um hibridismo de institutos de direito constitucional e institutos de direito civil.

O fato de que os direitos de personalidade estejam entre os mais antigos e importantes direitos fundamentais, e, portanto, constituam temática jusconstitucional, e ao mesmo tempo estejam a consolidar-se como classe de direitos subjetivos privados, assentados no direito civil, revela o caráter dúplice do instituto. As diversas manifestações da personalidade humana, que são tuteladas por meio de direitos fundamentais, merecem proteção tanto no âmbito das relações entre particulares e poder público, quanto na esfera das relações que envolvem exclusivamente particulares.

Dentro de uma perspectiva clássica, tributária da *summa divisio* do direito, a proteção da personalidade em face de violações perpetradas pelo Estado seria proporcionada através das normas constitucionais de direitos fundamentais, portanto no âmbito do direito público; na esfera do direito privado, as violações cometidas por particulares seriam reconduzidas a casos de responsabilidade civil por lesão a direitos subjetivos. Todavia, essa tese conservadora não resiste a uma interpretação reflexiva e ponderada do sistema de direitos fundamentais do direito constitucional positivo brasileiro. Como demonstrou Ingo Sarlet, examinando as diferentes teorias sobre a eficácia privada dos direitos fundamentais, em uma ordem jusconstitucional que contém um princípio genérico e amplo de eficácia como a que consta no § 1º do artigo 5º da Constituição Federal, segundo o qual os direitos fundamentais têm eficácia plena e aplicabilidade imediata, e que ademais prevê uma série de direitos fundamentais "que têm por destinatário expresso e inequívoco sujeitos privados", não se pode aceitar, sem argumentos convincentes, a restrição da eficácia dos direitos fundamentais de personalidade apenas às relações dos indivíduos com o poder público, relegando a proteção da personalidade em face de ofensas praticadas por outros particulares ao legislador infraconstitucional, no âmbito do direito civil. Ocorre que os argumentos nesse sentido não parecem convincentes, principalmente no direito brasileiro, conforme acertadamente salienta Ingo Sarlet.[26]

É verdade que a articulação do direito constitucional com o direito civil, no âmbito da tutela jurídica à personalidade, está sujeita a riscos que não devem ser ignorados. Como adverte Hesse, o nível de clareza e precisão jurídicas das relações de direito privado, historicamente considerado decisivo para os objetivos do tráfego jurídico-privado, resta inevitavel-

---

[26] Sarlet, Ingo Wolfgang. *Cit.*, p. 147-160.

mente reduzido em face da natureza aberta, ampla e indeterminada das normas constitucionais que definem princípios e direitos fundamentais.[27] O direito civil da modernidade trabalhou sempre com disciplinas normativas detalhadas e determinadas, amparadas por institutos jurídicos dogmaticamente bem definidos, que preestabeleciam com elevado grau de certeza as fronteiras entre os diversos direitos privados, de modo a maximizar a garantia da autonomia da vontade. Esse modelo certamente não pode ser mantido em um sistema profundamente dependente do plano constitucional, assentado em uma arquitetura normativa e uma dogmática jurídica assumidamente imprecisas, indeterminadas e abertas à configuração tópica das respostas jurídicas.

Contudo, os inconvenientes compreendidos na invasão do direito privado por normas constitucionais, tão bem destacados por Hesse,[28] não superam a necessidade de conferir aos bens, valores e interesses tutelados pelos direitos de personalidade a proteção jurídica reforçada de que somente a categoria dos direitos fundamentais goza no direito moderno. De fato, a fundamentalidade material dos direitos de personalidade, o caráter decisivo que assumem para assegurar o livre desenvolvimento da personalidade e tutelar a subjetividade humana, exige uma proteção jurídica que somente a inserção em normas constitucionais pode oferecer, ou seja, uma garantia normativa que não esteja à livre disposição do legislador ou do administrador, e tampouco dos poderes sociais privados ou de outros particulares.[29]

Assim, a classe dos direitos de personalidade reivindica ser um espaço de conclave permanente entre a teoria constitucional dos direitos fundamentais e institutos tradicionais do direito civil, sobretudo a responsabilidade civil. Como advertiu Gustavo Tepedino, a tutela da personalidade "não pode se conter em setores estanques, de um lado os direitos humanos e de outro as chamadas situações jurídicas de direito privado. A pessoa, à luz do sistema constitucional, requer proteção integrada, que supere a dicotomia direito público e direito privado e atenda à cláusula geral fixada pelo texto maior, de promoção da dignidade humana".[30] O quanto de cada matriz juscientífica deverá aportar em uma teoria geral dos direitos de personalidade parece depender de uma aplicação ponderada dos métodos, conceitos e idéias reguladoras das fontes doutrinárias e legais de direito público e de direito privado, processo que envolve desde a afirmação da *fundamentalidade* dos direitos de personalidade e do exame das

---

[27] Hesse, Konrad. *Derecho Constitucional e Derecho Privado*, p. 53- 67.

[28] *Idem, ibidem.*

[29] Cf. Konrad Hesse, *Ob. Cit.*, p. 83-84.

[30] Tepedino, Gustavo. *A Tutela da Personalidade no Ordenamento Civil-constitucional brasileiro. Cit.*, p. 50.

possibilidades e dos limites da incidência do regime jusfundamental, até uma revisão crítica da teoria civilista clássica da responsabilidade civil, em ordem a assegurar a esses direitos a mais eficaz proteção jurídica possível.

O foco volta-se, agora, para uma questão de base da teoria dos direitos de personalidade, que consiste na querela sobre a existência ou não de um direito geral de personalidade, bem como sobre a articulação desse direito geral com os direitos "especiais" de personalidade afirmados ao longo da história.

5. As fontes normativas do direito geral de personalidade

Afirmei que os direitos de personalidade são, via de regra, direitos fundamentais previstos, explícita ou implicitamente, nas constituições ocidentais. Assim acontece com os direitos à integridade física e psicológica, à privacidade, à intimidade, à honra, à imagem, à identidade biológica,[31] apenas para anotar exemplos de direitos fundamentais de personalidade que se encontram expressa ou tacitamente assegurados pela Constituição Federal de 1988. Isso significa que a fonte normativa básica dos direitos de personalidade é a própria lei fundamental. Nesse sentido, a Constituição é fonte de direitos "especiais" de personalidade.

Conforme assinalei acima, o Código Civil brasileiro de 1916 acolhia alguns direitos de personalidade, embora o fizesse de modo assistemático e sem conferir à garantia desses direitos uma especificidade distintiva dos demais direitos subjetivos tutelados no texto. Não havia nele qualquer norma qual se pudesse extrair, ainda que remotamente, um direito geral de personalidade, vale dizer, um preceito que funcionasse como fonte irradiadora básica da proteção da personalidade humana pelo direito civil.

O Código Civil de 2002 representa um enorme avanço no campo da tutela jurídica da personalidade humana, porquanto destacou um capítulo específico para os "direitos da personalidade" (Capítulo II do Livro I da Parte Geral) e recolheu alguns direitos "especiais" da personalidade: os

---

[31] O direito à identidade biológica esteve historicamente associado ao direito de reconhecimento da paternidade, previsto no artigo 363 do Código Civil de 1916 e agora no artigo 1.607 do Código Civil de 2002. Entretanto, o valor protegido pelo antigo direito de reconhecimento da paternidade é essencial para assegurar uma vida digna à pessoa humana, portanto, sua proteção jurídica não pode permanecer apenas no âmbito do direito infraconstitucional. A fundamentalidade da identidade biológica e da história genética da pessoa humana, presentes no direito de reconhecimento da paternidade, exige que se considere direito fundamental implícito, como expressão da dignidade da pessoa humana, razão pela qual é possível fundar esse raciocínio na articulação do artigo 1º, III c/c o art. 5º, § 2º da Constituição Federal.

direitos à incolumidade física (arts. 13 e 15), ao nome (art. 16), à imagem, à honra, à intimidade (art. 20) e à privacidade (art. 21). O novo Código reconheceu um direito geral de personalidade, a exemplo do que fez o Código Civil português de 1966, segundo o qual "a lei protege os indivíduos contra qualquer ofensa ilícita ou ameaça de ofensa à personalidade física ou moral", dispositivo no qual a doutrina e a jurisprudência portuguesas radicam a tutela de um direito geral de personalidade, a partir do qual são identificadas normas de comportamento, destinadas a proteger a personalidade humana, cuja violação caracteriza um dano ilícito à pessoa. O artigo 12 preceitua que "(se pode) exigir que cesse a ameaça, ou a lesão, a direito da personalidade, e reclamar perdas e danos, sem prejuízo de outras sanções previstas em lei". Infelizmente, a redação desse dispositivo foi excessivamente econômica na definição material dos direitos de personalidade e não poderá orientar o intérprete e aplicador do Código na compreensão da natureza, da estrutura e da função do direito geral e dos direitos "especiais" de personalidade. É verdade que o artigo 12 parece ter sido projetado para ser, e provavelmente assim será reconhecido pela doutrina,[32] como a cláusula geral do sistema de proteção dos direitos da personalidade do Código Civil, e de fato ele pode e deve exercer esse papel centralizador naquele sistema.[33] Mas ele não tem densidade normativa suficiente para funcionar como fonte normativa de inspiração da doutrina e da jurisprudência acerca da definição material dos direitos de personalidade.

A idéia de um direito geral de personalidade corresponde à percepção da natureza ilimitada e ilimitável da personalidade humana, não sendo possível prefigurar as inesgotáveis manifestações da subjetividade humana em um catálogo infenso à dinâmica temporal e espacial do contexto cultural geral. Basta examinar inúmeras implicações jurídicas decorrentes da evolução da biotecnologia nas últimas décadas, como as técnicas de inseminação artificial, de manipulação genérica e de clonagem, que estão a provocar uma revolução intelectual na compreensão da identidade genética, que eram impensáveis há alguns anos e, no entanto, afetam imediatamente um sem-número de institutos jurídicos, inclusive os direitos de personalidade.

Por isso tem razão Paulo da Mota Pinto, quando diz que "o direito geral de personalidade é, neste sentido, 'aberto' sincrónica e diacronicamente, permitindo a tutela de novos bens, e face a renovadas ameaças à

---

[32] Nesse sentido, Martins-Costa, Judith. *Os danos à pessoa no direito brasileiro e a natureza da sua reparação. Cit.*, p. 35.

[33] Sobre a noção de cláusula geral, a principal referência teórica do estudo foi a obra de Judith Martins-Costa, *A Boa-fé no Direito Privado*. São Paulo: Editora Revista dos Tribunais, 1999, p. 273-377.

pessoa humana, sempre tendo como referente o respeito pela personalidade, quer numa perspectiva estática quer na sua dimensão dinâmica de realização e desenvolvimento".[34] Em um enfoque um pouco diverso, mas partindo da mesma sensibilidade para o problema da existência de um direito geral de personalidade, Pietro Perlingieri afirma que a personalidade não é um direito em si, mas um valor que embasa uma série aberta de situações existenciais, fator que exige uma proteção jurídica dinâmica e elástica da personalidade como valor. Assim, argumenta o autor, "nenhuma previsão especial pode ser exaustiva e deixaria de fora algumas manifestações e exigências da pessoa que, mesmo com o progredir da sociedade, exigem uma consideração positiva"; além disso, "o fato de a personalidade ser considerada como valor unitário, tendencialmente sem limitações, não impede que o ordenamento preveja, autonomamente, algumas expressões mais qualificantes", dentre as quais cita o autor os direitos à saúde, ao estudo e ao trabalho.[35]

De fato, se por um lado a existência de um direito geral de personalidade é uma decorrência natural do próprio valor humano protegido pelo direito, marcado pela multiplicidade de expressões e por uma dinâmica evolutiva e contextualizadora, por outro lado é perfeitamente possível individualizar uma série de manifestações específicas do direito de personalidade, que conformam justamente os direitos "especiais" de personalidade. Por isso a melhor técnica recomenda a associação de uma cláusula geral de proteção da personalidade com uma série de direitos específicos de personalidade. É o caso de recolher a lição clássica de Karl Engish sobre as cláusulas gerais: "O verdadeiro significado das cláusulas gerais reside no domínio da técnica legislativa. Graças à sua generalidade, elas tornam possível sujeitar um mais vasto grupo de situações, de modo ilacunar e com possibilidade de ajustamento, a uma conseqüência jurídica. O casuísmo está sempre exposto ao risco de apenas fragmentária e 'provisoriamente' dominar a matéria jurídica. Este risco é evitado pela utilização das cláusulas gerais".[36] Entretanto, assinala o autor, cláusulas gerais e método casuístico, enquanto técnica legislativa, nem sempre se excluem mutuamente, mas podem, inclusive, complementar-se.[37]

Todavia, em face da insuficiência normativa da cláusula geral do artigo 12 do Código Civil de 2002, é relevante investigar a viabilidade de

---

[34] Mota Pinto, Paulo. Notas sobre o direito ao livre desenvolvimento da personalidade e os direitos de personalidade no direito português. *In*: Sarlet, Ingo Wolfgang (org.). *A Constituição concretizada: construindo pontes com o público e o privado*, p. 68.

[35] Perlingieri, Pietro. *Perfis do Direito Civil*, p. 155-56.

[36] Engish, Karl. *Introdução ao Pensamento Jurídico*. Lisboa: Fundação Calouste Gulbenkian, 6ª edição, 1988, p. 233-234.

[37] Engish, Karl. *Ob. Cit.*, p. 231.

se fundar um direito geral de personalidade materialmente situado no direito brasileiro. A doutrina brasileira, embora ainda incipiente no estudo do tema, tende a sugerir que a raiz da tutela jurídica da personalidade se encontra no princípio da dignidade da pessoa humana, recolhido como fundamento do Estado brasileiro pelo artigo 1°, inciso III, da Constituição Federal.

Nesse sentido, por exemplo, posiciona-se Gustavo Tepedino, para quem "a escolha da dignidade da pessoa humana como fundamento da República, associada ao objetivo fundamental de erradicação da pobreza e da marginalização, e de redução das desigualdades sociais, juntamente com a previsão do § 2° do art. 5°, no sentido da não-exclusão de quaisquer direitos e garantias, mesmo que não expressos, desde que decorrentes dos princípios adotados no texto maior, configuram uma verdadeira *cláusula geral de tutela e promoção da pessoa humana*, tomada como valor máximo do ordenamento" (grifo no original).[38] Já Judith Martins-Costa observa que o princípio da dignidade da pessoa humana tem permitido a redefinição do conceito de pessoa no âmbito do direito civil, fenômeno resultante da incidência geral dos princípios constitucionais sobre todo o ordenamento jurídico. Sustenta a autora que, "estando estes princípios e garantias expressos em cláusulas gerais, permite-se o desenvolvimento jurisprudencial de novas hipóteses mediante o emprego de um raciocínio tópico, podendo-se falar na elaboração de um direito geral da personalidade que não se esgota no reconhecimento dos tradicionais atributos, como a honra, o nome, a imagem, a intimidade e a vida privada, mas tem alargada possibilidade de expansão".[39]

O argumento é acertado. A assimilação da idéia da dignidade da pessoa humana ao direito propõe justamente a tutela daqueles elementos axiológicos do homem que se revelaram, por circunstâncias naturais e culturais, imprescindíveis para assegurar-lhe felicidade e bem-estar.[40] O homem possui determinadas características próprias que devem ser protegidas, estimuladas e desenvolvidas para que a sua existência tenha significado. Há algo no homem que o faz especificamente diferente, especificamente humano, e esse algo é a subjetividade; sem ela, o homem é sempre um substantivo alheio à adjetivação humanizadora. A subjetividade, desfeita da metafísica, é aquilo de que falou Saramago, no *Ensaio*

---

[38] Tepedino, Gustavo. A Tutela da Personalidade no Ordenamento Civil-constitucional Brasileiro. In: *Temas de Direito Civil*, p. 48.

[39] Martins-Costa, Judith. Os danos à pessoa no direito brasileiro e a natureza da sua reparação. *Revista dos Tribunais, v. 789, jul. 2001*, p. 21-47. Ver, ainda, Eroulths Cortiano Junior. Alguns apontamentos sobre os chamados direitos de personalidade. *In*: Fachin, Luiz Edson. *Repensando Fundamentos do Direito Civil Brasileiro Contemporâneo*. Rio de Janeiro: Editora Renovar, 2000, p. 31-37.

[40] Ver, a respeito, Antônio Junqueira de Azevedo, Caracterização jurídica da dignidade da pessoa humana. *Revista dos Tribunais. v. 797, mar. 2002*, p. 11-26.

sobre a Cegueira: "Dentro de nós há uma coisa que não tem nome, essa coisa é o que somos". É esse algo que compõe a subjetividade do homem que reivindica a dignidade para a vida humana, que permite afirmarmos que cada ser humano é de infinita importância e que cada vida humana é sagrada e deve ser inviolável.[41]

Portanto, o princípio constitucional da dignidade da pessoa humana é um radical a partir do qual se formam diversas manifestações jurídicas, dentre elas a tutela da personalidade humana, categoria jurídica através da qual se revelam as mais expressivas facetas da subjetividade do homem. Se, de uma perspectiva, o princípio da dignidade possui uma dimensão objetiva, a partir da qual se podem extrair valores éticos e princípios jurídicos que devem reger a vida em sociedade, de outra ele possui também uma dimensão subjetiva e permite que dele sejam extraídos direitos subjetivos destinados a proteger juridicamente aspectos da dignidade da pessoa humana, dentre os quais se encontram os direitos da personalidade.[42]

Por conseguinte, dogmaticamente parece correto assentar o princípio da dignidade da pessoa humana, por um lado, como a sede normativa do direito geral de personalidade, e, de outro, como a cláusula geral material do direito de personalidade no direito brasileiro. Assim, o sistema de proteção jurídica dos direitos da personalidade funda-se sobre duas cláusulas gerais, o princípio constitucional da dignidade da pessoa humana, do artigo 1º, III, da Constituição Federal, e o artigo 12 do Código Civil de 2002, a primeira funcionando como a fonte normativa material da tutela jurídica da personalidade, e a seguinte, como a cláusula de abertura formal do sistema.[43] Essa circunstância determina ao sistema de tutela jurídica da personalidade uma permanente articulação entre o direito constitucional e o direito privado, ou seja, o mecanismo de funcionamento do sistema de direitos da personalidade supõe uma confluência e uma interseção paradigmática das duas áreas juscientíficas.

---

[41] Para uma discussão sobre os fundamentos laicos e religiosos dessa concepção, ver Michael Perry. *The Idea of Human Rights*. New York: Oxford University Press, 1998.

[42] Essa dupla dimensão do princípio da dignidade da pessoa humana está presente, por exemplo, no conceito analítico formulado por Ingo Wolfgang Sarlet, para quem a dignidade humana é "a qualidade intrínseca e distintiva de cada ser humano que o faz merecedor do mesmo respeito e consideração por parte do Estado e da comunidade, implicando, neste sentido, um complexo de direitos e deveres fundamentais que assegurem a pessoa tanto contra todo e qualquer ato de cunho degradante e desumano, como venham a lhe garantir as condições existenciais mínimas para uma vida saudável, além de propiciar e promover sua participação ativa e co-responsável nos destinos da própria existência e da vida em comunhão com os demais seres humanos". Cf. *Dignidade da Pessoa Humana e Direitos Fundamentais*. Porto Alegre: Livraria do Advogado Editora, 2001, p. 60.

[43] É interessante observar que a Profª. Judith Martins-Costa, no artigo supracitado, posto que reconheça o artigo 12 do Código Civil como a cláusula geral do sistema de direitos da personalidade, referencia toda a sua abordagem sobre os danos à pessoa no princípio da dignidade da pessoa humana, circunstância que, a meu ver, reflete a insuficiência normativa e axiológica do preceito do Código.

A seguir, repasso as principais características identificadas pela doutrina civilista nos direitos de personalidade.

6. Os atributos intrínsecos dos direitos de personalidade

Os atributos de identificação dos direitos da personalidade recolhem características típicas da filosofia dos direitos humanos de gênese jusnaturalista. Tanto assim que os dois mais destacados predicados que se lhes atribui são o caráter universal e o caráter absoluto, justamente as duas principais características de identificação dos direitos humanos.

A *universalidade* considera a *titularidade do direito* e consiste na atribuição de direitos da personalidade a todo e qualquer indivíduo a partir da própria natureza especificamente humana presente em cada pessoa. Essa concepção foi magnificamente resumida por Michael Perry: "A idéia de direitos humanos consiste de duas partes: a premissa ou reivindicação de que todo ser humano é sagrado (inviolável, etc.), e a reivindicação seguinte de que porque todo ser humano é sagrado (e dadas outras relevantes informações), certas escolhas devem ser feitas e certas outras escolhas devem ser rejeitadas; em particular, certas coisas não devem ser feitas a qualquer ser humano e certas outras coisas devem ser feitas para todos os seres humanos".[44]

A premissa da universalidade tem sido objeto de intensa polêmica filosófica e é, inclusive, acusada de ser um mero instrumento de práticas de dominação cultural de sociedades poderosas sobre culturas fragilizadas. Sem embargo, parece-me que outra vez a razão está com Michael Perry. O universalismo é correto, porque os seres humanos são idênticos ou semelhantes em alguns aspectos, e algumas coisas respondem a necessidades comuns de todos os seres humanos e outras devem ser evitadas a todos seres humanos. Mas há também muitos aspectos em que os seres humanos são muito diferentes, e, portanto, é preciso aceitar e preservar essa pluralidade de necessidades, interesses e modos de vida. Por isso, "uma concepção de bem humano pode ser, e deve ser, tanto universalista quanto pluralista: pode-se reconhecer a identidade (*sameness*) tanto quanto a diferença, a universalidade (*commonality*) tanto quanto a variedade".[45]

---

[44] Perry, Michael. *The Idea of Human Rights*, cit, p. 57.

[45] Perry, Michael. *The Idea of Human Rights*, cit., p. 31. Conforme salientei no texto, a questão trata de uma das mais antigas e essenciais disputas filosóficas, resumida magistralmente por Henrique de Lima Vaz: "A estrutura metafísica do ser finito, traduzida na dialética da *diferença na identidade* entre *essência e existência*, tem a sua face *ontológica* como relação entre o *universal da essência* e o *singular* da existência. Pela *essência* o ser finito situa-se numa dimensão de universalidade lógica e, enquanto tal, participa do universal lógico ou do *conceito* universal no qual a nossa inteligência

Os direitos da personalidade respondem justamente a aspectos da natureza humana que se caracterizam pela identidade na diferença e pela universalidade na variedade, ou, para utilizar a plástica expressão de Miguel Reale, que se constituíram em *invariantes axiológicas*[46] da natureza humana, resultantes de fatores naturais, históricos e culturais que se estabilizaram como valores éticos perenes da pessoa humana como gênero, e que a nenhum indivíduo podem ser negados.

O *caráter absoluto* funda-se na definição do *sujeito destinatário do dever* e é, em geral, reconhecido no efeito da oponibilidade *erga omnes* dos direitos de personalidade, que se impõem contra o Estado, à comunidade e aos demais particulares, a exemplo dos direitos reais. Nesse sentido, a despeito de serem direitos pessoais, não são direitos relativos, oponíveis unicamente a pessoas determinadas desde um fato jurídico específico gerador da obrigação, como um contrato ou um ato ilícito. A mera condição humana é suficiente para a titularidade do direito de personalidade e para a sua oponibilidade contra toda e qualquer pessoa, física ou jurídica, privada ou pública, contra quem pesa um dever geral de abstenção.

Evidentemente a natureza absoluta dos direitos de personalidade não significa sejam eles ilimitados. Oponível contra todos não quer dizer oponível em quaisquer circunstâncias. A bem da verdade, nesse sentido os direitos de personalidade não são absolutos. Essa é uma distinção de que a doutrina civilista não se ocupa, mas que é essencial para a tutela judicial dos danos à personalidade. É que quando a doutrina civilista se refere ao caráter absoluto, ela está invocando um atributo extraído da antiga divisão entre direitos pessoais, considerados relativos e oponíveis *inter partes*, e direitos reais, considerados absolutos e oponíveis *erga omnes*. Todavia, é importante inserir nessa análise uma discussão desenvolvida no âmbito da teoria geral dos direitos fundamentais que possui a mesma relevância e incidência em uma teoria geral dos direitos de personalidade.

Com efeito, os estudos sobre direitos fundamentais revelaram que não é possível sustentar um caráter absoluto para essa categoria de direitos. Eles necessariamente se conjugam e se limitam reciprocamente, e portanto são sempre relativos, ainda que alguns possam aproximar-se de um nível absoluto, como o direito à vida. Essa característica é assinalada por Hesse: diferentemente do que acontece nas relações dos indivíduos contra o Estado, em que apenas uma das partes goza da proteção de

---

exprime a essência. Pela *existência* o universal da *essência* está enraizado na *singularidade* ôntica pela qual o ser é em si mesmo em sua identidade mais radical. A inteligência da essência permaneceria inteiramente penetrada pela inteligibilidade *concreta* do *esse* singular. A essência manifesta assim sua estrutura dialética como participação do *abstrato* no *concreto*" (grifos todos do original). *Raízes da modernidade*. São Paulo: Edições Loyola, 2002, p. 171.

[46] Reale, Miguel. *Nova fase do direito moderno*. São Paulo: Editora Saraiva, 1990, p. 63.

direitos fundamentais, nos conflitos jurídicos entre particulares *todos* os interessados são titulares de direitos fundamentais, razão por que nas relações jurídico-privadas ordinariamente se produzirá uma colisão de direitos fundamentais, cuja solução dependerá de um equilíbrio ou da ponderação dos direitos em conflito,[47] conforme a metódica desenvolvida no direito constitucional. Por conseqüência, a articulação entre esses direitos remete *sempre* a uma ponderação dos bens, valores e interesses que, tutelados por eles, se encontram em situação de confronto em circunstâncias concretas. Vale aqui a advertência de Ingo Sarlet, no estudo sobre a eficácia dos direitos fundamentais sobre relações privadas, de que "a meta posta é a de buscar-se sempre uma solução embasada na ponderação dos valores em pauta, norteada pela busca do equilíbrio e concordância prática (Hesse), caracterizada, em última instância, pelo não-sacrifício completo de um dos direitos fundamentais em questão, assim como pela preservação, na medida do possível, da essência de cada um".[48]

Assim, os direitos de personalidade têm eficácia absoluta, no sentido de que se impõem *erga omnes* independentemente da preexistência de uma relação jurídica base entre o titular do direito e os devedores da conduta objeto do direito subjetivo, mas não são absolutos no sentido de que se impõem ilimitadamente aos obrigados pelo direito. Sua oponibilidade é, nesse aspecto, sempre condicionada pelos seus limites imanentes e limites externos, estes impostos ponderadamente por outros direitos ou princípios que com eles conflitem em circunstâncias concretas. A dogmática típica do direito civil revela-se, nesse ponto, nitidamente incapaz de equacionar os problemas inerentes à tutela dos direitos de personalidade, que são direitos subjetivos *prima facie*, o que significa que o seu conteúdo normativo não pode ser definido apriorística e abstratamente, por meio do método lógico-subsuntivo, mas apenas mediante um procedimento de ponderação dos bens, valores e interesses tutelados que estão sempre em jogo quando se trata de concretizar direitos de conteúdo vago, aberto e expansivo, como são os direitos de personalidade. Em síntese, a relativi-

---

[47] Hesse, Konrad. *Ob. Cit.*, p. 60. Para evitar ou atenuar a indeterminação inerente ao conteúdo dos direitos fundamentais, que considera perigosa ao direito privado, Hesse sugere que a disciplina legal dos direitos fundamentais incidentes nas relações jurídico-civis seja elaborada com o maior grau de clareza e determinação possível, a fim de melhor definir as fronteiras entre esses direitos e reduzir o papel da ponderação judicial nos conflitos de direitos fundamentais nas relações privadas. Essa importante advertência foi ignorada pelo legislador na elaboração do capítulo sobre direitos da personalidade no Código Civil de 2002, extremamente econômico na definição de tipos específicos de direitos da personalidade e na previsão de normas destinadas a definir limites e critérios de solução de conflitos entre os diversos direitos de personalidade.

[48] Sarlet, Ingo Wolfgang. Direitos Fundamentais e Direito Privado: algumas considerações em torno da vinculação dos particulares aos direitos fundamentais. *Ob. Cit.*, p. 159. A referência já clássica à ponderação de bens é sempre Robert Alexy, *Teoria de los derechos fundamentales*. Madrid: Centro de Estudios Constitucionales, 1997.

dade do conteúdo desses direitos torna insuficientes os recursos típicos do direito civil e pressupõe uma metódica desenvolvida e aplicada no âmbito do direito constitucional, confirmando, desse modo, a necessária simbiose de institutos juscivilistas e constitucionalistas para lhes assegurar a mais eficaz, abrangente e adequada proteção jurídica.

Outro atributo importante dos direitos de personalidade, já destacado acima, é a *extrapatrimonialidade*, em oposição aos direitos subjetivos do direito privado liberal, cujo objeto é invariavelmente um bem patrimonial economicamente apreciável. Os direitos de personalidade são direitos *pessoais*, porque têm por objeto não um bem patrimonial, mas um valor, um bem ou um interesse ligado à subjetividade da pessoa,[49] ainda que a sua lesão possa ser reparada economicamente.[50] Essa característica leva em conta *o objeto do direito subjetivo*.

Como se sabe, o direito brasileiro tende a classificar todo e qualquer dano extrapatrimonial como dano moral, conferindo ao vocábulo "moral" um sentido muito mais amplo do que aquele que recebe, por exemplo, na filosofia. A doutrina do dano moral significa, portanto, que o objeto dos direitos de personalidade tem um conteúdo moral, no sentido de que compreende uma série de valores humanos extrapatrimoniais, que se reconduzem a uma dimensão complexa da subjetividade genericamente chamada de esfera moral, da qual são elementos a integridade física, psíquica e moral *stricto sensu*, a afetividade, a sexualidade, a religiosidade, a capacidade intelectual e artística, a honra, a auto-estima.[51]

Por fim, caracteriza os direitos da personalidade a sua *indisponibilidade*, atributo ligado também ao *objeto do direito*, "que retira do titular a possibilidade de deles dispor",[52] tornando-os irrenunciáveis, impenhoráveis, intransmissíveis e imprescritíveis. Em determinadas circunstâncias é possível, entretanto, admitir que o titular do direito consinta em sua limitação, desde que fundado em razões justificáveis *vis-à-vis* dos princípios e valores acolhidos no sistema jurídico. Assim, por exemplo, se é possível admitir a doação *inter vivos* ou mesmo o tráfego de órgãos humanos por razões humanitárias, não se deve admitir, sob o argumento da autonomia da vontade e da livre disposição do corpo, o comércio puramente mercantilista de partes do corpo humano. Se a indisponibilidade não é uma

---

[49] Cf. Mota Pinto, Paulo. Notas sobre o direito ao livre desenvolvimento da personalidade e os direitos da personalidade no direito portuquês. *Ob. cit.*, p. 63.

[50] Cf. Tepedino, Gustavo. A Tutela da Personalidade no Ordenamento Civil-constitucional Brasileiro. *Ob. cit.*, p. 33.

[51] Ver Martins-Costa, Judith. Os danos à pessoa no direito brasileiro e a natureza da sua reparação. *Ob. cit.*, p. 27-38.

[52] Tepedino, Gustavo, A *Tutela da Personalidade no Ordenamento Civil-constitucional Brasileiro*. *Ob. cit.*, p. 34.

característica absoluta, é, no entanto, uma limitação que se impõe *prima facie* à possibilidade de disposição: somente por razões ponderadamente justificadas pode dispor-se dos direitos de personalidade.

Por fim, examino sucintamente os mecanismos de tutela judicial dos direitos da personalidade, com o objetivo de destacar a promissora novidade que representam nesse campo os instrumentos processuais de evitação e cessação dos danos à personalidade.

7. A tutela judicial

As respostas produzidas pelos sistemas jurídicos contra os danos aos direitos de personalidade são, basicamente, no âmbito juridico-civil, de três ordens: a) a invalidação de atos jurídicos ofensivos aos direitos de personalidade; b) a indenização dos danos a elas causados; c) a tutela inibitória dos atos lesivos à personalidade.[53]

A sanção de invalidade tem aplicação, sobretudo, para as lesões a direitos de personalidade consubstanciadas em leis e em atos administrativos. A nulidade pode ser reconhecida no controle de constitucionalidade material de leis ou de legalidade (*lato sensu*) de atos administrativos que violem direitos fundamentais de personalidade. Entretanto, é perfeitamente possível declarar a nulidade de atos jurídicos de direito privado que impliquem ofensa à personalidade, desde que se possa subsumir a lesão às hipóteses de invalidade do negócio jurídico previstas nos artigos 166 e 171 do Código Civil de 2002. Assim, um contrato pelo qual alguém se compromete a dar a outrem, gratuita ou onerosamente, um órgão do seu próprio corpo, pode ter sua nulidade reconhecida por violação ao direito de livre disposição do corpo,[54] já que seu objeto é ilícito justamente por violar direito de personalidade.

A mais abrangente resposta jurídica aos danos à personalidade permanece no campo da responsabilidade civil, na obrigação de indenizar a lesão.[55]

---

[53] O elenco de respostas jurídicas não é, evidentemente, exaustivo. Basta referir a polêmica das alterações de registros civis, que concerne diretamente à tutela do nome, um dos direitos de personalidade. Veja-se, por exemplo, a decisão da 3ª Câmara Cível do Tribunal de Justiça do Rio Grande do Sul, na Apelação Cível n. 597134965, julgada em 28.8.97, em que se recusou à alteração do registro de nascimento de transexual, após a operação de mudança de sexo. No voto vencido, o Des. Moacir Adiers, reivindicando uma solução atenta ao problema humano do autor, explorou o caso à luz da teoria dos direitos de personalidade: "Esse pedido não pode ser desconsiderado, até mesmo porque ligado diretamente aos direitos de personalidade, reclamando uma solução que resolva, razoável e satisfatoriamente, o problema enfrentado pelo autor." Publicado em RJTJRS 187, p. 274.

[54] Sobre o direito ao corpo, ver Carlos Alberto Bittar, *Curso de Direito Civil*, vol. 1, p. 254.

[55] Ver Ramos, Erasmo M. Estudo comparado do direito da personalidade no Brasil e na Alemanha. *Revista dos Tribunais*, vol. 799, maio de 2002, p. 11-32.

Conforme registra Judith Martins-Costa, a responsabilidade civil por danos à pessoa tem sido reconduzida, no direito brasileiro, à figura da reparação do dano moral, constante no artigo 5º, V e X, da Constituição Federal.[56] Conforme observei antes, a expressão dano moral tomou para si o papel de categoria genérica dos danos extrapatrimoniais, subvertendo assim a própria literalidade da expressão, que sugere uma resposta jurídica limitada às lesões morais em sentido estrito. Contudo, parece já assentado que os danos morais são um gênero do qual fazem parte os danos de ordem psicológica, afetiva, estética, à saúde, à honra subjetiva, à reputação, à imagem.

O Código Civil de 2002 confirmou essa tendência no artigo 186, a cláusula geral para os atos ilícitos, ao definir que "aquele que, por ação ou omissão voluntária, negligência ou imprudência, violar direito e causar dano a outrem, *ainda que exclusivamente moral*, comete ato ilícito". Esse preceito nitidamente dicomotiza os danos indenizáveis por ato ilícito em suas modalidades, o dano patrimonial e o dano moral, que engloba os danos extrapatrimoniais em sentido amplo. Por outro lado, o artigo 186 confirma a natureza autônoma do dano extrapatrimonial em relação ao dano patrimonial, seguindo a jurisprudência brasileira sobre o tema, ao prever que o dano moral é indenizável independentemente da existência de dano material. A mesma orientação foi adotada nas cláusulas gerais sobre ofensas à honra (art. 953, par. único) e à liberdade (art. 954), que autorizam a reparação dos danos causados mesmo quando "o ofendido não puder provar prejuízo material".

Todavia, é sem dúvida na esfera da tutela inibitória que residem as maiores esperanças de eficácia da reação jurídica às violações à personalidade. Os elementos constitutivos da subjetividade humana são decisivos para assegurar a felicidade e o bem-estar humanos, por isso é recomendável a criação de instrumentos jurídicos capazes de evitar ou fazer cessar a lesão, a fim de preservar a personalidade, ao invés de satisfazer-se com a reparação do dano após a efetuação completa ou parcial da ofensa. O novo Código foi sensível à necessidade de inibir as lesões à personalidade, ao admitir, na cláusula geral do artigo 12, a possibilidade de se exigir que cesse a ameaça ou a lesão, preceito que contém tanto a autorização de provimentos destinados a evitar uma lesão futura, quanto a fazer cessar uma ofensa em curso. Além disso, o artigo 21, que cuida especificamente de tutelar o direito à privacidade, prevê que o interessado poderá requerer

---

[56] Ver Judith Martins Costa, Os danos à pessoa no direito brasileiro e a natureza da sua reparação, p. 31-38, onde a autora realiza uma apreciação crítica dessa tendência, que não é apenas brasileira, e examina propostas de substituição da expressão dano moral por dano à pessoa ou dano extrapatrimonial.

ao juiz a adoção de providências necessárias para impedir ou fazer cessar ato contrário à inviolabilidade da vida privada.

Ambas as normas do novo Código Civil deferem ao juiz um poder geral de tutela inibitória, adaptável às circunstâncias concretas do direito ameaçado ou lesado e da espécie de perigo ou lesão em curso.[57] E esse poder geral de tutela inibitória encontra fundamento legal processual no artigo 461, §§ 3º, 4º e 5º, do Código de Processo Civil, segundo o qual o juiz concederá a tutela liminar específica da obrigação de fazer ou não fazer, através de providências que assegurem o resultado prático equivalente ao adimplemento, tais como a busca e apreensão, remoção de pessoas e coisas, desfazimento de obras, impedimento de atividade nociva, além de requisição de força policial. Com base nesses dispositivos é possível determinar, por exemplo, a apreensão de jornais e revistas, publicação de decisão judicial nos meios de comunicação, supressão de passagens de um livro, proibição de publicação ou comercialização de livros,[58] a desinternação de pessoa portadora de doença mental ou adição, abusivamente internada.

Evidente que a tutela inibitória deve ser exercida com prudência, já que amiúde ela implicará uma restrição a outro direito fundamental, sobretudo aos direitos à liberdade de expressão intelectual, artística e jornalística. O recurso à tutela inibitória exige sempre uma adequada e conscienciosa ponderação dos bens em conflito, de modo que é possível que, em determinadas situações, o juiz se veja impossibilitado de determinar o impedimento ou a cessação da lesão a direito de personalidade, restando ao seu titular o recurso da ação de reparação de danos. Ainda assim, ela se constitui na mais aguda reação disponível no sistema jurídico para atender à relevância axiológica da tutela da personalidade.

A reparação econômica mostra-se freqüentemente assimétrica à lesão à integridade psicológica e moral, à honra, à privacidade e a outros bens essenciais à personalidade humana. Essa assimetria é muitas vezes tolerável, mas há situações em que a lesão é verdadeiramente insuportável, em que a aceitação da ofensa sob a expectativa de uma indenização futura é também a aceitação de uma injustiça aniquiladora da subjetividade do ofendido. Um sistema jurídico assentado em uma Constituição que tem a dignidade da pessoa humana como um de seus fundamentos não pode

---

[57] Sobre a *azione inibitoria* para tutela de direitos da personalidade no direito italiano, adverte Pietro Perlingieri: "existe uma diferença entre o poder de agir em juízo para pedir que o dano que já sofreu seja ressarcido (ação de perdas e danos) e o poder de obter que a atividade danosa cesse e que não provoque danos ulteriores. Esta ação (*azione inibitoria*) não pode ser limitada às hipóteses típicas, mas é um instrumento geral de tutela". *Perfis de Direito Civil*, p. 154.

[58] Cf. sugere, para o direito português, Carlos Alberto da Mota Pinto. *Teoria Geral do Direito Civil*, p. 88.

admitir a aniquilação do ser sob a promessa de compensação financeira. Aqui, a resposta deve ser urgente, a reação deve ser concreta e imediata e não pode prorrogar a injustiça. Vale aqui sem reservas a pungente advertência de Derrida: "a justiça, por irrepresentável que seja, não espera. Ela é o que não deve esperar. Para ser direto, simples e breve, diríamos assim: uma decisão justa é sempre exigida imediatamente, *right away*".[59] Em suma, quando a lesão for insuportável em face do princípio da dignidade humana e a assimetria axiológica entre o sacrifício da personalidade e a futura reparação financeira do dano for excessiva, a reação judicial deve vir imediatamente, inibindo com urgência a materialização, a permanência ou a reiteração do dano.

8. Conclusão

O movimento de normatização e o desenvolvimento dos estudos científicos dos direitos da personalidade no âmbito do direito civil são produtos diretos dos fenômenos da constitucionalização e da personalização do direito privado. Esses dois fenômenos jurídicos contemporâneos provocaram alterações amplas e profundas no direito civil e merecem maior atenção da doutrina e da jurisprudência. O propósito do estudo foi de proporcionar uma visão panorâmica dos aspectos fundamentais da teoria dos direitos de personalidade, a fim de demonstrar que essa teoria demanda uma necessária abordagem híbrida, capaz de assimilar concepções dogmáticas e métodos do direito constitucional e do direito privado. Esse hibridismo não é isento de problemas e não impede a preservação de valores e finalidades específicos e autônomos de cada ramo jurídico. A clássica precisão dogmática do direito privado seguramente terá dificuldades em adaptar-se ao impressionismo jurídico típico do direito público moderno. No entanto, não parece ser hoje possível legislar, interpretar e aplicar normas jurídicas definidoras de direitos de personalidade sem estabelecer uma intersecção entre direito constitucional e direito civil. Há mais do que uma interface ou uma conexão entre as duas esferas; há a rigor um espaço comum para o qual convergem concepções e métodos de direito constitucional e de direito privado, que ora dialogam e se associam, ora se conflitam e excluem um ao outro.

Uma certa superficialidade, que tentei superar tanto quanto possível, era incontornável. Ainda está para ser elaborada uma dogmática de institutos jurídicos onde a confluência do direito público com o direito privado

---

[59] Derrida, Jacques. Force de la Loi: Le 'Fondement Mystique de l'Autorité'. In *Deconstruction and the Possibility of Justice*. Cardozo Law Review, July/Aug. 1990, p. 966.

seja bem definida. É uma estrada perigosa e que se fará sem guias, porque pouco conhecida. Mas a inteligência é estéril sem propor seus próprios desafios. Todavia, o estímulo para o estudo de uma dogmática dos direitos da personalidade é elevado. Trata-se de explorar o potencial do direito para assegurar condições sociais, culturais e políticas em que a pessoa possa exercer a mais humana das suas faculdades, a busca da felicidade através do livre desenvolvimento da sua personalidade. O direito civil liberal ergueu-se como o estatuto jurídico de um modelo exclusivo e excludente de homem, o proprietário burguês. A felicidade desse homem estava em um negócio seguro e em bens protegidos. O homem do direito privado contemporâneo é uma multiplicidade de modelos e de alternativas de vida que, como registrou Hesse,[60] busca sua plena realização no espaço reservado da sua privacidade tanto quanto na comunicação e no intercâmbio de idéias, ideais e experiências da vida comunitária, e que expõe e tem exposta permanentemente a sua subjetividade na objetividade das relações sociais. Mas a subjetividade do homem é frágil, e é essa fragilidade que reclama a ação do direito.

---

[60] Hesse, Konrad, *Ob. Cit.*, p. 87-88.

4. Considerações sobre a Tutela dos Direitos da Personalidade no Código Civil de 2002

FÁBIO SIEBENEICHLER DE ANDRADE
Doutor em Direito pela Universidade de Regensburg – Alemanha
Advogado em Porto Alegre – RS
Professor adjunto doutor da PUC/RS e da Uniritter

Sumário: Introdução; I) O regime geral dos direitos da personalidade; A) O problema acerca do reconhecimento de um direito de personalidade; B) A tutela *post mortem* dos direitos da personalidade; II) Análise da tutela dos direitos específicos de personalidade; A) O direito ao nome; B) O direito à honra e à imagem; C) DIreito à privacidade; Conclusão.

Introdução

Dentre as inovações trazidas ao ordenamento jurídico brasileiro pelo Código Civil de 2002, deve ser destacada a disciplina dos Direitos de Personalidade, pois o Código Civil de 1916 não continha qualquer referência a esta matéria.

A razão para esta omissão do Código de 1916 explica-se, possivelmente, pelo fato de o anteprojeto do Código Civil ter sido redigido por Beviláqua em 1899, época em que a dogmática dos Direitos da personalidade ainda não se encontrava devidamente difundida.

Muito embora seja defendida a tese de que a teoria dos Direitos da Personalidade remonte a autores do século XVI, como Donellus,[1] o certo é que, ao final do século XIX, ainda debatia-se a doutrina civilística sobre os contornos do Direitos da Personalidade,[2] sendo, à época, minoria os

---

[1] Ver a respeito, Franz Mutzenbecher, *Zur Lehre vom Persönchlichkeitsrecht*, p. 15, 1909, Hamburg.

[2] Nesse sentido, ver James Q. Whitman, *The Two Western Cultures of Privacy*, The Yale Law Journal, 2004, p. 1171 *et seq.*; Hans Hattenhauer, *Grundbegriffe des Bürgerlichen Rechts*, p. 14, Beck Verlag, 2ª ed., 2000; na doutrina nacional, ver Orlando Gomes, *Revista Forense*, 1966, v. 216, p. 5; Gustavo Tepedino, "A Tutela da Personalidade no Ordenamento Civil-constitucional Brasileiro", *in Temas de Direito Civil*, p. 23, Ed. Renovar.

autores que já afirmavam, expressamente, a existência e autonomia desta figura e os definiam como os direitos que tinham por objeto garantir o domínio sobre a própria esfera pessoal.[3]

Em relação à sua natureza jurídica, os Direitos da Personalidade eram qualificados como sendo direitos privados,[4] considerando-os como sendo direitos subjetivos – absolutos –, que deveriam ser por todos reconhecidos e observados. Além disso, afirmava-se o seu caráter não-patrimonial, reconhecendo-se, porém, que eles poderiam ter um conteúdo patrimonial.[5]

Ao mesmo tempo, declarava-se que, em princípio, os Direitos da Personalidade têm como característica a intransmissibilidade.[6] Aceitava-se, no entanto, que em alguns casos tanto o exercício, quanto a substância dos Direitos da Personalidade poderiam ser objeto de transmissão.[7]

Acrescentava-se ainda que os Direitos da Personalidade consistiriam em um direito fundamental subjetivo, sobre o qual estariam fundados todos os direitos subjetivos e que em si abrigava todos os direitos.[8]

Em síntese, pode-se reconhecer que, ao final do século XIX, a natureza jurídica essencial dos Direitos da Personalidade fora delineada. Contudo, o debate em torno dos precisos contornos dogmáticos dos Direitos da Personalidade ainda não havia cessado plenamente.

Há que se ter presente que as características essenciais da codificação, no século XIX, eram a totalidade e a sistematização.[9] O código representa, de um lado, um sistema, isto é, um modo de ordenar as matérias do Direito. De outro, possui a aspiração de conter o conjunto de normas jurídicas sobre uma determinada matéria.[10] Neste quadro, ao final do século XIX – época áurea do conceitualismo no Direito – faltavam as condições necessárias para a devida inserção da matéria dos Direitos da Personalidade nas codificações oitocentistas, como foi o caso em relação ao BGB, de 1896, e ao Código Civil brasileiro de 1916.

---

[3] Cf. Otto Gierke, *Deutsches Privatrecht, Erster Band*, p. 702, 1936, ed. Inalterada da 1ª ed., 1905.

[4] No original: "Die Persönlichkeitsrecht sind Privatrechte", *in Otto Gierke, Deutsches Privatrecht*, p. 705, op. cit.

[5] Otto Gierke, *Deutsches Privatrechte*, p. 706, op. cit. No original: Die Persönlichkeitsrechte sind als solche keine Vermögensrechte. Sie können jedoch gleich den Rechten na anderer Persönlichkeit (den Familienrechten, den Körperschftsrechts u.s.w) einen vermögensrechtlichen Inhalt aus sich entfalten oder in sich aufenhemen.

[6] Cf. Otto Gierke, *Deutsches Privatrecht*, p. 707, op. cit.

[7] Ver Otto Gierke, *Deutsches Privatrecht*, p. 707, op. cit.

[8] Cf: Otto Gierke, *Deutsches Privatrecht*, p. 703, op. cit. No original: Es ist das einheitliche subjetive Grudrecht, dass alle bensonderen subjektive Rechte fundamentirt um in sie alle hinreinreicht".

[9] O ideal de plenitude encontra-se representado no Código da Prússia (Allgemeines Landrecht), de 1794, que abrangia tanto o Direito Privado quanto o Direito Público e cujo número de artigos era de 19.194.

[10] A este respeito, ver Fábio S. de Andrade, *Da Codificação – crônica de conceito*, p. 25, ed. Livraria do Advogado, 1997.

No plano civilístico, a matéria dos Direitos da Personalidade aparecerá em codificações do século XX, como servem de exemplo o Código Civil italiano de 1942 e o Código Civil português de 1966.

Paralelamente a esta lenta evolução da teoria dos Direitos da Personalidade no Direito Civil, porém, configurou-se a extraordinária evolução do Direito Público no século XX, representado pelo fato de que a Constituição se preocupa em dispor sobre temas originariamente pertencentes ao Direito Privado. O objetivo da Constituição deixa de ser, única e exclusivamente, o de estabelecer o Estado de Direito e limitar o poder político e passa a ser o de estabelecer a moldura da atividade dos indivíduos. Ela se transforma tanto em centro de direção para a legislação ordinária, como em lei fundamental do Direito privado – e dos demais ramos do Direito. Trata-se de um fenômeno tão relevante, que a ele se atribui o título de publicização do privado. Surge, assim, uma crescente interação da esfera pública com o setor privado, que origina, no Direito privado, uma profunda modificação em relação ao ideário existente no século XIX. Estabelece-se, em suma, entre estas duas áreas, uma tensão dialética, que conduz à noção de constante inter-relação entre os dois grandes setores do Direito.[11] Emblematicamente, faz-se menção à problemática da constitucionalização do Direito Civil e de seu reverso, a civilização do Direito Constitucional.[12]

O tema dos Direitos da Personalidade serve como expressiva ilustração para esta inter-relação entre as esferas da Constituição e da Codificação, pois ao longo do século XX passa a ser ele objeto de tutela constitucional. Emblemática quanto ao novo patamar dos Direitos de Personalidade é a Constituição alemã de 1949, que dispõe, no seu artigo 2, § 1, sobre o direito ao livre desenvolvimento da personalidade (*freie Entfaltung der Persönlichkeit*).[13] De forma ainda mais significativa, a Constituição alemã expressamente positiva a dignidade humana (*Menschenwürde*) como direito fundamental no artigo 1°, § 1°.[14]

---

[11] Alguns autores propugnaram que se abandonasse a distinção entre Direito Público e Direito Privado em favor de um direito comum (Cf. Martin Bullinger, *Derecho Público y Privado*, p. 120-171, Madrid, 1976). L. Raiser, por sua vez, defendeu que o grau de publicidade ou privacidade seria fundamental para determinar se uma figura pertenceria a um destes dois ramos do Direito. Cf. Die Aufgabe des Privatrechts, p. 223, 1977.

[12] Cf. J. J. Gomes Canotilho, Civilização do Direito Constitucional ou Constitucionalização do Direito Civil, *in Estudos em homenagem a Paulo Bonavides*, p. 108, 113, Malheiros, 2001.

[13] Cf. Konrad Hesse, *Grundzüge des Verfassungsrechts der Bundesrepublik Deutschland*, 20ª ed. 1995, p. 183.

[14] A jurisprudência alemã (BverfG 32, 98/108), a dignidade da pessoa humana constitui-se no mais alto valor da Constituição alemã (*obersten Wert des Grundgesetzes*). Ver a respeito, Gerrit Manssen, *Grundrechte*, p. 48, Beck, 2000.

Ainda na vigência do Código Civil de 1916, a matéria dos Direitos da Personalidade tinha sido versada pela doutrina brasileira,[15] e havia sido objeto de tratamento pelo Anteprojeto de Código Civil de 1963, elaborado pelo Professor Orlando Gomes. No entanto, a positivação dos Direitos da Personalidade no Direito brasileiro ocorrerá somente mediante a Constituição de 1988. Em seu artigo 5º, inciso X, faz-se clara menção à inviolabilidade de determinados direitos da personalidade.[16] O artigo 1º, inciso III, por sua vez, fixa a dignidade da pessoa humana entre os fundamentos da República.

Mesmo em face da referência ao tema dos Direitos da Personalidade pela Constituição de 1988, ainda faltava uma regulação específica quanto à matéria no plano infraconstitucional, tendo em vista que os preceitos constitucionais não estabeleciam uma disciplina detalhada acerca do assunto.

Após longa tramitação e intenso debate sobre a conveniência de sua aprovação,[17] o Código Civil de 2002 introduziu no ordenamento brasileiro, nos artigos 11 a 21, um capítulo específico sobre os Direitos da Personalidade na parte geral.

Em linhas gerais, a solução adotada pelo codificador consistiu em reintegrar ao Código de 2002 matérias que, no decorrer do tempo, passaram a ser tratadas em Lei especial. Não houve, porém, a preocupação de legislar sobre todos os temas de Direito Privado. Adotou-se, portanto, em linhas gerais, uma nova função para o Código Civil: servir como elemento de centralização do sistema de direito privado.[18]

Ao mesmo tempo, tendo em vista que o Código Civil de 2002 entrava em vigor sob o influxo da Constituição de 1988, cabia a ele concretizar, na esfera do Direito Civil, as normas constitucionais.

---

[15] Exemplificativamente, ver Pontes de Miranda, *Tratado de Direito Privado*, vol. 7, ed. Borsoi, 1955; Orlando Gomes, "Direitos da Personalidade", *in Revista Forense*, v. 216, 1966, p. 5; Milton Fernandes, "Os Direitos da Personalidade", *in Estudos jurídicos em homenagem ao Prof. Caio Mário da Silva Pereira*, p. 131, Forense, 1984.

[16] Artigo 5º, X – são invioláveis a intimidade, a vida privada, a honra e a imagem das pessoas, assegurado o direito à indenização pelo dano material ou moral decorrente de sua violação.

[17] Muitas foram as críticas ao Código Civil de 2002. Nesse sentido, ver, por exemplo: Antonio Junqueira de Azevedo, "O Direito pós-moderno e a codificação", *in Estudos e Pareceres de Direito Privado*, p. 55, 63, Saraiva, São Paulo, 2004; Luiz Edson Fachin, Sobre o Projeto do Código Civil Brasileiro: "Crítica à Racionalidade Patrimonialista e Conceitualista", *in Boletim da Faculdade de Direito de Coimbra*, vol. 76 (2000), p. 129; Caio Mário da Silva Pereira, discurso proferido em Coimbra, por ocasião do recebimento do título de Doutor *honoris causa*, *in Boletim da Faculdade de Direito de Coimbra*, vol. 75 (1999), p. 75. Para uma visão favorável à codificação, ver Clóvis do Couto e Silva, "O Direito civil brasileiro em perspectiva histórica e visão do futuro", *in Ajuris*, vol. 40, p. 149; Fábio Siebeneichler de Andrade, "Direito dos Contratos, Novo Código Civil Brasileiro – o que muda na vida do cidadão", p. 84, seminário da Câmara dos Deputados, Brasília, 2003.

[18] A respeito, ver Fábio Siebeneichler de Andrade, *Da Codificação – crônica de um conceito*, p. 153, Livraria do Advogado, 1997.

Cumpre examinar, portanto, se o Código Civil de 2002, nos artigos em que disciplinou o tema dos Direitos da Personalidade, atendeu convenientemente o objetivo de atuar como instrumento de (co)ordenação em relação a este assunto, que se constitui em matéria de fundamental relevância tanto no plano do Direito Civil, quanto do Direito Constitucional.

Ao mesmo tempo, tendo em vista que a Constituição de 1988 não tinha como premissa esgotar o tratamento da matéria dos Direitos da Personalidade, há que se verificar se a regulação adotada no Código Civil atendeu à necessidade do Direito brasileiro de ser dotado com uma disciplina específica da matéria.

Em face da dimensão do tema, não se pretende tratar de todos os pontos relativos à matéria do Direito da Personalidade. Privilegiou-se o exame de alguns tópicos relativos ao assunto: primeiramente, a questão da presença no Código Civil de uma cláusula de Direito geral de personalidade e a da tutela *post mortem* dos Direitos da Personalidade (I); em um segundo momento, faz-se a análise da disciplina adotada pelo Código Civil para alguns dos direitos específicos da personalidade: o nome, a imagem, privacidade e a honra.

I) O regime geral dos direitos da personalidade

A) *O problema acerca do reconhecimento de um direito de personalidade*

Entre as questões deixadas em aberto pelo Código Civil de 2002 quanto à disciplina dos Direitos da Personalidade, está a de que o artigo 12 não contém preceito expresso acerca da existência de um Direito geral da Personalidade.[19] Essa orientação é percebida, por exemplo, no Código Civil português, em seu artigo 70,[20] que claramente faz menção à tutela geral da personalidade.[21]

Na doutrina brasileira, há quem considere desnecessária esta solução, em face do reconhecimento no Direito brasileiro do princípio da dignidade humana no texto constitucional.[22]

---

[19] "Pode-se exigir que cesse a ameaça, ou a lesão, a direito da personalidade, e reclamar perdas e danos, sem prejuízo de outras sanções previstas em lei".

[20] "Artigo 70 – Tutela Geral da Personalidade.
1: A lei protege os indivíduos contra qualquer ofensa ilícita ou ameaça de ofensa à sua personalidade física ou moral".

[21] Para um exame dos benefícios da noção de um direito geral de personalidade, ver Paulo Mota Pinto, O Direito ao Livre Desenvolvimento da Personalidade, in Boletim da Faculdade de Direito da Universidade de Coimbra, Studia Iuridica, 40, 1999, p. 171.

[22] Neste sentido, ver Maria Celina Bodin de Moraes, *Danos à pessoa humana*, Renovar, 2003, p. 117 *et seq.*

Contudo, cumpre ponderar que adoção de um preceito claro no Código Civil acerca da proteção ao Direito geral da personalidade serviria de elemento expresso de conexão relativamente ao princípio da dignidade humana, previsto no artigo 1º da Constituição Federal. Além disso, tornaria ainda mais efetiva a proteção dos direitos da personalidade, na medida em que salientaria a existência de uma cláusula geral de tutela, coexistente com os eventuais direitos de personalidade específicos nominados.[23]

Além disso, não haveria, assim, qualquer dúvida no sentido de que o sistema de tutela de direitos da personalidade no Direito brasileiro apresenta-se como *numerus apertus*, e não *numerus clausus*.

Por outro lado, a existência de uma cláusula geral de Direitos da personalidade na esfera do Código Civil permitiria resguardar o princípio da dignidade humana para situações efetivamente relevantes. No Direito alemão, muito embora já se tenha afirmado que o princípio da dignidade humana se constitui em valor máximo do sistema, esta circunstância tem levado igualmente a considerar-se que a sua aplicação deva ser feita de forma restritiva.[24]

No Direito brasileiro, tem sido sustentada a tese de que o princípio da dignidade gera o efeito, nas relações privadas, de que num conflito entre uma situação subjetiva existencial e uma situação jurídica patrimonial, prevalecerá a primeira.[25]

Na realidade, entre as diversas acepções que se têm procurado extrair do princípio da dignidade humana na doutrina,[26] a que tem diretamente afetado as relações jurídicas de Direito privado no Direito brasileiro concerne ao estabelecimento das condições mínimas existenciais de vida.[27] A

---

[23] No Direito alemão, em que o BGB não contém na parte geral capítulo expresso sobre os Direitos da Personalidade, a idéia de um direito geral de personalidade desenvolveu-se precisamente para cumprir estga função ampliativa de tutela dos direitos da personalidade. Ela repousa sobre dois fundamentos: de um lado, na própria Lei Fundamental de 1949, que nos artigos 1º e 2º dispõe sobre o direito à dignidade humana (*Recht des Einzelnen auf Achtung seiner Menchenwürde*) acerca do direito ao livre desenvolvimento da personalidade (*Recht des Einzelnen auf Entfaltung seiner individuellen Persönlichkeit*). De outro, a jurisprudência alemã reputa os direitos da personalidade como direito especial (*sonstiges Recht*), a fim de vinculá-los ao § 823 I do BGB – que considera ato ilícito a lesão a direito especial. Cf. Jauernig, BGB – *Bürgerliches Gesetzbuch Kommentar*, p. 1031, Beck Verlag, 10ª ed., 2003; D. Schwab, *Einführung in das Zivilrecht*, p. 130, Müller Verlag, 2002.

[24] Cf. Gerrit Manssen, *Grundrechte*, p. 49, op. cit.

[25] Cf. Maria Celina Bodin de Moraes, *Danos à pessoa humana*, op. cit., p. 120.

[26] Ver exemplificativamente a respeito, Antonio Junqueira de Azevedo, "Caracterização Jurídica da Pessoa Humana", p. 3-18, *in Estudos e Pareceres de Direito Privado*, Saraiva, 2004; Ana Paula de Barcellos, *A Eficácia Jurídica dos Princípios Constitucionais*, Renovar, 2002, p. 247; Ingo Wolfgang Sarlet, *Dignidade da Pessoa Humana e Direitos Fundamentais*, Livraria do Advogado, 2002, p. 110.

[27] Ana Paula de Barcellos aponta quatro desdobramentos do mínimo existencial: a educação fundamental, a saúde básica, a assistência aos desamparados e o acesso à justiça (cf. *A Eficácia Jurídica dos Princípios Constitucionais*, p. 260 et seq). Observa-se que estas implicações dirigem-se, preferencialmente, contra o Estado e não em relação aos particulares. Junqueira de Azevedo, porém, extrai expressamente da noção de mínimo existencial a proteção a casa própria (*Estudos e Pareceres de Direito Privado*, p. 18).

questão relevante que surge no Direito brasileiro, quanto a este ponto, consiste em saber se o mínimo existencial da pessoa abrange a proteção do imóvel residencial da pessoa, limitando a responsabilidade do patrimônio do devedor perante as suas obrigações frente ao credor. Originariamente, a Lei 8.008/90, em seu artigo 1º, declarava impenhorável o imóvel residencial próprio do casal e da entidade familiar. A par disso, em seu artigo 3º, inciso VII, exceptuava do benefício da impenhorabilidade o imóvel residencial do fiador em contratos de locação. A jurisprudência do Superior Tribunal de Justiça considerou, porém, que também o devedor solteiro deve ser amparado pela Lei 8.009/90, na medida em que a sua finalidade teleológica é a de resguardar o mínimo existencial da pessoa.[28] Em relação à penhorabilidade do imóvel residencial do fiador, porém, permanece predominante a orientação de que ele responde com todo o seu patrimônio pelas dívidas assumidas.[29]

Pondera-se, aqui, porém, que a invocação da idéia de mínimo existencial, para decretar a impenhorabilidade do imóvel residencial como decorrência da dignidade humana, configura-se em uma interpretação excessivamente ampliada desta concepção. Não se está seguindo rigorosamente a lógica de estabelecer a tutela de um padrão básico de vida para muitos,[30] pois a proteção do imóvel residencial único ocasiona a oneração das relações econômicas, o que ocasiona a eventual exclusão dos que não se incluem neste grupo social.

A par disso, a regra geral da impenhorabilidade do imóvel residencial absolutiza a proteção ao patrimônio do devedor, desconsiderando totalmente situações eventuais de extremo prejuízo para o credor. De sorte que, neste confronto, se configura, ao final, um conflito entre dois interesses patrimoniais, na medida em que todo o patrimônio do devedor é resguardado em face do interesse patrimonial do credor. Não se faz qualquer ponderação dos interesses em conflito, desatendendo-se, em conseqüência, ao princípio da proporcionalidade, que preconiza este modo de procedimento.[31]

Neste quadro, a invocação exclusiva do princípio da dignidade humana pode conduzir ao risco de sua banalização, pois ele passa a ser aplicado em uma ampla gama de situações em que, por exemplo, não

---

[28] O *leading case* no STJ foi o REsp 182.223, Rel. Min. Vicente Cernicchiaro, 6ª turma)

[29] Nesse sentido, ver Ap. Cív. 70005765367, Rel. Desa. Helena Ruppenthal Cunha, 16ª C. Civ., TJRGS, j. 09.04.2003; REsp 37015, Rel. Min. Gilson Dipp., 5ª Turma, j. 19.6.2001; REsp 645734/DF, Rel. Min. José Arnaldo da Fonseca, 5ª Turma, j. 26.10.2004, in DJ 29.11.2004.

[30] Nesse sentido, Ana Paula de Barcellos, *A Eficácia Jurídica dos Princípios Constitucionais*, op. cit., p. 305.

[31] A este respeito, ver, de forma exemplificativa, Daniel Sarmento, *A Ponderação de Interesses na Constituição Federal*, Lumen Juris, 2003, p. 77 et seq.; Dieter Medicus, *Der Grundsatz der Verhältnismässigkeit im Privatrecht*, in AcP 192 (1992), p. 35 *et seq.*

estaria presente, *prima facie*, a implicação do mínimo existencial. Ademais, passa-se a exigir para toda uma série de casos a interpretação do texto constitucional, com a conseqüência de que o Direito Constitucional adquire o papel de solucionador de todos os conflitos privados.[32]

A solução no sentido de reconhecer a existência de um Direito geral de personalidade no plano infraconstitucional – em especial no Código Civil –, portanto, não se apresenta como supérflua.[33] Ela institui, na esfera do Direito Civil, um instrumentário apto a tutelar de forma efetiva a personalidade humana em todas as suas potencialidades e relativamente a todos os seus eventuais modos futuros de expressão.[34]

Em relação a este ponto, convém, em suma, que se considere existente no artigo 12, *caput*, do Código Civil uma cláusula geral dispondo sobre um direito geral de personalidade no Direito Civil brasileiro, a fim de que dela se possa ter mecanismos efetivos de defesa dos direitos da pessoa sem a necessidade de recorrer – a todo o momento – à esfera constitucional.

B) A *tutela* post mortem *dos direitos da personalidade*

No campo dos Direitos da Personalidade, o Código Civil de 2002 reconhece, expressamente, a possibilidade de sua tutela para o caso de pessoa falecida, concedendo, no parágrafo único do artigo 12, legitimação ao cônjuge sobrevivente, ou qualquer parente em linha reta, ou colateral até o quarto grau.

A matéria da tutela dos direitos da personalidade da pessoa falecida consiste em um dos problemas clássicos neste campo, tendo em vista que – como o próprio Código Civil expressamente estabelece no artigo 6º –, a existência da personalidade termina com a morte. Em conseqüência, há uma dificuldade dogmática a superar, na medida em que não se pode conceder a tutela dos direitos da personalidade sem que houvesse um titular destes mesmos direitos.[35]

---

[32] Nesse sentido, cf. Ana Paula de Barcellos, *A Eficácia Jurídica dos Princípios Constitucionais*, p. 306.

[33] Veja-se que no Direito francês, apesar de o princípio da dignidade humana ter seu valor constitucional expressamente pela Corte Constitucional, em 27 de julho de 1994, o direito à dignidade humana encontra-se inserido no artigo 16 do Código Civil francês, sendo seu teor o seguinte: "La loi assure la primauté de la personne, interdit toutte atteinte à la dignité de celle-ci et garantit le respect de l'être humain dès le commencement de as vie".

[34] Nesse sentido, ver Paulo Mota Pinto, O Direito ao livre desenvolvimento da personalidade, i*n Studia Juridica*, vol. 40, p. 171 *et seq.*, op. cit. Sobre o tema, ver Horst Ehmann, *Das Allgemeine Persönlich-keitsrecht, in 50 Jahre Bundesgerichtshof – Festgabe aus der Wissenschaft*, Beck, 2000, p. 613.

[35] Várias são as teorias que procuram superar esta dificuldade, como por exemplo a teoria do direito sem sujeito, a teoria do dever geral de conduta ou as negativas, que sustentam que o interesse tutelado é o dos vivos, em face da eventual crítica ao falecido. Para uma visão geral, ver António Menezes Cordeiro, *Tratado de Direito Civil Português*, tomo III, Almedina, 2004, p. 460.

Entre as primeiras decisões a respeito do tema, encontra-se o caso de 1899 envolvendo o chanceler Bismarck, cujo corpo foi fotografado no leito de morte, sem autorização, tendo sido proibida pelo Tribunal do Império a divulgação das fotografias feitas.[36]

Ainda no Direito alemão, tem-se como precedente o famoso caso Mephisto, de 1968, em que o filho adotivo do ator e diretor de teatro Gustav Gründer pleiteou a interdição do romance *Mephisto*, de Klaus Mann. A pretensão residia no fato de que a obra lesava a reputação do artista, muito embora o livro tivesse como figura central um personagem fictício, o ator Hendrik Höfgen. A Corte Constitucional alemã considerou, porém, existente um direito de personalidade *post mortem*, que prevalecia sobre o direito à manifestação cultural.[37]

Na jurisprudência brasileira, a matéria já havia sido versada antes da promulgação do Código Civil de 2002, tendo o Superior Tribunal de Justiça expressamente reconhecido a possibilidade de tutela do direito da imagem após a morte de seu titular, a fim de obter o direito de indenização.[38] Contudo, a decisão oscila entre duas tendências, pois de um lado reconhece a possibilidade de que o sucessor possa tutelar a imagem do parente falecido. De outro, afirma que pelo fato de a imagem da pessoa falecida "possuir efeitos econômicos para além de sua morte, seus sucessores passam a ter, por direito próprio, legitimidade para postularem indenização em juízo". Evitando posicionar-se sobre uma teoria específica, o STJ opta por uma orientação finalística: o fato de a pessoa já haver falecido não retira de seus sucessores a possibilidade de resguardar a sua imagem, concedendo-lhe o direito à indenização.

Observe-se, porém, que o Código Civil, ao disciplinar o tema, no parágrafo único do artigo 12, não somente reconhece aos sucessores elencados neste dispositivo o direito à indenização, como também concede a eles o direito de exigir que cesse a ameaça ou lesão. Além disso, prevê, no parágrafo único do artigo 20, em relação à divulgação de escritos, transmissão da palavra ou a publicação, exposição ou a utilização de

---

[36] Cf. RGZ 45 (1900), p. 170-174.

[37] Cf. BverfGE 50 (1969), 133-147.

[38] Cf. REsp. 268660/RJ, Rel. Min Cesar Asfor Rocha, 4ª Turma, j. 21.11.2000, in RT 789/201. O teor da ementa é o seguinte: "Os Direitos da personalidade, de que o direito à imagem é um deles, guardam como principal característica a sua intransmissibilidade. Nem por isso deixa de merecer proteção a imagem de quem falece, como se fosse coisa de ninguém, porque ela permanece perenemente lembrada nas memórias, como bem imortal que se prolonga para muito além da vida, estando até acima desta, como sentenciou Ariosto. Daí porque não se pode subtrair da mãe o direito de defender a imagem de sua falecida filha, pois são os pais aqueles que, em linha de normalidade, mais se desvanecem com a exaltação feita à memória e à imagem da falecida filha, como são os que mais se abatem e se deprimem por qualquer agressão que possa lhes trazer mácula. Ademais, a imagem de pessoa famosa projeta efeitos econômicos para além de sua morte, pelo que os seus sucessores passam a ter, por direito próprio, legitimidade para postularem indenização em juízo."

imagens de uma pessoa falecida que serão partes legítimas para obter esta proteção o cônjuge, os ascendentes ou os descendentes. Sobressai, portanto, que em relação a estes casos a redação não é idêntica ao parágrafo único do artigo 12, estando excluída do elenco de pessoas legitimadas a pleitear a tutela do falecido os colaterais até o quarto grau.

A questão que o Código de 2002, porém não responde diretamente concerne à extensão temporal da tutela *post mortem*. No Direito alemão, por exemplo, tem sido reconhecido que a tutela da personalidade da pessoa falecida permanece, mesmo que ela tenha ultrapassado uma grande extensão temporal.[39] A orientação tem sido, porém, de restringir a tutela *post mostem* dos Direitos da personalidade apenas aos parentes mais próximos, a fim de estabelecer uma espécie de limite temporal tácito.[40]

A mesma preocupação, porém, não teve o Codificador brasileiro, na medida em que, tanto no texto do parágrafo único do artigo 12, quanto no teor do parágrafo único do artigo 20, não se circunscreve a legitimidade ativa apenas aos parentes mais próximos. A redação dada em ambos os casos permite a interpretação de que mesmo descendentes distantes uma ou várias gerações da pessoa falecida poderão pleitear a indenização e a eventual inibição da violação de direitos da personalidade.

Esta solução, porém, pode configurar-se como excessiva em relação à tutela dos direitos da personalidade *post mortem*, em especial no que concerne a discussão sobre eventual dano à reputação ou à imagem, na medida em que, mesmo que não sejam envolvidos os parentes próximos, poderá ocorrer o debate sobre uma eventual interdição de obra referente à pessoa falecida. Além disso, esta orientação favorece que um trabalho artístico ou informativo permaneça interditado praticamente por um período de tempo indefinido, impedindo em algumas vezes o debate público sobre o papel de determinada pessoa no plano histórico e mesmo a divulgação de manifestações artistícias.[41]

Uma solução que poderia servir melhor à adequação de eventuais conflitos neste campo seria a de restringir a defesa dos direitos da personalidade *post mortem* aos descendentes de primeiro ou segundo graus – uma geração –, facultando a outros parentes esta possibilidade, com base em circunstâncias a serem apreciadas pelo juiz.

---

[39] Cf. OLG München, decisão de 26.01.1994, *in NJW-RR* 1994/925. No original: "Das Persönlichkeitschutz ist nicht auf einen bestimmten Zeitraum nach dem Tode beschränkt".

[40] *NJW-RR* 1994/925.

[41] Esta circunstância manifesta-se no Direito brasileiro com a interdição do documentário de Glauber Rocha sobre a morte do pintor Di Cavalcanti. Realizado durante o enterro de Di Cavalcanti, em outubro de 1976, no Rio de Janeiro, o filme recebeu o prêmio especial do júri no Festival de Cannes. Logo, em seguida, porém, ocorreu o processo de interdição pela família do pintor, que obteve o deferimento judicial. Desde então, o filme permanece sem exibição comercial no Brasil. A respeito, ver matéria no jornal de Estado de São Paulo, *in:* www.estadao.com.br/print/2003/set/04/32.htm.

II) Análise da tutela dos direitos específicos de personalidade

A) o direito ao nome

Em relação ao nome, o Código tem o pequeno mérito de, ao definir a sua composição entre prenome e sobrenome, ter optado por esta denominação, que é mais corrente em relação ao termo "apelidos de família", empregado pela Lei de Registros Públicos no artigo 56.

Um dos aspectos mais importantes para a pessoa e um dos que, aliás, mais concerne a sua dignidade, diz respeito precisamente à possibilidade de alterar o nome, ou mesmo, em situações excepcionais, o prenome. O Código Civil de 2002, porém, nada refere a respeito: não contém qualquer regra sobre a possibilidade de alteração do nome. A matéria permanece tratada apenas na Lei dos Registros Públicos (artigos 56, 57 e 58 da Lei 6.015/73).

Mesmo que se entendesse por manter a disciplina da mudança de nome na lei especial, cumpriria ao menos a referência a este respeito no Código Civil.[42] No entanto, nem sequer esta providência foi adotada pelo codificador. De sorte que, em relação a este ponto, se verifica que a solução adotada não atendeu, de forma conveniente, à função de coordenação do Código Civil.

Ainda em relação ao nome, percebe-se a ausência de disciplina sobre a possibilidade de alteração do sexo, com a conseqüente alteração dos demais dados pessoais. Trata-se de situação que encontra precedentes no Direito comparado, como é o Código Civil do Quebec, que expressamente disciplinou o assunto,[43] e que poderia ter servido de inspiração para o legislador brasileiro. Acresce que esta matéria tem sido objeto de decisão

---

[42] O Código Civil do Quebec regula a matéria da mudança de nome de forma ampla na seção terceira do título terceiro, relativo à temática do Estado das Pessoas, que integra o livro primeiro referente às Pessoas. A par das disposições gerais (§ 1º da seção terceira), é regulada a possibilidade de mudança de nome pela via administrativa (§ 2º) e pela via judicial (§ 3º).

[43] A disciplina sobre a alteração do sexo encontra-se prevista na seção quarta do aludido título terceiro sobre o Estado das Pessoas. Sua redação em inglês é a seguinte:
"71 Every person who has sccessfully undergone medical treatments and surgical operations involving a structural modfication of the sexual organs intended to change his secondary sexual characteristics may have the designation of sex which appears on his act of birth and, if necessary, his given names changed.
Only an unmarried person of full age who has been domiciled in Québec for at least one year and is a Canadian citizen may make an application under this article.
72. The application is made to the record of civil status; it is accompanied with, in addition to the other relevant documents, a certificate of the attending physician and an attestation by another physician practising in Québec to the effect that the treatments and operations were successful.
73. The application is subject to the same procedure as an application for a change of name and to the same publication requirements and the same duties. The rules relating to the effects of a change of name, adapted as required, apply to a change of designation of sex".

nos tribunais superiores,[44] não se justificando que o Código Civil de 2002 não a tenha regulado de forma expressa.

Trata-se, em síntese, de assunto estruturalmente ligado ao direito geral de personalidade – e à dignidade humana –, cuja solução o Código Civil, igualmente como instrumento de concretização da Constituição Federal, deveria contemplar.

B) O direito à honra e à imagem

Em relação à honra e à imagem das pessoas, o Código Civil tratou-os em um mesmo dispositivo (artigo 20, *caput*).[45] Do exame do texto, extrai-se, inicialmente, que a codificação diferencia os dois direitos da personalidade. Melhor teria sido, porém, um tratamento distinto entre o direito à honra, considerado como o bom nome e a reputação da pessoa, e o direito à imagem, no sentido de abranger toda a série de caracterizações da pessoa.[46]

Do modo como foi formulado, o artigo 20 não contempla regra específica para as inúmeras questões referentes à tutela da honra e, em especial, soluções de ponderação para os casos atualmente vinculados à Lei de Imprensa que são objetos de freqüente decisão pelos tribunais.[47]

---

[44] Ver, por exemplo, a Ap. Cív. 70006828321, Rel. Dra. Catarina Rita Krieger Martins, 8ª C. Civ. do TJRGS, j. 11.12.2003.

[45] Art. 20. "Salvo se autorizadas, ou se necessárias à administração da justiça ou à manutenção da ordem pública, a divulgação de escritos, a transmissão da palavra, ou a publicação, a exposição ou a utilização da imagem de uma pessoa poderão ser proibidas, a seu requerimento e sem prejuízo da indenização que couber, se lhe atingirem a honra, a boa fama ou a respeitabilidade, ou se se destinarem a fins comerciais".

[46] Acerca do âmbito do Direito da imagem e de sua caracterização, ver decisão do TJRJ, Einf. 149/99, 9º Grupo C. Civ., Rel. Des. Bernardo Garcez Neto, *in Revista de Direito*, vol. 42/155: "I – A proteção à imagem, consagrada no art. 5º, inciso X, última figura da Constituição Federal, se estende não só às reproduções corpóreas, através de fotografias ou filmagens, mas a todas as características pessoais do lesado, desde o seu nome até sua conduta ético-social. II – O resguardo à imagem, vedando sua utilização não autorizada para fins mercantis, nada tem a ver com a proteção à intimidade. São valores distintos, ainda que protegidos pelo mesmo dispositivo constitucional. III – A circunstância de o autor ser pessoa de conduta extrovertida, na qual se destacam as bravuras sexuais, não autoriza que, em revista destinada a voyeurs, se use sua imagem para aumentar, através do envolvimento não autorizado de seu nome, a vendagem da publicação".

[47] Sobre este tema, cabe referir a decisão do STJ no RE 736015/RJ (Rel. Min. Nancy Andrighi, 3ª Turma, j. 16.06.2005, in DJ de 01.07.2005), que versa tanto sobre a temática de conflito entre a tutela da honra e a liberdade de expressão, como também serve de exemplo para a invocação da tutela *post mortem* dos direitos da pessoa: "Matéria satírica que teria maculado a honra de antepassado das recorrentes. Crítica social que transcende a memória do suposto ofendido para analisar, por meio da comparação jocosa, tendência cultural de grande repercussão no país. Dentro do que se entende por exercício da atividade humorística, a matéria por objetivo a crítica pessoal ao antepassado das recorrentes, mas a sátira de certos costumes modernos que ganharam relevância e que são veiculados, hodiernamente, por mais de uma publicação nacional de grande circulação. O mote supostamente lesivo, ademais, foi atribuído ao domínio público. A conduta praticada não carrega a necessária potencialidade lesiva, seja porque carecedora da menor seriedade a suposta ofensa praticada, seja

Por outro lado, em face da leitura do artigo, extrai-se que a utilização da imagem somente pode ocorrer se (a) houver o consentimento da pessoa interessada ou dos legitimados para o ato; (b) a exibição for necessária para a administração da justiça ou a manutenção da ordem pública.

Em relação ao consentimento, impõe-se a questão de saber se ele deve ser necessariamente expresso ou pode ser tácito. Quanto à necessidade de a manifestação de vontade ser expressa ou tácita, o Código Civil prevê, no artigo 111, que o silêncio importa anuência quando as circunstâncias ou os usos o autorizarem, e não for necessária a declaração de vontade expressa.[48]

Em se tratando de cessão de direito da imagem, há que se ponderar o caráter excepcional desta modalidade de negócio, razão pela qual a sua interpretação deve ser em princípio restritiva. Na jurisprudência do Superior Tribunal de Justiça, esta tem sido a orientação, tendo sido objeto de decisão que não se deve ampliar o disposto em cláusulas contratuais.[49] Por conseguinte, somente em situações muito claras deve ser aceito como válido o consentimento tácito em relação à cessão do Direito de imagem, o que corresponde à disposição do referido artigo 111.[50] Um exemplo neste sentido aparece em decisão que considerou presente a autorização para uso de fotos da pessoa em revista de cunho erótico, em decorrência do conjunto probatório, que continha – a par do contrato firmado pela parte – também entrevista que confirmava o consentimento do uso da imagem.[51] Em outro caso, o STJ considerou presente o consentimento tácito ao decidir que se ocorre a exposição da imagem em cenário público – e na hipótese tratava-se de *topless* – não se poderia considerar como indevida a sua exposição pela imprensa, uma vez que a proteção à privacidade encontra limite na própria exposição realizada.[52]

---

porque nada houve para além de uma crítica genérica de tendências culturais, esta usando a suposta injúria como mera alegoria. Não cabe aos Tribunais dizer se o humor praticado é 'popular' ou 'inteligente', porquanto a crítica artística não se destina ao exercício de atividade jurisdicional".

[48] Sobre o tema no Código Civil de 2002, ver Vera Fradera, "O Valor do silêncio no novo Código Civil", *in Aspectos Controvertidos no novo Código Civil,* p. 569, ed. RT, 2003.

[49] Cf. REsp 46420, Rel. Min. Ruy Rosado de Aguiar, 4ª Turma, j. 12.09.1994, in RSTJ 68/358.

[50] No Direito italiano, por exemplo, não se exclui igualmente a possibilidade de a cessão do direito de imagem ocorrer mediante consentimento tácito. A respeito, ver Antonino Scalisi, *Il Diritto alla Riservatezza*, Giuffrè, 2002, p. 51.

[51] Ver REsp. 230306/RJ, Rel. Min. Sálvio de Figueiredo Teixeira, 4ª Turma, j. 18.05.2000, in LexSTJ vol. 135/203.

[52] Cf. REsp 595600/SC, Rel. Min. Cesar Asfor Rocha, 4ª Turma, j. 18.03.2004. A ementa é do seguinte teor: "Não se pode cometer o delírio de, em nome do direito de privacidade, estabelecer-se uma redoma protetora em torno de uma pessoa para torná-la imune de qualquer veiculação atinente a sua imagem. Se a demandante expõe sua imagem em cenário público, não é ilícita ou indevida sua reprodução pela imprensa, uma vez que a proteção à privacidade encontra limite na própria exposição realizada".

Em um segundo momento, o artigo 20 prevê a possibilidade de divulgação da imagem alheia, se necessárias à administração da justiça ou à manutenção da ordem pública. Se é certo que em algumas situações, como o da exibição de fotos de foragidos da justiça ou de criminosos, pode-se aceitar com facilidade o recurso à idéia de manutenção de ordem pública para permitir a divulgação de imagem sem a necessária autorização, é forçoso reconhecer que esta previsão do Código Civil possui vários pontos problemáticos: em primeiro lugar, sua extrema indeterminação pode conduzir a uma tentativa de ampliação desmedida da possibilidade de uso de imagem sem a autorização da pessoa. A par disso, trata-se de terminologia que não encontra previsão constitucional, o que já foi observado de forma crítica na doutrina.[53]

A solução dada pelo artigo 20 para a cessão do direito de imagem tem recebido igualmente censuras, sob o argumento de ser restritiva quanto ao direito fundamental de informação. Sustenta-se, em essência, a existência da presunção de interesse público relativamente à matéria jornalística, o que levaria a isentar os meios de comunicação da necessidade de obter o consentimento da pessoa quando estas tenham vinculação com o evento noticiado ou quando se pretendia noticiar a ocorrência de um fato criminoso.[54]

Com efeito, a previsão do artigo pode levar à interpretação de que os meios de comunicação tenham de, necessariamente, obter a autorização da pessoa, a fim de citá-la em eventuais reportagens. Esta orientação restringiria o âmbito da liberdade de expressão e informação dos órgãos de imprensa e, em linhas gerais, iria de encontro à linha até aqui acolhida pela jurisprudência de tribunais estaduais[55] e do STJ.[56]

---

[53] Cf. Luís Roberto Barroso, "Colisão entre liberdade de expressão e direitos da personalidade. Critérios de ponderação. Interpretação constitucionalmente adequada do Código Civil e da Lei de Imprensa", *in Revista de Direito Administrativo*, 2004, vol. 235, p. 1-31.

[54] Ver Luís Roberto Barroso, *Colisão entre liberdade de expressão e direitos da personalidade*, op. cit., p. 32.

[55] A respeito, cf. a Ap. Cív. 70003750361, Rel. Desa. Rejane Maria Dias de Castro Bins, 9ª C. Civ., TJRGS, j. 24.04.2002: "Dano à imagem. Quando as notícias veiculadas no jornal apenas retratam informações sobre fatos de interesse público, porque ocorridos em escola estadual e em projeto de amparo ao menor, não ultrapassa o órgão de imprensa o direito de liberdade de informação e manifestação de pensamento, nem viola direito de terceiros. O funcionário público, pelo exercício do cargo público, pode ter sua fotografia publicada na imprensa, desde que sem descontextualização ou ofensa. Diminuição do direito de tutelar a imagem, desde que se retrate a pessoa como ela é e na forma como desenvolve sua atividade usual. A ausência de nexo causal e conduta ilícita afastam a reparação".

[56] REsp 42844/SP, Rel. Min. Dias Trindade, 4ª Turma, j. 08/03/94: "Civil. Responsabilidade. Noticiário jornalístico. Não responde civilmente o órgão de divulgação que, sem ofender a vida privada dos figurantes de fatos, noticia crimes, apurados em inquérito policial, envolvendo o mercado de artes, dando a versão dos próprios autores da demanda, que os põem como vítimas".

No entanto, cumpre ponderar que a presunção de interesse público atribuída aos meios de comunicação não se sobrepõe – *prima facie* – em relação aos direitos da personalidade. Caberá, na verdade, aos órgãos de imprensa demonstrar a existência do interesse público, a ponto de exigir que em uma determinada matéria seja veiculado comentário excepcionalmente crítico sobre pessoa que não possua dimensão pública, ou em casos em que seja exibida sua imagem em circunstâncias desabonadoras, ou quando as pessoas não estiverem diretamente vinculadas a um evento de repercussão.[57] Este critério de ponderação tem sido adotado pela jurisprudência, que se ocupa em distinguir situações em que a pessoa exerce atividade pública – e pode ser portanto objeto de crítica ou ter sua imagem divulgada[58] –, daquelas em que a pessoa é retratada em sua esfera privada.[59]

---

[57] A este respeito, merece inicialmente registro decisão da Corte de Cassação francesa, de 20.02.2001, que se pronunciou no sentido de assegurar que "a liberdade de comunicação de informações autoriza a publicação de imagem das pessoas implicadas em um evento, sob a única reserva do respeito à dignidade humana" (JCP – La Semaine Juridique, 21-22, 2001, p. 1049). Tratava-se no caso do debate acerca da publicação de fotos retratando pessoas que foram vítimas de um atentado em Paris no ano de 2001. Cumpre acrescentar que esta decisão constitui-se em uma mudança de posição da Corte de Cassação (decisão que anteriormente havia decidido pelo não publicação de fotos do corpo de uma pessoa assassinada. Saliente-se, porém, que a Corte referiu, como requisito, no corpo da decisão, que as fotografias eram desprovidas da 'busca de sensacionalismo' e de traço de indecência". A respeito do tema, ver notas de Jacques Ravanas, in JCP, 2001, p. 1049.
Na jurisprudência alemã, por sua vez, o Tribunal Constitucional segue a mesma orientação, considerando que a liberdade de expressão não prevalece quando houver lesão à dignidade humana, reiterando-se que esta é interpretada restritivamente. Em uma decisão do ano de 2000, foi permitida a publicação por órgão de imprensa de lista com o nome de integrantes da Stasi – polícia secreta da Alemanha oriental (cf. JZ 22/2000, p. 1106).

[58] Ilustrativo neste sentido é a decisão do Tribunal de Justiça do Rio Grande do Sul na Ap. Civ. 596142562, Rel. Des. Araken de Assis, 5ª C. Civ., j. 22.08.96: "Confronto entre liberdade de expressão e crítica e direito à tutela da imagem e da honra. Distinção entre atividade pública e privada da pessoa. Posição de preponderância da liberdade de crítica, no campo das atividades públicas no confronto com a imagem. 1. A honra e a imagem integram os direitos da personalidade, tutelados na Constituição (art-5, V e X), bem como a liberdade de expressão e de crítica (art. 5, IV). No eventual confronto entre tais valores, há de se distinguir, nas atividades da pessoa, a esfera pública e a esfera privada. Quando alguém exerce atividade pública, saindo da vida privada, se torna passível de crítica, agasalhada na preponderância da liberdade de expressão. Caso em que certo médico, investido nas funções de administrador de hospital, mereceu críticas do administrador anterior, defendendo outras diretrizes administrativas. Tutela da liberdade da expressão.

[59] "Responsabilidade civil. Órgão de imprensa. Colisão de direitos constitucionais. Liberdade de expressão e informação. Direito de personalidade. Posto inquestionável o direito à liberdade de expressão consagrado no art. 5º, inc. IX da Constituição Federal, não é absoluto, submetendo-se também à mídia ao controle do judiciário quando, no exercício desse direito de livre expressão da atividade artística e de comunicação, infringe outro valor constitucional assegurado. Limite da licitude. Critério do interesse preponderante. Preponderará a liberdade de expressão e informação quando confrontada com direitos de personalidade de sujeitos públicos, mas a relação se inverte quando estamos diante de uma pessoa privada, a qual beneficia a inversão do ônus da prova, nas hipóteses de invasão do marco traçado para a forma lícita da ação, seja por desprezo as funções sociais do direito, seja com intenção de constranger veiculação de matéria com sentido de cena inusitada, contendo, como imagem de dia, fotografia de jovem portador de esquizofrenia hebefrênica, deitado, sem camisa, sobre um automóvel. Direito à imagem. Violação. Dano moral configurado". Ap. Civ. 70000258194, Rel. Desa. Mara Larsen Chechi, 9ª C. Civ. TJRGS, j. 22.03.00).

C) Direito à privacidade

Em seu artigo 21, dispõe o Código Civil sobre a inviolabilidade da vida privada da pessoa natural, afirmando que o juiz, a critério do interessado, adotará as providências necessárias para impedir ou fazer cessar ato contrário ao preceito.

Muito embora seja conhecido o princípio de que a Lei não deva conter definições, é flagrante que em relação à disciplina da tutela da privacidade, a regulação do Código Civil é praticamente ociosa, na medida em que não regula suficientemente os diversos aspectos desta temática.

No Direito português, por exemplo, encontra-se no artigo 80, inciso 2, regra no sentido de que a extensão da reserva sobre a intimidade da vida privada deve atender a natureza do caso e a condição das pessoas. Além disso, o Código Civil português disciplina expressamente o tema das cartas confidenciais (artigo 75),[60] e de sua publicação (artigo 76).[61] Regula, também, a matéria referente a memórias familiares e a escritos confidenciais (artigo 77).[62] Da simples descrição das hipóteses previstas no Direito português, observa-se que o codificador brasileiro em nada contribuiu para o aperfeiçoamento da matéria da tutela da privacidade no Direito Civil.

Em face da alusão existente no Direito português quanto à condição das pessoas, é flagrante que o Código Civil de 2002 também não estabelece critérios mínimos de ponderação, a fim de favorecer a interpretação judicial.

Um ponto relevante a este respeito refere-se às pessoas notórias, que poderão, em comparação às pessoas comuns, receber proteção menor em relação a aspectos de sua privacidade. Esta premissa não significa, porém, que a notoriedade ou a dimensão pública da pessoa seja um atributo capaz de retirar-lhes de modo absoluto o direito ao resguardo da vida privada, especialmente no que disser respeito aos seus contornos mais íntimos.[63]

---

[60] Artigo 75, inciso 1 – "O destinatário de carta-missiva de natureza confidencial deve guardar reserva sobre o seu conteúdo, não lhe sendo lícito aproveitar os elementos de informação que ela tenha levado ao seu conhecimento".

[61] Artigo 76, inciso 1 – "As cartas missivas confidenciais só podem ser publicadas com o consentimento do seu autor ou com o suprimento judicial desse consentimento; mas não há lugar ao suprimento quando se trate de utilizar as cartas como documento literário, histórico ou biográfico".

[62] Artigo 77 – "O disposto no artigo anterior é aplicável, com as necessárias adaptações, às memórias familiares e pessoais e a outros escritos que tenham caráter confidencial ou se refiram a à intimidade da vida privada".

[63] Cf. a Ap. Civ. 70005312277, Rel. Des. Leo Lima, 5ª C. Civ. TJRGS, j. 18.04.2004: "Caracteriza dano moral notícia veiculada em jornal, relativa à intimidade pessoal e familiar do autor. Inegável ofensa à honra do mesmo, embora se tratando de pessoa pública. Confronto entre direito à intimidade e à honra, protegido no art. 5º, X, da Constituição Federal, com o direito e dever de informar, resguardado, no art. 220, da mesma Carta". Voto vencido.

Acrescente-se que a regra estabelecida pelo Código no artigo 21 não está sequer em harmonia com a jurisprudência, pois esta tem – nos moldes do Direito português –, "conforme a natureza do caso", excepcionado a tutela da privacidade, em face de interesses julgados prevalentes. Um grupo de casos, em que se tem configurado esta orientação, concerne a quebra de sigilo bancário, desde que o credor atenda a diversos requisitos e, em especial, demonstre a indispensabilidade desta providência.[64]

Vê-se, portanto, que o tema da privacidade mereceria por parte do codificador brasileiro um tratamento bem mais profundo do que o existente no Código de 2002. O tema permanece sendo tratado pela jurisprudência sem que exista uma norma geral que o sistematize.

Conclusão

O Código Civil de 2002 possui o mérito de versar sobre os aspectos gerais da tutela dos Direitos da Personalidade. Em face disso, tem-se a indicação, na esfera do Direito Civil, dos principais tópicos da matéria. Há que se ter presente, porém, que a função de um Código Civil, no século

---

[64] Ver, por exemplo, o AGRG 743586/SP, Rel. Min. José Delgado, 1ª Turma, j. 21.06.2005, in DJ. de 08.08.2005: 1. Agravo regimental contra decisão que negou seguimento ao recurso especial da agravante. 2. O acórdão *a quo* indeferiu pedido de expedição de ofício ao Banco Central para informações sobre a existência de ativos financeiros do devedor. 3. A jurisprudência do Superior Tribunal de Justiça é pacífica e remansosa no sentido de que: – "O contribuinte ou o titular de conta bancária tem direito à privacidade em relação aos seus dados pessoais, além do que não cabe ao Judiciário substituir a parte autora nas diligências que lhe são cabíveis para demandar em juízo." (REsp nº 306570/SP, 2ª Turma, Rel. Min. ELIANA CALMON, DJ de 18/02/2002). – "As informações sobre a movimentação bancária do executado só devem ser expostas em casos de grande relevância para a prestação jurisdicional. *In casu*, a varredura das contas em nome do executado, visando posterior penhora, não justifica a quebra do sigilo bancário." (AgReg no AG nº 225634/SP, 2ª Turma, Rel. Min. NANCY ANDRIGHI, DJ de 20/03/2000). "4. Autos que revelam: a) o devedor, mesmo tendo sido devidamente citado, não ofereceu bens à penhora; b) o Oficial de Justiça realizou todas as diligências possíveis para localizar bens do executado, sem lograr, contudo, êxito, conforme está na certidão acostada aos autos; c) na referida certidão, foi certificado, expressamente, que o devedor reside graciosamente na companhia de seus pais e todos os bens que guarnecem a residência não lhe pertencem, assim como que na CIRETRAN local não se localizou nenhum veículo registrado em seu nome, como que no Cartório de Registro de Imóveis nenhum imóvel foi constatado como de sua titularidade. 5. Incontroverso que foram efetuadas e esgotadas todas as diligências possíveis, sem que se tivesse auferido qualquer êxito, não restando outra alternativa à agravante que não o requerimento de quebra de sigilo bancário do devedor. 6. Agravo regimental provido com o conseqüente provimento do recurso especial".
No mesmo sentido, o AGRG no Inq. 302/SP, Rel. Min. Fernando Gonçalves, Corte Especial, j. 05.05.2004, in DJ 31.05.2004: "Não se apresenta como desarrazoada ou mesmo excedente à lei, a autorização para pesquisa nas contas bancárias quando necessário, diante do interesse público, o esclarecimento de situação evidenciada por causa a legitimar a medida excepcional. 2. De modo contrário, não se apresentando indícios ou existência concreta de motivação suficiente a autorizar a quebra do sigilo bancário, a medida deve ser recusada".

XXI, é tanto a de concretizar o texto constitucional, como também a de servir como instrumento de (co)ordenação do sistema de Direito Privado.

Em relação aos Direitos da Personalidade, o Código Civil de 2002 não atende a estes objetivos. De um lado, não estabelece elementos mínimos de ponderação, a fim de propiciar ao juiz critérios razoavelmente objetivos e seguros para a tutela dos direitos da personalidade. De outro, não cumpre o objetivo de coordenar os temas relativos aos Direitos da Personalidade, que ainda se encontram dispersos em leis especiais, sem que o Código exerça a tarefa de servir como norma centralizadora da ampla gama de figuras ligadas à matéria.

É certo que se poderá dizer que esta última função pertence exclusivamente à Constituição, que atua no plano dos princípios e na esfera concreta. De fato, não se desconhece que a Constituição pode ter efeitos diretos no âmbito das relações privadas. Esta possibilidade não retira, no entanto, o Código de seu lugar, como mecanismo precípuo de regulação sistematizada, plena e estruturada das figuras jurídicas de Direito Civil.

Os Direitos da Personalidade constituem-se em instituto com origem no Direito Civil elevado à dimensão constitucional. A tarefa da codificação seria a de – reitere-se – proporcionar uma adequada regulação da matéria, que seguisse a *ratio* e o *telos* da Constituição. Este objetivo ainda segue sem implementação plena no âmbito do Direito Civil brasileiro codificado.

O aspecto positivo é o de que a jurisprudência – em especial do Superior Tribunal de Justiça e do Supremo Tribunal Federal – tem paulatinamente assumido esta função. Não se tem, porém, uma norma quadro no plano do Direito Civil, que sirva como elemento impulsionador e agregador deste objetivo. Em conseqüência, a matéria dos Direitos da Personalidade ainda recebe uma disciplina tópica e pontual.

O Código Civil, porém, não é uma obra definitiva e pronta. Nada impede que receba aprimoramentos, em especial no que concerne à matéria dos Direitos da Personalidade, a fim de estar apto a exercer a sua função de meio de regulação das relações privadas e de instrumento de diálogo entre os Direitos Público e Privado.

5. Princípios de direito das obrigações no novo Código Civil

JORGE CESA FERREIRA DA SILVA*
Mestre e Doutorando em Direito Civil pela UFRGS. Professor da UNISINOS, PUC/RS, AJURIS e Escola do Ministério Público. Advogado.

Sumário: 1. Os princípios de normatividade exógena ou princípios funcionalizantes; 1.1. Autonomia Privada; 1.2. Função Social; 2. Princípios de normatividade endógena; 2.1. Boa-fé objetiva; 2.2. O princípio do equilíbrio.

Ao referir a matriz ideológica que orientou a comissão elaboradora do anteprojeto do novo Código Civil, Miguel Reale declarou a opção pelo que chamou de *evolucionismo*, entendido como o processo destinado a rever o texto de modo a conservá-lo naquilo que se apresentasse em conformidade com os novos ditames gerais e a inovar com prudência, sempre em consonância com a tradição civilista luso-brasileira.[1] Dessa opção decorreram características importantes da proposta, do que se pode lembrar, apenas a título exemplificativo, a manutenção de uma parte geral destinada a introduzir e sistematizar o material codificado e não codificado ou a profunda integração entre os dois grandes ramos do direito privado: o direito civil e o comercial. Reflexo secundário desse evolucionismo – mas não menos importante na resolução de problemas práticos – encontra-se na fiel e literal manutenção do texto de 1916 em diversos pontos.[2]

Sem dúvida que o Livro I da Parte Especial, notadamente o seu regramento introdutório e comum às demais obrigações, foi um dos cam-

---

[1] Cf. Miguel REALE, *O projeto de Código Civil*. São Paulo: Saraiva, 1986, p. 25. A opção contrapôs-se aos *tradicionalistas* (reacionários), aos *reformistas* (preocupados em apenas atualizar o texto) e aos *revolucinários* (desejosos de um código totalmente novo). Idem, ibidem.

[2] Cf. Miguel REALE, op. cit., p. 75.

* o autor agradece a leitura e as críticas do Prof. Dr. Cláudio Michelon.

pos em que esta última conseqüência do chamado evolucionismo mais claramente se faz sentir. Muitos são os dispositivos repetidos ou dotados de pequenas reformas formais ou técnicas, o que daria a entender, em uma primeira visão, ser pequena a mudança. No entanto, tal posicionamento seguramente não se sustenta após a análise, menos apressada, do pano de fundo que dá cor e moldura ao novo cenário obrigacional. Focando-se a atenção nessa base – *posta* no código e *pressuposta* na leitura dos dispositivos – constata-se como seria incorreto afirmar que foram poucas, ou mesmo irrelevantes, as alterações.

Para isso, relevante é a análise da regulação das fontes das obrigações ou, mais especificamente, os princípios reitores emanados dessas fontes.

É verdade que a análise global e, de certo modo, introdutória do direito obrigacional por meio das fontes não é percurso normalmente trilhado pelos civilistas, nem o esperado em razão da estrutura do nosso diploma. Em geral, nossos manuais mais consultados, costumam dedicar pouca atenção ao estudo das fontes, atendo-se mais à demonstração, após algumas referências históricas, de que as relações obrigacionais nascem de determinados fatos jurídicos. Da mesma forma, a estrutura do nosso regramento civil pouco convida a um estudo mais detido das fontes.

Analisando o Código de 1916 constata-se que a preocupação com as fontes é clara, mas secundária. Estruturalmente, o Código de Bevilaqua se dedica, de início, à obrigação em si mesmo considerada (modalidades, efeitos, circulatividade), para somente depois tratar das fontes, individualmente. O Código de 2002 seguiu o mesmo caminho, desejoso de não negar a organização e tradição próprias do direito brasileiro.[3] Com isso, ganhou-se na confirmação da tradição e em certeza jurídica, mas perdeu-se em clareza no tocante à percepção das bases do regime geral das obrigações, emanadas, justamente, do estudo das fontes.

---

[3] A estrutura do nossos códigos civis, de 1916 e de 2002, é, em matéria obrigacional e em comparação com outros importantes códigos civis dos demais países da Família Romano-Germânica, bastante própria. O Código Civil francês, de 1804, separa a regulação em dois grandes títulos, um dedicado às obrigações contratuais e convencionais em geral (arts. 1101-1369) e o outro, às obrigações que se formam sem convenção (arts. 1370-1396). Organiza-se internamente, assim, com base nas fontes. O Código Civil espanhol, de 1888, abre o seu Livro IV com disposições sobre as fontes (arts. 1.089-1.093). O BGB, de 1896 (com a importante e recente alteração de 19.10.2001), não inicia o Livro II pela análise das fontes, mas pela análise da própria obrigação. Contudo, a preocupação é muito mais voltada à eficácia de uma obrigação já originada do que à classificação das modalidades obrigacionais (§§ 241-304). O Código italiano, de 1942, após um título relativo às obrigações em geral, no qual anuncia como primeiro dispositivo as diversas fontes (art. 1173) e no qual aborda fundamentalmente o adimplemento e o inadimplemento, passa a dispor sobre cada uma das fontes, individualmente. O atual Código Civil português, depois de um sucinto capítulo inicial (arts. 397º-404º) trata exatamente das fontes (arts. 405º-510º), para só então abordar as modalidades. O Código Civil argentino, de 1869, à semelhança do brasileiro, aborda inicialmente as obrigações em si mesmo consideradas, para após abordar as fontes. O texto brasileiro, como se constata, possui uma estrutura própria, consolidada agora no novo Código.

Ocorre que se é das fontes – contrato, dano, enriquecimento sem causa etc. – que as obrigações provêm, também é da regulação delas que se delimitam os princípios jurídicos aplicáveis às relações específicas. São elas, portanto, os veículos próprios dos princípios aplicáveis a todo o campo obrigacional, além de oferecerem as regras mais diretamente incidentes.[4]

Importa não esquecer que a regulação das fontes também veicula princípios particulares (ou regras gerais) aplicáveis à concreta espécie de relação obrigacional dela decorrente. É assim, por exemplo, com a restituição integral para a responsabilidade civil (direito de danos) ou a subsidiariedade, para o enriquecimento sem causa. Mas, para além desses, é nelas que se revelam os princípios gerais que, por oferecerem os nortes valorativos de conteúdo amplo, não se resumiriam às relações decorrentes de uma fonte específica sem quebra de sistematicidade. São exemplos desses princípios gerais a *autonomia privada*, a *função social*, a *boa-fé objetiva* e o *equilíbrio* que, muito embora previstos no regramento de específicas fontes, são aplicáveis – por coerência sistemática – a todas as obrigações, independentemente da origem.[5]

A compreensão do direito obrigacional a partir do novo Código parte, portanto, da análise desses princípios gerais, capazes que são de não só regular as relações como também propiciar aberturas e conexões a outros domínios normativos, tanto internos ao Código quanto externos a ele, do que se destaca as pontes com a Constituição.

---

[4] Parece já ter sido absorvida em nossa doutrina – apesar de não de todo na nossa jurisprudência – a distinção entre regras e princípios, como duas distintas espécies de normas. Partindo-se do pressuposto da existência de normas (o que já configura uma primeira opção científica) e compreendendo-as mais genericamente como uma "parcela" do dever ser (proposição deôntica, como em Bobbio – cf. *Teoria della norma giuridica*. Torino: Giappichelli, 1958, p. 75 ss. – , sentido objetivo do ato por meio do qual uma conduta é prescrita, como em Kelsen – cf. *Teoria pura do direito*. 6. ed. Coimbra: Arménio Amado, 1984, p. 22 – , por exemplo), pode-se afirmar, sobretudo após a contribuição de Dworkin (especialmente o livro *Taking rights seriously*. 16. ed. Harvard University Press, 1997 [1. ed. 1977]), terem os princípios características normativas próprias. Dentre elas, ressalta em importância para esse estudo *o conteúdo preponderantemente axiológico* dos princípios, a *dimensão de peso*, própria dos princípios, e os *casos de conflito* entre princípios. Ao contrário das regras, cuja aplicação tem por pressuposto a validade, de modo que uma regra aplicável exclui as demais, os princípios se aplicam conforme as possibilidades, fáticas e jurídicas, concretas. Um princípio se imporá sobre o outro, assim, no caso concreto, conforme o grau de sua importância específica, o que se descobre por processos de ponderação, cujo mecanismo é a noção (ou critério) da proporcionalidade. Cf. sobre a distinção entre princípios e regras, exemplificativamente Robert ALEXY, *Teoria dos derechos fundamentales*, J.J.Gomes CANOTILHO, *Direito constitucional*. 5. ed. Coimbra: Almedina, 1992, p. 172, Ricardo Luis LORENZETTI, *Fundamentos de direito privado*. São Paulo: Revista dos Tribunais, 1998, p. 286 [trad. Vera de Fradera].

[5] O princípio do equilíbrio, a seguir definido, bem explicita a referência. Apesar de veiculado, em grande medida, pela noção de enriquecimento sem causa, é inegável a sua aplicação no âmbito dos contratos, notadamente no tocante aos contratos bilaterais.

Inicialmente contudo, é necessário divisar internamente esses princípios, na medida em que a divisão permite melhor compreendê-los. Conforme a origem da normatividade, pode-se distingui-los em princípios de normatividade *exógena* ou *endógena*. Dois deles têm uma origem exógena à relação obrigacional formada, ou seja, constituem imperativos do ordenamento para a relação. É o caso da autonomia privada e da função social. Por sua vez, a boa-fé objetiva e o equilíbrio têm uma origem endógena: são as características específicas da relação concreta, no que se inclui a conduta das partes, que determinam as suas aplicações. A distinção é importante porque os dois primeiros possuem função eminentemente funcionalizante.

Em face disso, a análise dos princípios aqui feita se dividirá em duas partes. Na primeira serão abordados os princípios exógenos, dedicando-se a segunda aos princípios endógenos.

1. Os princípios de normatividade exógena ou princípios funcionalizantes

Os princípios aqui chamados "de normatividade exógena" são lineamentos advindos do ordenamento e dirigidos às partes ao se relacionarem obrigacionalmente. São, assim, os nortes abstratamente considerados pelo ordenamento geral e, por assim serem, sofrem o influxo da visão geral acerca do sistema. Como muito bem apontou Bobbio, pelo menos desde a década de 70, as análises do ordenamento deixaram de ser preponderantemente estruturalistas, preocupadas com saber *"como direito é produzido"*, para serem preponderantemente funcionalistas, ocupadas com saber *"para o que o direito serve"*.[6]

Os princípios que seguem, *autonomia privada* e *função social*, são e devem ser entendidos hoje em seu aspecto funcional, implicando com isso a visão funcionalizada da relação obrigacional.

1.1. Autonomia Privada

Autonomia privada, como o próprio nome já declara, é o poder dos privados de autonomamente governarem seus destinos, fazendo tal governo com força e tutela jurídica. O acento, pois, não é posto na liberdade individual – em verdade, conseqüência da autonomia privada – mas na possibilidade de fazer valer as decisões individuais com força normativa.

---

[6] Cf. Norberto BOBBIO, *Dalla struttura allá funzione:* nuove studi di teoria del diritto. Comunità, 1977, p. 63 ss., ensaio intitulado *Verso uma teoria funzionalistica del diritto.*

Muito embora sustentarem alguns que autonomia privada é restrita à atividade negocial,[7] funciona ela, mais abrangentemente, como o ar que respira todo o direito privado. Se ainda há sentido em se falar, pelo menos do ponto de vista didático, em um campo chamado de "direito privado", esse sentido se relaciona à possibilidade atribuída aos privados de autodefinirem, com força normativa, os seus destinos. Isso se estende, por conseguinte, a todos os ramos do direito civil, do direito de família ao direito obrigacional. Neste último ramo a incidência desse princípio é apenas maior, senão mais nítida.[8]

Para o direito das obrigações, a autonomia privada – muitas vezes referida como "autonomia da vontade", mas que com essa não se confunde[9] –, se relaciona com os destinos econômicos das partes, sendo normalmente conectada à fonte contratual. Com efeito, o contrato ou o negócio jurídico servem a ela como solos férteis, como se constata pela identidade conceitual dessas fontes, ou mesmo pela regulação específica, como é o caso da regra geral da atipicidade, veiculada expressamente, no novo Código, no art. 425.[10]

Contudo, engana-se quem sustenta que a idéia de autonomia privada tem uma incidência restrita à regência dos contratos. Ao contrário, é por demais sentida em nossa história a aplicação dessa noção para embasar, por exemplo, a responsabilidade civil. A noção de "culpa" nada mais é do que o correlato da autonomia privada.

Veja-se que toda atribuição de autonomia demanda, como fator de equilíbrio, a atribuição de responsabilidade. Com o recebimento de autonomia de disposição, recebe-se também a responsabilidade pelas conseqüências das decisões tomadas. E qual pode ser o fundamento dessa

---

[7] Cf. nesse sentido, Ana PRATA, *A tutela constitucional da autonomia privada*. Coimbra: Almedina, 1982, p. 12.

[8] Muito embora o direito obrigacional seja o espaço por excelência da autonomia privada, sobretudo na órbita negocial, é também inegável que o direito de família vem dando excelentes exemplos da noção desse princípio. De há muito, homens e mulheres convivem familiarmente sem casamento, pelos mais diversos fatores, sejam eles lícitos ou não. Contudo, por longa data, aos relacionamentos não provenientes de casamento não era dada a chancela civil, a força normativa portanto. Hoje, trata-se de livre escolha dos parceiros manterem vínculos nascidos do casamento ou da mera convivência. Em qualquer escolha, a força normativa, correspondente à eficácia reconhecida, é garantida. Este exemplo bem divisa as noções de liberdade e de autonomia privada. Apesar de participar da esfera de liberdade dos sujeitos a convivência sem casamento, hoje essa escolha é reconhecida como escolha jurídica. A decisão se faz com força normativa.

[9] A autonomia *da vontade* relaciona-se ao agir livre do sujeito, ligando-se à vontade interna, psíquica. É a manifestação de vontade livre. Já a autonomia *privada* é o poder de criar normas para si. Sobre a distinção, cf. AMARAL NETO, *Direito Civil: introdução*, 4. ed. Rio de Janeiro: Renovar, 2002, p. 335. Também sobre a distinção cf. o recente livro de Rosa Maria de Andrade NERY, *Noções preliminares de Direito Civil*. São Paulo: Revista dos Tribunais, 2002, p. 115.

[10] Art. 425 – É lícito às partes estipular contratos atípicos, observadas as normas gerais fixadas neste Código.

O novo Código Civil e a Constituição

responsabilidade? Um fundamento que prive a própria autonomia? Por óbvio que não. A responsabilidade pela conduta danosa só pode ser atribuída àquele que age de modo censurável, vale dizer, que age com *culpa*. A culpa, assim, porta consigo a idéia de individualismo liberal dos séculos XVIII e XIX, conforme já demonstrado, ao final do séc. XIX, pelos juristas italianos de vertente social.[11]

Paralelo da liberdade contratual, tem-se, portanto, a responsabilidade culposa, ainda hoje consagrada como base do direito de danos, mesmo com as profundas mitigações incorporadas, como se constata pela leitura do novo art. 927 e seu parágrafo único.

Essa noção básica (a autonomia privada como a possibilidade de auto-regramento jurídico), muito embora correta, sofre os males da absoluta simplicidade, simplicidade essa passível de falsear o objeto descrito.[12] Restam fora dessas referências os aspectos históricos que circundam o conceito e que atribuem a ele uma mais exata dimensão.

Pelo menos em três fases históricas pode ser distinguida a compreensão da autonomia privada: a primeira é a o do Estado Liberal Clássico; a segunda, do Estado Social de Direito; a terceira, a do Estado Pós-industrial.

No Estado Liberal clássico pós-revolução francesa (séc. XIX), a autonomia privada é um pressuposto lógico da construção privatista, decorrência direta dos desenvolvimentos filosóficos que desaguaram no séc. XVIII. Nesse período, a autonomia privada marca um *espaço jurídico individual intocável*, cristalizado na simplicidade do art. 1134 do *Code*[13] e sustentado nos pressupostos da igualdade formal e na liberdade, igualmente formal essa, que, vale dizer, presume-se decorrente da igualdade.

No Estado Social de Direito, em grande medida decorrência da ascensão do comunismo e das diversas formas de fascismo, da Segunda Grande Guerra e do *Welfare State*, a autonomia privada passou pelos seus mais duros golpes.[14] A intervenção do Estado no domínio econômico, nos

---

[11] Sobre a conexão entre culpa e individualismo, cf. o atualíssimo Eduardo ESPÍNOLA, *Systema de direito civil brasileiro*. v. II, t. I, Rio de Janeiro: Francisco Alves, 1912, p. 715 ss. Sobre a frutuosa geração de juristas italianos do final do séc. XIX, cf. Paolo GROSSI, *Scienza giuridica italiana*. Milano: Giuffrè, 2000, cap. II.

[12] Como bem sublinha Gisella PIGNATARO, "L'evolversi della legislazione verso um regime vinculistica a tutela delle parti economicamente più deboli in funzione di un auspicato equilibrio contrattuale, ha reso particolarmente evidente come il concetto di autonomia negoziale non si esaurisca nella sua semplicistica descrizione in termini di podere di autodeterminazione." *Buona fede oggetiva e rapporto giuridico precontrattuale: gli ordinamenti italiano e francese*. Napole: Edizioni Scientifiche Italiane, 1999, p. 13.

[13] Art. 1134 (primeira alínea) – Les conventions légalement formées tiennent lieu de loi à ceux qui les ont faites.

[14] Cf. René SAVATIER, L'éclatement de la notion traditionnelle de contrat. In: *Les métamorphoses économiques et sociales du droit civil d'aujourd'hui*. Paris: Dalloz, 1952, p. 19 ss. O autor relata as modificações de posicionamentos doutrinários acerca da autonomia privada, sobretudo a partir de 1912, com a tese de doutoramento de M. Gounot.

países de economia capitalista, regulou e ditou contratos, limitou disposições, impôs a incidência de cláusulas, alargou a responsabilidade sem culpa. Não foi por acaso que muitos autores sustentaram, direta ou indiretamente, a extinção da autonomia privada. Se essa morte não ocorreu, é por outro lado inegável que o espaço de decisão livre do sujeito foi, sem dúvida, fortemente minorado.[15]

As características das sociedades pós-industriais, no entanto, conduziram a um reavivar da autonomia privada, como se constata pelo progressivo aumento da utilização dos contratos no nosso dia-a-dia.

Qual o sentido, então, da autonomia privada nos dias de hoje? A função e o sentido têm de ser buscados na Constituição Federal, notadamente em dois dispositivos: o art. 1°, III, que trata da dignidade da pessoa humana e no art. 170, que funda a ordem econômica.

Conforme o art. 1°, é um dos fundamentos da República Federativa do Brasil a dignidade da pessoa humana, cujo corolário é a proteção ao livre desenvolvimento da personalidade.[16] Nesse contexto, afastar a autonomia privada, ou limitá-la a extremos, é contrário a esses critérios constitucionais, na medida em que priva o particular de se auto-regrar, tornando-o uma espécie de autômato.

De outra parte, o art. 170 funda a ordem econômica brasileira também sobre a livre iniciativa, o que inegavelmente assegura à autonomia privada um papel central no domínio econômico. Esta última referência é absolutamente importante. Isso porque o art. 170 conecta a autonomia privada com a livre iniciativa, mas o faz também conectando-a com uma série de princípios outros, como a função social da propriedade, a defesa do consumidor ou a defesa do meio ambiente.

Em razão disso, a autonomia privada deve ser compreendida hoje como um espaço de competência normativa do sujeito privado, a servir de base à atuação privada. No entanto, deve-se proceder aqui uma importante distinção. De um lado, esse espaço significa um mínimo de substrato para o livre desenvolvimento da personalidade ou como consectário direto da dignidade da pessoa humana, que, sem ela, não poderá ocorrer na sua plenitude. De outro lado, a autonomia privada é um modo de realizar a atividade econômica, no que se distingue mais diretamente do regime da economia planificada. Nesse campo, a autonomia privada é um princípio já funcionalizado por uma série de outros que, nos casos específicos, podem sobrepujá-la ou moldá-la, conforme os pesos e as importâncias

---

[15] Cf. P.S. ATIYAH, *An introduction to the law of contract.* 5. ed. New York: Oxford University Press, 1996, p. 15-27.

[16] Cf. Paulo Mota PINTO, Notas sobre o direito ao livre desenvolvimento da personalidade e os direitos de personalidade no direito português. In: *A Constituição concretizada*: construindo pontes com o público e o privado. Porto Alegre: Livraria do Advogado, 2000 [org. Ingo Wolfgang Sarlet], p. 61 ss.

específicas para o caso concreto, como ocorre com a defesa do mais fraco economicamente (consumidor) ou do meio ambiente.

A autonomia privada exige ser compreendida de modo funcional: seja no campo da dignidade da pessoa humana, seja no campo econômico em sentido estrito. Essa interpretação funcional da autonomia privada vai além das noções normalmente propostas, nas quais se pressupõe, seguramente como resquício iluminista, a existência do binômio liberdade prévia ilimitada *x* limites estatais. Constatam-se ainda com certa freqüência afirmações segundo as quais a autonomia privada seria um *prius* sistemático, um espaço de liberdade inicial e rousseaunianamente ilimitado, que, pela ação estatal, sofre *limitações*. A idéia de "limitações" à autonomia privada é sintomática a demonstrar que, conceitualmente, ela seria mais ampla. A construção aqui reproduzida, no entanto, não se compraz dessa compreensão pressuposta.

O que se busca demonstrar é que a autonomia privada, lastreada naquilo que sustenta todo o ordenamento, a Constituição Federal, não é mais ou menos importante que os demais princípios, assim como que tem uma função e uma racionalidade que justificam e explicam, pelo mesmo ordenamento, as competências normativas privadas. O fundamento da autonomia, portanto, não impõe os limites. Impõe, isto sim, um perfil. Molda as feições daquilo que vai nascer, mas não retira as potências do já nascido.

Disso não deflui, por evidente, que a autonomia privada não conheça limitações. A diferença aqui sublinhada diz respeito ao fato de que, para que limitação ocorra, é necessário que o ente a ser limitado exista. Na compreensão constitucional da autonomia privada, no entanto, o que se tem é a inexistência do poder privado em dadas circunstâncias. Hipótese distinta ocorre com os limitadores tradicionais: os bons costumes e a ordem pública. Nesses casos, muito embora a conseqüência prática seja a mesma (a invalidade), o poder privado já existe, sendo porém restringido.

A distinção ora procedida é importante para a compreensão da autonomia privada em uma dogmática funcionalista. Ocorre que a incidência dos princípios constitucionais funcionaliza o conceito, vale dizer, a própria compreensão genética da autonomia privada. Por sua vez, os chamados "limites" à autonomia privada ou funcionalizam o exercício desse poder jurídico ou o exclui, no caso concreto.

Como um dos limitadores da autonomia privada, o novo Código Civil valeu-se da função social.

1.2. Função Social

Entre as modificações mais festejadas – e, sob certo aspecto, entre as mais temidas – do novo Código Civil encontra-se a expressa referência à função social das obrigações, veiculada em diversas e importantes passagens. Logo no primeiro artigo dedicado aos contratos, o art. 421, o novo Código vincula o exercício da liberdade de contratar à função social.[17] No mesmo diapasão, o art. 927, o primeiro dispositivo diretamente regulador da responsabilidade civil, para além de instituir cláusula geral da responsabilidade pelo risco – o que, de certa forma, já representa uma conseqüência da compreensão social do dever de indenizar[18] –, dispõe sobre a responsabilidade por ato ilícito, assim considerado, entre outras hipóteses, o caso de exercício de direito que exceda os seus fins sociais e econômicos[19] (art. 187).[20] Diante da relevância desses dispositivos, festejos e temores têm razões legítimas.

À função social se atribui a especial virtude de incluir, como elemento de necessária atenção jurídica, preocupações com terceiros não membros da relação, o que inegavelmente vai ao encontro das aspirações de uma sociedade que se pretende mais solidária. Por outro lado, tratando-se de conceito ainda densamente obscuro, receia-se que a função social se transforme em um veículo de insegurança nas relações econômicas, tornando-as sindicáveis por meio de mecanismos cuja abrangência e força ainda pouco se conhece.[21] Para além disso, uma elevada funcionalização de viés exclusivamente social, sem quaisquer adjetivações, poderia ser

---

[17] Art. 421 – A liberdade de contratar será exercida em razão e nos limites da função social do contrato.

[18] Sobre a evolução da responsabilidade pelo risco como um reflexo de idéias solidaristas, cf. Christophe JAMIN, Plaidoyer pour le solidarisme contractuel. In: *Études offertes à Jacques Ghestin: Le contrat au début du XXIe. siécle.* Paris: L.G.D.J, 2001. p. 447.

[19] Art. 927 – Aquele que, por ato ilícito (arts. 186 e 187), causar dano a outrem, fica obrigado a repará-lo. Parágrafo único – Haverá obrigação de reparar o dano, independentemente de culpa, nos casos especificados em lei, ou quando a atividade normalmente desenvolvida pelo autor do dano implicar, por sua natureza, risco para os direitos de outrem.

[20] Art. 187 – Também comete ato ilícito o titular de um direito que, ao exercê-lo, excede manifestamente os limites impostos pelo seu fim econômico ou social, pela boa-fé ou pelos bons costumes.

[21] Recente exemplo ocorrido no Estado do Rio Grande do Sul bem demonstra a necessidade de serem aclarados os critérios de atuação da função social nas relações obrigacionais. Durante um determinado governo, uma grande empresa do setor automobilístico foi contatada para instalar uma de suas montadoras no Estado. Pelo contrato assinado, incentivos fiscais e financiamento estatal foram concedidos ou prometidos à empresa. Em seguida disso, vivenciou-se aceso debate, em razão da relação de custo-benefício dos encargos assumidos pelo Estado, na medida em que tais recursos poderiam ser utilizados para o benefício de setores prejudicados da economia ou para alavancar vários outros setores, a custo mais baixo e com conseqüências mais perenes. Além disso, os debates envolveram discussões de fundo ético. O dado interessante do debate para o presente foi a nítida divisão existente entre os envolvidos no debate. Grande parte da população entendia que o contrato em questão deveria ser assinado e mantido, tendo em vista as conseqüências sociais dele decorrentes. Por outro lado, outra grande parcela da mesma população entendia que o contrato não deveria ser assinado ou mantido, em razão do mesmo critério: as conseqüências sociais dele decorrentes. Assim, um mesmo critério (função social) dava ensejo a opiniões diametralmente opostas. Este exemplo bem demonstra a profunda necessidade de ter-se mais claras, *do ponto de vista jurídico*, as atribuições da função social das obrigações. Agradeço a lembrança do exemplo ao Prof. Luciano Timm.

prejudicial a todo um conjunto de conquistas de minorias ou de liberdades individuais, como é o caso da liberdade de orientação sexual ou a proteção em razão da origem.

Compreendê-la, portanto, apresenta-se hoje como tarefa fundamental, notadamente por sua natureza principiológica, mas a desincumbência de tal missão porta em si uma especial dificuldade. Ao contrário dos demais princípios obrigacionais, que se assentam em uma dogmática bastante mais consolidada, o princípio da função social parece não ter uma feição dogmática clara, nem um similar no âmbito do direito comparado, muito embora reflita um conjunto de desenvolvimentos históricos havidos a partir do final do século XIX. Em razão disso, antes de abordar a sua dimensão operativa (seus atributos normativos), faz-se necessário analisá-la no âmbito do contexto histórico que justificou o seu ingresso no novo Código Civil.

O tema da função social no estudo do direito civil, notadamente no âmbito contratual, não é novo na doutrina. Somente a título exemplificativo, pode-se citar Enrico Cimbali que, em 1884, publicou na Itália o texto *A função social dos contratos e a causa jurídica da respectiva força obrigatória*,[22] ou o livro do austríaco Karl Renner, publicado em 1929, na Alemanha, sob o título de *Os institutos de direito privado e a sua função social*.[23] Leon Duguit, nas primeiras décadas do século XX, referia que os sistemas jurídicos se fundavam em uma concepção social, em contraposição ao individualismo vicejante no Código Civil francês.[24] Entre nós, também exemplificativamente, Alvino Lima, em 1939, ministrou aula inaugural da Faculdade de Direito da USP, sob o tema *"Da influência, no direito civil, do movimento socializador do Direito"*[25] e Clóvis Bevilaqua, no seu *Direito das obrigações*, inicia a análise do contrato pelo parágrafo intitulado, exatamente, *função social do contrato*.[26]

No entanto, apesar desta aparente familiaridade dogmática com o tema, os autores não se preocuparam em formular uma exata projeção eficacial da função social sobre as obrigações. Isso porque, em grande medida, os autores que dela se ocupavam se limitavam à condição de testemunhas abonatórias: declaravam que as obrigações cumprem uma

---

[22] La funzione sociale dei contratti e la causa giuridica della loro forza obbligatoria In: *Opere complete di Enrico Cimbali*. v.III, 2.ed., Torino: Unione Tipográfico, 1900, p. 32.

[23] *Die Rechtsinstitute des Privatrechts und ihre soziale Funktion: Ein Beitrag zur Kritik des bürgerlichen Rechts*. Na tradução italiana, *Gli istituti del diritto privato e la loro funzione sociale: un contributo alla critica del diritto civile*. Bologna: Il Molino, 1981.

[24] Cf. Leon DUGUIT, El derecho subjetivo y la función social. In: *Las transformaciones del derecho (publico y privado)*. Buenos Aires: Heliasta, 1975, p. 173.

[25] Aula publicada na Revista Forense, v. 80, p 19.

[26] 8. ed. Rio de Janeiro: Francisco Alves, 1954, p. 129 ss.

função social, conectando-a, em geral, à fluidez do tráfico negocial, mas deixavam de explicitar como essa característica, elemento, atributo ou princípio, exercia influência jurídica, direta ou reflexa, nas relações concretas.[27] Quando afirmativos, os autores salientavam o fato de que as relações obrigacionais se envolvem em necessários vínculos de cooperação econômica, não só intra como extra partes.[28] Esta constatação traz a compreensão da função social como a norma que impõe a busca de que o fluxo de bens e serviços na sociedade se dê de modo mais harmonioso e menos traumático para a sociedade como um todo, mas ainda pouco diz sobre a atuação do princípio.

Essa ausência de significância operativa tem fonte na gênese das doutrinas sobre a função social dos contratos. As preocupações, sedimentadas na doutrina européia a partir da terceira década do séc. XX, voltavam-se contra a visão – até então majoritária – de que o Direito destinava-se exclusivamente à proteção da vontade e da liberdade, como emanações do verdadeiro ser protegido: o indivíduo, metafisicamente considerado como um ser idêntico aos demais e desencarnado das situações concretas.[29] Com efeito, toda a tradição liberal burguesa, que ensejou o Código Civil francês, assim como as doutrinas européias em seu entorno, é nesse sentido, como revela, paradigmaticamente, a *loi le Chapelier*, de 1791. Essa lei, revogada somente em março de 1884, proibia o reconhecimento de corpos associativos, visto que, postos entre o indivíduo e o Estado, ocupariam espaço que redundaria em prejuízo à liberdade individual.[30] Os excessos dessa visão – vivenciados durante o transcurso do século XIX e nas primeiras décadas do séc. XX, período histórico prenhe de associativismo (o fascismo e o nacional socialismo são exemplos tristes, porém marcantes dessa realidade) – , conduziu toda uma doutrina vanguardista a se posicionar em sentido contrário. Essa doutrina passou a visualizar o direito e os vínculos jurídicos sob o filtro, quase que exclusivo, do solidarismo social. Como não poderia deixar de ser, tais estudos também se voltaram ao contrato.[31] Com relação a este, funcionalizaram-se os seus fins, conectando-os, por óbvio, às necessidades sociais, assim

---

[27] Exemplo disso pode ser encontrado no sempre recomendável Ernesto WAYAR, Derecho Civil: obligaciones. v. I. Buenos Aires: Depalma, 1990, p. 72-73.

[28] Assim CIMBALI, op. cit., p. 34, Miguel Maria de Serpa LOPES, *Curso de direito civil*: fontes das obrigações: contratos. v. III, p. 40, Emilio BETTI, *Teoria geral de las obligaciones*. T. I. Madrid: Revista de Derecho Privado, 1969, prefácio, Karl RENNER, cit., primeiro capítulo, acentuando a vinculação entre função social e função econômica dos institutos.

[29] Cf. Christophe JAMIL, Plaidoyer, cit.. p. 442 ss.

[30] As referências às datas foram retiradas de Leon DUGUIT, La autonomía de la voluntad. In: *Las transformaciones del derecho (publico y privado)*. Buenos Aires: Heliasta, 1975, p. 198.

[31] Cf. sobre essa tendência, no tocante à doutrina italiana dos anos 30, Paolo GROSSI, *Scienza giuridica italiana: un profilo storico (1860-1950)*. Milano: Giuffrè, 2000, p. 235 ss.

como funcionalizou-se sua força obrigatória. Duguit, com seu positivismo cientificista, é expressivo exemplo dessa doutrina:

"Em uma palavra, chegamos ao mesmo, ao fato da função social, à noção realista de função social, que substitui em absoluto a concepção metafísica do direito subjetivo. As sociedades modernas não se compõem somente de indivíduos, mas também de grupos. Os indivíduos são, sem dúvida, as células que compõem o organismo social. Mas ao mesmo tempo se unem uns com os outros e formam os grupos. *Cada um desses grupos está encarregado de uma certa missão; deve, portanto, cumprir uma certa tarefa na divisão do trabalho social. Todo ato de vontade que tenda ao cumprimento dessa missão, a realização dessa tarefa, deve ser socialmente protegido"*.[32]

Essa visão doutrinária abriu espaço a um expressivo conjunto de conseqüências, mas não se ocupou de desenvolver uma ferramenta conceitual operativa de proteção social a ser aplicada diretamente às relações. Ou seja, além de afirmar que os direitos e as faculdades jurídicas possuem uma função instrumental que as justifica e limita, não buscou formular alguma espécie de referência unificadora do sentido de "social", ou da abrangência da "sociedade" referida, assim como não buscou demonstrar unificadamente as eventuais conseqüências.

Importa destacar que essa constatação não pode dar vazão à crítica: a missão histórica dessa doutrina não era essa. Dentro do período histórico no qual se inseria, uma tal ocupação não faria o menor sentido. O intuito era denunciar uma dada realidade e apontar as suas falhas e não oferecer uma ferramenta normativa. Assim, ao contrário de ter-se constituído, na Família Romano-Germânica, um princípio com conteúdo operativo próprio e utilizável em textos legais gerais, como são os códigos civis, essas doutrinas acabaram por gerar, tanto na Europa, quanto no Brasil, legislações específicas de proteção social, à margem dos códigos, no processo que se costumou chamar de "descodificação". Neste processo, grande parte da liberdade contratual, até então ilimitada, passou a ganhar limites bastante rígidos e estreitos, como se verifica no Direito do Trabalho ou do Consumidor.

Mais além disso, essa visão doutrinária difundiu a compreensão de que, do exercício de direitos subjetivos e de faculdades jurídicas, podem resultar ataques a valores socialmente assegurados, como revelaram as doutrinas objetivas do abuso de direito.[33] Da mesma forma, abriram-se as

---

[32] Cf. La autonomia, cit., p. 202 – grifou-se.

[33] Os importantes estudos de Josserand, sobre abuso de direito, foram publicados exatamente na época histórica em que se revela uma maior preocupação jussocializante. Em 1905 (De L'abus de droits) e em 1927 (De l'esprit des droit.et leur relativité: theorie dite de l'abus des droit), sendo este o mais importante dos dois textos.

portas de toda uma visão solidarista de obrigação, que se ocupou de compreender a relação obrigacional não mais com pólos antagônicos e de interesses meramente opostos, mas como vínculos de cooperação entre as partes, o que constituiu campo fértil para as doutrinas que re-projetaram a boa-fé objetiva na dogmática obrigacional.[34]

A entrada em vigor do novo Código, no entanto, exige que se dê um passo a mais, estabelecendo um perfil um pouco mais definido do princípio, partindo-se, por evidente, desse primeiro projeto histórico. Para tanto, o primeiro passo do itinerário é uma tentativa de delimitação conceitual, ainda que imprecisa, da função social das obrigações. Após, deve-se analisar os planos jurídicos nos quais ela atua. Por fim e com base nessas referências, poder-se-á abordar os seus efeitos próprios.

Se os olhos restassem voltados exclusivamente ao momento histórico que serviu de berço à preocupação com a função social das relações privadas, poder-se-ia dizer que o princípio da função social das obrigações é aquele que, partindo do pressuposto que os direitos e faculdades individuais são reflexos, para o indivíduo, de necessidades e objetivos sociais, se ocupa das conseqüências sociais do exercício desses direitos e faculdades nas relações obrigacionais. Essa noção, no entanto, já não pode mais ser adotada, na medida em que deixa ao desabrigo os resultados de todo um conjunto de importantes desenvolvimentos doutrinários vivenciados nas últimas décadas.

O primeiro deles é a compreensão da primazia da Constituição, a se estender à operação concreta das normas do sistema, ou seja, na regulação dos casos. O segundo é a inserção, nos estudos dogmáticos, dos princípios jurídicos, que permitem mediar valores nos casos concretos, de modo que, por exemplo, a liberdade de iniciativa econômica se conecte – ainda que com alguns percalços – à função social da propriedade ou à proteção do meio ambiente (CR, art. 170). O terceiro desses desenvolvimentos é o método de interpretação tido por prevalente: a interpretação sistemática. A interpretação sistemática, agregada à primazia da constituição e a utilização de princípios jurídicos, acaba por alargar a aplicabilidade de algumas importantes ferramentas operativas, como é o caso da noção de ilicitude.

Partindo-se desses desenvolvimentos e buscando-se uma delimitação conceitual é necessário ter-se em conta que, na Constituição de 1988, o indivíduo – ainda que de modo bastante diverso do vivenciado no séc. XIX – foi protegido, seja como móvel da ação econômica (art. 170), seja como livre determinador dos seus próprios destinos (art. 1º, III), seja ainda como

---

[34] A conexão entre visões solidaristas e eficácia da boa-fé é bem referenciada, com exemplos franceses atuais, em Christophe JAMIN, Plaidoyer, cit.

O novo Código Civil e a Constituição   **131**

detentor de dignidade própria, independente das posições socialmente majoritárias (liberdades de expressão, religião, orientação sexual etc.).

Não se pode construir, portanto, um perfil conceitual da função social que a oriente para o controle absoluto da discricionariedade do ato gerador de obrigações, como se ele – o ato – devesse sempre respeitar o virtual escopo social e econômico que teria presidido a norma que pôs a faculdade ou o direito ao sujeito.

Também é contrária a uma visão voltada exclusivamente a valores socializantes a natureza normativa da função social no novo Código Civil. Neste diploma, a função social não se apresenta como um mero conceito jurídico indeterminado de uma determinada regra. Mais do que isso, ela se põe como princípio jurídico, a fundamentar um expressivo conjunto de regras e institutos. Por ter natureza de princípio – que não se vale da lógica do tudo ou nada, da aplicação completa ou da não aplicação –, a função social convive com os demais princípios de direito obrigacional, não os excluindo ou sendo excluída. Também em razão disso, somente no caso concreto é que se verificará o seu peso em contraposição aos demais.

Por outro lado, sendo um princípio jurídico que não exclui os demais, não se pode aceitar que os dispositivos que a veiculem sejam interpretados literalmente e de modo absoluto. Disso decorre, por exemplo, que, no momento em que o art. 421 afirma que a liberdade de contratar será exercida *"em razão"* da função social do contrato, a interpretação do dispositivo não poderá conduzir à conclusão de que não existam outras possíveis *razões* para a mesma liberdade.

Assim, visando a estabelecer um perfil conceitual do princípio da função social, *pode-se dizer que ele é o que impõe a observância das conseqüências sociais das relações obrigacionais, tendo como pressuposto a compreensão de que direitos e faculdades individuais não são imiscíveis às necessidades sociais, dado que o indivíduo só pode construir a sua vida em sociedade.*

Feito isso, pode-se visualizar a operatividade jurídica deste conceito, para o que é relevante iniciar pela analise dos planos jurídicos nos quais o novo Código Civil incluiu a função social das obrigações.

Não resta dúvida que desde logo se verifica a inclusão da função social no plano da eficácia. Tanto o art. 421, quanto o art. 187, reportam-se ao "exercício", a demonstrar claramente essa ligação. Contudo, para além deste, o novo Código também incluiu a função social no plano da validade, como comprova a leitura do parágrafo único do art. 2.035, segundo o qual *"nenhuma convenção prevalecerá se contrariar preceitos de ordem pública, tais como os estabelecidos por este Código para assegurar a função social da propriedade e dos contratos".* Ao descrever o princípio da função social com parte da ordem pública, o novo Código também atribuiu a ela papel invalidante, na medida em que é esse o reflexo da ordem pública nas relações contratuais de direito interno.[35]

A pergunta que se põe, dada tal circunstância, diz com as hipóteses em que um ou outro plano será atingido. Por certo que será no plano da eficácia que se terá uma maior aplicação do princípio, cabendo ao plano da validade, por sua vez, apenas as hipóteses nas quais a contrariedade com a função social seja tão radical que chegue a afetar a noção de ordem pública, composta que é pelos valores fundantes de uma sociedade. Importa não olvidar que, sendo princípio jurídico, a função social não participa da ordem pública de modo absoluto e sem mediações. Nem todo ataque à função social pode ser entendido como ataque à ordem pública, tendo em vista que, dotada de conteúdo axiológico, a função social pode ser tanto atingida, quanto concretizada, em graus, de modo que se pode perfeitamente supor a existência de um desrespeito à função social que não atinja a profundidade exigida pela noção de ordem pública.

De qualquer sorte, as hipóteses nas quais o princípio da função social se vincula ao plano da validade devem ser entendidas como excepcionais, cumprindo sempre passar pelo crivo de uma interpretação que busque preservar o negócio jurídico fonte das obrigações em questão (princípio da conservação dos pactos, que também decorre da função social, conforme será a seguir exposto).

Dito isso, pode-se passar para a análise da sua atuação concreta. Quais seriam as atribuições da função social? Tem ela a atribuição de controlar os *fins* dos atos jurídicos, conforme referido no início do séc. XX? Tem ela a atribuição de controlar os *efeitos* dos atos? Engendra *conseqüências reflexas* a outras relações obrigacionais ou a outras pessoas não vinculadas, como partes, à relação especificamente considerada?

Com relação ao controle dos fins subjetivos, muito embora o disposto no art. 166, III, do novo Código e uma certa tendência atual nesse sentido,[36]

---

[35] Assim o art. 6 do Código Civil francês, segundo o qual: *On ne peut déroger, par des convention particulières, aux lois qui interessent l'ordre public et les bonnes moeurs.* [Tradução livre: Não se pode derrogar, por convenções particulares, as leis que interessam à ordem pública e aos bons costumes]. De modo semelhante dispõe o art. 2, do recente ante-projeto de Código Europeu dos Contratos (1999). A conseqüência é a nulidade. Importa não esquecer que a doutrina francesa, premida pelos estreitos limites impostos pela força obrigatória dos contratos, alargou o conceito de ordem pública, flexibilizando a força obrigatória dos pactos sob o resguardo do art. 6. A noção de ordem pública é entendida hoje subdividida em dois grandes ramos: *ordem pública política* e *ordem pública econômica*. A ordem pública política relaciona-se com a defesa do Estado, da família, da moral social básica. A ordem pública econômica, por sua vez, subdivide-se também em dois sub-ramos: *ordem pública de direção*, representada por textos de interesse geral, e *ordem pública de proteção*, referente aos textos que buscam restabelecer o equilíbrio do contrato em proveito da parte fraca. Cf. Philippe MALINVAUD, *Droit des obligations*. 7. ed. Paris: Litec, 2001, p. 108.

[36] Também se verifica uma tendência à uma maior preocupação com os motivos dos atos jurídicos na França, conforme refere Christophe JAMIL, Plaidoyer, cit., p. 465.

este não parece ser uma atribuição própria do princípio da função social. O móvel subjetivo de atos não é desprezado pelo direito, podendo ser sindicável por meio de conceitos como o de ilicitude ou mesmo o de invalidade, e é verdade que este controle pode ser vinculado às concepções solidaristas. No entanto, disso não segue que a função social se ocupe dos fins subjetivos dos atos, tendo em conta que sua preocupação fundamental são as *conseqüências* sociais dos atos jurídicos. Nesse sentido, pode ocorrer que um ato, cujo móvel subjetivo seja anti-social, não se revele, no âmbito de seus efeitos, como tal.

Por sua vez, no campo do controle dos efeitos, não resta dúvida que a função social atua em seu espaço mais próprio. Aqui não são levados em conta móveis subjetivos ou má-fé, mas sim dados objetivos relacionados às conseqüências de atos concretos. Assim, por exemplo, se houver duas ou mais hipóteses de, satisfatoriamente, executar um mesmo contrato, dever-se-á escolher a que promova melhores benefícios sociais, como é o caso daquela que mais proteja o meio ambiente ou que gere mais empregos. Muito embora esse efeito seja de difícil aplicação voluntária pelas partes, é inegável que ele pode ser trazido ao caso concreto pelo Poder Público, seja em atos de licenciamento, seja em atos regulatórios, seja ainda quando da interpretação do negócio jurídico pelo juiz.

Ao lado disso, considerando que a fluidez do tráfico é fator de especial interesse social, a função social também reforça o princípio contratual da conservação, segundo o qual se deve envidar todos os esforços no sentido de manter a relação, prevalecendo, portanto, entre a revisão e a decretação da invalidade, a revisão. No mesmo sentido e pela mesma razão, a interpretação dos negócios jurídicos deve sempre ter por norte a sua manutenção e não a sua extinção sem adimplemento.

Também nesse âmbito, o exercício de direitos com manifesta inobservância aos fins sociais desses respectivos direitos é exercício ilícito, por se tratar de abuso de direito, nos termos do art. 187 do Código. Nesses casos, a conseqüência será a responsabilidade civil, quando houver dano.

Por fim, cumpre analisar em que medida o princípio da função social engendra efeitos reflexos, como se a relação obrigacional, dotada de duas ou mais partes, alargasse seus efeitos para outras pessoas ou relações, não necessariamente jurídicas.

A visão tradicional dos efeitos relativos dos contratos e das obrigações porta em si a compreensão de que as relações obrigacionais são, para os terceiros que delas não são partícipes, meros fatos destituídos de qualquer significado. Entretanto, as relações obrigacionais são fatos sociais que participam, como ativo ou passivo, do patrimônio dos respectivos pólos, além de poderem representar importante meio de garantia (penhor, penhora, etc.) para terceiros. Disso decorre que não só às partes, mas também a terceiros, é constituído o dever de respeitar as relações obrigacionais alheias, o que significa dizer que o crédito – tal como a propriedade – é objeto de proteção social. Nesse sentido, o princípio da função social dá guarida à tutela externa do crédito, o que, seguramente, dará espaço para longas e importantes discussões entre nós.[37]

Em resumo, o princípio da função social atua no plano da validade (mais restritamente) e no plano da eficácia (mais amplamente), voltando-se ao controle de efeitos dos atos. Por sua vez, considerando que as obrigações são fatos sociais de importantes reflexos, as obrigações devem ser elas respeitadas da mesma forma como se deve respeitar a propriedade alheia.

Com base nisso, pode-se ter uma melhor visão, mesmo que singela, dos princípios de direito das obrigações chamados "exógenos", visto que não vinculados ao desenvolvimento de uma dada relação jurídica.

Ao lado desses do princípio da função social e da liberdade contratual, o novo Código Civil esteia as obrigações com base em outros dois princípios, cujo foco de análise encontra-se exatamente na própria relação.

2. Princípios de normatividade endógena

Todo contato social, toda relação de proximidade fática, é passível de gerar conseqüências obrigacionais, no mínimo ante a ocorrência de danos. Além deles, a conduta das partes pode também gerar vínculos, nascidos não em razão de uma atividade formal (a firma aposta a um documento, por exemplo), mas sim de um elemento material concretamente verificado, como é o caso da confiança gerada de uma parte pela outra. Nascido o vínculo, ele se desenvolve não só com norte em fins voltados à sociedade, mas também – e sobretudo – com base na sua própria lógica e história interna. Da mesma forma que um veículo só conseguirá levar a carga a ele destinada se suas condições mecânicas permitirem, as relações obrigacionais só conseguirão atingir o fim primeiro dessas relações, vale dizer, o correto adimplemento, caso a economia interna da relação esteja, mais do que dotada de estrutura formal, de um conteúdo material que contemple os princípios da boa-fé e do equilíbrio.

---

[37] Cf., sobre caso que demonstra a tutela externa do crédito, Antônio Junqueira de AZEVEDO, Princípios do novo direito contratual e desregulamentação do mercado; direito de exclusividade nas relações contratuais de fornecimento; função social do contrato e responsabilidade aquiliana do terceiro que contribui para inadimplemento contratual. *Revista dos Tribunais*, n. 750, abr/1998, p. 113.

2.1. O princípio da boa-fé objetiva

O exegetismo tardio da doutrina civilista brasileira, conjugado com os aspectos autoritários das nossa história recente, limitativa da atividade criadora do juiz, seguramente contribuiu para o quase completo esquecimento que, entre nós, o princípio da boa-fé vivenciou entre as décadas de 1950-1980. Muito embora referida aqui ou ali, algumas vezes com bastante profundidade,[38] à boa-fé foi atribuído, em geral, papel absolutamente secundário na compreensão da relação obrigacional e de seus efeitos, apesar da vasta utilidade do tema testemunhada pelo direito comparado, notadamente na Alemanha, Itália e Portugal.

Assim como o ocorrido com o dano moral, que teve de esperar o reconhecimento constitucional para que nos apercebêssemos da sua plena aplicabilidade independentemente de qualquer alteração na estrutura do Código Civil, a boa-fé passou a ser mais versada e aceita entre nós após a entrada em vigor do Código de Defesa do Consumidor, que dela se vale expressa e implicitamente.[39] A partir de então, vasto foi o reconhecimento doutrinário do princípio, tendo surgido obras importantes referenciando e balizando o tema entre nós.[40] Pode-se dizer que, hoje, a expressa previsão da boa-fé como um princípio do direito das obrigações, seja no art. 422, seja na importantíssima cláusula geral do art. 187, apanha já um segundo momento de vivência da boa-fé entre nós, compreensível como o momento da causuística concreta. Se o primeiro passo foi a (re)introdução do tema na doutrina, cumpre agora realizá-lo nos tribunais, tarefa, aliás, seguramente mais árdua.

Genérica e introdutoriamente, a boa-fé pode ser entendida como o agir correto, leal e confiável conforme os padrões culturais de uma dada época e local. Essa noção inicial sofre uma primeira especialização ao divisar-se a boa-fé em subjetiva e objetiva, conforme seja ela utilizada como elemento de um suporte fático ou como norma jurídica diretamente aplicável.

---

[38] Ressalta em importância, no período sinalado, os trabalhos de Clóvis do Couto e Silva, *A obrigação como processo,* tese de livre docência defendida na década de 1960 (São Paulo: Bushatsky, 1976) e O princípio da boa fé no direito brasileiro e português. In: *Estudos de direito civil brasileiro e português:* I Jornada Luso-Brasileira de direito civil. São Paulo: Revista dos Tribunais, 1980, p. 43, que reproduziu trabalho apresentado em 1979.

[39] Cf. Cláudia Lima MARQUES, *Contratos no código de defesa do consumidor.* 3. ed. São Paulo: Revista dos Tribunais, 1999; Ruy Rosado de AGUIAR JÚNIOR, A boa-fé na relação de consumo. *Direito do Consumidor,* n. 14, 1995, p. 20.

[40] Sobretudo a obra de Judith MARTINS-COSTA, *A boa-fé no direito privado.* São Paulo: Revista dos Tribunais, 1999. Cf. também Tereza NEGREIROS, *Fundamentos para uma interpretação constitucional do princípio da boa-fé.* Rio de Janeiro: Renovar, 1998; Luiz Edson FACHIN [et. al.], *Repensando fundamentos do direito civil contemporâneo.* Rio de Janeiro, Renovar, 1998; Gustavo TEPEDINO [et. al.]. *Problemas de direito civil-constitucional.* Rio de Janeiro: Renovar, 2000.

Muitas vezes, o direito condiciona determinada conseqüência jurídica ao estado anímico do sujeito em uma dada relação jurídica concreta. Assim acontece, por exemplo, com a usucapião ordinária (novo CC, arts. 1.242, para bens imóveis, e 1.260, para bens móveis) que exige, para a aquisição da propriedade, tempo, justo título e *boa-fé*. Da mesma forma se processa com relação às benfeitorias, classificadas de *boa ou de má-fé* para fins eficaciais. Em ambos os casos, a boa-fé em questão se verifica, no caso concreto, pela análise da conduta do sujeito no caso concreto, uma conduta anterior à análise, vale dizer. Como se percebe, é ela elemento do suporte fático, na medida em que se apresenta como um dos condicionantes da conseqüência jurídica descrita na norma. Este é o espaço de atuação da boa-fé subjetiva.

Outras vezes, o direito se vale da boa-fé como padrão de conduta devida. Muito mais do que a análise do estado de ânimo do sujeito, o que interessa nesses casos é a relação da conduta do sujeito com aquela devida conforme o padrão boa-fé, para o que se mostra irrelevante o elemento volitivo. Esta é a boa-fé objetiva, norma jurídica principiológica que impõe que a conduta das partes, no tráfico jurídico, se dê conforme a boa-fé.

Por ser completa norma jurídica (e não somente elemento do suporte fático de outra norma), a boa-fé objetiva pode ser analisada conforme a estrutura das normas jurídicas, ou seja, pela compreensão das hipóteses em que ela se aplica e das conseqüências decorrentes da aplicação.

A hipótese de incidência diz respeito à obrigatoriedade, no tráfico obrigacional, da conduta conforme os padrões de confiança e lealdade. Para descobri-la no caso concreto, objetiva-se situação, livrando-a dos aspectos subjetivos (mas não dos padrões culturais incidentes no tempo e lugar) e pergunta-se: qual seria a conduta confiável e leal?[41] Ante a resposta, questiona-se: a conduta da parte, no caso, observou o padrão? Essa segunda resposta indicará se houve ou não respeito à boa-fé objetiva.

Analisado o caso concreto à luz dessas questões, pode-se identificar as conseqüências jurídicas, a serem aplicadas conforme as especificidades do caso. São elas: limitação ao exercício de posições jurídicas; incidência de deveres laterais ou anexos de conduta; imposição de dever ressarcitório ou cominação de nulidade e interpretação conforme a boa-fé.

Considerando que a boa-fé relaciona-se com o conteúdo material de dada obrigação, uma série de direitos (subjetivos ou potestativos) ou posições jurídicas que, formalmente, seriam concedidos às partes, deixam de

---

[41] Ruy Rosado de Aguiar Júnior refere a primeira pergunta deste processo como "preenchimento do vazio normativo". Com efeito, a figura sugerida bem demonstra o processo de concretização da norma, de abstrata e "em branco", dotada apenas de nortes valorativos, para a norma concreta a ser aplicável ao caso. Cf. *Extinção dos contratos por incumprimento do devedor: resolução.* Rio de Janeiro: Aide, 1991, p. 242.

sê-lo em razão das circunstâncias do caso. A boa-fé, ao impor a observância de parâmetros ético-jurídicos, veda práticas, muitas delas conhecidas por máximas latinas, que contrariam esses parâmetros. São elas, dentre outras, a vedação de "venire contra factum proprium", "suppressio", "surrectio", "tu quoque".[42]

Talvez o exemplo mais claro dessa hipótese seja a proibição de "venire contra factum proprium", também conhecida como *doutrina dos atos próprios* e caracterizada como a vedação de atuar de modo a contrariar a anterior conduta da parte frente à outra, cristalizadora, nesta, de confiança legítima sobre a manutenção da prática. Mudar de opinião ou de modo de atuar, no espaço da licitude, é atitude amplamente possível e lastreada nos direitos fundamentais de primeira geração. Contudo, quando essa atuação passa a servir de base para a atuação alheia, de sorte que esta se conduz conforme a previsibilidade dos rotineiros atos do "alter", então mudar repentinamente o agir, desnaturando a confiança legítima gerada na outra parte, é objeto de vedação.

Exemplo concreto dessa vedação já é utilizado há muito na nossa jurisprudência, tendo o espírito dessas decisões, agora, se incorporado ao novo Código. Trata-se da mudança do lugar do pagamento dos aluguéis, quando rotineiramente feitos em desconformidade com o disposto no contrato. Acórdão da Corte de Apelação do Distrito Federal, de 1928, já sustentava a modificação, ainda que sem aditivo contratual.[43] No mesmo sentido conduziu-se a 6ª. CC do 2º Tribunal de Alçada Cível de São Paulo, em acórdão de 1989.[44] O novo Código Civil, ao dispor no seu art. 330 que o *pagamento reiteradamente feito em outro local faz presumir renúncia do credor relativamente ao previsto no contrato*, inegavelmente incorporou essa eficácia da boa-fé objetiva, concretizada também.

Na esteira dessas máximas, a boa-fé também se faz presente no acolhimento das doutrinas do *inadimplemento antecipado* ("surrectio") e do *adimplemento substancial* ("suppressio"). Ocorre *inadimplemento an-*

---

[42] Entende-se por "suppressio" a supressão de uma faculdade jurídica ou direito em razão de conduta anterior; "surrectio" o nascimento de uma faculdade jurídica ou direito pela mesma razão; "tu quoque", a vedação do recurso a normas jurídicas que a parte, que delas se quer valer, previamente descumpriu. Cf. Franz WIEACKER, *El principio general de la buena fé*. 2. ed. Madrid: Civitas, 1986, p. 60 ss.; Judith MARTINS-COSTA, cit., p. 455 ss.

[43] Citado por BEVILAQUA, Achilles. *Código civil brasileiro anotado*. 7. ed. Rio de Janeiro: Freitas Bastos, 1942, p. 272.

[44] Julgado em 14.6.89, relatado pelo juiz Ricardo Dipp e assim ementado: "*CONSIGNAÇÃO EM PAGAMENTO - Dívida quesível - Partes que no contrato pactuaram ser a dívida portável - Irrelevância - Senhorio que tinha o costume de procurar o inquilino para receber as prestações - Dívida que, portanto, transformou-se de 'portable' em 'quérable', exigindo-se do devedor apenas a prontidão para pagar, sem que tenha a obrigação de oferecer - Impossibilitação no pagamento caracterizada pela inação do credor - Procedência mantida.*" Neste caso, a conduta concludente e reiterada do credor promoveu a alteração do conteúdo do vínculo, suprimindo um direito subjetivo seu. Cf. RT, n. 647, set/1989, p. 146.

tecipado (que não se confunde com vencimento antecipado) quando, em razão das circunstâncias concretas, ficar claro que, no termo acertado, não haverá o pagamento. O inadimplemento antecipado, apesar de não possibilitar, no Brasil, a demanda de cumprimento,[45] abre ensejo ao remédio resolutório, conforme já se tem entendido, há muito, no direito comparado.[46] Por sua vez, o adimplemento substancial veda a utilização da demanda resolutória, enquanto garante espaço para a demanda de cumprimento. Por substancialmente adimplido se entende o contrato cuja fase da execução testemunhou um *quantum* de adimplemento extremamente superior – ou quase total – em comparação com o grau de descumprimento havido.[47]

A segunda eficácia própria da boa-fé encontra-se na fundamentação dos chamados deveres laterais ou anexos, deveres esses ainda pouco analisados pela doutrina brasileira.[48] Partem eles da compreensão de que a obrigação complexa, na qual há espaço não só para o respeito ao interesse de ambas as partes, como também que os interesses em questão não são exclusivamente voltados para os aspectos econômicos da prestação, estendendo-se para a proteção da pessoa e de seu patrimônio, entendido aqui em sentido amplíssimo, a incluir também aspectos morais. Essa compreensão da relação obrigacional complexa se mostra hoje consolidada no plano doutrinário, sobretudo em sede de direito comparado, tendo o BGB, em sua recentíssima modificação, positivado noção que a contempla. No primeiro dispositivo sobre a relação obrigacional, § 241, incluiu alínea segundo a qual, *a relação obrigacional pode obrigar cada parte, em razão do seu conteúdo, ao respeito aos direitos, aos bens jurídicos e interesses da outra parte.*[49] Desse modo, pode-se compreender os deveres laterais

---

[45] Como bem explicitou Vera Maria Jacob de Fradera, Quebra positiva do contrato, Ajuris, n. 44, 1988, p. 146-151, valendo-se do art. 1530 do Código Civil (novo Código Civil, art. 939, sem alterações).

[46] Cf. Hermann STAUB, Die positiven Vertragsverletzungen. In: *Culpa in Contrahendo und Die positiven Vertragsverletzung*. Bad Homburg: Gehlen, 1969, p. 93 ss., 6ª parte [reprodução do texto de 1904]; Hans BROX, *Allegemeines Schuldrecht*. 22. Auf. München: C.H. Beck, 1995, p. 169; Giovanni MURARO, L'inadempimento prima del termine. Rivista di Diritto Civile, 1975, III, p. 249. Sobre o direito norte americano, no qual o tema é tratado sob a rubrica de "antecipatory breach of contracts", cf. Fortunato AZULAY, *Do inadimplemento antecipado do contrato*. Rio de Janeiro: Brasília/Rio, 1977.

[47] Cf. Anelise BECKER. A doutrina do adimplemento substancial no direito brasileiro e em perspectiva comparativista. *Revista da Faculdade de Direito da UFRGS*. n. 9, 1993, p. 60. A jurisprudência brasileira tem acolhido a doutrina, mesmo no contrato de seguro, como se pode constatar no REsp 76362-MT, Rel. Min. Ruy Rosado de Aguiar Júnior e no recente REsp 415.971-SP, Rel. Min. Nancy Andrigui. Neste último, em que pese não ter sido acolhido o argumento, foi ele debatido e afastado, para o caso concreto.

[48] Cf. sobre o tema, com indicações sobre a história do conceito desses deveres, Jorge Cesa Ferreira da SILVA, *A boa-fé e a violação positiva do contrato*. Rio de Janeiro: Renovar, 2002, p. 75-120.

[49] Tradução livre do texto da alínea 2, recentemente incluída: *Das Schuldverhältnis kann nach seinem Inhalt jeden Teil zur Rücksicht auf die Rechte, Rechtsgüter und Interessen des anderen Teils verpflichten.*

como todos aqueles que, decorrentes do vínculo obrigacional, não tenham por escopo direto a realização ou a substituição (indenização substitutiva) da prestação.

A verificação dos modos em que esses deveres se apresentam facilita a compreensão. Muito embora a variedade de classificações existentes na doutrina, pode-se distingui-los, conforme a principal função e o grau de proximidade com os deveres de prestação (principais e secundários) em *deveres de proteção, deveres de cooperação* e *deveres de informação e esclarecimento*.[50] Os *deveres de proteção* podem ser entendidos como aqueles que impõem às partes, durante os contatos obrigacionais (portanto, mesmo antes da celebração de um contrato, por exemplo), a respeitarem a pessoa, a família e próximos e o patrimônio da outra parte. Sendo os mais distantes dos deveres de prestação, são os de mais fácil visualização, razão pela qual gozam de conhecimento e aceitação mais geral.[51]

Os *deveres de cooperação* adstringem as partes a auxiliarem-se mutuamente, afastando todas as dificuldades que estiverem a seu alcance e minimizando os custos para a outra, na busca da realização do adimplemento. O cumprimento do dever de indenizar em caso de responsabilidade contratual oferece bom exemplo: quando duas ou mais prestações realizarem igualmente os interesses do credor (o conserto de um automóvel por qualquer uma das oficinas igualmente idôneas), deve-se acolher aquela que menos ônus cause ao devedor. Por sua vez, os deveres de informação e esclarecimento, os mais próximos dos deveres de prestação, podem ser compreendidos como os que "obrigam as partes a se informarem mutuamente, de todos os aspectos atinentes ao vínculo, de ocorrências que, com ele tenham certa relação e, ainda, de todos os efeitos que, da execução, possam advir".[52]

Os deveres laterais têm, como não poderia deixar de ser, uma íntima conexão com as finalidades concretas da relação obrigacional da qual emergem, finalidades essas norteadas pelo adimplemento, para o que os deveres de prestação têm especial relevância. Os deveres laterais se si-

---

[50] A classificação e as características desses deveres, a distingui-los dos deveres de prestação (principais e secundários) pode ser encontrada em Jorge Cesa Ferreira da SILVA, A boa-fé, cit., p. 90 ss.

[51] O recente projeto preliminar de Código Europeu dos Contratos, que reuniu os maiores contratualistas europeus em comissão coordenada por Guiseppe Gandolfi, definiu os deveres de proteção, ainda que os ligando à responsabilidade aquiliana (o que não impede, diga-se, a sua aplicação compreensão como emanados do fato-fonte da obrigação) da seguinte forma: *En exécutant la prestation due, le debiteur doit adopter toutes les mesures nécessaires pour éviter de causer un dommages à la personne du créancier, à ses auxiliaires et à ses choses; en cas de violation de ce devoir, on estime que la prestation par lui due est inexécutée si le dommage s'est produit pendant ou à cause de l'exécution, et en constitue une conséquence immédiate et directe. Autrement il est lié sur le plan de la responsabilité aquilienne.*

[52] Definição de António MENEZES CORDEIRO, Da boa-fé, cit., p. 605.

tuam, assim, no "perímetro prestacional", mais alargado que é pela incidência da boa-fé.

O descumprimento ou a não observância da boa-fé nas relações obrigacionais conduz ao dever de indenizar ou à cominação de nulidade, o que caracteriza a terceira eficácia da boa-fé.

O dever de indenizar pode ser encontrado antes do nascimento dos deveres de prestação, com a execução desses ou após a extinção desses deveres (*culpa post pactum finitum*). É o caso do descumprimento dos deveres laterais, cuja referência mais conhecida é a da *culpa in contrahendo*, ou responsabilidade pré-contratual. Como se tem acentuado, o rompimento injustificado das tratativas ou a quebra da confiança geradora de danos conduz ao dever de indenizar fundamentado na boa-fé.[53]

No mesmo sentido, a inobservância dos ditames da boa-fé conduzem à nulidade de cláusulas, em geral mantendo-se os contratos. É o que ocorre com as cláusulas abusivas, reguladas entre nós pelo art. 51 do Código de Defesa do Consumidor, mas capazes de se generalizarem em razão do específico fundamento: a boa-fé (art. 51, IV, CDC). O escopo da proteção dos consumidores é a impossibilidade de verdadeira negociação da cláusula, com a conseqüente impossibilidade de real consentimento, de modo que o fornecedor pode se valer dessa condição em seu exclusivo benefício. Quando esse benefício ocorre, tem-se a cláusula por abusiva e, conseqüentemente, nula. A Diretiva 93/13/CEE do Conselho, de 5 de abril de 1993, que serviu de base à harmonização do direito interno dos países da Comunidade Européia, limita a sua atuação exclusivamente aos contratos de consumo. No entanto, o espírito é abrangente, de modo que, mesmo na Europa, se tem sustentado a possibilidade de alargamento para hipóteses semelhantes, ainda que não vinculadas exclusivamente às relações de consumo.[54] No direito brasileiro, a aplicação do art. 422 do Novo Código seguramente conduzirá a isso.

A quarta aplicação da boa-fé encontra-se no plano hermenêutico. É conhecida, no âmbito contratual, a hermenêutica integradora que, no silêncio das partes, completa as disposições do negócio conforme o intuito delas e as características do pacto. Pela hermenêutica integradora aclara-se ou se busca aclarar a presumível vontade das partes, colmatando-se as

---

[53] O novo Código Civil não deixou ao desabrigo a responsabilidade pré-contratual quando, em seu art. 422, referiu-se apenas à conclusão e execução do contrato. Isso porque, se a idéia de "conclusão" já não fosse suficiente para fundamentar a aplicação da boa-fé no processo que conduz à conclusão, seguramente a aplicação do art. 187 supre qualquer necessidade de expressa referência legislativa à fase pré-negocial.

[54] Nesse sentido, Almeno de SÁ. *Cláusulas contratuais gerais e diretiva sobre cláusulas abusivas.* 2. ed. Coimbra: Almedina, 2001, p. 27.

lacunas. Por sua vez, no caso da aplicação da boa-fé, o critério adotado passa a ser outro.

Para além de flexibilizar a vontade das partes por meio de uma compreensão dessa vontade à luz da boa-fé, ela ainda determina a norma aplicável ao caso ante a ausência de previsão, tendo por base o tipo e o programa contratual projetado.[55] Por ser princípio jurídico, direito objetivo portanto, a interpretação conforme a boa-fé tem prevalência em conflito com a interpretação conforme a vontade das partes, e o art. 112 do novo Código Civil, sucessor do individualista art. 85, parece acolhê-la indiretamente. Ao dispor que "nas declarações de vontade se atenderá mais à intenção *nelas consubstanciadas* do que ao sentido literal da linguagem", dá maior prevalência à teoria da declaração frente à teoria da vontade, o que reforça a aplicação da confiança, um dos núcleos da boa-fé objetiva.[56]

Muito embora as críticas feitas no tocante à boa-fé no novo Código Civil,[57] é inegável a extensão da sua eficácia, que independe, vale dizer, dos eventuais percalços redacionais, na medida em que a fonte de positivação dos princípios não se limita ao processo legislativo. Além disso, à boa-fé é atribuído papel cada vez mais central no processo que se acostou chamar de "constitucionalização do direito civil", por ser ela – normalmente positivada como cláusula geral – a porta de entrada por excelência dos direitos fundamentais e dos valores constitucionais.[58] Sem dúvida, é a constituição a fonte última das eficácias atribuídas à boa-fé e a base de projeção do *officium judicis* dela decorrente.

Nascida a relação obrigacional, recebe ela o influxo da normatividade geral do sistema jurídico, na qual os valores constitucionais exercem privilegiado papel. Dessa sorte, toda a elevada legitimidade formal antes atribuída à vontade é substituída por uma legitimidade material, para o que princípios como a boa-fé e equilíbrio são chamados a atuar.

---

[55] Cf. Judith MARTINS-COSTA, A boa-fé, cit., p. 429.

[56] No campo do direito de danos, a aplicação da boa-fé como padrão hermenêutico é menor, mas não menos relevante. Revela-se especialmente na compreensão das hipóteses de culpa, ou na caracterização do "defeito", gerador de responsabilidade objetiva no âmbito das relações de consumo.

[57] Cf. Antonio Junqueira de AZEVEDO, Insuficiências, deficiências e desatualização do Projeto de Código Civil na questão da boa-fé objetiva nos contratos. *Revista Trimestral de Direito Civil*. n.1, 2000, p. 1.

[58] A doutrina alemã já há muito convive com a idéia de que a cláusula geral da boa-fé no BGB, § 242, serve de base ao acesso dos valores constitucionais. Cf. nesse sentido, Dieter MEDICUS, *Schuldrecht*: Allgemeiner Teil. 8. Auf. München: C.H. Beck, 1995, p. 71 e *Allgemeiner Teil des BGB*. 7. Auf. Heidelberg: Müller, 1997, p. 261 e ss. Ver também Gisella PIGNATARO, Buona fede..., cit., p. 47 ss. em referências que, muito embora pensadas para a relação pré-contratual, tem plena aplicação generalizada. Cf. também, entre nós, os trabalhos já citados de Tereza NEGREIROS, Gustavo TEPEDINO e Luiz Edson FACHIN.

2.2. O princípio do equilíbrio

O dogma da vontade, herança dos postulados iluministas, engendra, no tocante à fundamentação jurídica da relação obrigacional, uma legitimidade eminentemente formal. Dado que os membros da sociedade civil são iguais em direitos e livres economicamente, cabe ao Estado garantir apenas que a vontade, então entendida como o móvel por excelência das atitudes humanas, fosse realmente livre. Não por acaso, o Código de 1916 previa um regime de invalidades conectado intrinsecamente à vontade, retirando o espaço da lesão ou de outros mecanismos destinados a manter a equivalência entre as prestações, como é o caso da *clausula rebus sic standibus* ou da resolução por onerosidade excessiva. Da mesma forma, porém por motivos ligados vinculados a posicionamentos dogmáticos de Bevilaqua, o enriquecimento sem causa não foi incluído no Código, entendendo-se absorvido por outras figuras.[59]

Em desconformidade com esses postulados, o novo Código Civil expressamente regulou um conjunto de institutos que se unificam sob o manto da legitimidade material do equilíbrio. Assim ocorre com os institutos antes citados, cuja regulação permite ter por incorporados, no seio do Código, os princípios constitucionais fundamentais. Cabe às partes e ao Estado-jurisdição impedir que com que vínculos de dever que constituem as relações obrigacionais concretas não sejam pontes para a injustiça comutativa (ou também chamada corretiva), justiça essa típica – ainda que não única – do ramo obrigacional.[60]

Revela importância primeira para os fins desse estudo a inclusão do enriquecimento sem causa como fonte autônoma. A ausência de previsão legislativa, tanto no Brasil como França, jamais impediu a sua aplicação direta como norma a regular o caso. Na França, pelo menos desde 1892,[61] a jurisprudência e a doutrina se esforçam para delinear as linhas básicas

---

[59] Conhecedor do direito comparado e crítico do modo de regulamentação do enriquecimento sem causa no direito alemão e suíço, Bevilaqua entendia que a grande maioria das hipóteses de enriquecimento sem causa estaria já devidamente absorvida pelos institutos positivados, seja de direito obrigacional, seja de direito das coisas. Por isso sustentava não se poder, "numa fórmula geral, compreender todos os casos de enriquecimento antijurídico." Em vez de regulá-lo diretamente, melhor seria deixar as hipóteses de enriquecimento sem causa não previstas no código para a equidade judicial. Cf. Obrigações, cit., p. 95 ss. O trecho transcrito encontra-se na p. 98.

[60] Cf. nesse sentido, Cláudio MICHELON. Um ensaio sobre a autoridade da razão no direito privado. *Revista da Faculdade de Direito da UFRGS*. n. 21, 2002, p. 101.

[61] Trata-se do famoso caso do arrendamento de uma fazenda para plantação. Ante a insolvência do arrendante, a terra foi devolvida ao arrendatário, mas já adubada. O vendedor dos adubos, que havia restado sem pagamento, obteve reconhecida pela Corte de Cassação sua ação direta contra o proprietário da terra arrendada que, ao final, havia restado com a terra valorizada. Veja-se que, no caso, não há contrato entre as partes, ato ilícito nem atividade geradora de risco. O enriquecimento sem causa funcionou, assim, como fonte autônoma. Cf. Dalloz, 92, 1, p. 596.

do princípio.[62] No Brasil, a tarefa foi abreviada pela nova regulação, a demonstrar muito mais do que uma conquista técnica de vasta aplicação prática, o espírito incorporado ao diploma.

Com efeito, a aplicação direta do enriquecimento sem causa (e não por intermédio dos institutos que possuem nele o seu fundamento) fica sempre condicionada à regra geral da subsidiariedade, entendida, grosso modo, como a regra que só permite a aplicação direta do princípio quando todas as outras alternativas oferecidas pelo ordenamento não se fizerem aplicáveis. Trata-se de disposição amplamente aceita no direito comparado, variando apenas a intensidade e os limites dessa subsidiariedade.[63] De qualquer forma, a previsão permite constatar como os processos de atribuição patrimonial devem ser pensados, bem como a importância dada à noção de equilíbrio.

A importância prática da admissão desse princípio encontra-se sobretudo no âmbito interpretativo, especialmente nesse primeiro momento de aplicação do novo diploma. Dois exemplos podem ser dados, um relativo aos contratos e outro relativo ao direito de danos: o âmbito de aplicação do art. 317 em paralelo com as regras sobre resolução por onerosidade excessiva e o âmbito de incidência do parágrafo único do art. 944.

Dispõe o art. 478 que "nos contratos de execução continuada ou diferida, se a prestação de uma das partes se tornar excessivamente onerosa, com extrema vantagem para a outra, em virtude de acontecimentos extraordinários e imprevisíveis, poderá o devedor pedir a resolução do contrato. Os efeitos da sentença que a decretar retroagirão à data da citação." Esse dispositivo se assemelha ao art. 1467 do Código Civil italiano e, tal como na Itália, poderia ser usado para sustentar a revisão judicial dos contratos. Nesse caso, um conjunto de problemas poderiam ser indicados.

O primeiro deles é o acolhimento – ao menos formalmente – da teoria da imprevisão como causa de revisão. Como sabido, a vinculação da revisão a causas futuras imprevisíveis para as partes quando da celebração do contrato é hipótese que menos abrangente e mais insegura, lastreada que está em dados subjetivos. O conceito de evento imprevisível é incerto, assim como a exigência desse tipo de evento deixa ao desabrigo hipóteses em que, em que pese a grande probabilidade do evento futuro, suas conseqüências conduziram ao desequilíbrio contratual. Exatamente por isso, outras previsões legais de revisão contratual optam pela chamada teoria da base, que se basta com a desproporção entre as prestações, em contratos

---

[62] Cf. Philippe MALINVAUD, Droit des obligations, cit., p. 331.

[63] No novo Código Civil, o art. 886 assim dispõe: "Não caberá a restituição por enriquecimento, se a lei conferir ao lesado outros meios para se ressarcir do prejuízo sofrido."

de prestação duradoura ou diferida, para permitir a revisão. É o que ocorre na Lei 8.666/93, relativa aos contratos administrativos, e no Código de Defesa do Consumidor.

O segundo problema se encontraria na exigência, para permitir a revisão, de "extrema vantagem" para uma das partes, decorrente do evento imprevisto. Essa exigência limitaria por demais o campo revisional, tornando-o quase uma referência de importância muito mais acadêmica do que prática. Com efeito, muitos dos casos de desequilíbrio prestacional não se dá com vantagem, quiçá com extrema vantagem, para uma das partes, o que não torna a situação de desequilíbrio menos injusta do ponto de vista contratual.

Por todos esses fatores, a utilização do art. 478 como base para a revisão do contrato pode gerar mais problemas do que soluções. A melhor interpretação conduz-se por limitar a aplicação do art. 478 exclusivamente aos casos de resolução por onerosidade excessiva. Nessa hipótese, é ao art. 317 do novo Código que se deve chamar para fundamentar a revisão contratual, quando necessária. Previsto inicialmente para regular as conseqüências da desvalorização da moeda,[64] o art. 317, após revisões legislativas, veio a servir de base genérica para a revisão, assim dispondo: "Quando, por motivos imprevisíveis, sobrevier desproporção manifesta entre o valor da prestação e o do momento da sua execução, poderá o juiz corrigi-lo, a pedido da parte, de modo que assegure, quanto possível, o valor real da prestação."

A modificação legislativa, explicativa da alocação do dispositivo no novo Código, faz com que se entenda, para cumprimento do princípio do equilíbrio, que a revisão contratual se lastreie pelo art. 317, sendo o art. 478, com seu suporte fático restrito, dedicado exclusivamente à resolução por excessiva onerosidade. Importa destacar que, nesse caso, haverá hipóteses que não estarão abrangidas pelo suporte fático da resolução por onerosidade excessiva, mas que também não estarão abrangidas pelo suporte fático do art. 317. Seria o caso do desequilíbrio entre prestações por fatos previsíveis, sem que houvesse vantagem elevada para uma das partes. A admissão da hipótese possibilitaria o desobediência ao princípio do equilíbrio. Como solução que atenda a essas necessidades, deve-se compreender a noção de "imprevisão" referida no art. 317 não se limitando apenas ao evento em si, mas se estendendo aos efeitos do evento. Trata-se da diminuição, interpretativa, dos rigores da teoria da imprevisão, neces-

---

[64] No Anteprojeto de Código Civil, cuja segunda data de 1973, o atual art. 317 tinha o número de 311 e a seguinte redação: "Quando, *pela desvalorização da moeda*, ocorrer desproporção manifesta entre o valor da prestação devida e o do momento da execução, poderá o juiz corrigi-lo, a pedido da parte, de modo que preserve, quanto possível, a equivalência das prestações". Grifou-se

sária para afastar as situações de injustiça contratual e preservar os ditames do princípio do equilíbrio.

O segundo exemplo de aplicação do princípio se concentra na interpretação do parágrafo único do art. 944 do novo Código Civil, aplaudido freqüentemente como uma das grandes inovações em matéria obrigacional. Segundo ele, "se houver excessiva desproporção entre a gravidade da culpa e o dano, poderá o juiz reduzir, eqüitativamente, a indenização."

O texto tem inegáveis virtudes, podendo servir como importante ponto de apoio para a dignidade da pessoa humana em matéria obrigacional. Basta lembrar, para tanto, as conseqüências dramáticas que podem suceder a uma família de classe média baixa quando o responsável econômico por ela, em um momento de simples descuido, abalroa um automóvel de preço elevadíssimo para os padrões médios brasileiros. O pagamento da indenização pela extensão do dano seria absolutamente grave para os destinos econômicos de toda a família.

Contudo, é inegável também que o princípio do equilíbrio impõe, de início, a indenização idêntica à extensão do dano, conforme dispõe o *caput* do artigo. É esse a saída genericamente mais justa, sem dúvida, considerando o tipo de relação travada. Dessa forma, impõe o princípio do equilíbrio que a hipótese normativa prevista no parágrafo único do art. 944 se limite a casos excepcionalíssimos, nos quais um princípio do sistema tenha condições de sobrepujar a idéia reitora do equilíbrio. Salvo em situações dessa ordem, o parágrafo único não deverá ser usado, sob pena de afastamento de importante princípio de justiça obrigacional. Uma dessas hipóteses excepcionais será a preservação da dignidade da pessoa humana, conforme exemplificado, quando a força da constituição demonstrará mais uma vez a sua força.

6. A função social do contrato no novo Código Civil e sua conexão com a solidariedade social

LUIS RENATO FERREIRA DA SILVA
Mestre em Direito pela UFRGS, Doutor em Direito pela USP, Professor de Direito Civil na PUCRS, Advogado

Sumário: 1. A constitucionalização formal e material do direito civil. 2. Plano deste artigo. 3. A doutrina solidarista. 4.A solidariedade e as relações contratuais. 5. A cooperação nos contratos. 6. A funcionalização de institutos jurídicos e seu mecanismo de atuação. 7. A circulação de riquezas como função social do contrato. 8. O papel da utilidade e da justiça para permitir o cumprimento da função social. 9. A função social e o efeito relativo dos contratos. 10. O efeito relativo e alguns exemplos: o caso dos distribuidores. 11. O efeito relativo e alguns exemplos: o caso das seguradoras. 12. O efeito relativo e alguns exemplos: o caso da aquisição do imóvel hipotecado. 13. Súmula da minoração do efeito relativo. 14. A função social, o efeito vinculante dos contratos e a revisão contratual. 15. A lesão no novo Código Civil. 16. A onerosidade excessiva no Novo Código. 17. Súmula da função social nos contratos. 18. O artigo 422 do novo Código Civil e a introdução da boa-fé objetiva no texto legislativo.

1. A constitucionalização formal e material do direito civil

A idéia de constitucionalização do direito civil, que se tem apresentado modernamente em farta e fecunda bibliografia, pode ser enfocada tanto em um aspecto formal como sob uma ótica material.[1] Formalmente, as Constituições passaram a conter disposições que se encontravam nos Códigos Civis. Basta pensar, a partir do texto constitucional brasileiro de

---

[1] Afirma a mesma idéia Joaquín Arce y Flórez-Valdés. *El Derecho Civil Constitucional*. Madrid, Editorial Civitas, 1986, p. 21: "La aproximación al Derecho civil constitucional surge ante la doble consideración del carácter normativo de la Constitución y de la presencia en la misma de materias cuyo contenido responde al atribuido al Derecho civil".

1988, nas regras sobre usucapião (artigos 183 e 191), sobre o direito de família (em especial o artigo 226 e seus parágrafos), sobre juros (artigo 192, § 3º) ou sobre dano moral (incisos V e X do artigo 5º).[2]

No aspecto material, o que releva é a fixação da Constituição como a fonte dos valores que informam as regras de direito civil (para além do fato de haver regras desta natureza insculpidas no próprio texto constitucional). A constitucionalização do direito privado (e mais especificamente do direito civil) representou este deslocamento dos valores que se encontravam plasmados no Código Civil para a Constituição. O significativo, portanto, é a leitura constitucional que se passa a fazer do Código Civil. Como diz Gustavo Tepedino: "... é de se buscar a unidade do sistema, deslocando para a tábua axiológica da Constituição da República o ponto de referência antes localizado no Código Civil".[3]

Guido Alpa estabelece a conexão direta entre o conteúdo constitucional e o conteúdo civil, ao dizer que "A Constituição abre-se com as normas que tutelam a pessoa e os assim chamados direitos invioláveis: tais normas oferecem proteção ao indivíduo, seja entendido individualmente, seja nas formações onde se desenvolve sua personalidade (art. 2) isto é a família, a escola, a comunidade de trabalho, as associações de várias naturezas; relevo particular é dado ao princípio da igualdade e à liberdade individual".[4]

2. Plano deste artigo

No presente trabalho, pretendo examinar o influxo da Constituição no direito dos contratos conforme o mesmo vem regulamentado no Novo Código Civil. Sob o ângulo formal, não haveria muito o que se falar de constitucionalização quanto ao direito dos contratos. É que o texto constitucional brasileiro não editou regras estruturando ou modificando as regras civis do direito dos contratos. Entretanto, sob o ponto de vista

---

[2] Em alguns casos, como a questão dos danos morais, é a partir do texto constitucional que se apaziguam discussões até então travadas na jurisprudência e na doutrina. Em outras matérias, o texto constitucional altera radicalmente a sistemática civilista, como no caso do reconhecimento da união estável (artigo 226, § 3º) ou da igualdade dos filhos independentemente de sua origem (artigo 227, § 6º).

[3] "Premissas Metodológicas para a Constitucionalização do Direito Civil" in "Temas de Direito Civil", Renovar, RJ, 1999, p. 13.

[4] Trattado di Diritto Civile, vol. I - Storia, Fonti, Interpretazione", Giuffrè, Milão, 2000, pág. 494. O texto citado é tradução livre da seguinte passagem: "La Costituzione si apre invece con le norme che tutelano la persona e i cc.dd. diritti 'inviolabili'; tali norme offrono protezione al singolo, sia inteso individualmente, sia nelle formazioni dove si 'svolge' la sua personalità (art. 2) cioè la famiglia, la scuola, la comunità di lavoro, le associazioni di varia natura; particolare rilievo è dato al principio di eguaglianza e alle liberta individuali".

material, certamente as afirmações da Carta Constitucional abrangem e alteram significativamente as regras postas do direito contratual. Esta evolução, que já vinha sendo, timidamente, desenvolvida pela jurisprudência, acaba por encontrar ressonância nos três princípios basilares que estruturam a teoria geral dos contratos no Novo Código.

Os artigos 421 e 422 afirmam, já no início da seção I do Capítulo I do Título V do Livro II da Parte Especial do Código, que trata das Preliminares dos Contratos em Geral, os princípios da liberdade contratual, da função social do contrato e da boa-fé. A técnica legislativa adotada foi a de estabelecer cláusulas gerais. Com isto, facilita-se o trabalho de inserção dos valores constitucionalmente estabelecidos no corpo do direito civil codificado.

Ditos princípios, tomando-se como base a premissa da leitura com as lentes constitucionais, traduzem uma aplicação concreta de um dos objetivos fundamentais da República Federativa do Brasil, inscrito no inciso I do artigo 3º da Constituição, a saber, o objetivo de construir uma sociedade solidária.

Como bem diz Judith Martins-Costa: "Se às Constituições cabe proclamar o princípio da função social – o que vem sendo regra desde Weimar -, é ao Direito Civil que incumbe transformá-lo em concreto instrumento de ação. Mediante o recurso à função social e também à boa-fé – que tem uma face marcadamente ética e outra solidarista – instrumentaliza o Código agora aprovado a diretriz constitucional da solidariedade social, posta como um dos 'objetivos fundamentais da República'".[5]

O desiderato deste trabalho, como disse, é o de examinar os referidos princípios, verdadeiros nortes da teoria contratual, fazendo-o à luz da solidariedade afirmada, constitucionalmente, como objetivo.

Para melhor sistematizar o tema, após definir a solidariedade, passo à análise fixando-me em um exame mais atento da função social, visto que tanto a liberdade contratual, como a boa-fé, já vêm sendo tratadas mais alongadamente pelas doutrinas nacional e estrangeira.

3. A doutrina solidarista

Quando a Constituição Federal, no inciso I do artigo 3º, estabelece como um dos objetivos fundamentais da República estabelecer uma sociedade solidária, tendo em vista o que se disse antes sobre o imiscuir do

---

[5] "O Novo Código Civil Brasileiro: Em Busca da 'Ética da Situação'" in *Diretrizes Teóricas do Novo Código Civil Brasileiro*, Saraiva, SP, 2002, p. 144.

direito civil com o direito constitucional, cabe que se pergunte qual o papel do direito civil neste contexto.

A idéia de solidariedade remete, inevitavelmente, à doutrina solidarista preconizada por Émile Durkheim. Para o sociólogo francês, poderia se estabelecer uma diferença entre a solidariedade que se presencia nas sociedades mais simples, nas quais há uma indistinção dos papéis sociais, daquelas mais complexas, onde, graças à divisão do trabalho social, as atividades são mais compartimentadas.

Quanto mais simples (menos especializada) a sociedade, mais integrados estão os seus membros, pois há uma inconsciente interpenetração de funções e atividades de modo que cada qual interage com os outros de forma um tanto quanto automática, de forma mecânica. O impulso à solidariedade social nestas sociedades é quase natural, pela necessária dependência recíproca. Daí que Durkheim tenha denominado tal relação entre os membros de uma sociedade de solidariedade mecânica, nesta "a consciência individual, considerada sob esse aspecto, é uma simples dependência do tipo coletivo e segue todos os seus movimentos".[6]

À medida que a sociedade se sofistica e vai ganhando em especialização, perde-se a primariedade e quase inconsciência da dependência recíproca. Cada um assume um papel próprio e especializado, de modo que a solidariedade que se estabelece não é mais natural e automática (solidariedade mecânica), mas estabelece-se pela dependência funcional. Cada indivíduo desempenha a sua função, porém, esta assume tal nível de individualização (como decorrência da necessidade de divisão do trabalho) que a sociedade só consegue alcançar o seu estado ótimo se houver uma colaboração entre os indivíduos. Isto já não se alcança mais espontaneamente dada a evolução social.

Paradoxalmente, ao tempo que se vai ganhando autonomia na sua especialização, vai-se criando uma dependência das demais partes do corpo social, pois não se consegue mais desempenhar todas as funções. A individualização torna mais difícil a compreensão da dependência recíproca.[7] Ao mesmo tempo que ganha consciência individual, o homem das sociedades complexas perde em autonomia no seio da sociedade. Perde-se a naturalidade no admitir que se depende. Há a tendência cada vez maior de se acreditar na auto-suficiência da especialização.

Neste tipo de sociedade, a solidariedade que se estabelece é entre órgãos com funções autônomas. Por isto Durkheim a denomina de solida-

---

[6] *Da Divisão do Trabalho Social*. Martins Fontes, São Paulo, 1999, p. 107.

[7] "Entre os povos inferiores, o ato próprio do homem é assemelhar-se aos seus companheiros, realizar em si todos os traços do tipo coletivo que é confundido,então, mais ainda do que hoje, com o tipo humano. Contudo, nas sociedades mais avançadas, sua natureza é, em grande parte, ser um órgão da sociedade, e seu ato próprio, por conseguinte, é representar seu papel de órgão", idem, p. 425.

riedade orgânica, pois ela "se assemelha à que observamos entre os animais superiores. De fato, cada órgão aí tem sua fisionomia especial, sua autonomia e, contudo a unidade do organismo é tanto maior quanto mais acentuada essa individuação das partes".[8]

Em uma sociedade assim, a busca da solidariedade depende de um "sistema nervoso central" que comande os diversos órgãos. Tal papel, de coordenação dos variados órgãos, é desempenhado pelo direito.

4. A solidariedade e as relações contratuais

Se considerarmos que a Constituição estabelece a solidariedade como um dos seus objetivos, temos que aceitar que, dado o estágio avançado de divisão do trabalho social nas sociedades modernas, só se pode estar a pensar na idéia de solidariedade orgânica. Em que pesem as eventuais críticas que se possam fazer às idéias de Durkheim (acusadas que são de um certo ranço positivista e de darem uma visão extremamente orgânica dos fenômenos sociais), o certo é que ele desenvolve uma análise da sociedade em que tende a priorizar o papel desta em relação ao indivíduo. No campo do direito privado, admitindo-se a função organizadora da solidariedade social como o faz Durkheim, depara-se, tradicionalmente, com uma dificuldade maior do que em relação ao direito público.

É que o direito privado, ao ter como objeto as relações próprias dos indivíduos, acaba por cair, facilmente, na idéia de uma autonomia absoluta dos privados (tônica do direito civil oitocentista, que reproduzia a idéia de Sumner Maine acerca da migração da sociedade estatutária para a sociedade contratual).

Tudo isto impregnava de maneira bastante exacerbada a visão oitocentista da autonomia privada que considerava a vontade das partes soberana para decidir o conteúdo contratual, limitar a modificação do mesmo e fixar o alcance das manifestações volitivas emitidas.

Como corolário disto, tinha-se que, no campo do direito privado, as vontades davam-se as suas regras, não se admitindo qualquer ingerência externa aos contratantes.

Com a idéia de constitucionalização que vem se admitindo, impossível não aceitar que um dos objetivos da República não atinja a vida dos membros desta mesma República, justamente na parte de suas atividades privadas que mais os põem em contato com o mundo externo.

---

[8] Idem, p. 108/109.

As relações contratuais, entendidas como os móveis que dinamizam o sistema econômico capitalista, em que pese nascerem das vontades declaradas pelas partes, certamente delas se despreendem para agir no mercado e na vida econômica encadeando as mais diversas facetas desta vida econômica.

Em uma sociedade economicamente massificada, o entrelaçamento dos contratos mantidos entre os vários elos da cadeia de circulação de riqueza faz com que cada contrato individual exerça uma influência e tenha importância em todos os demais contratos que possam estar relacionados. Assim, a inadimplência de um grupo de consumidores (seja pela onerosidade excessiva que surja nos contratos de consumo, seja pela alteração das circunstâncias nas quais ditos contratos foram firmados) acarretará a inadimplência do lojista com seu fornecedor que, por sua vez, poderá repercutir na relação deste com aquele que lhe alcança a matéria-prima e deste, por sua vez, com quem o financia e assim sucessivamente.

Aceitando-se esta dupla faceta da relação contratual, tem-se que admitir a existência de uma relevância social dos contratos, extrapolando a esfera individual. Neste momento, o objetivo da solidariedade se projeta no plano contratual .

O próprio Emile Durkheim afirma que "é verdade que as obrigações propriamente contratuais podem fazer-se e desfazer-se unicamente com o acordo das vontades. Mas não se deve esquecer que, se o contrato tem o poder de ligar, é a sociedade que lhe confere esse poder (...) Portanto, todo o contrato pressupõe que, por trás das partes que o estabelecem, há a sociedade pronta para intervir a fim de fazer respeitar os compromissos assumidos; por isso ela só presta essa força obrigatória aos contratos que, por si mesmos, têm um valor social, isto é, que são conformes às regras de direito".[9]

Tomando estas premissas acerca do papel do direito como elemento regente e estruturador da solidariedade orgânica (que carece de ser estruturada, pois não mais natural, e que, no direito brasileiro, é proclamada pela Carta Fundamental) vê-se que o reconhecimento infraconstitucional da função social do contrato, como um limitador ao exercício da liberdade contratual (*rectius,* autonomia privada) concretiza este elemento solidarista.

5. A cooperação nos contratos

O objetivo de solidariedade social orgânica, por outro lado, traduz a idéia da cooperação entre os membros de uma determinada sociedade, de

---

[9] Idem, p. 89.

modo a que sua integração e soma permitam (mesmo e por causa da divisão do trabalho social) que se estruture e mantenha o funcionamento da referida sociedade.

Isto fica muito claro nos textos que, no início do século XX, começavam a fazer a crítica do dogma da vontade. É retirada da obra de Saleilles a noção de que o contrato decorre da adaptação de vontades privadas a esforços comuns para a satisfação de interesses recíprocos, logo, deve ser interpretado e aplicado tendo em vista o fim social deste procedimento de solidariedade jurídica.[10]

Christophe Jamin vincula esta idéia de solidariedade à noção de cooperação, para dar o tom do que se quer afirmar como sendo a inserção da solidariedade no processo contratual. Diz, o citado autor: "j'avais employé à dessein lê mot 'solidarisme' pour tenter de caractériser certains développements actuels et spetaculaires du droit des contrats propres a favoriser la coopération entre les parties".[11]

Nesta idéia de cooperação entre os contratantes, mas também em relação a terceiros, é que se concretiza, no direito contratual, a idéia solidarista insculpida no inciso I do artigo 3º da Constituição Federal. Eu diria que, dentro da relação contratual, entre os contratantes, atua a idéia de cooperação por intermédio do princípio da boa-fé (regra do artigo 422 do Novo Código). Já os reflexos externos das relações contratuais, ou seja, as relações contratuais enquanto fatos que se inserem no mundo de relações econômicas e sociais, com isto integrando-se à cadeia produtiva e afetando a esfera de terceiros, impõem um comportamento solidário, cooperativo, que é atuado pela idéia de função social no exercício da liberdade contratual (regra do artigo 421 do Novo Código).

Assim, no presente estudo, abordo a idéia de solidariedade impondo uma cooperação entre os contratantes e também dos contratantes para com terceiros e vice-versa. Como já disse acima, dada a farta e rica bibliografia sobre o princípio da boa-fé, começo e me detenho na idéia de função social.

---

[10] Em um artigo que examina o tema com precisão, Christophe Jamin cita Saleilles: "le contrat n'est pas l'acte de maîtrise d'une volonté créatrice de droit; mais le procédé d'adaptation des volontés privées à l'utilisation des efforts communs, pour la satisfaction des intérêts individuels réciproques , ce que implique qu'il soit interprété et appliqué d'après lê but social de ce procédé de solidarité juridique, et non d'après la fantasie individuelle de chacun de ceux qui y prennent part" "Plaidoyer pour le solidarisme contractuel" *in* "Ètudes Offertes à Jacques Ghestin – Le contrat àu début du XXIe siècle", LGDJ, Paris, 2001, p. 450.

[11] Idem, p. 442.

6. A funcionalização de institutos jurídicos e seu mecanismo de atuação

A idéia de função está presente no direito, no plano da compreensão global, quando se pensa em que o conjunto de regras positivas deve ter um tipo de finalidade e buscar alcançar certos objetivos. Neste sentido, fala-se em função promocional do direito, pois no Estado social, o legislador emprega técnicas de encorajamento, mais do que as tradicionais regras de desencorajamento.[12] Por outro lado, pode-se ver tal noção vinculada a algum ou a alguns institutos jurídicos específicos. Neste sentido é que se fala em função social da propriedade ou função social do contrato.

Ao supor-se que um determinado instituto jurídico esteja funcionalizado, atribui-se a ele uma determinada finalidade a ser cumprida, restando estabelecido pela ordem jurídica que há uma relação de dependência entre o reconhecimento jurídico do instituto e o cumprimento da função. Mais do que um poder atribuído ao titular (no sentido de direito subjetivo atributivo de faculdades) está-se falando de um poder-dever, ou seja, uma faculdade que está umbilicalmente ligada ao cumprimento do fim por conta do qual é aceita no direito.

Utilizando um exemplo mais próximo da idéia de poder-dever, está o denominado pátrio poder, que o Novo Código denomina de poder familiar. O poder que é concedido aos pais só se mantém enquanto eles cumprem com o dever de educar e proteger os filhos, função que é concedida ao poder familiar. Assim, para que possam desenvolver a função ínsita à paternidade e à maternidade, que o antigo Código elencava no artigo 384, e o Novo Código reproduz no artigo 1634, tal como dirigir a educação e a criação dos filhos, tê-los sob sua guarda, representá-los e assisti-los e assim sucessivamente, concedem-se certos poderes corretivos, de administração do patrimônio, de orientação e determinação dos primeiros passos na vida dos filhos.

Caso este poder esteja sendo exercido divorciado dos fins em razão dos quais existe, perde-se o pátrio poder (nos casos elencados no artigo 395 do Código de 1916 e consubstanciados no novo artigo 1638 – que apenas acrescenta mais um inciso acerca da reiteração de atos contrários à moral e aos bons costumes).

No campo do direito de propriedade, desde que se reconheceu a idéia de que a propriedade obriga (como disse a Constituição de Weimar, de

---

[12] Como bem delimita Norberto Bobbio no primeiro ensaio ("La funzione promozionale del diritto") da obra "Dalla struttura alla funzioni. Nuovi studi di teoria del diritto", Edizioni Comunità, Milão, 1977.

1919), funcionalizou-se o instituto para atribuir-lhe certas finalidade e só reconhecê-lo nesta medida.

A Constituição Federal de 1988, ao reconhecer a função social da propriedade, no inciso XXII do artigo 5º, acaba por dizer que só é assegurado o direito fundamental da propriedade enquanto este é exercido e usufruído de acordo com a função social que se lhe atribui. E a própria Constituição trata de dizer que função é esta. Em se tratando de propriedade imobiliária rural, a função reside na produtividade. É o que está expressamente dito no artigo 186 da CF. Já em se tratando de propriedade imobiliária urbana, a função está referida no § 2º do artigo 182 e consiste no atendimento das "exigências fundamentais de ordenação da cidade expressas no plano diretor".

Mais longe foi o constituinte, pois criou mecanismos impositivos do cumprimento da função social prevendo, para a propriedade rural, a possibilidade de desapropriação por interesse social em caso de falta ou baixa produtividade (artigo 184), um imposto territorial rural progressivo (artigo 153, § 4º) ou o usucapião com tempo especial em favor de quem efetivamente produz na terra (artigo 191). Igual mecanismo está atrelado à propriedade urbana. Também aqui há a possibilidade de desapropriação para fins urbanístico, (artigo 182, § 4º, inciso III), um imposto territorial progressivo (artigo 182, § 4º, inciso II) e um usucapião com tempo especial (artigo 183).

Os dois exemplos que citei mostram institutos cujo direito básico está funcionalizado. Mas o que mais interessa é ver o mecanismo adotado. Em um primeiro momento, reconhece-se o direito básico (poder familiar, propriedade). A seguir, define-se qual a sua função (educar os filhos, ser produtiva). Por fim, cria-se um sistema de coação para o cumprimento da função (perda do poder familiar, desapropriação, tributação). Com isto, o instituto passa a estar funcionalizado, pois o direito básico reconhecido vem construído a partir de uma série de regras que dão uma conotação finalística e criam uma estrutura normativa que giram em torno da função.

Quando o Novo Código Civil passou a funcionalizar o contrato, acabou por dizer exatamente o que já dissera a Constituição acerca da propriedade e o Código Civil acerca do poder familiar. O artigo 421 reconhece o direito básico (liberdade de contratar), porém *"em razão e nos limites"* da função social do contrato. Com isto está condicionada a manutenção da liberdade enquanto o contrato cumprir a sua função social. No momento em que isto deixar de ocorrer, a liberdade de contratar não será mais mantida, pois não estará cumprindo sua função.

À diferença, porém, dos demais institutos antes examinados, o Novo Código não seguiu o mesmo caminho didático, informando qual seria a função social e qual ou quais os mecanismos para assegurá-la. Isto restou ao intérprete fazer. Como dito antes, o que pretendo neste artigo é justamente identificar qual seria esta função e qual ou quais os mecanismos que a garantem.

7. A circulação de riquezas como função social do contrato

Hoje em dia, é inegável que a economia se estrutura, fundamentalmente, a partir de relações contratuais. Relações que traduzam uma troca de bens e valores a permitir assim a circulação das riquezas. Os contratos são os instrumentos jurídicos de circulação e ativação da economia moderna. Sua importância e precedência com relação a outros institutos que, em momentos outros da evolução humana tiveram destaque (como a propriedade imobiliária para o Código de 1916, por exemplo), fez com que se percebesse o caráter transcendental dessas relações no que diz respeito ao interesse dos contratantes. Quero dizer que se passou a considerar que o contrato atende ao interesse dos contratantes, mas extrapola a esses interesses na medida em que atinge toda a cadeia econômica em que se insere.

Neste sentido, o contrato, típico ato de autonomia privada, passa a ter uma faceta pública, no mínimo em relação àqueles que possam estar indiretamente vinculados ao adimplemento ou à quebra de um contrato. Admitindo-se o encadeamento das relações econômicas como antes cogitado, certo que os contratos passam a entretecer uma rede na qual cada trama se imiscui com outra de modo a formar um todo que, rompido em um nó, tende a esgarçar toda a rede.

Nas economias de mercado, não há predeterminações de como, quando ou a quanto se trocam as mercadorias. As trocas são construídas casuisticamente por esta rede contratual. De tal sorte, o mercado (objeto de estudo dos economistas) é movido pelos contratos. Éric Brosseau, um economista escrevendo sobre o tema, afirma que na França, a partir dos anos setenta, os economistas começaram a perceber esta realidade, então, "...les contrats apparurent comme le moyen de rendre compte de la coordination dans une économie décentralisée au sein de laquelle les agents se coordonnent deux à deux sans secrétaire de marche en fonction des seules contraintes dont ils ont conscience. Le succès de cette approche de la coordination économique fut fulgurant. À tel point qu'aujourd'hui l'économie des contrats est devenu une des bases de tout cursus en économie et que les théories des contrats sont mobilisées dans tous les domaines de l'économie appliquée".[13]

---

[13] "L'Économiste, le juriste e le contrat" *in* "Études offertes à Jacques Ghestin", ob.cit., p. 154.

Nestes termos, é viável afirmar que são os contratos que mantêm a agilidade das relações econômicas em um sociedade de mercado, uma "sociedade de direito privado", na qual o direito privado assume um "papel constitutivo", e que deve conjugar tanto um aspecto utilitarista (de maximização das oportunidades econômicas) quanto um aspecto ético (de comportamento médio de oportunidades e vantagens recíprocas).[14] Assim, mesmo quem adote um ponto de vista mais liberal do direito, afastando intervenções maiores nas atividades privadas, reconhece que há um campo em que o Estado se imiscui para permitir a utilidade e a eticidade das relações contratuais.

Por isto, pode-se dizer que o contrato cumprirá a sua função social na medida em que permita a manutenção das trocas econômicas. Como instrumento de circulação de riquezas, ele estará atendendo às razões de seu reconhecimento jurídico na medida em que estiver mantendo esta circulação.

8. O papel da utilidade e da justiça para permitir o cumprimento da função social

Para isto, é importante que as trocas sejam justas e úteis, pois se não o forem, os contratantes, certamente, deixarão de cumprir os contratos firmados, e isto resultará em uma quebra da finalidade da liberdade contratual. Com isso entendo que o contrato cumpre sua função (razão pela qual foi acolhido no ordenamento jurídico) sempre que permitir a realização e a manutenção das convenções livremente estabelecidas. Estas, porém, só serão mantidas enquanto as partes (e ambas as partes, pois trata-se de um negócio jurídico bilateral) retirem vantagens em condições paritárias, ou seja, enquanto houver uma equação de utilidade e justiça nas relações contratuais.

---

[14] A expressão "sociedade de direito privado" foi retirada de Claus-Wilhelm Canaris em artigo intitulado "A liberdade e a justiça contratual na 'sociedade de direito privado'" *in* "Contratos: Actualidades e Evolução", edição da Universidade Católica Portuguesa, Porto, 1997. Sobre tal conceito, diz o autor: "Domínios importantes da vida jurídica e econômica devem, conseqüentemente, ser regulamentados através de meios de direito privado." (p. 51). Muito embora a tônica do artigo seja contrária a maiores intervenções judiciais nos contratos, o autor admite a necessidade de intervenções corretivas (dentro de um ótica utilitarista) e de intervenções equilibradoras (dentro de uma ótica de justiça). "Decisivo é, portanto, na minha opinião, um ponto de vista orientado em função da ética do direito, ao passo que o ponto de vista utilitarista tem, tão só, um significado suplementar e apenas justifica uma intervenção corretora quando se assiste a desenvolvimentos patentemente errôneos (...)" e prossegue, dentro de uma idéia "ordo-liberal" da sociedade moderna, "Não deverá, por conseguinte, exigir-se que os resultados 'justos' estejam assegurados, mas contentar-se com a conseqüência de que as injustiças graves sejam evitadas".

A dicção do novo artigo 421, ao referir que a liberdade é exercida em razão e nos limites da função social, dentro da definição acima dada, pode ser compreendida, como já tive a oportunidade de referir, como "a realização da utilidade e da justiça do próprio contrato. Estabelece-se como critério limitador da expansão contratual o seu desenvolvimento útil e justo. Entende-se que o essencial no contrato não é a manutenção absoluta da vontade inicial, mas a conformidade com a justiça comutativa (...) A comutatividade contratual importa em ver as partes em equilíbrio, tornando o pacto algo útil (inclusive no sentido econômico do utilitarismo), adotando este como norte objetivado pelo contrato. Por outro lado, a justiça, também no sentido comutativo, passa a ser o elemento protetor nas relações contratuais. Ela faz às vezes de elemento limitador dos excessos prejudiciais às partes e prejudicial da otimização do contrato, dando-lhe um sentido de utilidade".[15]

Procedendo a um exame mais casuístico destes limites que a função social (*rectius*, a manutenção de trocas úteis e justas) impõe ao contrato, pode-se ver uma amenização na regra do relativismo contratual, bem como na regra da vinculatividade dos contratos.

9. A função social e o efeito relativo dos contratos

A idéia do relativismo contratual está expressa pela máxima segundo a qual o contrato é *res inter alios acta, aliis neque nocet, neque prodest.* Dentro da lógica do dogma da vontade, todo aquele que não tenha declarado a sua vontade não pode ser atingido pelos efeitos contratuais, haja vista que não teria expressado a sua vontade de forma livre, não tendo, portanto, exercido a sua liberdade contratual. Ora, aceitando-se a idéia de que o contrato é um elo da cadeia econômica e que transcende, desta forma, os interesses exclusivos dos contratantes (ainda que primariamente seja construído a partir e para estas vontades), acaba-se por ter de admitir que a função social faz com que se tenha que pensar em uma minoração da idéia de relativismo.

Esta minoração, por seu turno, traduz também a idéia de cooperação. Na medida em que a função social é a manutenção de trocas justas e úteis, impõe-se aos contratantes que tratem de colaborar para manter a justiça e a utilidade, sob pena de não se obter qualquer resultado mais satisfatório.

---

[15] Luis Renato Ferreira da Silva. *Revisão dos Contratos: Do Código Civil ao Código do Consumidor.* Rio de janeio, Forense, 2001, p. 38.

Já tem sido aceito, há algum tempo, que o contrato possa produzir efeitos negativos nas esferas alheias, criando uma obrigação negativa consistente em não atentar contra os pactos alheios ou, ao menos, não incentivar o rompimento destes pactos. É o que a doutrina chama de oponibilidade do contrato a terceiros, uma forma de efeito reflexo na esfera alheia. No dizer de Roppo, "um contrato pode se dizer oponível a terceiros quando produz algum efeito suscetível de ter alguma relevância jurídica em relação aos terceiros. A bem da verdade, mais que oponibilidade do contrato, seria apropriado falar de oponibilidade dos efeitos contratuais".[16]

Nestas circunstâncias, o terceiro que tenha um interesse conflitante com os de algum contratante não pode instigar o rompimento contratual ou favorecer tal agir, pois estará induzindo ao inadimplemento e, com isto, prejudicando a manutenção que é a função socialmente reconhecida. O terceiro, embora estranho à declaração de vontade daquele contrato, deve colaborar, no grau mínimo que é não atrapalhar, o desenvolvimento do contrato. O exemplo mais típico é, talvez, a oponibilidade do contrato que contenha uma cláusula de não-concorrência. Embora o terceiro não tenha feito parte do pacto que continha tal regra, se ele a viola, poderá estar sujeito ao desfazimento do contrato que violou o pacto de não-concorrência pois, do contrário, apesar da responsabilidade contratual do que não podia concorrer, o credor da não-concorrência não teria como ser reposto no estado anterior. Se o terceiro pudesse ignorar tal cláusula (por ser *res inter alios acta*), ela estaria desprovida de sentido.[17]

10. O efeito relativo e alguns exemplos: o caso dos distribuidores

Caso significativo é o das distribuidoras de petróleo. Tendo desaparecido a regra governamental que determinava a comercialização de produtos derivados da mesma marca (da mesma "bandeira") do combustível,

---

[16] Tradução livre da seguinte passagem: "un contratto può dirsi opponibile a terzi quando produce qualche effetto suscettibile di avere qualche rilevanza giuridica verso i terzi. E a veder bene, più che di opponibilità del contratto,sarebbe appropriato parlare di opponibilità degli effetti contrattuali" ("Il Contratto", Giuffrè, Milão, 2001, p. 569).

[17] Afirmam Jacques Ghestin e Christophe Jamin: "L'opposabilité est un phénomène général qui tend à faire reconnaître l'existence du contrat par les tiers. Si ces derniers étaient autorisés à le méconnaitre, le contrat ne pourrait pratiquement pas atteindre à l'efficacité entre les parties (...) Tout aussi caractéristique est le cas de la clause de non-concurrence. Toujours à supposer que les tiers soient en droit d'ignorer cette convention, ils pourraient impunément méconnaître l'obligation de ne pas faire, en contractant avec le débiteur, même s'il est incontestable que le débiteur engagerait sa responsabilité contractuelle vis-à-vis de son cocontractant" ("Le juste et l'utile dans les effets du contrat" *in* "Contratos: Actualidades e Evolução", ob. cit., p. 156/157.

vários postos passaram a comprar produtos outros que não a gasolina (óleo lubrificante, aditivos etc.) de outros fornecedores. Com isto, rompia-se uma exclusividade tácita, muito embora não houvesse cláusula expressa, pois na praxe dos contratantes isto advinha da regulamentação governamental. Diante desta penetração no mercado, a distribuidora prejudicada pretendia ingressar com demanda contra a distribuidora que começara a vender os produtos ao dono do posto, invocando a proibição desta prejudicar os seus contratos. A rigor, a defesa da que começara a vender para os contratantes da lesada poderia se estribar na idéia do efeito relativo. Efetivamente, se alguém tinha violado alguma regra contratual (tácita ou expressa) não poderia ser ela que não mantinha contrato algum de exclusividade e, sim, o dono do posto. Haveria, no plano processual, ilegitimidade passiva, pois a distribuidora que começara a vender os produtos para o proprietário do posto não mantinha relação contratual com o primitivo fornecedor. Examinando um destes processos para dar parecer sobre o tema, Antônio Junqueira de Azevedo conclui, tomando como parâmetros as noções de solidariedade social e função social, que "As distribuidoras que vendem combustível a postos 'Oil', quebrando a exclusividade contratualmente assegurada, estão, pois, a cometer ato ilícito (art. 159 do Código Civil); são elas solidariamente responsáveis pelas conseqüências do inadimplemento contratual praticado pelos postos". Note-se que se reconhece o dever de não ferir um contrato alheio, obedecendo às suas disposições. Isto porque, "A idéia de função social do contrato está claramente determinada pela Constituição, ao fixar, como um dos fundamentos da República, o valor social da livre iniciativa (art. 1º, inc. IV); essa disposição impõe, ao jurista, a proibição de ver o contrato como um átomo, algo que somente interessa às partes... (...) O antigo princípio da relatividade dos efeitos contratuais precisa, pois, ser interpretado, ou re-lido, conforme a Constituição". E mais adiante enfatiza: "O contrato não pode ser considerado como um ato que somente diz respeito às partes; do contrário, voltaríamos a um capitalismo selvagem, em que a vitória é dada justamente ao menos escrupuloso. Reduzido o Estado, é preciso, agora, saber harmonizar a liberdade individual e a solidariedade social".[18]

O que se tem em cogitação no exemplo suscitado é a oponibilidade do contrato a terceiros, de modo a impor-lhes a obrigação negativa. Com isto, ameniza-se, com toda a certeza, o princípio da relatividade, pois um contrato firmado entre A e B acaba por criar uma obrigação negativa frente a C. Nada obstante, isto pode ser decorrente de um princípio maior do que o da relatividade (o dever geral de não lesar os demais - *neminem laedere*),

---

[18] "Princípios do novo direito contratual e desregulamentação do mercado – Direito de exclusividade nas relações contratuais de fornecimento – Função social do contrato e responsabilidade aquiliana do terceiro que contribui para inadimplemento contratual", parecer publicado na RT 750/113.

o que tem levado alguns autores a não considerar como um caso de minoração dos efeitos relativos.[19]

Para tornar mais claro o que sustento, podem ser examinados outros casos onde se vai além da simples oponibilidade e na qual se gera mais do que uma responsabilidade aquiliana, mas uma verdadeira responsabilidade contratual para um terceiro (com isto tangenciando a crítica antes referida). Dois exemplos da jurisprudência mostram como o dever de solidariedade e a função social amenizam o efeito relativo e acabam resultando na extensão de deveres positivos (não mais meramente negativos, de abstenção) a terceiros.

11. O efeito relativo e alguns exemplos: o caso das seguradoras

O primeiro exemplo é o caso da responsabilidade das seguradoras. Ninguém põe em dúvida o fato de que a seguradora não possui relação com o terceiro vítima de um acidente. Supondo que "A" mantenha um contrato de seguro com a "Seguradora X". "A" envolve-se em um acidente com "B". Este ingressa com demanda contra "A" que, por sua vez, denuncia da lide a "Seguradora X". É pacífico na doutrina processual que a lide instaurada entre a seguradora e o segurado é diversa da existente entre a vítima e o segurado, tanto que a vítima não tem ação direta contra a seguradora. A sua demanda é estribada na responsabilidade civil extracontratual. A denunciação, por sua vez, fundamenta-se na responsabilidade contratual. Sendo julgadas procedentes a ação e a denunciação, na fase executiva, a vítima "B" não pode executar a "Seguradora X", pois, não tendo sido parte na denunciação, carece de título executivo. Por outro lado, "A" tem assegurado o direito de regresso nos limites da apólice. Assim, "A" deve pagar a "B" e reembolsar-se da "Seguradora X". O que ocorreria, porém, se "A" não possuísse meios de pagar "B"? Então, a "Seguradora X" não poderia ser acionada diretamente, muito embora tenha recebido os prêmios do contrato de seguro que se vocacionava, justamente, a garantir a responsabilidade perante terceiros (e não perante o segurado propriamente dito).

Examinando um caso destes, após constatar a impossibilidade do autor do dano indenizar, mas existindo o seguro quitado, o STJ, por sua

---

[19] É o caso de Franco Carresi para quem "non sembra, considerando quella che è la posizione meramente strumentale del soggetto passivo del rapporto giuridico reale, che nei confronti di costui si possa parlare di effetti riflessi per ciò che il dovere di astensione dalla cosa altrui (che poi in realtà non è dovere di astensione dalla cosa specificamente considerata, ma è dovere di astensione della sfera giuridica altrui di cui la cosa non è che parte), che incombe a lui come a ogni membro della collettività". "Il Contratto", Giuffrè, Milão, 1987, tomo II, p. 681.

4ª Turma entendeu de atribuir legitimidade para a vítima cobrar diretamente da seguradora.

É bem verdade que o fundamento último não residiu na função social do contrato e na solidariedade social. O Min. Ruy Rosado de Aguiar Jr., relator do feito, invocou o interesse público e a injustiça que seria a seguradora, que recebeu os prêmios para pagar a cobertura, exonerar-se por fato superveniente, no caso a insolvência do segurado. Afirma, a certa altura, o voto: "A execução dessa sentença,diretamente contra seguradora estaria permitida pela extinção de fato da sociedade comercial que figurou como ré na ação de indenização, contratante do seguro com a companhia ora recorrente. Esse fato superveniente põe em contraste dois interesses: o do lesado, de obter a reparação dos danos sofridos, se não do autor do dano, pelo menos daquele que assumira a obrigação contratual de dar cobertura a tal situação; de outro, o da companhia seguradora, de somente pagar depois de cumprida a sentença contra o seu segurado, uma vez que no processo figurara apenas como denunciada à lide. *Pondero o interesse público que existe na integral reparação dos danos e na efetividade da garantia prestada pelo segurador*, para dar prevalência ao primeiro dos interesses acima expostos (...) A companhia nada perde com isso, pois recebeu o prêmio e vai desembolsar o quantum previsto para o caso de sinistro, *não parecendo justo que ela se desonere por um fato superveniente*, alheio à vontade das partes..." (grifou-se).[20]

Na verdade, a fundamentação poderia ser concretizada, hoje, com base na função social do contrato na medida em que ela acaba por impor a cooperação para que o contrato atinja sua finalidade. O contrato de seguro assume relevância no mundo econômico, pois permite que se garanta a indenização mais ampla dos danos, desempenhando uma função precípua de permitir a reparação e a recomposição dos prejuízos sofridos pelas vítimas de acidentes. Se as seguradoras puderem deixar de cumprir o que se comprometeram por força da suposta ilegitimidade, estar-se-ia a validar um caráter absoluto do efeito relativo, esquecendo-se que o contrato de seguro existe, em certa medida, para que os terceiros não restem sem indenização. Ao mesmo tempo, o seguro permite que o segurado desenvolva certas atividades de risco com mais tranqüilidade, o que estimula atividades produtivas para a sociedade.

O certo é que, no acórdão, ainda que sob outra fundamentação, acabou-se por impor a um contratante obrigações de natureza contratual (não mais aquiliana como no caso dos distribuidores de petróleo), tornando-o devedor de um terceiro que não era parte no contrato.

---

[20] REsp. nº 97.590/RS, publicado na RSTJ 99/320.

12. O efeito relativo e alguns exemplos: o caso da aquisição do imóvel hipotecado

Outro exemplo na mesma linha diz respeito a contratos firmados no âmbito do Sistema Financeiro da Habitação. Nestes casos, o construtor, geralmente, ao adquirir o terreno no qual edifica um prédio de apartamentos, faz um mútuo para financiar a obra e dá em garantia hipotecária o terreno objeto da edificação. Quando o edifício está pronto, a hipoteca abrangia os apartamentos pela regra do artigo 811 do antigo Código (sucedido, em iguais termos, pelo artigo 1.474 do Novo Código). Normalmente, os adquirentes dos apartamentos o fazem por meio de mútuo e acabam sub-rogando-se na hipoteca existente. Ou então, o construtor, ao receber o valor, repassa ao agente financeiro da construção e dá baixa nesta hipoteca para que a nova se faça sobre a fração ideal dos apartamentos.

No caso apreciado pela mesma 4ª Turma do STJ, o adquirente do imóvel quitou a totalidade do preço do apartamento, e o construtor não pagou o mútuo que fizera com a instituição financeira. Deu quitação para o adquirente, mas a hipoteca restou pendente. Quando o agente financeiro ingressou com a execução, foi excutir o apartamento hipotecado. O terceiro, que titulava um contrato de compromisso de compra-e-venda, opôs a sua quitação para que o imóvel não fosse objeto da execução. A tese do agente financeiro poderia residir exatamente no fato de que, não sendo parte no contrato do adquirente com o construtor e não tendo recebido o seu crédito, não lhe poderia ser oposta a quitação oriunda, justamente, do contrato do qual não fizera parte.

O acórdão acolheu a tese dos embargantes e afastou a penhora do bem hipotecado. O fundamento, além de disposições específicas no âmbito do SFH, aduz a idéia genérica que permite ver a aplicação também fora deste sistema específico. Diz o mesmo Min. Ruy Rosado, relator do caso: "Ainda que não houvesse regra específica traçando esse modelo, não poderia ser diferente a solução. O princípio da boa-fé objetiva impõe ao financiador de edificação de unidades destinadas à venda aprecatar-se para receber o seu crédito da sua devedora ou sobre os pagamentos a ela efetuados pelos terceiros adquirentes (...) ninguém que tenha adquirido imóvel neste país, financiado pelo SFH, assumiu a responsabilidade de pagar a sua dívida e mais a da construtora perante o seu financiador". E citando trecho de Fernado Noronha, em seu "O Direito dos Contratos e seus Princípios Fundamentais", expõe a idéia de minoração dos efeitos relativos: "Na verdade, credor e agente financeiro sabem que são as prestações que forem sendo pagas pelos adquirentes que assegurarão o reembolso do financiamento concedido. Portanto, se a empresa interrompe os pagamentos devidos, o agente financeiro deveria reconhecer a eficácia, em relação a si, dos pagamentos anteriores feitos pelos adquirentes e, para garantir direitos futuros, deveria notificar estes para que passassem a depositar as prestações subseqüentes, sob pena de se sujeitarem aos efeitos da hipoteca assumida pelo incorporador".[21]

Novamente acabou-se por estender a terceiro, que não era parte no contrato, os efeitos da quitação (total ou parcial) que houve entre os contratantes. Isto poderia fundamentar-se, a meu juízo, mais cientificamente, na função social, pois o contrato de mútuo para edificação dá ensejo, sabidamente por parte tanto do financiador quanto do construtor financiado, à alienação dos imóveis edificados, cujo pagamento do preço é o garantidor do seu recebimento. Se a construtora não paga, o agente financeiro deve tomar medidas para cobrar, e não ficar esperando uma situação final na qual o adquirente pagou e ainda corre o risco de perder o imóvel. Mais do que uma questão de justiça abstratamente considerada, trata-se de reconhecer a continuidade dos contratos e a sua inserção em uma cadeia. Isto impede o agente financeiro de vir executar a hipoteca como se ignorasse que houve a alienação e que os pagamentos foram feitos ao construtor.

13. Súmula da minoração do efeito relativo

Estes exemplos tendem a mostrar uma tendência no sentido de amenizar os efeitos relativos. Esta amenização é fruto do reconhecimento da inserção dos contratos no mercado, desempenhando uma finalidade de efetivar trocas. Enquanto estas trocas forem úteis (impedindo que se faça uma concorrência desleal no exemplo dos distribuidores de gasolina; impondo o ressarcimento de danos efetivamente sofridos e atendendo a finalidade do contrato de seguro no segundo exemplo ou impondo a quitação das parcelas pagas para que o mercado imobiliário atinja a finalidade de permitir as aquisições da casa própria no último exemplo), a liberdade contratual será mantida. Caso corra-se o risco de perder a utilidade, haverá uma intervenção judicial com o fito de recompor tal utilidade (o que ocorreu nos exemplos expostos).

14. A função social, o efeito vinculante dos contratos e a revisão contratual

Por outro lado, há a questão envolvendo o efeito vinculativo do contrato. Neste tópico, o dispositivo que o Novo Código apresenta para

---

[21] Resp. nº 187.940/SP, publicado na RST 122/347.

assegurar a manutenção do contrato é a previsão de mecanismos de revisão contratual. No momento em que se perde a comutatividade que a relação contratual pressupõe para manter-se justa, faz-se mister uma revisão dos seus termos para que não se privilegie o desfazimento.

Quero dizer que, se um contrato ficar muito desproporcional na relação entre prestação e contraprestação, tornando-se excessivamente oneroso para alguma das partes, certamente ocorrerá o inadimplemento. Como não interessa, dada a inserção no meio econômico das relações contratuais, que haja a descontinuidade dos contratos, senão que se quer mantê-los (assumindo-se as premissas antes lançadas), o caminho da revisão contratual se abre.

A idéia de revisão (que tem tomado, no Brasil, dimensões bastante significativas do início da década de 1990 em diante) tem como finalidade justamente permitir a manutenção do contrato, com isso permitindo que não se rompa a corrente econômica da qual ele é um elo.

O Código Civil de 1916 não tratou da revisão. Partindo da idéia oitocentista do dogma da vontade, havendo dificuldades que tornem o contrato excessivamente oneroso, abriam-se duas alternativas. Ou havia impossibilidade, a resolver-se pela teoria dos riscos, ou havia uma dificuldade que não pode afetar o cumprimento.

A aceitação da revisão produz uma amenização justamente no chamado efeito vinculante do contrato, que é traduzido pela máxima *pacta sunt servanda*. O Novo Código, na versão aprovada e sancionada pelo Presidente da República, trata da revisão em dois pontos, um relacionado a uma causa concomitante ao momento da contratação e outro a causas supervenientes.[22]

15. A lesão no novo Código Civil

O primeiro é a lesão,[23] prevista na Parte Geral, artigo 157. A lesão tem como finalidade recompor a perda do sinalagma genético que deveria estar presente na formação do contrato. Assim, se o contrato inicia propiciando uma vantagem desproporcional a um dos contratantes por conta de o lesado estar em uma situação de necessidade ou inexperiência, permite-se que o mesmo ingresse com uma ação de rescisão do contrato. Esta ação

---

[22] Para um exame das causas concomitantes e supervenientes, ver meu livro sobre o tema, antes citado.

[23] Acerca da lesão há vários títulos publicados no direito brasileiro. O primeiro monográfico e inovador no nosso sistema foi o livro do Prof. Caio Mário da Silva Pereira, intitulado *A Lesão nos Contratos*, Forense, RJ, que serve de referencial para as doutrinas sobre o tema.

poderá ser convertida em revisão, caso o autor da lesão se disponha a restabelecer a reciprocidade entre as prestações.

Tal qual foi disposto, o instituto da lesão filia-se aos países que adotaram a chamada lesão subjetiva. Esta forma exige, para que se configure a lesão, não só o elemento objetivo da desproporção, mas o modo de agir das partes. Ao contrário da maioria dos países que adotou a lesão subjetiva, o novo Código desconsidera o agir do que lesa.[24] Normalmente costuma-se ligar a este um comportamento doloso, ou seja, sabendo do estado de necessidade (situação subjetiva do lesado), o contratante aproveita-se e obtém a vantagem. O dolo de aproveitamento, porém, não se encontra presente, o que me parece ser vantajoso, pois se se deixa ao que lesa a opção de manter o negócio pela recomposição do sinalagma, certamente que é mais coerente ignorar-se o seu dolo ou não. Do contrário, estar-se-ia dizendo que o que lesa, apesar de agir com dolo, é quem determinará os desígnios do contrato. Além do mais, dá-se um passo no sentido de afirmar que o ordenamento quer situações objetivamente mais paritárias, ainda que uma das partes desconheça a vantagem excessiva que obtém. Na verdade, é um tratamento semelhante ao caso da evicção e dos vícios redibitórios. Aqui, o eventual elemento subjetivo do alienante pode acarretar perdas e danos, mas a sua ausência não impede que haja a responsabilização.

Ainda, o modelo adotado é o da lesão não tarifada. Ou seja, em vez de estipular um determinado *quantum* acima do qual o negócio passa a ser considerado usurário, o artigo do novo Código cria um conceito indeterminado, a ser concretizado casuisticamente pelo julgador. Adota-se a expressão "prestação manifestamente desproporcional".[25] Ficará, portanto, ao prudente arbítrio do juiz determinar se há ou não prestação manifestamente desproporcional em cada caso.

Por fim, chama a atenção quanto à lesão, o fato de deixar-se ao critério do beneficiário da vantagem a manutenção ou não do contrato. O pedido que se concede ao autor da demanda é o de anulabilidade (*rectius, rescisão*). O destino da causa, porém, resta *secundum eventus contestationis*, pois como diz o próprio dispositivo, no § 2º, *Não se decretará a anulação do negócio, se for oferecido suplemento suficiente, ou se a parte favorecida concordar com a redução do proveito.*

---

[24] Adotam a necessidade do chamado dolo de aproveitamento, exemplificativamente, o Código português (artigo 282), o Código argentino (artigo 954, com a redação da reforma de 1968) e o BGB (§ 138).

[25] É a linha do citado Código português que refere "benefícios manifestamente excessivos ou injustificados"; o Código Argentino que fala em "desproporción chocante" ou o BGB que menciona "desproporção manifesta".

16. A onerosidade excessiva no novo Código

Já no que tange às causas supervenientes, o novo Código adota a teoria da imprevisão ou da onerosidade excessiva. Em duas passagens está versado o tema. Fala-se no artigo 317 sobre a possibilidade de, no momento da pagamento, haver uma correção do valor por conta de fatores imprevisíveis que acarretem uma desproporção manifesta entre o valor da coisa e o preço a ser pago na hora da execução. Igualmente, nos artigos 478 a 480, regula-se a resolução por onerosidade excessiva.

No primeiro dispositivo, circunscrito à figura do pagamento (e, portanto, parecendo-me menos amplo que os artigos 478 a 480, bem como vocacionado às obrigações a termo ou sob condição), dá-se legitimidade para postular a revisão ao devedor. Já na seção específica, dá-se ao devedor o direito de postular o desfazimento do negócio (sua resolução), eis que o inadimplemento teria advindo de fato inimputável, tornando excessivamente onerosa a prestação. Deixa-se nas mãos do réu da demanda resolutória a opção pela revisão, conforme dispõe o novo artigo 479.

Afora este tópico, as duas regulamentações exigem, para que se aperfeiçoe a teoria da imprevisão, que haja um acontecimento extraordinário e imprevisível que importe em onerosidade excessiva da prestação. Estes dois elementos são comuns aos vários diplomas que versam sobre o tema, sendo paradigmático o artigo 1.467 do Código Civil italiano.

O que chama a atenção no disposto no artigo 478 é que se agrega a necessidade de, além da onerosidade excessiva do devedor, haver uma extrema vantagem para o credor. Ora esta exigência acaba por minorar, em muito, o âmbito de incidência da regra (por si só já bastante prejudicada pela natureza extraordinária e imprevisível do fato gerador da resolução ou revisão).[26]

Afora isto, a previsão da resolução, dando prevalência ao desfazimento do contrato em vez da revisão, contradiz, em certa medida, o que o artigo 421 pretende quando fala na função social do contrato, pois segue a lógica de que a dificuldade deve redundar no desfazimento contratual, e não em um esforço para a superação do problema, pela via da modificação dos termos contratuais.

Recentemente, como fruto do trabalho de uma comissão de professores e juristas, foi apresentado na Câmara dos Deputados, pelo mesmo deputado relator do Projeto do Código Civil, o Projeto de Lei nº 6.960, que estabelece modificações no novo Código Civil.

---

[26] Já tive oportunidade, na obra antes citada, de posicionar-me favorável à adoção da teoria da quebra da base do negócio jurídico como sendo uma fonte de revisão mais objetiva e abrangente que a teoria da imprevisão, tomo a liberdade de remeter para o capítulo V, nºs 102 e 103, onde examino mais detalhadamente essas vantagens.

No que pertine ao tema da revisão, a versão mais recente é muito melhor. Abre-se uma seção intitulada "Da revisão". Nela prevê-se a teoria da onerosidade excessiva como pretensão básica a ser apresentada pelo devedor onerado. O credor poderá, por seu turno, postular a resolução, caso demonstre que ele resultará muito prejudicado com a revisão. Esta lógica coaduna-se com a idéia de manutenção, pois propicia-se, em primeiro lugar, a revisão e só sucessivamente a resolução.

Por outro lado, no projeto modificativo do novo Código, retira-se a exigência da vantagem excessiva do credor (o que repõe a teoria nos requisitos normais fixados pelos outros ordenamentos jurídicos).

Mais ainda, expressamente prevêem-se dois outros elementos para configurar a teoria. Afasta-se a invocação para o devedor em mora. Isto se justifica, pois se o mesmo não estivesse em mora, o fato superveniente não atingiria sua prestação que já estaria cumprida. Ou seja, só ficou onerosa a prestação porque não cumprida no tempo devido.

Exige-se, igualmente, que o resultado da prestação exceda os riscos normais do contrato, haja vista que há oscilações que estão abrangidas pela natureza do próprio contrato que engloba certos riscos ou que é puramente aleatório. Apenas os riscos que formem a chamada álea extracontratual é que poderão ser objeto de revisão.

Incrementa-se uma outra novidade que é a formulação de pedidos alternativos para situações de revisão, deixando-se a escolha de qual a forma mais adequada de revisar para o julgador.

A teoria da imprevisão ou a onerosidade excessiva, em que pese não estar presente no Código de 1916, tem sido aceita pela jurisprudência nacional. A sua inclusão no novo Código, com a redação que se pretende alterar pelo projeto nº 6.960 servirá para facilitar sua aplicação. Nada obstante, considerando que tal teoria é muito limitada, é necessário perceber que a função social do contrato importa na admissão de outras formas de revisão para além da imprevisão ou onerosidade excessiva.

Do contrário, corre-se o risco de minorar uma cláusula geral como a posta no artigo 421, concretizando-a e confinando-a a um único modo de aplicação, o que, certamente, não é a idéia codificada.

17. Súmula da função social nos contratos

De tal sorte, o artigo 421, a par de consolidar a autonomia privada pela afirmação do princípio da liberdade contratual, adjetiva este poder para torná-lo um poder-dever, ao funcionalizá-lo. A função social do contrato, por sua vez, é uma forma de concretização do objetivo constitucional da solidariedade social. Ela acaba por reconhecer a inserção do contrato no mundo econômico, percebendo seu valor para além da intenção volitiva das partes envolvidas, bem como minorando alguns efeitos da autonomia. Nesta linha de raciocínio, os terceiros devem cooperar para o bom andamento das relações contratuais, seja abstendo-se de feri-las, seja assumindo obrigações originariamente fixadas *inter alios*. Com isto estarão sendo solidários com o projeto social do contrato e com o objetivo constitucional.

De outra banda, a vinculatividade absoluta pode acarretar a inutilidade e/ou a injustiça na relação contratual, fazendo-se necessário proceder à revisão do contrato para com isto propiciar a sua manutenção, finalidade também oriunda da função social, pois impõe aos contratantes pensarem na viabilidade do projeto contratual mais do que nas eventuais vantagens individuais excessivas que possam ter.

Esta leitura do artigo 421 intenta, como dito desde o início, fazer uma vinculação com a idéia constitucional da solidariedade a ser organizada no mundo jurídico privado pelo Código Civil, buscando fomentar a cooperação das partes contratantes a fim de propiciar a circulação útil e justa das riquezas.

18. O artigo 422 do novo Código Civil e a introdução da boa-fé objetiva no texto legislativo

Não é diferente a leitura que se deve fazer do princípio contido no artigo 422 do novo Código. Este dispositivo consagra a boa-fé objetiva no âmbito das relações contratuais.

A redação também sofre alterações com o projeto n° 6.960, pois passa a se reconhecer que a boa-fé atua tanto na fase pré-contratual, como na contratual e na pós-contratual, agregando que deve ser observado, além da boa-fé e da probidade, o que resulte da natureza do contrato, da lei, dos usos e das exigências da razão e da eqüidade.

Manifestamente a boa-fé objetiva, com suas funções de er iqueci - mento do vínculo obrigacional (criando deveres anexos ao lado dos principais e secundários) e de minoração da intensidade de certas posições jurídicas (com a figura da *supressio*, da *surrectio*, do *venire contra factum proprium* e do *tu quoque*) acaba por veicular a idéia de solidariedade, pois impõe que os contratantes sejam leais e colaborem com o escorreito andamento do processo contratual. Como dito no início deste texto, este ponto tem ensejado uma vasta e rica bibliografia.[27] A inclusão do princípio

---

[27] Servem como paradigmas desta tratativa, na doutrina estrangeira, o livro de Antonio Menezes Cordeiro, *Da Boa Fé no Direito Civil*, Almedina, Coimbra. Na doutrina nacional, a obra de Judith H. Martins-Costa. *A Boa Fé no Direito Privado*, São Paulo, RT.

no Código, mais consolida o trabalho doutrinário e jurisprudencial do que inova o tema, mas representa, inegavelmente um grande avanço, pois permitirá o recurso a uma fonte legislativa, o que, em um sistema fundado na lei, como o brasileiro, é de extrema relevância.

7. Da responsabilidade civil no novo Código

EUGÊNIO FACCHINI NETO
Doutor em Direito Comparado, pela Universidade de Florença (Itália), Mestre em Direito Civil, pela USP, Professor no Curso de Mestrado em Direito da PUC/RS e na Escola Superior da Magistratura/RS, Magistrado no Rio Grande do Sul.

Sumário: 1. Introdução. A responsabilidade civil no novo Código; 2. Noções gerais e evolução histórica; 3. A Responsabilidade Civil no Direito Contemporâneo e suas Tendências; 4. Outras funções da responsabilidade civil; 4.1. Função punitiva; 4.2. Função dissuasória; 5. Da responsabilidade civil subjetiva; 6. Da responsabilidade civil objetiva; 7. Do abuso de direito; 8. Da responsabilidade civil dos incapazes; 9. Da responsabilidade pelos atos lícitos; 10. Responsabilidade pelo fato do produto; 11. Da responsabilidade civil pelo fato de outrem; 12. Responsabilidade civil dos pais pelos atos dos filhos menores; 13. Responsabilidade civil dos empregadores e comitentes; 14. A questão do direito regressivo; 15. A independência relativa da responsabilidade civil frente à responsabilidade penal; 16. Responsabilidade civil pelo fato dos animais; 17. Da responsabilidade civil pelo fato das coisas; 18. Da solidariedade na responsabilidade civil e sua transmissibilidade; 19. Da quantificação da indenização; 20. Concorrência de culpas; 21. Da liquidação das obrigações ilíquidas; 22. Da indenização pelo fato da morte; 23. Da indenização em casos de danos à pessoa; 24. Responsabilidade civil na área da saúde; 25. Da indenização em caso de usurpação ou esbulho; 26. Da indenização em caso de dano à honra; 27. Da indenização por ofensa à liberdade pessoal; 28. Da prescrição; 29. Conclusões

"O principal objetivo da disciplina da responsabilidade civil consiste em definir, entre os inúmeros eventos danosos que se verificam quotidianamente, quais deles devam ser transferidos do lesado ao autor do dano, em conformidade com as idéias de justiça e eqüidade dominantes na sociedade".[1]

---

[1] Konrad Zweigert & Hein Kötz, *Introduzione al Diritto Comparato*, vol. II, *Istituti*. Milano, Giuffrè, 1995, p. 316.

1. Introdução. A responsabilidade civil no novo Código

O Livro III da Parte Geral do novo Código Civil introduziu uma nova sistematização relativamente aos Fatos Jurídicos, diante da recepção legislativa da categoria do *negócio jurídico*. Depois de disciplinar essa categoria no Título I, o codificador dedicou o Título II (composto de um único artigo, que remete ao título anterior) aos *atos jurídicos lícitos* e reservou o Título III para algumas disposições gerais acerca *dos atos ilícitos* (arts. 186 a 188). Estas disposições genéricas são posteriormente complementadas e detalhadas no penúltimo título (Título IX – arts. 927 a 954) do Livro I da Parte Especial, denominado *Da Responsabilidade Civil*. Além disso, há inúmeras outras disposições esparsas pelo novel estatuto que igualmente tratam de aspectos da responsabilidade civil. Assim, ao invés de concentrar os dispositivos legais acerca da responsabilidade civil num único título, o legislador optou por desmembrar o tema em duas partes distintas, além de consagrar disposições avulsas para disciplinar certos aspectos particulares[2] (como por exemplo, os arts. 12, 20, 43, 206, § 3º, inc. V, 398, 406, 1.278, 1.296, 1.311, par. único, 1.385, § 3º, dentre outros).

---

[2] Uma das inovações mais importantes do novo estatuto civilista é o capítulo referente aos *direitos da personalidade*, introduzido logo nos primeiros artigos do código (arts. 11 a 21). Embora a sistematização adotada seja tímida e lacunosa, a novidade deve ser aplaudida vigorosamente. Isto porque conquanto se pudesse reputar dispensável tal regulamentação, levando em consideração que uma ampla tutela dos direitos da personalidade pode ser inferida e concretizada a partir da própria constituição federal, o caráter pedagógico de tal previsão é sobremodo importante, por revelar um novo sistema de valores, chave de leitura oferecida ao intérprete já no início do código. Tal previsão pode ser interpretada como um sinal da atenuação do patrimonialismo reinante no direito civil clássico (embora o código tenha frustrado um pouco aqueles que esperavam um avanço mais significativo rumo à chamada *despatrimonialização* do direito civil), e como um impulso em direção à desejada *repersonalização* do direito privado. Ou seja, um direito em que a pessoa humana (e sua dignidade existencial) passa a ser colocada no centro do sistema (o que nada tem a ver com o individualismo reinante no direito civil liberal oitocentista), no lugar do patrimônio. Ou, nas palavras do Prof. Luiz Edson Fachin, deve-se "levar em consideração a prevalência da proteção da dignidade humana em relação às relações jurídicas patrimoniais. Isso implica dizer que será inconstitucional um diploma legal que privilegie uma visão patrimonialista em detrimento de uma concepção vinculada à proteção do ser humano em concreto" ("Sobre o projeto do Código Civil brasileiro: crítica à racionalidade patrimonialista e conceitualista", *in: Boletim da Faculdade de Direito*, Universidade de Coimbra, vol. LXXVI (2000), p. 132). O *codice civile* italiano de 1942 foi o primeiro a disciplinar (embora em forma suscinta), em forma sistemática, os direitos da personalidade (arts. 5º a 10, que são introduzidos pelas seguintes epígrafes: *atti di disposizione del proprio corpo, diritto al nome, diritto al nome, tutela del nome per ragioni familiari, tutela del pseudonimo* e *abuso dell'immagine altrui*).
No Código Civil português, a matéria é tratada nos arts. 70 a 81 (as epígrafes que introduzem os referidos dispositivos são as seguintes: *tutela geral da personalidade, ofensa a pessoas já falecidas, direito ao nome, legitimidade, pseudônimo, cartas-missivas confidenciais, publicação de cartas confidenciais, memórias familiares e outros escritos confidenciais, cartas-missivas não confidenciais, direito à imagem, direito à reserva sobre a intimidade da vida privada* e *limitação voluntária dos direitos da personalidade*). Para uma visão sintética a Respeito de tal sistemática, consulte-se Carlos Alberto da Mota Pinto, *Teoria Geral do Direito Civil*, Coimbra, Coimbra ed., 1985, p. 84/88 e 206/213.
A tutela dos direitos da personalidade é ampla e variegada, abrangendo a repressão penal, proteção administrativa, tutela reparatória, preventiva e inibitória. No âmbito restrito da Responsabilidade civil,

a tutela meramente reparatória muitas vezes revela-se deficiente ou inadequada, motivo pelo qual é justamente em tema de tutela dos direitos de personalidade que mais se percebe a perseverança de instrumentos sancionatórios de tipo punitivo (como a idéia de pena privada). Sobre a aplicabilidade do instituto das penas privadas para a tutela dos direitos de personalidade, veja-se PAOLO GALLO, *Pene private e Responsabilità civile,* Milano, Giuffrè, 1996, esp. p. 8/15 e GUIDO PONZANELLI, *La Responsabilità civile. Profili di diritto comparato,* Bologna, Il Mulino, 1992, p. 15. No direito pátrio, Carlos Roberto Gonçalves alude à aplicabilidade das penas privadas em caso de violação dos direitos de personalidade (*Responsabilidade civil,* 7ª ed., de acordo com o novo CC – São Paulo: Saraiva, 2002). Sobre os direitos de personalidade em geral, veja-se RABINDRANATH V. A. CAPELO DE SOUZA, *O direito geral de personalidade,* Coimbra, Coimbra Ed., 1995, esp. pp. 485ss sobre tutela preventiva; ENZO ROPPO, "I diritti della personalità", *in L'influenza dei valori costituzionali sui sistemi giuridici contemporanei,* Milano, Giuffré, 1985, tomo I, pp. 99/122, onde o autor discorre sobre os três modelos principais de tutela dos direitos da personalidade no direito comparado contemporâneo, ou seja, o sistema norte-americano (caracterizado como um sistema de tutela forte e articulada), o sistema alemão (tutela igualmente forte, mas menos articulada) e o sistema francês (identificado como um sistema de tutela mais débil). Em perspectiva mais constitucionalista, consulte-se ERNST BENDA, "Dignidad humana y derechos de la personalidad", *in:* BENDA, MAIHOFER, VOGEL, HESSE, HEYDE, *Manual de derecho constitucional,* Madrid, Marcial Pons, 2001, 2ª ed., pp. 117/144. Para uma visão de síntese, mas proveitosa e atual, consulte-se Eroulths Cortiano Junior, "Alguns apontamentos sobre os chamados direitos da personalidade", *in:* Luiz Edson Fachin (org.), *Repensando Fundamentos do Direito Civil Brasileiro Contemporâneo,* Rio de Janeiro, Renovar, 2000, p. 31/56; na mesma obra coletiva, consulte-se José Antônio Peres Gediel, "Tecnociência, dissociação e patrimonialização do corpo humano", *op. cit.,* p. 57/85; Paulo Mota Pinto, "Notas sobre o direito ao livre desenvolvimento da personalidade e os direitos de personalidade no direito português", *in:* Ingo Wolfgang Sarlet (org.), *A Constituição Concretizada – Construindo pontes com o público e o privado,* Porto Alegre, Liv. do Advogado, 2000, p. 61/83. Também é interessante notar como, tanto nos Estados Unidos como na Alemanha, a doutrina foi precursora a respeito da necessidade de se tutelar certos direitos da personalidade (mormente o relativo à privacidade), pois ainda no final do séc. XIX surgem estudos a Respeito do tema e de sua possível tutela jurídica. É o caso dos trabalhos de Kohler e Gierke. Apesar disso, revelou-se débil a repercussão de tal doutrina, pois os tempos não estavam maduros para a valorização do ser humano enquanto titular de direitos da personalidade. Embora a existência de alguns casos paradigmáticos antigos (como foi a proibição judicial, no final do séc. XIX, da divulgação de fotos, obtidas sem autorização da família, do cadáver de Otto von Bismarck), foi somente após o choque causado pela insensatez nazista, com a conseqüente inclusão na Carta de Bonn de extenso rol de direitos fundamentais, que a sensibilidade jurídica alemã despertou para a necessidade de se tutelar efetiva e extensamente os direitos da personalidade – sendo a primeira grande decisão a Respeito aquela que decidiu o famoso caso *Schacht,* em 1954. A respeito dessa evolução, veja-se B. S. Markesinis, *The German Law of Obligations,* vol. II – *The Law of Torts: A Comparative Introduction,* 3ª ed., Oxford, Clarendon Press, 1997, esp. p. 63ss. Se há consenso na ciência jurídica universal contemporânea sobre a relevância dos direitos da personalidade, como emanação do princípio da dignidade da pessoa humana, o progresso científico "fez com que houvesse uma verdadeira 'décalage' entre o conceito jurídico de 'pessoa' e o conceito científico de 'ser humano vivo'. É bem verdade que, na história, nem sempre houve a coincidência (basta pensar no estatuto do escravo e na personificação das coisas e animais, própria ao pensamento arcaico), havendo, contudo, indicações da coincidência já no Direito Romano e no Direito Medieval. (...) A Modernidade, ao construir os conceitos gerais-abstratos, assentou duas máximas que até hoje fazem fortuna, qual seja, 'todo o homem é pessoa' e 'só o homem é pessoa', qualificando, porém, como 'homem' (ou como 'pessoa') o ser humano nascido com vida. A qualificação de pessoa restou assim condicionada a um determinado momento (o do nascimento), então tido como o do início da vida. Para o direito vigente, a 'pessoa' à qual é reconhecida o atributo da 'personalidade', sendo portanto 'sujeito', é o ser que nasce com vida, findando-se a personalidade com a morte. Esta é a qualificação que agora vem posta em xeque, pois enquanto o Direito situa o início da vida no nascimento, a Biociência o situa anteriormente, na fertilização (fecundação ou concepção), inclusive a Psicologia percebendo já no embrião as características de individualidade e singularidade próprias de cada ser humano" (Judith Martins-Costa, "Bioética e Dignidade da Pessoa Humana: Rumo à Construção do Biodireito", *in: Revista da Faculdade de Direito da UFRGS,* v. 18 (2000), p. 167/168).

Embora não o diga expressamente, e talvez até mesmo de forma não consciente, a sistematização do legislador revela toda a complexidade do abrangente tema da responsabilidade civil. O art. 186, por exemplo, que deve ser lido conjuntamente com o art. 927, *caput,* assenta a regra geral da responsabilidade extracontratual subjetiva por fato *ilícito.* Já o preceito do art. 188 deve ser compreendido à luz do que dispõem os arts. 929 e 930. Da sua conjugação percebe-se a previsão de hipóteses de responsabilidade civil extracontratual por fato *lícito.* O art. 187, por sua vez, contém importante preceito, aplicável tanto a direitos absolutos quanto relativos, contratuais ou não, direitos obrigacionais, reais, de família ou outros. O parágrafo único do art. 927, e arts. 931, 933, além de outros, de forma *expressa* adotam o princípio da responsabilidade civil objetiva – fora aqueles que implicitamente adotam tal posicionamento, como é o caso, a título meramente exemplificativo, dos arts. 936, 937 e 938.

O objetivo deste trabalho é abordar as inovações mais significativas em tema de responsabilidade civil, não sendo o momento de aprofundar a análise de certos temas que, conquanto importantes, não sofreram significativa alteração legislativa. Da mesma forma, não nos deteremos sobre inovações meramente formais, em que o legislador apenas trouxe para o Código Civil aspectos já cristalizados na jurisprudência ou já constantes de outras fontes – como é o caso do dano moral (teria sido melhor que se utilizasse a nomenclatura cientificamente mais correta, de dano extrapatrimonial,[3] do qual o dano moral é apenas uma espécie), de diuturna aplicação nos pretórios e previsto inclusive no texto constitucional.

2. Noções gerais e evolução histórica

Savatier[4] define a responsabilidade civil como sendo a obrigação que incumbe a uma pessoa de reparar o dano causado a outrem por ato seu, ou pelo ato de pessoas ou fato de coisas que dela dependam. Na verdade, o dano ocorrido não se cancela mais da sociedade: o ressarcimento não o anula. Trata-se simplesmente de transferi-lo de quem o sofreu diretamente para quem o deverá ressarcir.[5]

Dificilmente haverá no direito civil matéria mais vasta, mais confusa e de mais difícil sistematização do que a da responsabilidade civil. Ao

---

[3] Disto decorre a possibilidade de se identificar outros danos extrapatrimoniais, ao lado do dano moral puro, do que é exemplo o dano estético: STJ, 3ª T., REsp 94569/RJ, DJ de 01.03.99 e STJ, 4ª T., REsp 228244/SP, DJ de 17.12.99.

[4] In *Traité de la responsabilité civile en droit français,* t. I, nº 1.

[5] É a lição de Pietro Trimarchi, *Rischio e responsabilità oggettiva,* Milano, Giuffrè, 1961, p. 16.

tempo do Código de 1916, ponderava-se[6] que "em nenhum ramo do direito mais se patenteia o indesejado desequilíbrio entre a disciplina legislativa e as impacientes exigências da vida moderna. As nossas leis no campo da responsabilidade civil espelham um passado extinto. Refletem, na rígida simetria do seu ordenamento, um estado de coisas que não é mais o estado das coisas contemporâneas. Impotentes para solucionar os conflitos que não são do seu tempo e do seu mundo, obrigam os seus aplicadores ao uso de artifícios e acomodações que, por vezes, tocam as raias do abstruso e do inconseqüente".

Pois bem, o novo diploma civil não alterou substancialmente este estado de coisas. Poucas foram as inovações profundas e significativas. A maioria das aparentes alterações legislativas nada mais é do que uma incorporação, à lei, de entendimentos jurisprudenciais consolidados ou tendenciais.

O presente trabalho não pretende seguir uma linha meramente exegética, simplesmente comentando, artigo por artigo, os novos dispositivos que disciplinam a responsabilidade civil. Busca-se, ao contrário, trabalhar o tema da responsabilidade civil, à luz de sua evolução histórica e das tendências percebidas no exame do direito comparado, para que se possa melhor apreender o sentido das alterações legislativas, que serão, obviamente, apontadas.

O foco atual da responsabilidade civil, pelo que se percebe da sua evolução histórica e tendências doutrinárias, tem sido no sentido de estar centrada cada vez mais no imperativo de reparar um dano do que na censura do seu responsável. Cabe ao direito penal preocupar-se com o agente, disciplinando os casos em que deva ser criminalmente responsabilizado. Ao direito civil, contrariamente, compete inquietar-se com a vítima.[7]

---

[6] Mário Moacyr Porto, in *Enciclopédia Saraiva do Direito*, vol. 65, p. 476, verbete "Responsabilidade pela guarda das coisas inanimadas".

[7] Aliás, trata-se de lição antiga entre nós, se lembrarmos que Clóvis Bevilaqua já afirmava que "o direito penal vê, por trás do crime, o criminoso, e o considera um ente anti-social, que é preciso adaptar às condições da vida coletiva [...]; o direito civil vê, por trás do ato ilícito, não simplesmente o agente, mas, principalmente, a vítima, e vem em socorro dela, a fim de, tanto quanto lhe for permitido, restaurar o seu direito violado" – in *Teoria Geral do Direito Civil*, Rio de Janeiro, Liv. Francisco Alves, 1976, 2ª ed., p. 272/273.
Deve ser imediatamente ressalvado, porém, que nas últimas décadas percebe-se um movimento em sentido parcialmente contrário – mas que paradoxalmente não neutraliza o quanto foi dito acima. Refiro-me à assim chamada 'redescoberta das penas privadas'. Trata-se do movimento, intenso sobretudo nos Estados Unidos e na Itália, que vai na direção da percepção da impossibilidade de se atribuir apenas ao direito penal o desempenho de uma função sancionatória. Também o instituto civilista das penas privadas pode ser utilizado para tal fim, sancionando economicamente alguém que tenha violado preceitos ético-jurídicos, afetando dolosamente (ou em forma gravemente culposa) interesses juridicamente protegidos, a tal ponto de merecer, por isso, uma sanção civil consistente no pagamento de uma indenização. Usa-se, assim, um instrumento de direito privado para fazer avançar políticas sociais. Voltaremos ao tema ao longo do trabalho. Quanto à não exclusividade do direito

---

O novo Código Civil e a Constituição

175

Por outro lado, tende-se a substituir a idéia de um débito ressarcitório derivado de um fato ilícito a cargo do sujeito responsável, pela noção de crédito a uma indenização a favor da vítima.[8] Trata-se de uma verdadeira inversão de perspectiva, com inúmeras conseqüências no âmbito da responsabilidade civil. Como diz M. Bessone, a tendência de atribuir à responsabilidade civil a função de assegurar uma tutela ressarcitória em todos os casos de danos sofridos por um sujeito induziu a doutrina e a jurisprudência a submeterem a uma revisão as categorias dogmáticas, velhas de séculos.[9] Já vai longe a época em que uma Corte de Justiça podia afirmar que "o empresário industrial deveria ser considerado, por definição, um benemérito da sociedade, e que, portanto, deveria ser tutelado contra pretensões ressarcitórias relativas a danos conexos à sua atividade; pretensões essas – acrescentava-se – que se viessem a ser acolhidas com largueza, colocariam em perigo a produtividade e a eficiência da indústria, com graves danos para a economia do país. Disto decorreria o dever de cada cidadão de suportar os riscos que a atividade industrial, de per se, comporta".[10]

O casuísmo que caracterizou a legislação romana impediu o surgimento de um princípio geral de responsabilidade. Em nenhum momento o direito romano dispôs de uma ação que abrangesse toda e qualquer espécie de dano. Foi somente com Domat, no séc. XVII, que desabrochou, no solo fértil criado pelo jusnaturalismo, o princípio genérico da responsabilidade civil, em texto que posteriormente serviu de base à redação do art. 1.382 do Código Civil francês, inspirador de inúmeras legislações posteriores.

Do ponto de vista histórico, portanto, o ilícito civil procede do ilícito penal. Todo o progresso em termos de responsabilidade civil tem consistido em generalizar as regras desta, ao passo que a ciência penal procura, cada vez mais, precisar claramente os elementos do delito penal.

Dentro deste contexto, a importância do Código Civil francês de 1804 é paradigmática, pois ali ficou consagrado, em termos claros, que "todo e qualquer fato do homem, que causa um dano a outrem, obriga o culpado a repará-lo" (art. 1.382). Ou seja, ficou consagrado o princípio da atipici-

---

penal para o exercício de funções sancionatórias, veja-se Paolo Cendon, "Responsabilità civile e pena privata", *in:* Francesco D. Busnelli e G. Scalfi (org.), *Le pene private*, Milano, Giuffrè, 1985, p. 294.

[8] De acordo com Guido Alpa, *Trattato di Diritto Civile,* vol. IV, *La responsabilità civile,* Milano, Giuffrè, 1999, p. 7.

[9] "Problemi attuali della responsabilità civile", *in:* Francesco Macioce (org.), *La responsabilità civile nei sistemi di Common Law,* vol. I, *Profili generali,* Padova, Cedam, 1989, p. 21.

[10] Trata-se do caso *Losee v. Buchanan,* julgado pelo equivalente ao Tribunal de Justiça do Estado de Nova Iorque, em 1871. Alusão ao caso e ao desenvolvimento posterior da responsabilidade civil, sob o influxo renovador do princípio da solidariedade social, encontra-se em Letizia Vacca (org.), *La responsabilità civile da atto illecito nella prospettiva storico-comparatistica,* Torino, Giappichelli, 1995, p. 14/15.

dade da responsabilidade civil, mediante cláusula geral instituidora de uma responsabilidade subjetiva.

Mudança profunda passou a sofrer a teoria da responsabilidade civil a partir do último quartel do século XIX, acentuando-se ao longo do século XX, em conseqüência dos fenômenos da industrialização, acentuada urbanização e massificação da sociedade. É o que alguns chamam de *era do maquinismo*. A vida em conglomerados urbanos acarretou a multiplicação dos acidentes. Com a disseminação do uso de máquinas no processo industrial e no quotidiano das pessoas, operou-se sensível modificação na orientação da doutrina e da jurisprudência para o tratamento das questões relativas à responsabilidade civil. "Surgiu então a necessidade de socorrer as vítimas".[11]

Foi aí que a doutrina partiu para a revisão de alguns conceitos até então considerados dogmas, como o da necessidade de uma culpa para justificar o dever de reparar os danos causados por alguém. Difundiram-se, então, as teorias do risco. Na verdade, a idéia genérica de responsabilidade objetiva (= independente de culpa) abrange uma miríade de teses e enfoques diversos – sendo mais importantes as teorias do risco-proveito, risco-criado, idéia de garantia, responsabilidade objetiva agravada.[12]

Até o final do século XIX, o sistema da culpa funcionara satisfatoriamente. Os efeitos da revolução industrial e a introdução do maquinismo na vida cotidiana romperam o equilíbrio. A máquina trouxe consigo o aumento do número de acidentes, tornando cada vez mais difícil para a vítima identificar uma "culpa" na origem do dano e, por vezes, era difícil identificar o próprio causador do dano. Surgiu, então, o impasse: condenar uma pessoa não culpada a reparar os danos causados por sua atividade ou deixar-se a vítima, ela também sem culpa, sem nenhuma indenização.

Para resolver os casos em que não havia culpa de nenhum dos protagonistas, lançou-se a idéia do risco, descartando-se a necessidade de uma culpa subjetiva. Afastou-se, então, a pesquisa psicológica, do íntimo do agente, ou da possibilidade de previsão ou de diligência, para colocar a

---

[11] Mazeaud & Mazeaud, *Leçons de droit civil,* Paris, Ed. Montchrestien, 1956, p. 302.

[12] *Responsabilidade civil agravada* é a denominação empregada pelo Prof. Fernando Noronha ("Responsabilidade Civil: uma tentativa de ressistematização", *Revista de Direito Civil,* vol. 64, p. 12-47, e "Desenvolvimentos Contemporâneos da Responsabildiade Civil", *Revista dos Tribunais,* vol. 761, p. 31-44), para se referir à responsabilidade que excepcionalmente ocorre quando uma pessoa é obrigada a indenizar, independentemente de haver um nexo de causalidade adequada entre a sua atividade e o dano acontecido. Seriam exemplos de uma tal responsabilidade agravada a responsabilidade do estabelecimento prisional pela incolumidade do preso, em caso de suicídio, ou de assassínio por outros detentos; a responsabilidade do hospital pela incolumidade do paciente; do estabelecimento bancário pela incolumidade do cliente, ainda que não correntista; do transportador pela incolumidade do passageiro, ainda que este não tenha adquirido bilhete; do fabricante ou consumidor pelo chamado acidente de consumo, etc.

questão sob um aspecto até então não encarado devidamente, isto é, sob o ponto de vista exclusivo da reparação do dano. Percebe-se que o fim por atingir é exterior, objetivo, de simples reparação e não interior e subjetivo, como na imposição da pena.[13]

Os juízes, em princípio, recusaram-se a aplicar desde logo a teoria da responsabilidade objetiva. Desejosos de se manterem dentro da teoria da culpa, mas tendo que garantir às vítimas a efetivação de seu direito à reparação do mal injustamente sofrido, passaram eles a usar um método singular. Tradicionalmente, constatava-se a existência da culpa antes de condenar-se o culpado. Inverteram eles, então, o *iter* lógico: constatando que a vítima tinha "direito" a ver reparado seu prejuízo, esforçavam-se em descobrir uma culpa que pudesse justificar a decisão. Ou seja, adotavam-se "processos técnicos" de extensão do conceito de culpa, para tentar garantir o direito à reparação dos danos, sob a égide da responsabilidade subjetiva, dilatando abusivamente a idéia de culpa, de que são exemplos os expedientes das presunções de culpa, da teoria da culpa na guarda das coisas, teoria da culpa anterior, teoria da culpa desconhecida, teoria da culpa coletiva, culpa das pessoas jurídicas, etc.[14]

Outros mais audazes, todavia, romperam com a idéia de culpa e tentaram formular uma doutrina de responsabilidade civil com base em idéias objetivistas. Na França, inicialmente, a teoria do risco foi imaginada tendo em vista uma situação especial: a responsabilidade do patrão no caso de acidente de trabalho de que fossem vítimas seus empregados. Assinalou-se, então, que era justo que quem recolhesse o benefício, as vantagens, de uma empresa, indenizasse aqueles que, sem poder esperar os mesmos proveitos, fossem vítimas de acidentes: *ubi emolumentum ibi onus; cuius commoda, eius et incommoda.*

Os partidários da teoria do risco (então *risco-proveito*), passaram a pretender aplicar suas idéias a outros campos da responsabilidade civil. Era a evolução da teoria do risco-proveito em direção à teoria do *risco-criado*. Assim, pelo simples fato de agir, o homem muitas vezes cria riscos potenciais de dano para os outros. É justo, portanto, que suporte ele os ônus correspondentes.[15]

---

[13] Sobre essa passagem, consulte-se J. Mosset Iturraspe, *Responsabilidade por Daños*, p. 119.

[14] Uma percuciente análise crítica de tais expedientes técnicos encontra-se em Alvino Lima, *Culpa e Risco*, São Paulo, R.T., 1999, 2ª ed., p. 70 a 108; bem como em Wilson Melo da Silva, *Responsabilidade sem culpa*, São Paulo, Saraiva, 1974, p. 80 a 94.

[15] Uma das aplicações desta teoria pode ser percebida no fantástico desenvolvimento da *responsabilité du fait des choses* (responsabilidade pelo fato das coisas), levado a cabo pela jurisprudência francesa. Sobre tal desenvolvimento, v. Geneviève Viney – *in:* Jacques Ghestin (dir.), *Traité de Droit Civil,* volume dedicado à *Introduction à la Responsabilité,* Paris, L.G.D.J., 1995, esp. p. 292.

Dentro da teoria do risco-criado, destarte, a responsabilidade não é mais a contrapartida de um proveito ou lucro particular, mas sim a conseqüência inafastável da atividade em geral. A idéia do risco perde seu aspecto econômico, profissional. Sua aplicação não mais supõe uma atividade empresarial, a exploração de uma indústria ou de um comércio, ligando-se, ao contrário, a qualquer ato do homem que seja potencialmente danoso à esfera jurídica de seus semelhantes. Concretizando-se tal potencialidade, surgiria a obrigação de indenizar.[16]

Uma outra idéia que encontra abrigo no amplo espectro da responsabilidade objetiva é a de *garantia,* que é particularmente eficiente para explicar certas espécies de responsabilidade objetiva, como quando o autor direto do dano é desprovido materialmente de bens ou renda.[17] Ou seja, o legislador, exemplificativamente, ao responsabilizar os preponentes pelos

---

[16] Este seria o caso da responsabilidade do proprietário de um veículo. Possivelmente não houve, na história da humanidade, uma outra invenção que tenha causado mais destruição e ceifado mais vidas do que o automóvel. O proprietário de um veículo deve ter plena consciência da sua enorme potencialidade danosa. Sabedor disso, ele deve ter consciência dos riscos agregados quando coloca um veículo em movimento. Se, por culpa ou por uma fatalidade, aquela potencialidade de dano se concretizar, deve o proprietário assumir o dever de indenizar (ressalvando-se hipóteses em que tal responsabilidade não se justifica, como quando o acidente tiver ocorrido por culpa da própria vítima, por exemplo). É a idéia de *risco-criado,* que se distingue da anterior idéia de *risco-proveito* pelo fato de que mesmo na ausência de qualquer proveito para o proprietário da coisa perigosa, o dever de indenizar é acionado.
Já em 1942 o código civil italiano estabelecia, em seu art. 2054, a responsabilidade objetiva do condutor do veículo, solidariamente com o seu proprietário, pelos danos causados pela circulação do mesmo. Andrea Torrente e Piero Schlesinger referem, a propósito, que a circulação de veículos *constitui uma típica atividade perigosa – Manuale di diritto privato,* Milano, Giuffrè, 1995, p. 636. Quanto à responsabilidade objetiva do proprietário perante os direitos francês e alemão, v. F. H. Lawson e Basil S. Markesinis, *Tortius Liability for Unintentional Harm in the Common Law and the Civil Law,* vol. I, Cambridge, Cambridge Univ. Press, 1982, p. 174/177. No direito alemão, v. Karl Larenz, *Derecho de Obligaciones,* t. II, Madrid, Ed. Rev. de Derecho Privado, 1959, p. 677/683. Sobre os sistemas de ressarcimento de danos causados pela circulação de veículos no espaço europeu, em geral, consulte-se Guido Alpa e Mario Bessone, *La Responsabilità Civile,* vol. II, 2ª ed., Milano, Giuffrè, 1980, esp. p. 93 a 125.
Também no sistema pátrio vem se entendendo, embora sem muita clareza e sem tanta coesão, que a responsabilidade civil em matéria de acidentes de trânsito é de natureza objetiva (idéia de risco-criado), no sentido de que os riscos derivados da circulação de veículos devem ser suportados pelos proprietários dos mesmos, desde que presente relação de causalidade adequada. Isto significa que, ocorrido um dano derivado de acidente de circulação, deve o proprietário do veículo responder pelo mesmo, independentemente de culpa, salvo se demonstrar a inexistência ou a ruptura de nexo causal, ou seja, a ocorrência de força maior (o chamado fortuito interno, como problemas mecânicos do veículo, não afasta a responsabilidade civil), culpa exclusiva da vítima (a culpa concorrente apenas implica a repartição de danos) e fato de terceiro. Nesse sentido: STJ, 4ª T., AgResp 250237/SP, D.J. de 11.09.2000 e STJ, 3ª T., REsp 56731/SP, DJ de 10.03.97.

[17] Este, por exemplo, é o posicionamento de Mazeaud-Tunc (*Tratado Teórico y Práctico de la Responsabilidad Civil Delictual y Contractual,* Buenos Aires, E.J.E.A., 1963, t. I, vol. II, p. 513 e 525), Sourdat (*Traité Général de la Responsabilité,* Paris, I.L.G.J., 1911, t. II, p. 64), Henri Lalou (*La Responsabilité Civile,* Paris, Dalloz, 1928, p. 231/232), e mais recentemente, Mauro Bussani (*As peculiaridades da Noção de Culpa – um estudo de direito comparado* (trad. de H. Saldanha), Porto Alegre, Liv. do Advogado, 2000, p. 15).

atos dos prepostos, teria visado a assegurar às vítimas a efetivação de seu direito à indenização dos prejuízos injustamente sofridos, direito este que restaria seriamente comprometido se dependesse unicamente da solvabilidade do autor direto do ato danoso.

Uma idéia que transita sob a mesma denominação, porém com configuração distinta, foi formulada por B. Starck.[18] Parte o ilustre autor da constatação de que as demais teorias buscam o fundamento da responsabilidade civil pelo lado do autor do dano. Na teoria da culpa, o agente responde porque agiu culposamente. Na teoria do risco, a responsabilidade se explica porque o agente teria criado um risco para os demais, ou porque retirou algum proveito de uma coisa ou do trabalho de outrem. Criticando tais posicionamentos, entende Starck que tal fundamento deve ser buscado pelo lado da vítima. Diz ele que toda pessoa possui direito à vida e à integridade corporal, da mesma forma que tem direito à "integridade material dos bens que lhe pertencem, e, mais genericamente, à segurança material e moral". Existindo estes direitos subjetivos, "eles devem ser protegidos e garantidos pelo Direito" [objetivo]. Ou seja, Starck reconhece a existência de um direito individual à segurança, cuja violação não autorizada constitui um dano causado em contrariedade ao direito, uma injustiça em si mesmo, independentemente das disposições físicas ou psicológicas do seu causador. Também André Tunc abre espaço em sua obra[19] para abordar o tema da responsabilidade civil sob o ângulo da garantia dos direitos individuais.

Costuma-se dizer que "os partidários da culpa colocam-se como defensores das liberdades individuais e protetores das atividades necessárias à vida em sociedade, ao passo que os promotores do risco surgem como pioneiros da seguridade social",[20] ou, ainda, que "é a equidade que engendrou a teoria do risco. É a moral que mantém a teoria da culpa".[21]

O fato é que a teoria da responsabilidade civil comporta tanto a culpa como o risco. Um como o outro devem ser encarados não propriamente como fundamentos da responsabilidade civil, mas sim como meros processos técnicos de que se pode lançar mão para assegurar às vítimas o direito à reparação dos danos injustamente sofridos. Onde a teoria subjetiva não puder explicar e basear o direito à indenização, deve-se socorrer

---

[18] "Domaine et Fondement de la Responsabilité sans Faute", in *Revue Trimestrielle de Droit Civil*, nº LVI, ano 1958, p. 509 e *Essai d'une théorie générale de la responsabilité civile considérée en sa double fonction de garantie et de peine privée*, Paris, L. Rodstein, 1947, p. 217/218.

[19] André Tunc, *La Responsabilité civile*, Paris, Economica, 1989, 2ª ed., p. 149/155.

[20] Leon Husson, *Les Transformations de la Responsabilité*, Paris, P.U.F., 1947, p. 149.

[21] A. Wald, *Influence du droit français sur le droit brésilien dans le domaine de la Responsabilité civile*, Rio de Janeiro, Dep. de Imprensa Nacional, 1953, p. 12.

da teoria objetiva. Isto porque, numa sociedade realmente justa, todo dano injusto deve ser reparado.

Destarte, o foco atual da responsabilidade civil, pelo que se percebe da sua evolução histórica e tendências doutrinárias, reside cada vez mais no imperativo de indenizar ou compensar dano injustamente sofrido, abandonando-se a preocupação com a censura do seu responsável. Cabe ao direito penal preocupar-se com o agente, disciplinando os casos em que deve ser criminalmente responsabilizado. Ao direito civil, contrariamente, compete inquietar-se com a vítima. Na esfera dos danos materiais, busca-se substancialmente reparar um dano, e não punir o agente causador (ao menos não como objetivo ou função da responsabilidade civil). Como refere Karl Larenz, "não se trata, como no direito penal, de reagir frente ao fato culpável, mas sim de levar a cabo uma justa distribuição dos danos: quem causa um dano a outrem por meio de um ato antijurídico, ainda que de modo apenas 'objetivamente' negligente, está mais sujeito a ter que suportar o dano do que aquele que diretamente o sofreu, sem ter contribuído para o evento".[22]

Houve a participação do legislador neste movimento renovador, como indicam as leis sobre acidentes de trabalho e sobre acidentes ferroviários que foram então sucessivamente promulgadas, nas quais a teoria da responsabilidade objetiva encontrou guarida. Mas foi sobretudo a jurisprudência, mormente a francesa, que desempenhou ativo papel no alargamento dos limites da responsabilidade civil, no intuito de, cada vez mais, proteger as vítimas.

3. A Responsabilidade Civil no Direito Contemporâneo e suas Tendências

Como foi visto, a tendência manifesta da teoria da responsabilidade civil é no sentido de ampliar, cada vez mais, a sua abrangência, a fim de possibilitar que todo e qualquer dano possa ser reparado. Para que isso aconteça, é necessário afastar-se, progressivamente, do princípio da culpa. Isso ocorreu, avançando-se em direção a um modelo misto, onde, ao lado da culpa, há espaço para uma responsabilidade civil objetiva, fundada no risco ou na idéia de garantia.

Nas últimas décadas, porém, percebe-se que esse modelo misto tornou-se mais complexo, com o surgimento de um terceiro modelo de responsabilidade, não individual, mas coletiva, fundada na idéia de

---

[22] Karl Larenz, *Derecho Justo. Fundamentos de etica juridica.* Madrid, Ed. Civitas, 1985, 1990, p. 118/119.

O novo Código Civil e a Constituição

solidariedade. Jean Guyenot[23] e René Savatier,[24] por exemplo, afirmam que as tendências contemporâneas se traduzem por um movimento em direção à socialização da responsabilidade e dos riscos individuais, ao término do qual toda a vítima de um acidente deverá estar virtualmente certa de ser indenizada. Nesse sistema, o Estado absorveria todos os riscos e os redistribuiria por todo o corpo social, através de um imposto. Assim, o prejuízo de um seria suportado, afinal, por todos.

Este terceiro modelo vai além da idéia de uma simples responsabilidade objetiva, pois esta permanece uma idéia vinculada a parâmetros individuais, ao passo que o modelo ao qual agora nos referimos transcende o indivíduo e socializa as perdas. Não se trata, portanto, de condenar alguém individualizado a ressarcir um prejuízo, mas sim de transferir para toda a sociedade ou para um setor desta, uma parte do prejuízo. A hipótese, aliás, não é nova, bastando ter presente o que sucedeu no âmbito da responsabilidade por acidente de trabalho, bem no campo do seguro obrigatório de responsabilidade civil envolvendo veículos automotores.[25]

Costuma-se dizer que onde o sistema de seguridade social se apresenta particularmente abrangente, de modo a satisfazer em modo adequado o princípio "do berço ao túmulo", a responsabilidade civil poderá recobrir territórios mais limitados e ser ativada de acordo com seus princípios clássicos.[26] Onde, ao contrário, for deficiente o sistema de seguridade social, por apresentar importantes lacunas em seu programa assistencial, parece inevitável que o modelo de responsabilidade civil venha a desenvolver uma função camuflada de um tipo de "seguridade social privada", cumprindo, em via supletiva, uma função distributiva de riqueza.

---

[23] *La Responsabilité des Personnes Morales Publiques et Privées,* Paris, L.G.D.J., 1959, p. 6.

[24] *Les Métamorphoses économiques et sociales du droit civil d'aujourd'hui,* Paris, Dalloz, 1952, p. 263.

[25] Tal modelo, portanto, não é novo sequer entre nós. Todavia, algumas experiências identificadas no direito comparado demonstram que se trata de um modelo com grande potencial expansivo, como atestam alguns exemplos. As duas experiências mais ousadas dentro desse modelo ocorreram na Suécia e na Nova Zelândia (sendo este o modelo mais abrangente). Tratam-se de sistemas que tendencialmente buscam garantir a indenizabilidade de qualquer acidente sofrido por uma pessoa. Tais programas são mantidos através de fundos instituídos por uma imposição tributária generalizada. Uma análise dos sistemas representativos desse terceiro modelo de responsabilidade civil, encontra-se em Giulio Ponzanelli, *La Responsabilità civile – Profili di diritto comparato,* Bologna, Il Mulino, 1992, esp. p. 119 a 148.

[26] É por isso que, em doutrina, fala-se, por vezes, em *zenith* (André Tunc) ou de parábola (F. Busnelli) da responsabilidade civil, exatamente para sublinhar o fato de que este instituto, depois de ter atingido seu ápice no séc. XX, estaria começando a perder terreno diante de outros institutos em ascendência, igualmente finalizados a disciplinar o custo social dos acidentes, como, por exemplo, o seguro e a previdência social. Sobre esse enfoque, veja-se Paolo Gallo, *Pene private e Responsabilità civile,* Milano, Giuffrè, 1996, esp. p. 4 ss.

4. Outras funções da responsabilidade civil

A função originária e primordial da responsabilidade civil, portanto, é a reparatória (de danos materiais) ou compensatória (de danos extrapatrimoniais). Mas outras funções podem ser desempenhadas pelo instituto. Dentre essas, avultam as chamadas funções punitiva e dissuasória.[27] É possível condensar essa tríplice função em três expressões: reparar (ou compensar), punir e prevenir (ou dissuadir). A primeira, e mais antiga, dessas funções é conhecida e a ela já fizemos referências. Vejamos as outras duas.

4.1. Função punitiva

A função punitiva, presente na antigüidade jurídica, havia sido quase esquecida nos tempos modernos, após a definitiva demarcação dos espaços destinados à responsabilidade civil e à responsabilidade penal. A esta última estaria confinada a função punitiva. Todavia, quando se passou a aceitar a compensabilidade dos danos extrapatrimoniais, percebeu-se estar presente ali também a idéia de uma função punitiva da responsabilidade civil. Para os familiares da vítima de um homicídio, por exemplo, a obtenção de uma compensação econômica paga pelo causador da morte representa uma forma estilizada e civilizada de vingança, pois no imaginário popular está-se também a *punir* o ofensor pelo mal causado quando ele vem a ser condenado a pagar uma indenização. Com a enorme difusão contemporânea da tutela jurídica (inclusive através de mecanismos da responsabilidade civil) dos direitos da personalidade, recuperou-se a idéia de *penas privadas*. Daí um certo *revival* da função punitiva, tendo sido precursores os sistemas jurídicos integrantes da família da *common law*, através dos conhecidos *punitive* (ou *exemplary*) *dammages*. Busca-se, em resumo, "punir" alguém por alguma conduta praticada, que ofenda gravemente o sentimento ético-jurídico prevalecente em determinada comunidade.[28] Tem-se em vista uma conduta reprovável passada, de intensa antijuridicidade.

---

[27] Seria interessante notar que os antigos sistemas socialistas de responsabilidade civil concediam maior importância que os sistemas ocidentais às funções de prevenção e dissuasão de condutas anti-sociais que igualmente seriam ínsitas na responsabilidade civil, como refere ANDRÉ TUNC, *International Encyclopedia of Comparative Law,* vol. XI, *Torts,* Chapter 1, Introduction, Tübingen, J. C. B. Mohr (Paul Siebeck), 1974, p. 12.

[28] Trata-se de uma função freqüentemente invocada pelos tribunais, do que serve de exemplo o seguinte acórdão: "Responsabilidade civil. Dano moral. Acusação injusta de furto em mercado. A injusta imputação de furto a cliente de mercado e a sua revista causam constrangimento passível de indenização. A fixação do dano deve levar em conta o caráter compensatório e *punitivo*" (TJRS, 6ª CC., C.C. 70001615152, j. em 11.04.01, rel. Des. Cacildo de Andrade Xavier).

O novo Código Civil e a Constituição **183**

4.2. Função dissuasória

Distingue-se esta da anterior por não ter em vista uma conduta passada, mas por buscar, ao contrário, dissuadir condutas futuras. Ou seja, através do mecanismo da responsabilização civil, busca-se sinalizar a todos cidadãos sobre quais condutas a evitar, por serem reprováveis do ponto de vista ético-jurídico. É óbvio que também as funções reparatória e punitiva adimplem uma função dissuasória, individual e geral. Porém, esse resultado acaba sendo um "efeito colateral", benéfico, mas não necessariamente buscado. Na responsabilidade civil com função dissuasória, porém, o objetivo de prevenção geral, de dissuasão ou de orientação sobre condutas a adotar, passa a ser o escopo principal. O meio para alcançá-lo, porém, consiste na condenação do responsável à reparação/compensação de danos individuais.

No direito pátrio, também encontramos referência à função dissuasória, tanto na doutrina,[29] quanto na jurisprudência,[30] embora o nível de profundidade e de sistematização das análises ainda esteja aquém das análises encontradas no direito comparado.

5. Da responsabilidade civil subjetiva

A cláusula geral relativa ao tema, que no Código de 1916 estava consubstanciada no art. 159, agora resulta da fusão de dois dispositivos legais: os arts. 186 e 927, *caput*. Efetivamente o art. 186 estabelece um preceito segundo o qual "aquele que, por ação ou omissão voluntária, negligência ou imprudência, violar direito e causar dano a outrem, ainda que exclusivamente moral, comete ato ilícito", ao passo que o *caput* do art. 927 prevê as conseqüências jurídicas de tal *fattispecie*: "aquele que, por ato ilícito (arts. 186 e 187), causar dano a outrem, fica obrigado a repará-lo".

Desconsiderando-se a menção ao dano moral[31] (inovação meramente formal, como já salientado), e abstraindo-se a subdivisão em dois artigos

---

[29] Dentre outros, Fernando Noronha, "Desenvolvimentos Contemporâneos da Responsabildiade Civil", *Revista dos Tribunais,* vol. 761, p. 40/41, que denomina tal função de *função preventiva*.

[30] "A condenação, além de reparar o dano, deve também contribuir para desestimular a repetição de atos desse porte" (trecho da ementa do REsp 295175/RJ, STJ, 4ª T., DJ de 02.04.01); "Responsabilidade civil. Dano moral. Espancamento de condômino por seguranças do Barrashopping. A indenização por dano moral objetiva compensar a dor moral sofrida pela vítima, punir o ofensor e desestimular este e a sociedade a cometerem atos dessa natureza" (STJ, 3ª T., REsp 283319/RJ, DJ de 11.06.01); No mesmo sentido: (STJ, 4ª T., REsp 265133/RJ, DJ de 23.10.00); aludindo a uma função *inibitória* da r.c., v. TJRS, 10ª CC., A.C. 70001051846, j. em 31.08.2000, sendo relator o Des. Luiz Ary Vessini de Lima.

[31] Refere-se, apenas, que o novel legislador concedeu uma tutela incondicionada aos danos morais, deixando de seguir – no que fez bem – alguns modelos restritivos existentes no direito comparado.

da cláusula geral anteriormente contida no art. 159, a diferença de redação entre as duas cláusulas pode até passar desapercebida a uma rápida leitura, embora pudesse conter uma profunda conseqüência jurídica. De fato, enquanto o antigo art. 159 falava em *violar direito*, ou *causar prejuízo a outrem*, a nova cláusula refere "violar direito *e* causar dano a outrem". Se a alteração fosse em sentido contrário, poder-se-ia sustentar que o legislador estaria acolhendo a idéia de uma responsabilidade civil de cunho punitivo ou eventualmente dissuasório, e não de natureza reparatória/compensatória. Isto porque a obrigação de indenizar poderia decorrer, em tal hipótese, tanto do fato de ter sido causado um prejuízo, quanto da hipótese de uma mera violação do direito. Todavia, uma interpretação sistemática consolidada já então conduzia ao entendimento de que um dos requisitos da responsabilidade civil era justamente a presença de um dano (material ou moral). Assim, o novo Código Civil apenas deixou claro o que antes era implícito.

Portanto, quanto a esse aspecto, a alteração foi mais de forma do que de conteúdo. De acordo com a vontade do legislador, a responsabilidade subjetiva continua sendo o fundamento básico de toda a responsabilidade civil: o agente só será responsabilizado, em princípio, se tiver agido com culpa.

6. Da responsabilidade civil objetiva

Uma das maiores novidades introduzidas pelo novel estatuto reside no parágrafo único do art. 927, que assim dispõe: "Haverá obrigação de reparar o dano, *independentemente de culpa*, nos casos especificados em lei, ou quando a atividade normalmente desenvolvida pelo autor do dano implicar, por sua natureza, risco para os direitos de outrem" (g.n.).[32]

A legislação italiana , por exemplo, praticamente restringe a reparabilidade dos danos extrapatrimoniais aos casos em que o comportamento do agente configure um ilícito penal. É verdade que a jurisprudência italiana vem ampliando tal tutela, a partir de uma visão constitucionalizada do direito privado. A mesma limitação legal e a mesma superação hermenêutica, ocorreu na Alemanha. No direito inglês, os danos não-patrimoniais costumam ser indenizados somente quando se inserem em uma das seguintes rubricas: a) *pain and suffering* (dor física ou psíquica); b) *loss of expectation of life* (ou seja, uma presumível diminuição da duração da vida da vítima); c) *loss of amenities of life*, também chamada de *loss of enjoyment of life* (trata-se da impossibilidade de continuar a gozar de alguns prazeres mundanos, como praticar esportes, andar a cavalo, guiar, etc.), e, mais recentemente, d) *nervous schock* (traumas psíquicos, fortes abalos emocionais, etc.).

[32] A nova norma possivelmente inspirou-se no art. 2050 do cód. civil italiano de 1942 ("*chiunque cagiona danno ad altri nello svolgimento di un'attività pericolosa, per sua natura o per la natura dei mezzi adoperati, è tenuto al risarcimento, se non prova di avere adottato tutte le misure idonee a evitare il danno*"), embora a nossa fórmula legislativa possua feição mais rigorosa, já que não prevê cláusula exoneratória. A jurisprudência italiana a propósito do referido dispositivo legal é abundante. Dela se extrai que cabe ao juiz decidir, segundo juízos de experiência, se a atividade é perigosa ou

Na vigência do velho diploma civilista, repetia-se a lição segundo a qual o fundamento (único) da responsabilidade civil era a culpa, e que somente em casos específicos, previstos expressamente em lei, albergava o ordenamento pátrio algumas hipóteses de responsabilidade objetiva, citando-se, então, os casos da responsabilidade civil do Estado, do acidente de trabalho, do seguro obrigatório de responsabilidade civil dos proprietários de veículos (DPVAT), dos acidentes nucleares, do transporte ferroviário, do transporte aéreo, dentre vários outros, sempre previstos expressamente na legislação. Quanto a esse aspecto, nenhuma alteração real ocorreu, resolvendo o legislador simplesmente transpor para o formante[33] legislativo a lição doutrinária corrente.

A novidade se encontra na segunda parte do referido parágrafo único, onde se consagra uma segunda cláusula geral em tema de responsabilidade civil, reconhecendo-se a obrigação de reparar os danos independentemente de culpa, *quando a atividade normalmente desenvolvida pelo autor do dano implicar, por sua natureza, risco para os direitos de outrem.*

A periculosidade deve ser aferida objetivamente, pela sua própria natureza ou pela natureza dos meios empregados, e não em virtude do comportamento negligente ou imprudente de quem agiu. Ou seja, a periculosidade deve ser uma qualidade preexistente, intrínseca e não eliminável. O homem prudente pode apenas reduzir tal periculosidade, sem jamais conseguir eliminá-la.

Discorrendo acerca de atividades perigosas, ainda sob a vigência do Código de 16, Carlos A. Bittar referia que "deve ser considerada perigosa aquela atividade que contenha em si uma grave probabilidade, uma notável potencialidade danosa, em relação ao critério da normalidade média e revelada por meio de estatísticas, elementos técnicos e de experiência comum".[34]

---

não. Indicações jurisprudenciais sobre atividades tidas como perigosas são encontradas em G. Pescatore e C. Ruperto, *CODICE CIVILE annotato com la giurisprudenza della Corte Costituzionale, della Corte di Cassazione e delle giurisdizioni amministrative superiori,* vol. II, p. 3.394 a 3.397 (Milano, Giuffrè, 1993) e em Vinicio Geri, *Responsabilità civile per danni da cose ed animali,* Milano, Giuffrè, 1967, p. 162 ss.: manipulação de explosivos; uso de serra elétrica; atividades envolvendo metais incandescentes; produção e distribuição de metano; serviço de abastecimento de gás para uso doméstico; circulação de veículos automotores, atividades de caça, parque de diversões, dentre outros.

Os eméritos comparatistas alemães Zweigert e Kötz referem que "a jurisprudência austríaca foi mais corajosa do que a alemã ao reconhecer, mesmo na ausência de legislação específica, que possa haver responsabilidade sem culpa quando o dano tenha sido causado por 'atividade perigosa' do empresário réu, deixando-se ao juiz a decisão sobre a 'periculosidade' da atividade" (*Introduzione al Diritto Comparato* (trad. it.), vol. I – *Principi fondamentali,* Milano, Giuffrè, 1992, p. 204).

[33] Usa-se aqui a expressão "formante" legislativo no sentido utilizado pela doutrina comparatista italiana, a partir da *teoria da dissociação dos formantes,* desenvolvida por Rodolfo Sacco.

[34] Carlos Alberto Bittar, *Responsabilidade civil nas atividades nucleares,* São Paulo, RT, 1985, p. 89.

Pertinentes ao tema são as observações do Prof. Pietro Trimarchi[35] a respeito de dispositivo similar do *codice* italiano: "no exercício de qualquer atividade perigosa é pensável a adoção de medidas suplementares de segurança, além daquelas em relação às quais é exigível, por um critério de razoabilidade, a adoção. Pode-se exigir que os controles sejam feitos em modo sempre mais minucioso e freqüentes; os dispositivos de segurança podem ser multiplicados, e outros, mais novos e complexos, podem vir a ser adotados. Mas há um limite razoável a tudo isto: lá onde o risco residual é suficientemente escasso, levando-se em conta – numa apreciação pontual – a utilidade social de tal atividade, em cotejo com o custo excessivo de ulteriores medidas de segurança a serem adotadas, a ponto de poder paralisar a atividade. Além deste limite, certamente existem medidas ainda possíveis de serem adotadas e idôneas a reduzirem o risco, mas não se pode falar em culpa se tais medidas não são empregadas. Assim, se a responsabilidade civil ainda assim vem a ser imposta, ela não mais estará fundada na culpa".

Percebe-se, assim, que a lição do direito comparado é no sentido de que cabe substancialmente ao magistrado identificar a periculosidade da atividade, mediante análise tópica. Não se trata de simples "decisionismo" judicial, em que cada juiz possa desenvolver um critério próprio. Ao contrário, além da análise tópica, não se pode jamais olvidar que o direito configura um sistema, embora aberto e móvel. Assim, o magistrado deve ser sensível às noções correntes na comunidade, sobre o que se entende por periculosidade, bem como deve estar atento a entendimentos jurisprudenciais consolidados ou tendenciais. Além disso, em bom exemplo de mobilidade inter-sistemática, pode o julgador inspirar-se (embora não esteja vinculado a ela) na legislação trabalhista e previdenciária que caracteriza determinadas atividades como sendo perigosas para efeitos de percepção do respectivo adicional.

Segundo Miguel Reale,[36] a adoção da cláusula geral da responsabilidade objetiva pelo novo Código teria sido uma decorrência do acolhimento do princípio por ele denominado da socialidade. Segundo ele, "em princípio, responde-se por culpa. Porém, se aquele que atua na vida jurídica desencadeia uma estrutura social que, por sua própria natureza, é capaz de por em risco os interesses e os direitos alheios, a sua responsabilidade passa a ser objetiva e não mais subjetiva". Diz o projetista ter recorrido a um "conceito de estrutura social", semelhante ao que ocorre em matéria de acidente de trabalho, isto é, "toda vez que houver uma estrutura sócio-

---

[35] Pietro Trimarchi, *Rischio e Responsabilità oggettiva*, Milano, Giuffrè, 1961, p. 277.

[36] Miguel Reale, *O projeto de Código Civil. Situação atual e seus problemas fundamentais.* São Paulo, Saraiva, 1986, p. 10/11.

econômica que ponha em risco, por sua natureza, os direitos e interesses de terceiros, daqueles com os quais essa estrutura entra em contato – às vezes sem nem sequer ter qualquer benefício direto ou indireto da sua operabilidade".

7. Do abuso de direito[37]

Inovação importantíssima, que poderá vir a sofrer grande desenvolvimento jurisprudencial, reside no novo art. 187, que assim dispõe: "Também comete ato ilícito o titular de um direito que, ao exercê-lo, excede manifestamente os limites impostos pelo seu fim econômico ou social, pela boa-fé ou pelos bons costumes".

Trata-se da figura do *abuso do direito*, um dos institutos jurídicos de reação ou de contenção à invocação de um direito subjetivo, por objeção de caráter ético, dentro do entendimento que o direito não pode se prestar a finalidades consideradas contrárias à ética. Insere-se na mesma linha, por exemplo, do princípio do *nemo auditur turpitudinem suam allegans*.

Embora a teoria do abuso do direito seja relativamente recente, seus germes já estão contidos no direito romano, como deixa entrever a expressão de Paulo: *non omne quod licet honestum est*,[38] bem como na máxima de Cícero: *summum jus summa injuria*.

A ascensão da figura do *abuso do direito* está ligada à relativização do instituto do direito subjetivo. Diz-se, por exemplo, que a crise do direito subjetivo leva ao surgimento de outras situações jurídicas subjetivas, ou interesses socialmente apreciáveis, que não seriam direitos tuteláveis *erga omnes*, como ocorre com a propriedade, mas interesses juridicamente protegidos. Nessa perspectiva, o exercício de um direito subjetivo estaria condicionado à realização de finalidades de caráter supraindividual, orien-

---

[37] Não há como aprofundar o estudo deste instituto – que comportaria extenso tratamento monográfico – no âmbito destas considerações panorâmicas sobre as novidades mais importantes em tema de responsabilidade civil extracontratual no novo Código. Para um aprofundamento, remetemos o leitor para a leitura, dentre outros, dos seguintes trabalhos: Giulio Levi, *L'abuso del diritto,* Milano, Giuffrè, 1993; Alberto G. Spota, *Tratado de Derecho Civil, t. I, vol. 2, Relatividad y abuso de los derechos,* Buenos Aires, Depalma, 1967 (860 páginas dedicadas ao tema, em ótica comparada); Fernando Augusto Cunha de Sá, *Abuso do Direito.* Coimbra: Liv. Almedina, 1997; Antônio Manuel da Rocha e Menezes Cordeiro. *Da Boa Fé no Direito Civil.* Coimbra: Liv. Almedina, 1984, vol. II, p. 661 a 901; Lino Rodrigues Arias, *El Abuso del Derecho,* Buenos Aires, E.J.E.A., 1971; e Mario Rotondi (org.), *Inchieste di diritto comparato,* vol. 7, *L'abus de droit,* Padova, Cedam, 1979, obra coletiva e indicativa da matéria no direito comparado.

[38] D., 50, 17, 144.

tadas axiologicamente pela Constituição. Conexo a esta tendência estaria o caráter objetivo de tal responsabilidade.[39]

Inicialmente a teoria do abuso do direito era vista sob um prisma subjetivo, segundo o qual um ato seria considerado abusivo se fosse exercido sem um real interesse e com o intuito de prejudicar terceiros (era a hipótese da *aemulatio,* o primeiro caso de abuso de direito de que se cuidou, reprimindo-se-o em praticamente todos os sistemas jurídicos), ou então quando do ato não decorresse quaisquer vantagens para o agente.

Posteriormente, porém, ampliou-se tal noção, objetivando-se sua base. Isto porque ainda quando ausente o *animus nocendi,* o exercício de um direito pode causar a terceiros danos desproporcionais em relação aos benefícios hauridos pelo titular do direito. Josserand foi o divulgador de tal concepção. Seu pensamento pode ser resumido nos termos seguintes: "haverá abuso de direito quando o seu titular o utiliza em desacordo com a finalidade social para a qual os direitos foram concedidos. [...] os direitos foram conferidos ao homem para serem usados de uma forma que se acomode ao interesse coletivo, obedecendo à sua finalidade, segundo o espírito da instituição".[40]

Na maioria dos sistemas jurídicos, a idéia de abuso do direito foi inicialmente acolhida pela jurisprudência.[41] Somente em um segundo momento o legislador, depois de consolidada a doutrina, por força de sistematização doutrinária, buscou incorporá-la em texto normativo. Foi o que ocorreu na Alemanha,[42] por exemplo. O § 226 do BGB disciplina o instituto com a seguinte fórmula: "O exercício do direito é inadmissível se tiver como único escopo provocar danos a outrem".[43] Trata-se, como se vê, da

---

[39] Nesse sentido manifesta-se Giulio Levi, *Responsabilità Civile e Responsabilità Oggettiva,* Milano, Giuffrè, 1986, p. 77.

[40] *Apud* Silvio Rodrigues , *Direito Civil,* São Paulo, Saraiva, 1975, vol. IV, p. 54.

[41] Refira-se, porém, que nos sistemas jurídicos da *common law* não existe uma teoria do abuso do direito comparável àquela dos sistemas de *civil law.*

[42] Mesmo assim, porém, a definitiva conformação jurídica do abuso do direito no espaço alemão não pode ser compreendida apenas a partir do texto legal, pois para sua real compreensão foi importantíssima a evolução jurisprudencial a respeito, como salienta Giulio Levi, *L'abuso del diritto,* Milano: Giuffrè, 1993, p. 5.

[43] Diante da estreiteza de tal fórmula legislativa, inspirada na insuficiente idéia de aemulatio, esse dispositivo é raramente aplicado. Buscando ultrapassar uma concepção tão acanhada de abuso de direito, "a jurisprudência alemã recorreu primeiro ao § 826 (que equipara o abuso de direito aos atos ilícitos, ao determinar que quem cause a outrem um dano de forma que atente contra os bons costumes, fica obrigado a indenizar); e depois ao § 242, sobre o dever de agir de boa-fé". De fato, foi "neste ponto da evolução da teoria do abuso de direito que se insere a poderosa corrente do pensamento jurídico alemão, fundada no § 242 do BGB. Na Alemanha, a concepção subjetivista sobre o abuso de direito era ainda aquela que havia sido consagrada no Código Civil, mas foi rapidamente ultrapassada pela jurisprudência, com o apoio da doutrina, através, sobretudo, do recurso àquele § 242 – que Larenz diz mesmo ser 'o limite mais importante do exercício lícito de um direito'" – cf. Fernando Noronha, *O Direito dos Contratos e seus Princípios Fundamentais (autonomia privada, boa-fé, justiça contratual).* São Paulo: Ed. Saraiva, 1994, p. 172 e n.r. 100).

O novo Código Civil e a Constituição

noção subjetiva de abuso de direito, compatível com o individualismo jurídico que vicejava à época da elaboração do Código Civil alemão.

Em outros países, porém, o instituto não foi disciplinado legislativamente, ou porque a ciência jurídica ainda não havia amadurecido tal concepção à época da elaboração do código (é o caso francês), ou porque o legislador optou conscientemente por não consagrá-lo em fórmula legislativa, preferindo mantê-lo sob a forma de princípio geral de direito não positivado. Foi o que ocorreu na Itália, onde o legislador deliberadamente excluiu da redação definitiva do *codice civile* o dispositivo do projeto que o consagrava,[44] para permitir uma maior flexibilidade na aplicação de um princípio geral por parte da jurisprudência.[45]

Destarte, tem-se como assente que quando a figura do abuso de direito não se encontra expressamente positivada, nem por isso pode ela ser considerada juridicamente não recepcionada. Ao contrário, em tal situação, vige ela sob a forma de princípio geral de direito. Em determinados

---

Também Menezes Cordeiro analisa a evolução do pensamento alemão a respeito do tema, que o jurista português prefere denominar de *exercício inadmissível de posições jurídicas*. Após referir a primeira etapa dessa evolução - quando se passa a invocar o disposto no § 826 -, refere ele que "nas insuficiências do § 826, houve que buscar uma disposição portadora de um princípio geral de Direito, suficientemente vasto para controlar o exercício de quaisquer direitos privados, positivo no sentido de prescrever condutas e não, apenas, na sua falta, indenizações, e objetivo, por ignorar elementos atinentes ao agente, como o dolo ou a negligência. A disposição em causa, que deveria, também estar em plena expansão científica, foi encontrada no § 242 BGB: "O devedor está obrigado a executar a prestação tal como o exige a boa fé, com consideração dos costumes do tráfego"- Antônio Manuel da Rocha e Menezes Cordeiro, *Da Boa Fé no Direito Civil,* vol. II. Coimbra: Liv. Almedina, 1984, p. 694.

Porém, tal déficit é compensado pela freqüente invocação feita pela jurisprudência alemã à cláusula geral da boa-fé objetiva (BGB, § 242) para resolver casos que, em outros espaços jurídicos, são solucionados através do recurso ao instituto do abuso do direito, quer como cláusula geral expressa, quer como princípio geral de direito não positivado. É o que expressamente refere Giulio Levi (*op. cit.,* p. 7): "Do exame da doutrina e jurisprudência alemãs observa-se que nenhuma relevância teve a disciplina ditada pelo BGB relativamente ao abuso de direito. Esse instituto, na realidade, foi disciplinado por uma espécie de 'praxe' judicial, praxe essa que levou em consideração a evolução dos costumes, que da violação dos *boni mores* passou ao princípio da boa-fé, e que em certo sentido fez absorver o instituto do abuso de direito nas cláusulas gerais do § 226 e § 826, interpretadas sistematicamente com o disposto no § 242".

[44] Inspirado no art. 74 do *Progetto italo-francese del codice delle obbligazioni:* "É tenuto al risarcimento colui che há cagionato danno ad altri eccedendo nell'esercizio del proprio diritto i limiti posti dalla buona fede e dallo scopo per i quali il diritto gli fu riconosciuto" ("É obrigado ao ressarcimento aquele que causou dano a outrem excedendo no exercício do próprio direito os limites impostos pela boa-fé e pela finalidade para a qual o direito lhe foi reconhecido").

[45] É o quanto expressamente afirma Giulio Levi (*op. cit.,* p. 17). Algumas páginas antes, o referido autor havia vinculado a idéia de abuso de direito a *exceptio doli generalis* moderna, caracterizada como a possibilidade jurídica de opor-se a qualquer pretensão (ou exceção), abstratamente fundada, mas que constituísse, em concreto, uma manifestação de exercício de direito subjetivo repugnante à consciência comum. Daí porque, sustentou o autor, a única forma de se incluir o instituto do abuso de direito numa sistemática legislativa seria a nível de princípios gerais, exatamente para permitir ao 'juiz-legislador' definir, a cada caso concreto, se efetivamente estaria configurada a hipótese de abuso de direito – *op. cit.,* p. 14.

casos, pode ela ser extraída a partir de outras cláusulas gerais que se referem a determinadas categorias de direitos subjetivos, impondo determinados tipos de comportamentos. Exemplificativamente, cláusulas gerais que impõem aos contratantes o dever de comportar-se de acordo com as regras de *correttezza* (como estabelece o art. 1.175 do C.C. italiano), ou aquelas que vedam ao proprietário do exercício de direitos proprietários que tenham como único escopo o de prejudicar terceiros (hipótese do art. 833 do *codice civile*). Destas cláusulas gerais *setoriais*, referentes a casos específicos, pode-se obter, por indução, um princípio geral que cubra toda a área das situações jurídicas patrimoniais.[46]

Na casuística italiana, percebe-se que o conceito de abuso de direito apresenta-se sob vários aspectos. A noção de "uso oggettivamente anormale del diritto", vem sendo interpretada como caracterizada quando o exercício do direito coloca-se "in contrasto con i principi fondamentali dell 'ordinamento giuridico'"[47] (em contraste com os princípios fundamentais do ordenamento jurídico), ou quando se coloca "in contrasto con specifiche norme di legge que lo disciplinano"[48] (em contraste com específicas normas legais que o disciplinam), ou, ainda, quando o exercício do direito não seja compatível com exigências sociais, nem esteja "in correlazione ed in armonia alla soddisfazione di un vero e reale interesse"[49] (em harmonia e correlação com a satisfação de um interesse real e verdadeiro).

No caso brasileiro, tal teoria já fora acolhida pelo codificador de 16, que a havia inserido no art. 160, I, segunda parte, do Código Civil, interpretado *a contrario sensu*.

O novel legislador, a respeito do chamado *abuso de direito,* tomou posição a respeito das duas tendências principais existentes a respeito do tema, a teoria subjetiva do abuso do direito e a teoria objetiva, adotando esta última. De fato, o novo Código, como se viu, não exige intenção de prejudicar, contentando-se com o excesso objetivamente constatável. De acordo com o art. 187 do novo texto, em exegese confirmada por uma interpretação sistemática (já que o novel estatuto fala também em função social do contrato e função social da propriedade – tendo o Prof. Miguel Reale várias vezes referido ter sido adotada a diretriz da socialidade como uma das chaves de leitura do projeto), percebe-se que o legislador entende que os direitos subjetivos não são conferidos ou reconhecidos aos indivíduos de uma maneira aleatória, ou em perspectiva *meramente* individual.

---

[46] É o quanto sustenta Giulio Levi, *op. cit.*, p. 17.

[47] Corte di Cassazione, decisão n. 3040, de 15.11.1960, *in Mass. Giur. It.*, 1960, p. 76ss.

[48] Corte di Cassazione, decisão n. 3052, de 19.07.1957, *in Giust. Civ.*, 1958, I, p. 305.

[49] Corte di Cassazione, decisão n. 607, de 07.03.1952, *in Mass. Giur. It.*, 1952, p. 172.

Os direitos, mesmo os de natureza subjetiva, possuem uma destinação econômica e social. Considerando que vivemos em forma societária e que o exercício dos direitos subjetivos repercute na esfera jurídica das outras pessoas, interessa à sociedade a maneira pela qual exercemos nossos direitos. Destarte, quando, no exercício de um direito, o seu titular se desvia destes parâmetros, vindo a causar um dano a outrem, fica obrigado a repará-lo.

8. Da responsabilidade civil dos incapazes

Relativamente à responsabilidade civil dos incapazes, houve importante inovação introduzida pelo novel Código. Sob a égide do Código de 16, os incapazes eram considerados irresponsáveis, sendo que pelos seus atos danosos respondiam seus pais, tutores e curadores, na forma do art. 1.521. Apenas em relação aos menores púberes, entre 16 e 21 anos, havia previsão de que também eles responderiam pessoalmente por seus atos ilícitos extracontratuais,[50] consoante art. 156 – e nesse caso tratava-se de responsabilidade solidária com seus genitores ou tutores.

Pois bem, o novo art. 928, na esteira das codificações européias, adota o regime da responsabilidade subsidiária e eqüitativa dos incapazes. Tratando-se de verdadeiro *jus novum,* convém que nos detenhamos um pouco mais sobre a inovação.

A responsabilidade dos incapazes passou por uma singular evolução na história do direito. Ao cabo de uma evolução que durou milênios, chegou-se novamente ao ponto de partida, embora sob formas mais civilizadas e mediante novos fundamentos. Efetivamente, na antigüidade, os incapazes eram pessoalmente responsáveis pelas conseqüências de seus atos.[51] Posteriormente, deixaram de sê-lo.[52] Atualmente, há uma forte tendência universal a torná-los mais uma vez responsáveis pela reparação dos prejuízos a que derem causa, sob o prisma da eqüidade. Tratar-se-ia de uma responsabilidade patrimonial, não de responsabilidade pessoal.

A idéia da responsabilização dos incapazes com base na eqüidade apresenta duas características, realçadas por Eugenio Bonvincini:[53] a subsidiariedade, porque opera em substituição à ausência de obrigação de

---

[50] Além da hipótese excepcional de responsabilização de um adolescente (menor entre 12 e 18 anos), pelas conseqüências patrimoniais de um ato infracional (crime ou contravenção), na forma do art. 116, c/c arts. 112, II, 103 e 2º, todos do Estatuto da Criança e do Adolescente.

[51] Primeiro, porque poderia sofrer sanções pelo simples resultado material de seu agir; segundo, porque, fazendo parte de um agrupamento familiar, territorial ou político, ele acompanhava a coletividade na adversidade, para que fosse dada satisfação à vítima.

[52] Foi somente ao final do período pré-clássico do direito romano que se passou a entender os menores e os loucos como irresponsáveis.

[53] *La responsabilità civile per fatto altrui*, Milano, Giuffré, 1976, p. 633.

ressarcimento por parte do encarregado da vigilância, e a discricionariedade por parte do juiz, que deverá fixar o montante da indenização com base em um critério de eqüidade - portanto em valor que poderá ficar aquém do prejuízo sofrido.

Constata-se, assim, que a teoria da irresponsabilidade absoluta da pessoa privada de discernimento está em franca decadência, substituída que está sendo pelo princípio da responsabilidade mitigada e subsidiária. É nessa tendência que se insere o novo Código, que introduz inovação importante no campo teórico, embora provavelmente fadado a receber poucas invocações práticas, pois parece-nos que o suporte fático hipotético da nova norma raramente se concretizará.

Perante o novo diploma, a responsabilidade do incapaz será subsidiária, pois somente será acionada se *as pessoas por ele responsáveis não tiverem obrigação de fazê-lo ou não dispuserem de meios suficientes.* Como a responsabilidade dos pais, tutores e curadores, pelos atos danosos praticados por seus filhos, pupilos e curatelados é de natureza objetiva, independente de culpa (art. 933 do novo C.C.), serão muito raras as hipóteses em que tais pessoas não terão tal responsabilidade.[54] Igualmente raras serão as hipóteses em que os menores disponham de recursos hábeis para suportar a indenização e que o mesmo não ocorra com seus pais. Mais comum poderá vir a ser uma tal hipótese, no caso dos pupilos e curatelados, pois muitas vezes os tutores e curadores têm patrimônio menor do que o daqueles.

De qualquer sorte, a responsabilização direta dos incapazes só ocorrerá se os recursos necessários ao pagamento da indenização não privarem o incapaz ou as pessoas que dele dependam *do necessário,* segundo a dicção da lei.

9. Da responsabilidade pelos atos lícitos

Em relação à responsabilidade civil pelos atos lícitos, não houve significativa inovação legislativa. De fato, o sistema anterior foi substancialmente mantido, como se constata do exame conjunto dos arts. 188, 929 e 930 do novo Código, comparado com o disposto nos arts. 160, 1.519, 1.520 e 1.540 do Código anterior.

---

[54] Algumas hipóteses poderão ocorrer, porém. Pense-se na hipótese em que o menor estiver empregado, caso em que a responsabilidade pelos atos danosos praticados por ocasião do trabalho desloca-se dos pais para o patrão. Na hipótese do empregador ser insolvente, a vítima poderia ter interesse de ressarcir-se junto ao próprio menor, acaso tivesse patrimônio, já que nessa situação os seus genitores não teriam responsabilidade indenizatória.

Ou seja, quem pratica as condutas previstas no art. 188 (ato praticado em legítima defesa, exercício regular de um direito e estado de necessidade[55]) não comete ato ilícito, como expressamente refere o legislador. Conseqüentemente, pratica ato *lícito*. Apesar da licitude da conduta, se a vítima tiver sofrido um dano injusto, por não ter dado causa ao seu infortúnio, o agente causador do dano deverá reparar os danos, uma vez preenchidos os suportes fáticos dos artigos 929 e 930 do novel estatuto.

10. Responsabilidade pelo fato do produto

O novo código, em seu art. 931,[56] alude à responsabilidade civil do empresário pelo fato do produto, mantendo-a sob a égide da responsabilidade objetiva, na esteira da experiência semelhante apontada pelo direito comparado. Num exame superficial, poder-se-ia dizer que nenhuma inovação real se apresenta, pois o direito vigente, representado pelo Código de Defesa do Consumidor, já estabelecia a responsabilidade objetiva pelo fato do produto, como se percebe da leitura de seu artigo 12, em mais extensa redação. Aliás, o próprio art. 931 ressalva outros casos previstos em lei especial, como não poderia deixar de ser, pois o Código Civil, sendo uma lei geral, não poderia pretender revogar uma lei que disciplina relações especiais, como são as relações de consumo. A época das codificações totalizantes, que buscam tudo disciplinar, já ficou definitivamente para trás. Assim, os códigos gerais, como é o novo diploma, devem coexistir com diplomas que disciplinam relações especiais, à luz de princípios próprios, cabendo à constituição fornecer os critérios e os princípios necessários para a composição de um sistema coerente.

Todavia, um exame mais detido aponta algumas diferenças de redação entre o novo texto e o dispositivo consumerista. De fato, enquanto o art. 12 do C.D.C. faz alusão a produtos com "defeitos", o novo art. 931 refere, de maneira simples, que os empresários respondem "pelos danos

---

[55] "Responsabilidade civil. Acidente de trânsito. Colisão com veículo regularmente estacionado. Fato de terceiro. 'Fechada'. Estado de necessidade. Licitude da conduta do causador do dano. Ausência de culpa demonstrada. Circunstância que não afasta a obrigação reparatória (arts. 160, II, e 1.520, CC). O motorista que, ao desviar de 'fechada' provocada por terceiro, vem a colidir com automóvel que se encontra regularmente estacionado Responde perante o proprietário deste pelos danos causados, não sendo elisiva da obrigação indenizatória a circunstância de ter agido em estado de necessidade. Em casos tais, ao agente causador do dano assiste tão-somente direito de regresso contra o terceiro que deu causa à situação de perigo" (STJ, 4ª T, REsp, 12840/RJ, DJ de 28.03.94). No mesmo sentido: STJ, 4ª T., REsp 127747/CE, DJ de 25.10.99.

[56] Art. 931. *Ressalvados outros casos previstos em lei especial, os empresários individuais e as empresas respondem independentemente de culpa pelos danos causados pelos produtos postos em circulação.*

causados pelos produtos postos em circulação", não fazendo qualquer menção a produtos defeituosos. Por isso que a Comissão que tratou do tema da "Responsabilidade Civil", na Jornada de Direito Civil promovida pelo Centro de Estudos Judiciários do Conselho de Justiça Federal (S.T.J.), em Brasília, nos dias 11 a 13 de setembro de 2002, aprovou, por unanimidade, a proposta apresentada pelo renomado jurista gaúcho Adalberto Pasqualotto, incorporando as ponderações do notável mestre argentino Jorge Mosset Iturraspe, no sentido de que "o art. 931 amplia o conceito de fato do produto existente no art. 12 , do Código de Defesa do Consumidor, imputando responsabilidade civil à empresa e aos empresários individuais vinculados à circulação dos produtos".

Por outro lado, ao contrário do C.D.C. que busca definir o que se pode entender por produto "defeituoso" (art. 12, §1º) e fixa as hipóteses defensivas que o fornecedor poderá argüir em seu favor, o diploma civilista nada dispõe a respeito. Relevante, ainda, o fato de que não houve qualquer menção à "época em que [o produto] foi colocado em circulação" – argumento central daqueles que entendem que o C.D.C. não contempla a responsabilidade do fabricante pelos chamados riscos do desenvolvimento (*development risks*). Daí porque é possível sustentar-se que o novo Código Civil foi além do diploma protetor dos consumidores, pois contemplou inclusive os riscos de desenvolvimento. Nesse sentido, aliás, resultou outra conclusão unânime da referida Comissão, com o seguinte enunciado: "A responsabilidade civil pelo fato do produto prevista no art. 931, do novo Código Civil, também inclui os riscos do desenvolvimento".

Como o art. 931 contém verdadeira cláusula geral, pois, ao contrário dos arts. 12 e 13 do C.D.C., não especifica uma *fattispecie* concreta que desencadeie sua aplicação (genericamente se refere a *danos causados pelos produtos postos em circulação*, sem distinguir a responsabilidade do fabricante daquela dos comerciantes), acreditamos que a proteção fornecida pelo estatuto do consumidor passará a ser enriquecida por este dispositivo. Além disso, a vantagem do inclusão de tal matéria no âmbito de um Código Civil, de necessário caráter geral, reside em que tal dispositivo poderá ser invocado quando eventualmente não se estiver diante de uma relação de consumo e quando não for aplicável o contido no disposto no art. 17 do C.D.C.

11. Da responsabilidade civil pelo fato de outrem

Dentro da teoria da responsabilidade civil, a idéia originária era no sentido de que uma pessoa só poderia ser responsabilizada pelos seus

O novo Código Civil e a Constituição

próprios atos danosos. A responsabilidade, portanto, seria direta, pessoal. No desenvolvimento da teoria, passou-se à idéia da responsabilidade indireta ou complexa. Ou seja, constatou-se que era possível alguém vir a ser civilmente responsabilizado pelos atos praticados por outra pessoa, a quem fosse ligada de alguma forma. Essa evolução ocorreu para que se pudesse garantir às vítimas dos danos a possibilidade efetiva da reparação dos prejuízos sofridos.

O novo Código Civil não inovou substancialmente no tratamento da matéria relativa à responsabilidade civil indireta. A inovação formal consiste em reconhecer que se trata de responsabilidade objetiva, independente de culpa. Todavia, já era esse o fundamento reconhecido pela doutrina mais atilada[57] e pela jurisprudência mais conseqüente.

No Código Civil vigente, a matéria veio tratada no art. 1.521, que previu a responsabilidade de os pais, tutores e curadores, patrões e comitentes, por atos de seus filhos, pupilos, curatelados, empregados e prepostos, além dos donos de hotéis[58] e internatos, por atos de seus hóspedes e alunos internos. Quanto ao inc. V do art. 1.521, trata-se de *actio in rem verso*, cuja previsão, aliás, sequer seria necessária, pois é inerente ao sistema. Exatamente as mesmas regras foram reproduzidas no novo estatuto, como se percebe da leitura do novo art. 932.

12. Responsabilidade civil dos pais pelos atos dos filhos menores

Estabelece o art. 1.521, inc. I, do Código Civil novecentista, a responsabilidade dos pais pelas conseqüências danosas dos atos praticados por seus filhos menores que estiverem sob seu poder e em sua companhia. O novo diploma legal substancialmente manteve tal regra, apenas substituindo o vocáculo *poder* pelo vocábulo *autoridade*.

Sob a égide do velho Código, a quase unanimidade dos doutrinadores costumava vincular a responsabilidade dos pais à existência do poder familiar, ou mais precisamente, aos deveres de guarda e de educação que

---

[57] Realmente, "uma pessoa é responsável pelo ato danoso praticado por outrem somente quando nenhuma culpa lhe puder ser atribuída. Efetivamente, se uma culpa lhe pudesse ser atribuída, esta pessoa seria certamente obrigada a reparar os danos, mas isso então ocorreria em razão de sua própria conduta. Não existe responsabilidade pelo ato de outrem cada vez que uma pessoa repara um dano causado por outrem, mas unicamente quando uma pessoa repara as conseqüências danosas de uma culpa exclusivamente alheia" - Janine Ambialet , *Responsabilité du fait d'autrui en droit médical*, Paris, L.G.D.J., 1964, p. 13.

[58] É escassa a casuística relativa à responsabilidade dos hotéis com fulcro no art. 1.521, IV. Eis um caso interessante: "Responsabilidade civil. Hóspede de hotel que lesiona o gerente. Culpa presumida do dono do estabelecimento. Art. 1.521, IV, do CC. 2. A lei presume a culpabilidade do hoteleiro por ato do seu hóspede. Cabe ao estabelecimento tomar todas as medidas de segurança e precaução, por cuja falta ou falha é responsável" (STJ, 4ª T., REsp 69437/SP, DJ de 14.12.98).

lhe são inerentes. Segundo este posicionamento, se o menor comete um ato ilícito, isto significa que seus pais não o teriam vigiado com o cuidado necessário (culpa *in vigilando*) ou porque falharam na educação do filho (culpa *in educando*). Ou seja, os próprios pais teriam cometido uma culpa.

Para nós, que inclusive sob a égide do Código de 1916 vislumbrávamos na responsabilidade por fato alheio uma obrigação de cunho objetivo, não podíamos encontrar na culpa o fundamento único de tal responsabilidade, mesmo sendo ela presumida. Somente poderia ela resultar da existência do poder familiar, vinculado a uma idéia de garantia, e não a uma idéia de culpa. É a solução que o legislador vem de adotar, expressamente indicando o caráter objetivo da responsabilidade dos pais pelos atos dos filhos.

Quanto aos demais pressupostos para a responsabilização dos genitores, não houve alteração digna de nota. O legislador, aliás, poderia ter aproveitado a nova codificação para espancar algumas divergências que persistem a respeito do tema, como a questão da responsabilidade dos pais pelos atos dos filhos emancipados,[59] eventual responsabilidade do responsável de fato por incapaz não interditado,[60] responsabilidade dos genitores, em caso de separação de fato, separação judicial e divórcio, a adoção ou repulsa expressa da teoria do posto social, segundo a qual pessoas que estejam exercendo funções assemelhadas a dos pais (*v.g.*, padrasto ou madrasta, detentor de guarda, etc.) responderiam civilmente nos mesmos moldes dos genitores.[61]

---

[59] Há quem entenda que como a lei se refere a filhos menores, sem restrições ou condicionamentos, tal expressão abrangeria inclusive os filhos emancipados por qualquer das formas em lei.

A maior parte da doutrina, porém, costuma distinguir a causa da emancipação para determinar a subsistência ou não da responsabilidade paterna. Assim, distingue-se a emancipação expressa (por concessão paterna) da emancipação por casamento, entendendo-se que naquela a responsabilidade dos pais persiste, só ficando afastada nesta última hipótese.

Um terceiro posicionamento, com argumentos aparentemente mais sólidos, sustenta que a responsabilidade dos pais é afastada sempre que o filho se encontra emancipado por qualquer forma. Nesse sentido o magistério de Orlando Gomes (*Obrigações*, Rio de Janeiro, Forense, 1976 p. 357), Alvino Lima (*A Responsabilidade civil pelo fato de outrem*, Rio de Janeiro, Forense, 1973, p. 35), Antonio Chaves (*Tratado de Direito Civil*, São Paulo, R.T., 1985, vol. 3, p. 97), Vicente de Paulo Vicente de Azevedo (*Crime - Dano - Reparação*, São Paulo, R.T., 1934, págs. 330/331), Serpa Lopes (*Curso de Direito Civil*, Rio de Janeiro, Liv. Freitas Bastos, 1962, vol. V. p. 274/275).

[60] A respeito do tema, veja-se Pontes de Miranda, *Tratado de Direito Privado*, Rio de Janeiro, Ed. Borsoi, 1972, vol. 53, p. 123; M. I. Carvalho de Mendonça, *Doutrina e Prática das Obrigações*, Rio de Janeiro, Freitas Bastos, 1938, t. II, p. 458; Mazeaud-Tunc, *Tratado Teórico y Prático de la Responsabilidad Civil Delictual y Contractual*, Buenos Aires, E.J.E.A., 1962, t. I, vol. II, p. 475.

[61] Aguiar Dias (*Da Responsabilidade Civil*, Rio de Janeiro, Forense, 1979, vol. 2, págs 175, 177 e 179/180), Pontes de Miranda (*Manual do Código Civil Brasileiro de Paulo de Lacerda*, Rio de Janeiro, Jacinto R. Santos Ed., 1927, vol. XVI, 3ª parte, I tomo, p. 289) e Serpa Lopes (*op. cit.*, vol. V, p. 275), por exemplo, entendem que a responsabilidade civil prevista no antigo art. 1.521, I, do CC (reproduzido no atual art. 932, I) incide não apenas sobre os pais mas também sobre quem lhes faz as vezes. Tais posicionamentos, em verdade, revelam a adoção da *teoria do posto social*, a que se refere Cunha Gonçalves (*Tratado de Direito Civil*, São Paulo, Max Limonad, 1957, vol. XII, t. II, págs. 647/648).

13. Responsabilidade civil dos empregadores e comitentes

No Código Civil de 1916, a matéria estava regulada nos artigos 1.521, III, 1.522, 1.523 e 1.524. Pela leitura dos referidos dispositivos, constata-se que o legislador havia adotado o regime da culpa provada, ou seja, o patrão ou comitente só responderia pelas conseqüências danosas decorrentes de atos de seus empregados ou prepostos se ficasse provada uma conduta culposa de sua parte.

Posteriormente, através do trabalho da jurisprudência, interpretou-se o art. 1.523 como se contivesse uma presunção relativa de culpa (Súmula 341/STF). Apesar da possibilidade teórica da reversão de tal presunção relativa, mediante prova em contrário, o exame das soluções jurisprudenciais efetivamente aplicadas revelava o extremo rigor na admissão de tal prova exculpatória, mostrando que, na verdade, praticava-se uma verdadeira presunção absoluta de culpa, já que não se admitia, na prática operacional, que o empregador afastasse a sua responsabilidade demonstrando apenas que ele, empregador, não tinha agido com culpa. Ora, presumir-se alguém culpado e não se admitir que ele desfaça tal presunção significa a adoção, na verdade, de um critério de responsabilização objetiva, independentemente de culpa. E nesse sentido efetivamente vem se orientando a jurisprudência há longas décadas, embora nem sempre verbalizando tal posicionamento.

Para que exista relação de preposição, não se exige a presença de um vínculo laboral típico.[62] Da mesma forma, pouco importa que o serviço consista numa atividade duradoura ou num ato isolado, possua caráter gratuito ou oneroso, revista a forma de tarefa manual ou intelectual.[63]

Por outro lado, para que surja a responsabilidade do preponente pelos atos danosos do preposto, é necessário que também este seja responsável

---

[62] Nesse sentido: "Quanto à relação de preposição, não importa, para a sua caracterização, que o preposto seja ou não salariado, e nem se exige que as relações entre preponente e preposto sejam permanentes, podendo elas ser meramente eventuais. Assim, o serviço pode consistir numa atividade duradoura ou num ato isolado, tanto material, quanto intelectual. Para haver relação de preposição, é suficiente a existência de um vínculo de dependência, que alguém preste um serviço por conta e sob a direção de outrem, deste recebendo ordens e instruções, sendo indiferente que a relação de serviços, podendo resultar até de um ato de cortesia, como, por exemplo, quando um proprietário de um carro o empresta a um amigo" (trecho do voto vencedor do Min. Natal Nader, em acórdão do STF, inserto na RF 299/41); no mesmo sentido: STJ, 4ª T, AGA 54523/DF, DJ de 22.05.95; STJ, 4ª T., REsp 304673/SP, DJ de 22.03.02; STJ, 4ª T., REsp 119121/SP, DJ de 21.09.98; STJ, 4ª T., REsp 304673/SP, DJ de 22.03.02; STJ, 4ª T., REsp 119121/SP, DJ de 21.09.98.

[63] "Responsabilidade civil. Acomoda-se ao disposto no art. 1.521, III, CC e à relação de preposição nele descrita, a hipótese em que, embora o automóvel causador do dano pertencesse ao seu condutor, estava locado à empresa à qual ele prestava serviços, destinado a propiciar maior presteza na execução das atividades profissionais e ensejar lucros indiretos à empregadora-locatária" (STJ, 4ª T., REsp 36386/SP, DJ de 04.10.93).

pessoalmente. Isto não significa que deva ter ele incorrido em culpa. Se porventura o preposto tiver agido em estado de necessidade, causando um dano, seu ato será lícito e ele não terá agido com culpa, a teor do disposto no art. 188, II, do novo Código Civil. Não obstante, será constrangido a indenizar os danos causados, nos termos do art. 929 do novo C. C. Nesta hipótese, tal obrigação estender-se-á ao preponente.

Diante da ausência de alteração significativa do texto pertinente (art. 1.521, III, do Código de 16 e art. 932, III, do novo diploma), deverá ser mantido o entendimento[64] segundo o qual subsiste a responsabilidade dos patrões e comitentes pelos danos ocasionados por seus empregados no exercício das funções que lhes incumbem, ainda que os últimos tenham agido excedendo os limites de suas atribuições ou tenham inclusive transgredido as ordens recebidas, não sendo necessário que o comportamento ilícito dos prepostos se contenha na esfera das funções que lhes tenha sido atribuídas. Basta que entre tais funções e o subseqüente fato danoso subsista uma *relação de ocasionalidade necessária*. Assim, ainda que falte uma rigorosa relação de causa e efeito entre tais funções e o fato danoso, desde que exista entre eles um nexo lógico, de modo que a função desempenhada pelo preposto tenha sido a ocasião necessária para a prática do ato ilícito, ou que tenha tornado possível ou favorecido notavelmente a sua ocorrência, mesmo assim, repita-se, surge a responsabilidade civil do comitente.[65]

14. A questão do direito regressivo

Para aqueles que fundamentavam a responsabilidade do comitente unicamente sobre a noção de culpa, provada ou presumida, era difícil conceber a existência do direito regressivo. Isto porque, como argutamente já havia assinalado M. I. Carvalho de Mendonça,[66] "se o obrigado indireto provou que empregou toda a diligência e precaução, claro é que dirimiu a culpa, deixou de ser obrigado e pois não se trata de condenação e nem de regresso. Se ao contrário, não fez tal prova, há culpa pessoal e se esta existe, não se compreende como possa existir tal regresso."

---

[64] Nesse sentido: Alvino Lima (*op. cit.*, p. 236), Wilson Melo da Silva (*Da responsabilidade civil automobilística*, p. 203) e, de certa forma, Pontes de Miranda (*Manual, cit,,* vol. XVI, 3ª parte, 1º tomo, p. 373 e 374).

[65] A amplitude de tal entendimento é evidenciada pelo seguinte acórdão: "Responsabilidade civil do empregador. O dolo do preposto, na prática do ato ilícito, não exclui, por si só, a responsabilidade do empregador. Hipótese em que o empregado, no exercício da profissão de motorista, praticou o homicídio após uma discussão de trânsito com a vítima, motorista de um ônibus coletivo" (STJ, 3ª T, AGA 109953/RJ, DJ de 15.11.96).

[66] Op. cit., p. 470.

Todavia, qualquer que fosse o fundamento da responsabilidade civil dos empregadores, a existência de direito regressivo em face dos empregados era garantida pelo art. 1.524 do estatuto de 1916, orientação essa que foi mantida no art. 934 do novo C.C.

Todavia, a questão pode apresentar algumas peculiaridades. Tal direito regressivo existe sempre? É ele integral? É de justiça a sua existência? Analisemos tais questões.

Nem sempre existe tal direito regressivo. Em primeiro lugar, afasta-se a possibilidade do exercício do direito regressivo quando o preposto for incapaz, por menoridade ou demência.[67]

Outro caso de inexistência de direito regressivo seria quando o preposto houvesse agido estritamente sob as ordens e instruções do comitente. Se da execução de tais ordens decorrerem danos a terceiros, o preponente será considerado pessoal e diretamente responsável, sem poder exercitar direito regressivo. É o quanto afirmam Henri & Leon Mazeaud.[68]

Lembramos, ainda, a hipótese de o preposto, praticando ato lícito, vir a causar danos, como, por exemplo, o caso do ato praticado em estado de necessidade, não sendo a vítima do dano a causadora do perigo que originou o ato.

Assim, entendemos só existir direito regressivo se houver culpa do preposto, em seu duplo aspecto - objetivo (ilicitude do ato) e subjetivo (imputabilidade).

A esse respeito, Geneviève Viney[69] entende que não se pode deixar de levar em consideração o fato de que o preposto não age para si, mas sim em proveito de uma empresa, cuja organização não lhe pertence. Tendo em vista tal circunstância, afirma ela que o preposto só deverá responder pelas culpas graves por ele cometidas, devendo o preponente absorver a indenização decorrente de culpas leves do preposto.

15. A independência relativa da responsabilidade civil frente à responsabilidade penal

Dispõe o novo art. 935 do C.C. que *a responsabilidade civil é independente da criminal, não se podendo questionar mais sobre a existência do fato, ou sobre quem seja o seu autor, quando estas questões se acharem*

---

[67] Nesse sentido as lições de Carvalho de Mendonça (*Op. loc. cit.*, p. 471) e Henri Lalou (*op. cit.*, p. 626).

[68] *Traité Théorique et Pratique de la Responsabilité Civile Délictuelle et Contractuelle*, Paris, Recueil Sirey, 1947, t. 1, p. 692.

[69] *"Traité de Droit Civil"*, Paris, L.G.D.J., 1982, vol. IV, p. 903 a 906.

decididas no juízo criminal. Como este dispositivo praticamente reproduz o disposto no art. 1.525 do Código de 16, poder-se-ia entender não ter havido qualquer inovação a respeito do relacionamento entre as jurisdições civil e criminal. A regra da independência entre as duas esferas efetivamente restou mantida, mas paradoxalmente a manutenção da velha redação do art. 1.525 do Código Civil implica, em princípio, inovação sustancial.

De fato, além do disposto Código Civil, o tema do relacionamento entre as duas jurisdições encontra regramento também no Código Penal (art. 91, I) no Código de Processo Penal (arts. 63 a 68, esp. art. 66) e no Código de Processo Civil (art. 584, II).

Ora, cotejando-se o disposto no art. 1.525 do Código Beviláqua com o disposto no art. 66 do C.P.P., percebe-se que a legislação processual penal havia inovado substancialmente, pois enquanto o diploma civil admitia que a decisão criminal que definisse a questão da autoria influenciasse também a esfera civil, o art. 66 do C.P.P. somente atribuía tal eficácia às decisões penais que decidissem sobre a materialidade do fato. Decisões sobre a autoria, portanto, não repercutiriam no cível. Além disso, não mais qualquer decisão sobre a materialidade do fato teria influência no cível, mas somente aquela que tivesse, *"categoricamente,* reconhecido a inexistência material do fato".

Como o C.P.P. (D.l. 3.689, de 03.10.41) foi editado posteriormente ao Código de 1916, obviamente derrogou o Código Civil naquilo que com ele era incompatível.

O novo diploma civil simplesmente passou ao largo de tal controvérsia, reproduzindo o disposto no art. 1.525 do Código anterior. Daí por que se tem, agora, que derrogado restou o disposto no art. 66 do CPP, o que acarreta uma substancial inovação sobre o tema.[70]

16. Responsabilidade civil pelo fato dos animais

O art. 936 do novo C.C. disciplina a chamada responsabilidade civil pelo fato dos animais. Houve alteração da forma legislativa, mas não houve inovação substancial. Efetivamente, utilizou-se fórmula mais sintética para expressar o velho conteúdo do art. 1.527 do C.C. anterior. Segundo a nova redação, "o dono, ou detentor, do animal ressarcirá o dano por este causado, se não provar culpa da vítima ou força maior". Embora

---

[70] Para maior aprofundamento sobre esta temática, remetemos o leitor à indispensável leitura de Adroaldo Furtado Fabrício ("Absolvição criminal por negativa de existência ou de autoria do fato: limites de sua influência sobre o juízo civil", *AJURIS,* 55/34-59), bem como de Araken de Assis (*Eficácia civil da sentença penal,* São Paulo, RT, 1993).

O novo Código Civil e a Constituição

se possa entender que se trate de presunção de culpa, ou de simples inversão do ônus da prova, entendemos que o novo dispositivo prevê uma autêntica responsabilidade objetiva, pois não exige o legislador que se prove a culpa do dono ou detentor do animal. O fato de poder tal pessoa excluir a sua responsabilidade não significa tratar-se de responsabilidade subjetiva, pois ser objetivamente responsável não implica o dever de indenizar sempre - significa apenas não ser necessária a demonstração de sua culpa. A responsabilidade objetiva admite causas de exclusão de responsabilidade. Dentre estas encontram-se justamente a demonstração da interveniência de caso fortuito ou de força maior, a presença de culpa da vítima e o fato de terceiro. O Prof. Silvio Venosa[71] realçou o rigor do novo dispositivo, ao não exigir que a posse do animal seja qualificada, bastando a simples detenção. "Nessa posição, coloca-se aquele que loca o animal para cavalgar ou para serviço rural. Seciona-se o nexo causal, se o animal foi furtado, o mesmo que ocorre a respeito do automóvel. Também não há responsabilidade se os animais são selvagens ou sem dono. O dispositivo refere-se a animais domésticos ou mantidos em cativeiro".

17. Da responsabilidade civil pelo fato das coisas

Costuma-se estudar sob a denominação *"responsabilidade civil pelo fato das coisas"* as duas espécies de responsabilidade civil previstas nos arts. 937 e 938 do novo Código Civil, que correspondem exatamente às duas hipóteses reguladas nos arts. 1.528 e 1.529 do Código de 16. Trata-se, aqui, de tradicionais figuras já disciplinadas pelo direito romano, sob a denominação de *actio de positis et suspensis* e *actio de effusis et dejectis.* Também aqui não houve qualquer inovação. A mesma interpretação que vigorava sob a égide do Código antigo, no sentido de vislumbrar em ambas as hipóteses casos de responsabilidade objetiva, deverá ser mantida.[72] Da mesma forma deverá prosseguir-se na interpretação ampla do vocábulo "ruína", constante do art. 937, no sentido de abranger não só a ruína total, mas também a ruína parcial e a simples queda de partes da edificação, como, por exemplo, queda de marquises, de sacadas, de rebocos, muros, etc.

---

[71] "A responsabilidade por danos de animais", artigo publicado no jornal *Valor Econômico* (20.03.02).

[72] Exemplo do caráter objetivo dessa responsabilidade é o seguinte acórdão, fundado no art. 1.529 do velho código: "Responsabilidade civil. Objetos lançados da janela de edifícios. A reparação dos danos è responsabilidade do condomínio. A impossibilidade de identificação do exato ponto de onde parte a conduta lesiva, impõe ao condomínio arcar com a responsabilidade reparatória por danos causados a terceiros. Inteligência do art. 1.529 do Código Civil Brasileiro" (STJ, 4ª T., REsp 64682/RJ, DJ de 29.03.99).

18. Da solidariedade na responsabilidade civil e sua transmissibilidade

Igualmente não há inovações em relação ao disposto no novo art. 942, que reproduz *ipsis litteris* (com exceção da substituição do vocábulo *"cúmplices"* pela expressão *"co-autores"*, no parágrafo único), o disposto no antigo art. 1.518. Nenhuma novidade, portanto, nessa área. Mantém-se, destarte, a regra da solidariedade[73] de todos os envolvidos em matéria de responsabilidade civil, inclusive no que pertine à chamada responsabilidade civil pelo fato de outrem.

Da mesma forma mantém-se inalterada a regra do antigo art. 1.526, reproduzido no novo art. 943 do novo estatuto. A relação obrigacional decorrente da responsabilidade civil transmite-se, ativa e passivamente, com a morte dos envolvidos, respeitando-se, porém, as forças da herança, consoante previsão constitucional (art. 5º, inc. XLV).

19. Da quantificação da indenização

Enquanto o primeiro capítulo do Título IX do Livro que trata dos direitos obrigacionais lança os fundamentos da responsabilidade civil aquiliana, fixando as hipóteses em que uma pessoa é obrigada a indenizar os danos sofridos por outrem (*an debeatur*), o capítulo seguinte busca estabelecer alguns critérios para a quantificação dos danos (*quantum debeatur*).

Referido capítulo segundo abre-se com uma declaração de princípio, segundo a qual *a indenização mede-se pela extensão do dano* (art. 944). Uma regra semelhante não existia, de forma expressa, no Código de 1916. Todavia, a novidade é apenas aparente, pois tal princípio sempre foi acatado doutrinária e jurisprudencialmente,[74] já que corresponde à clássica

---

[73] Citam-se alguns exemplos de jurisprudência já consolidada sobre o tema, à égide do velho código: Responsabilidade civil. Lesões corporais. Briga em casa noturna. Participação do demandado confirmada pela versão uníssona da prova testemunhal judicializada no sentido de ter ele segurado a vítima, enquanto ela era agredida por um companheiro de sua turma. Responsabilidade solidária (...)" (TJRS, 9ª CC., A.C. 70000932186, j. em 17.05.00, rel. Des. Paulo de Tarso V. Sanseverino); "Responsabilidade civil. Construção de imóvel. Responsabilidade do agente financeiro pela solidez e segurança da obra. Precedente da Turma já assentou que 'a obra iniciada mediante financiamento do Sistema Financeiro da Habitação acarreta a solidariedade do agente financeiro pela respectiva solidez e segurança" (STJ, 3ª T., REsp 45925/RS, DJ de 18.06.01). O precedente a que se fez referência é o REsp 51169/RS, 3ª T., DJ de 28.02.00). Ainda no mesmo sentido, existe precedente da 2ª Turma (REsp 85886/DF, DJ de 22.06.98).

[74] Por exemplo: "Acidente de trânsito. (...) Sem embargo de respeitáveis opiniões em contrário, quando os orçamentos são de valor superior ao de mercado, mais razoável se mostra a reparação por quantitativo que possibilite a compra de outro, semelhante ao veículo sinistrado, deduzindo-se da indenização o valor da sucata. Excepcionam-se da regra geral as hipóteses de veículo antigo, de coleção, de estima ou

função reparatória da responsabilidade civil.[75] Como sempre se entendeu que a função primordial da responsabilidade civil seria aquela de indenizar (= tornar indene, do latim *indemne,* ou seja, que não sofreu dano ou prejuízo; íntegro, ileso, incólume) a vítima, logicamente uma tal função seria obtida mediante aplicação do princípio da *restitutio in integrum,* ressarcindo-se a vítima de todos – e tão-somente – os prejuízos sofridos. Até porque a cláusula geral do art. 159 era complementada pelas disposições dos arts. 1.056 a 1.061 e 1.533 a 1.553, todos do Código Beviláqua. Assim, "limitou-se, através destes artigos, a discrição dos juízes".[76]

Daí a lição, que era corrente, segundo a qual o montante da indenização seria obtido levando-se em conta a extensão do prejuízo e desconsiderando-se a intensidade da culpa. Reafirma-se, destarte, a tradição do direito brasileiro de adotar a teoria objetiva para a quantificação dos danos indenizáveis.

Efetiva inovação, porém, comparece no art. 944, parágrafo único, do novo estatuto. Ali se refere que "se houver excessiva desproporção entre a gravidade da culpa e o dano, poderá o juiz reduzir, eqüitativamente, a indenização". Trata-se de preceito que permite ao magistrado exercer seu prudente arbítrio para resolver aquelas situações – não infreqüentes, aliás - em que o autor do ato danoso (lícito ou ilícito), mesmo agindo com culpa levíssima (ou até mesmo sem culpa, como nos casos de responsabilidade civil por ato lícito), tenha causado danos elevados.

Note-se que o dispositivo em análise contém duas limitações. Em primeiro lugar, ele incide apenas aos casos de desproporção (qualificada de *excessiva*) entre a intensidade da *culpa* e o *dano.* Ou seja, *em se tratando de danos materiais,* o referido dispositivo não admite que se leve em consideração eventual desproporção entre os patrimônios envolvidos. Assim, se o agente causador do dano for pobre e a vítima for rica, o juiz continuará (já que este é o sistema vigente) a fixar o valor da condenação levando em conta apenas o montante do prejuízo, sem qualquer redução em razão da capacidade econômica do réu ou em função de eventual riqueza da vítima. Se o réu terá ou não solvência para pagar o montante da condenação continuará a ser uma questão de fato. Saliente-se que o referido dispositivo não se aplica aos danos extrapatrimoniais, permanecendo inalterada a recomendação de se levar em consideração, no arbitramento do valor dos mesmos, dentre outros fatores (como a intensidade da

---

raridade no mercado de usados (...)" (STJ, 4ª T, REsp 324137/DF, DJ de 25.02.02); no mesmo sentido: STJ, 4ª T., REsp 69435/SP, DJ de 26.05.97 e STJ, 1ª T., REsp 56708/SP, DJ de 10.04.95.

[75] O Prof. Clóvis do Couto e Silva extraía tal conclusão do próprio art. 1.060 do código Beviláqua, que entendia aplicável não só à responsabilidade contratual, mas também à responsabilidade extra-contratual – *in* "Dever de indenizar", RJTJRGS, n. 6 (1967), p. 7.

[76] Clóvis do Couto e Silva, "O conceito de dano no Direito brasileiro e comparado", Revista dos Tribunais, vol, 667 (1991), p. 9.

culpa, as circunstâncias do evento, a duração dos efeitos, a repercussão dos mesmos na vida da vítima, etc.), também a condição socioeconômica tanto da vítima quanto do agente.

Em segundo lugar, pelos seus expressos termos, o mencionado parágrafo único não parece permitir a solução inversa, qual seja, de aumentar o valor da indenização quando a excessiva desproporção entre a gravidade da culpa e o dano for no sentido contrário: a uma intensa culpabilidade corresponder um dano de reduzida monta.

Acreditamos, porém, que o referido parágrafo único tem suficiente potencial para, futuramente, através de uma interpretação sistemática e evolutiva, sofrer um exegese ampliativa, vindo a albergar também a possibilidade de se conceder uma indenização superior ao montante dos danos, quando patente a desproporção entre a intensidade da culpa e o valor dos danos. Uma tal possibilidade representaria a adoção, entre nós, do instituto das *penas privadas.*[77]

20. Concorrência de culpas

O art. 945 igualmente constitui uma inovação apenas formal no ordenamento jurídico pátrio, pois embora não conste da legislação vigente, a jurisprudência desde sempre levou em consideração a concorrência de culpas para a fixação do valor das indenizações.

Registre-se que embora esteja absolutamente consagrada pelo uso jurisprudencial (predominando também na doutrina) a expressão *concorrência de culpas,* na verdade a questão não se coloca tecnicamente no plano da culpabilidade, mas sim no plano da causalidade (concorrência de causas ou concausalidade), onde se deve fazer a distinção entre causa e condição. Todavia, referir-se a concorrência de culpas é um uso lingüístico tão arraigado que dificilmente poderá ser revertido, apesar da impropriedade técnica. Rendemo-nos, assim, à tradição, embora registrando nossa discordância.

21. Da liquidação das obrigações ilíquidas

O novo art. 946 do C.C. busca substituir, com maior precisão e abrangência, o antigo art. 1.553 do velho diploma. A maior abrangência

---

[77] Cumpre notar que, na Itália, o jogo combinado dos artigos 1.224 e 2.056 igualmente aponta para o ressarcimento de danos materiais em montante idêntico ao valor dos prejuízos efetivamente sofridos. Isto não impediu, porém, que também lá a jurisprudência mais recente tivesse adotado o instituto das penas privadas, principalmente na tutela de direitos da personalidade.

O novo Código Civil e a Constituição

do novo dispositivo revela-se pelo fato de abranger também a liquidação das obrigações contratuais. E a maior precisão técnica expressa-se pelo fato de que a legislação processual atualmente vigente prevê duas formas de liquidação: por arbitramento e por artigos (art. 603 e ss. do CPC, após a reforma processual levada a efeito pela Lei 8.898/94). Efetivamente, para a apuração do montante da indenização devida, por vezes há necessidade de se alegar e provar fatos novos, ainda não discutidos na ação de conhecimento (condenatória), caso em que se revela adequado o uso da liquidação por artigos.

Todavia, acreditamos firmemente que deverá ser mantida a sólida e recomendável tradição de se fixar o valor desde logo, pelo próprio juiz que proferir a sentença condenatória, o valor da indenização, quando todos os elementos necessários à sua identificação estiverem nos autos.

Ainda nesse tópico da liquidação das obrigações, cumpre ressaltar duas alterações que interferem com o tema da responsabilidade civil. A primeira delas se refere à supressão do instituto dos juros compostos, que incidia nos casos de responsabilidade civil derivada de crime (antigo art. 1.544). A outra alteração não pertine apenas ao capítulo da responsabilidade civil, mas interfere com todo o direito obrigacional. Segundo o novo art. 406, os juros moratórios deverão ser fixados de acordo com "a taxa que estiver em vigor para a mora do pagamento de impostos devidos à Fazenda Nacional" – atualmente, a denominada taxa *SELIC*.

22. Da indenização pelo fato da morte

Também é caso de mera inovação meramente formal os acréscimos constantes do novo art. 948, que reproduz substancialmente o contido no art. 1.537 do código novecentista. De fato, cotejando-se a nova redação com a velha, percebe-se que houve dois acréscimos – um no *caput*, outro no inciso II. No *caput* acrescentou-se a expressão "sem excluir outras reparações".[78] Já no inciso II, adicionou-se a expressão "levando-se em conta a duração provável da vida da vítima".

Trata-se efetivamente de mera acolhimento, em texto legal, de orientação jurisprudencial já consolidada sob a égide do velho código. Quanto ao primeiro acréscimo, ponderava-se que tendo o sistema do código alber-

---

[78] É antigo o posicionamento dos tribunais, favoráveis à indenizabilidade do dano moral em virtude de homicídio, como se vê da seguinte ementa: "Responsabilidade civil. Homicídio. Dano Moral. Indenização. Cumulação com a devida pelo dano material. Os termos amplos do art. 159 do Código Civil hão de entender-se como abrangendo quaisquer danos, compreendidos, pois, também os de natureza moral" (STJ, 3ª T., REsp 5236/RJ, DJ de 01.07.91).

gado o princípio da *restitutio in integrum*, todo e qualquer dano que se demonstrasse derivar do fato da morte deveria ser reparado.[79] No que pertine ao segundo aspecto, durante a década de noventa, a jurisprudência, principalmente a do STJ, já se havia consolidado no sentido de que a pensão devida aos familiares da vítima deveria permanecer até a data em que a vítima completaria 65 anos, que representava a expectativa média de vida do brasileiro em geral. Como tal indicador tende a elevar-se, da mesma forma a jurisprudência deverá ir reajustando para cima o seu limite, à medida que os indicadores do IBGE indicarem tal elevação. Nesse sentido é que deve ser interpretada a parte final do disposto no inciso II do art. 948.[80]

A jurisprudência, como dissemos, já vinha adotando tal posicionamento, mesmo à míngua de regra própria no estatuto civil. Tratava-se, na verdade, de concretização do princípio constitucional de proteção aos idosos, previsto nos arts. 229 e 230 da Constituição Federal de 1988.[81]

Nem sempre, porém, a morte de um familiar próximo causa danos materiais. Quando se trata de morte de filho menor, de pouca idade, na maioria das vezes, o dano causado é meramente moral (no sentido próprio, de dor intensa, aflição, desgosto profundo).[82]

---

[79] Como exemplo da amplitude de tal entendimento, cita-se acórdão concedendo indenização por danos morais a um nascituro, devidos em virtude da morte do pai (JULGADOS do TARGS, 97/298, rel. Rui Portanova).

[80] Isso não significa alteração, porém, no entendimento jurisprudencial consolidado, no sentido de que quando os beneficiários da pensão são filhos menores, o pensionamento deve cessar aos 24 ou 25 anos, como regra geral: STJ, 4ª T, REsp 142526/RS, DJ de 17.09.01; STJ, 1ª T, REsp 202868/RJ, DJ de 13.08.01; STJ, 1ª T, REsp 205847/RJ, DJ de 08.03.00. Ou que a partir do momento em que a vítima completaria 25 anos, o pensionamento deveria ser reduzido pela metade: STJ, 4ª T., REsp 189172/RJ, DJ de 15.03.99; STJ, 4ª T., REsp 138373/SP, DJ de 29.06.98 e STJ, 4ª T., REsp 124565/MG, DJ de 09.02.98.

[81] "Responsabilidade civil. Assim como é dado presumir-se que o filho trabalhador, vítima de acidente fatal, teria, não fosse o infausto evento, uma sobrevida até os sessenta e cinco anos, e até lá auxiliaria a seus pais, prestando alimentos, também pode-se supor, pela ordem natural dos fatos da vida, que ele se casaria aos vinte e cinco anos, momento a partir do qual já não mais teria a mesma disponibilidade para ajudar materialmente a seus pais, pois que, a partir do casamento, passaria a suportar novos encargos, que da constituição de uma nova família são decorrentes. A pensão fixada, deve, a partir de quando a vítima viesse a completar vinte e cinco anos, ser reduzida pela metade, assim ficando, caso haja a sobrevida dos pais, até os presumíveis sessenta e cinco anos de idade" (STJ, 4ª T., REsp 178380/SP, DJ de 24.05.99). No mesmo sentido: STJ, 4ª T., REsp 274521/MG, DJ de 25.06.01. (STJ, 3ª T., REsp 35040/SP, DJ de 11.04.94; STJ, 4ª T., REsp 220234/SP, DJ de 03.04.00; STJ, 4ª T., REsp 68527/RJ, DJ de 22.05.00.

[82] "Responsabilidade civil. Morte de filho menor de tenra idade. Dano moral. O dano sofrido pelos pais em decorrência da morte de filho menor de tenra idade, que ainda não trabalhava e tampouco contribuía para o sustento da família, é de natureza extrapatrimonial e pode ser indenizado através de uma pensão mensal" (STJ, 4ª T, REsp 57872/CE, DJ de 12.06.95); No mesmo sentido: STJ, 4ª T, REsp 119963/PI, DJ de 22.06.98; e STJ, 4ª T., REsp 89205/RJ, DJ de 26.05.97.

23. Da indenização em casos de danos à pessoa

Alguma novidade comparece na nova disciplina legal dos danos à integridade física. O novo art. 949 corresponde substancialmente ao antigo art. 1.538, com exceção da parte final do dispositivo, além da substituição da expressão *ferimento* pelo vocábulo *lesão*. No sistema anterior, a indenização deveria abranger as despesas de tratamento e os lucros cessantes até o fim da convalescença, *além da importância da multa no grau médio da pena criminal correspondente*. A inovação está, portanto, na supressão dessa referência à multa criminal, substituída que foi pela expressão "além de algum outro prejuízo que o ofendido prove haver sofrido".[83]

Na identificação dos *outros prejuízos* que a vítima venha a alegar ter sofrido, será de grande auxílio o recurso ao direito comparado. Isto porque em se tratando de tema de escassa densidade legislativa em todos os sistemas contemporâneos, e tratando-se de situação existencial substancialmente homogênea nos diversos sistemas jurídicos, não há qualquer razão para rechaçar as experiências estrangeiras.

Tanto na experiência francesa como na americana, por exemplo, a jurisprudência vem reconhecendo crescentemente novos tipos de danos justificativos de indenizações especiais, isto é, independentes daquela que tem por finalidade reparar a incapacidade física como tal, de que são exemplo o "prejuízo sexual", o "prejuízo juvenil" (entendido como a dor particular que provoca, em um jovem, a consciência de sua própria degradação física e da perda da esperança de uma vida normal), "prejuízo à capacidade matrimonial", dentre outros.[84]

O Prof. Clóvis do Couto e Silva, a respeito dos danos biológicos, entendia aplicável ao direito pátrio a distinção germânica entre danos pessoais *primários* (consistente na morte ou nos ferimentos em si considerados) e *secundários* (que seriam aqueles relativos às conseqüências resultantes das lesões).[85] Já a doutrina italiana prefere rotular diversamente tal distinção relativa aos danos biológicos: fala-se em *aspecto estático* (entendido como a mera diminuição da integridade psicofísica) e em *as-*

---

[83] "Responsabilidade civil. Dano estético. Perda de um dos membros inferiores. Acumulação com o dano moral. Devido a título diverso do que justificou a concessão do dano moral, é o dano estético acumulável com aquele, ainda que oriundos do mesmo fato. Precedentes" (STJ, 4ª T., AGA 100877/RJ, DJ de 15.10.96); no mesmo sentido: STJ, 2ª T., REsp 68668/SP, DJ de 04.03.96.

[84] Sobre tais aspectos, consulte-se Ricardo de Angel Yáguez, *Algunas previsiones sobre el futuro de la Responsabilidad civil,* Madrid, Ed. Civitas, 1995, p. 141ss. Aliás, este autor refere a Resolução n. 75-7 do Conselho da Europa, cujo art. 11 recomenda a indenização, a título de danos morais decorrentes de lesões corporais, de "perturbações e desgostos tais como mal-estar, insônia, sentimento de inferioridade, diminuição dos prazeres da vida, produzida sobretudo pela impossibilidade de dedicar-se a certas atividades de lazer" (*op. cit.,* p. 144).

[85] *Op. loc. cit.*

pecto dinâmico (consistente nas conseqüências causadas pelos danos biológicos sobre as atividades laborais ou extralaborais da vítima), devendo ambos os aspectos serem indenizados.[86]

Ainda é o caso de lembrar a indenizabilidade do *préjudice d'agrément* na jurisprudência francesa, assemelhado ao *loss of amenities of life* da jurisprudência anglo-americana. Em ambos os casos, trata-se de indenizar a privação que uma pessoa sofreu, em virtude das lesões causadas por outrem, da possibilidade de gozar dos prazeres da vida, próprios de sua idade, cultura e meio social em que vive (atividade sexual, esporte, lazer, dança, variedade gastronômica, etc).[87] O conceito inicialmente era aplicado restritivamente, abrangendo apenas as hipóteses em que o ferido, antes das lesões, havia se destacado em atividades desportivas ou artísticas. A partir de uma lei francesa de 1973, a noção adquiriu maior amplitude, passando a se definir como "a diminuição dos gozos da vida causada pela impossibilidade de dedicar-se a algumas atividades prazerosas normais".[88]

Segundo Clóvis do Couto e Silva,[89] não seria fácil "separar, em alguns casos, essa indenização do *pretium doloris* e até mesmo do dano estético, podendo até mesmo o *préjudice d'agrément* abranger a perda do gosto, do olfato, quando considerado no seu sentido mais amplo". Segundo o saudoso Professor, "não se tem considerado [no direito brasileiro] como indenizável 'a perda das atividades de lazer', razão pela qual a resposta seria claramente negativa a quem pretendesse essa indenização, muito embora a reparação ampla do dano extrapatrimonial devesse permitir esse tipo de indenização", acrescentando ainda o mestre, que uma interpretação ampla do art. 5º, inc. X, da Constituição Federal poderia embasar a concessão de uma tal indenização.[90]

Agora, com cláusula geral remissiva do art. 949 do novo Código *(além de algum outro prejuízo)*, acreditamos que o novel ordenamento permite o acolhimento de tal pretensão, até mesmo diante de uma necessária visão constitucionalizada do direito civil, já que os direitos da personalidade foram grandemente valorizados na Carta de 88, vindo a receber agora também a proteção do código do cidadão.

---

[86] Sobre o tema, cf. Pier Giuseppe Monateri, *Trattato di Diritto Civile, Le Fonti delle Obbligazioni,* vol. 3, *La Responsabilità Civile,* Torino, Utet, 1998, p. 529.

[87] Sobre tal rubrica, no direito francês e inglês, consultem-se GENEVIÈVE VINEY & BASIL MARKESINIS, *La reparation du dommage corporel. Essai de comparaison des droits anglais et français,* Paris, Economica, 1985, esp. p. 70/71.

[88] Cf. Francesco Donato Busnelli, "Problemas de la clasificación sistemática del daño a la persona", *in:* Mosset Iturraspe, Díez-Picazo e outros (org.), *Daños,* Buenos Aires, Depalma, 1991, p. 38.

[89] "O conceito de dano no Direito brasileiro e comparado", Revista dos Tribunais, vol. 667 (1991), p. 15.

[90] *Op. loc. cit.*

Na experiência italiana, os danos decorrentes de lesão corporal são tradicionalmente denominados de *danos à pessoa* ou *danos biológicos*,[91] sendo igualmente perceptível a tendência de cada vez mais discriminarem-se outros tipos de danos, com quantificação autônoma, como é o caso, por exemplo, dos *danos psicológicos*,[92] caracterizados como representativos de um comprometimento durável e objetivo que diga respeito à personalidade individual na sua eficiência, na sua adaptabilidade, no seu equilíbrio. Trata-se, portanto, de um dano consistente, não efêmero nem meramente subjetivo, e que reduz, de alguma forma, as capacidades, as potencialidades, enfim, a qualidade de vida da pessoa.

Também da experiência italiana podemos retirar alguma inspiração para ajudar na resolução do espinhoso problema da avaliação dos danos à saúde. Não há como fugir de considerações pontuais, tendo em vista a unicidade dos fatos que se apresentam à apreciação do juiz. Porém, para um sistema jurídico que se pretende orgânico, racional, sistemático e minimamente previsível, constitui exigência lógica de operacionalidade a existência de um mínimo de uniformidade (ou ao menos de harmonização) de critérios.[93]

---

[91] A Professora Judith Martins-Costa ("Os danos à pessoa e a natureza da sua reparação", *in A Reconstrução do Direito Privado*, São Paulo, R. T., 2002, p. 408/446) refere ter sido a doutrina italiana a primeira a utilizar a expressão "danos à pessoa" (à qual posteriormente agregou-se a denominação "danos biológicos") para referir-se a "quase todos os danos extrapatrimoniais que estivessem conexos a qualquer lesão ao bem jurídico 'saúde', entendido em seu mais amplo sentido, seja saúde física, seja o bem-estar psíquico ou mental" (*op. cit.*, p. 418).

[92] Sobre o tema, para uma análise transdisciplinar, consulte-se a obra coordenada por Daniela Pajardi, denominada *Danno biologico e danno psicologico*, Milano, Giuffrè, 1990.

[93] Na Itália, há quem defenda (Prof. Busnelli) que se faça recurso à eqüidade, mas substanciando-a com referências concretas a precedentes jurisprudenciais, de onde se pode retirar informações sobre a média de somas liqüidadas em casos análogos. Alguns tribunais italianos seguiram essa orientação, entendendo que, em qualquer situação, cabe ao juiz fixar, por arbitramento, o valor dos danos, levando em consideração todas as circunstâncias presentes no caso (danos primários e secundários, ou estáticos e dinâmicos). Nesse sentido se orienta, aliás, a prática jurisprudencial brasileira.

Diante do evidente risco de dispersão de critérios, outros tribunais italianos buscaram uma maior objetivação em tal setor. Um primeiro critério em tal direção consiste no chamado *método genovês*, que consistia substancialmente na multiplicação do triplo do valor da pensão previdenciária anual, devida ao inválido, por um coeficiente fixado em função da idade da vítima e do seu grau de invalidez. Justamente pela mecanicidade de tal critério, que deixava de considerar variáveis importantes dos casos concretos, a Corte de Cassação (órgão de cúpula do Poder Judiciário italiano), em 1993 (acórdãos de n. 357 e 2009), vetou a utilização do mesmo.

Um segundo critério objetivo foi então construído por outro setor da magistratura italiana. Trata-se do denominado *método pisano* (em alusão à cidade de Pisa, onde foi desenvolvido). Referido método leva em consideração o *aspecto estático* das lesões, entendido como a mera diminuição da integridade psicofísica, bem como o *aspecto dinâmico*, consistente nas conseqüências das lesões sobre as atividades, laborais ou não, da vítima. O método pisano, bem mais complexo do que o anterior, aceita os percentuais de invalidez predispostos em tabelas previdenciárias e securitárias, e os aplica sobre os valores fixados em precedentes jurisprudenciais pertinentes. A partir daí, fazem-se ajustes ao caso concreto, mediante juízo de eqüidade.

Em verdadeiro movimento pendular, voltou-se, em tempos mais recentes, a uma maior objetivação na fixação dos valores. Alguns tribunais italianos (com destaque para o tribunal milanês), em curioso

Por outro lado, não houve qualquer modificação no sistema legislativo quanto aos critérios para a fixação do valor da indenização das lesões pessoais incapacitantes, pois o art. 1.539 do velho Código foi reproduzido *ipsis litteris* no *caput* do art. 950 do novo diploma.

A novidade se encontra no parágrafo único do novo art. 950, que dispõe sobre a forma de pagamento. De fato, o novo dispositivo refere que "o prejudicado, se preferir, poderá exigir que a indenização seja arbitrada e paga de uma só vez." A prática jurisprudencial vigente é no sentido que os danos emergentes e os danos extrapatrimoniais são arbitrados em valor único e pagos de uma só vez. Já em relação aos danos materiais sob a modalidade de lucros cessantes – e esse é o caso de pensão alimentícia devido quer em caso de morte, como em caso de lesões incapacitantes – costuma-se fixar o valor da pensão em forma de múltiplos de salários mínimos, a serem pagos mensalmente. Pois bem, o novo dispositivo legal aparentemente atribui ao lesado, *somente na hipótese prevista no caput do art. 950,* a escolha entre receber uma pensão mensal – provavelmente vitalícia – ou receber a indenização em um único pagamento.[94]

Para encerrar esse capítulo, saliente-se que o novo Código não estabeleceu disciplina específica para o caso de dano estético, que, sob o velho estatuto, encontravam-se previstos nos dois parágrafos do art. 1.538. Nem por isso, obviamente, deixou o mesmo de ser reparável – até mesmo concomitantemente com danos morais puros, já que ambos são espécies de danos extrapatrimoniais. Agora, o seu fundamento legal passou a ser

---

fenônemo de *autoregulamentação* visando uniformizar o setor, elaboraram autênticas *tabelas* para a liquidação dos danos biológicos. Na tabela adotada pela *Conferência dos Presidentes de Câmaras* do Tribunal de Milão, em 1995 (atualizada em 1996), o valor monetário básico do percentual de invalidez permanente, estabelecido com base na média extraída dos precedentes jurisprudenciais, sofre variação de acordo com o grau de invalidez (de 1% a 100%) e de acordo com a idade da vítima. Assim, o valor básico é multiplicado pelo grau de invalidez do caso concreto e pelo coeficiente multiplicador relativo à idade.

Tendo em vista a proliferação de tais tabelas, por outras jurisdições, em 1996 um Grupo de Pesquisas patrocinado pelo Consiglio Nazionale di Ricerca (assemelhado, grosso modo, ao nosso CNPq), elaborou uma *Tabella Indicativa Nazionale,* que representa a média dos índices e valores encontrados nas diversas tabelas regionais. Experiência semelhante (elaboração de uma tabela indicativa, para uso nacional), foi levada a efeito em solo britânico, com a elaboração, já em 1991, de *Guidelines for the Assessment of Damages in Personal Injury Cases,* por parte do *Judicial Studies Board.* Sua estrutura é diversa, porém, os objetivos são semelhantes.

Uma ampla análise de tais experiências, de onde recolhemos as informações supra, encontra-se em Pier Giuseppe Monateri, *Trattato di Diritto Civile, Le Fonti delle Obbligazioni,* vol. 3, *La Responsabilità Civile,* Torino, Utet, 1998, p. 527ss, obra na qual inclusive são reproduzidas as tabelas acima referidas.

[94] Pensamos que tal regra não deva ser interpretada literalmente, no sentido de conferir ao lesado verdadeiro direito subjetivo. Parece mais razoável entender-se que a nova regra permite ao juiz que, a pedido da vítima e sopesadas todas as circunstâncias do caso, arbitre a indenização em montante único. Dentre as circunstâncias a serem avaliadas pelo magistrado, sobrelevam o valor da indenização a ser pago e as condições socioeconômicas do responsável e da vítima.

genérico, e não específico, enquadrando-se na cláusula geral dos arts. 186 e 927 (aplicáveis a qualquer tipo de dano), ou na previsão um pouco mais específica do art. 949, parte final (*"além de algum outro prejuízo que o ofendido prove haver sofrido"*), do novo Código Civil.

24. Responsabilidade civil na área da saúde

Inovações meramente formais novamente comparecem em tema de responsabilidade civil na área da saúde, comumente designada de responsabilidade civil médica ou do médico, cujos princípios sempre foram tidos como extensíveis aos demais operadores na área da saúde. O Código de Miguel Reale adota, em seu art. 951, cláusula mais genérica e tecnicamente mais aperfeiçoada, comparada com a anterior. Não mais se enumeram os profissionais aos quais se aplicaria o preceito. Adota-se a expressão mais abrangente *"aquele que, no exercício de atividade profissional".* Destarte, a cláusula geral prevista neste dispositivo legal abrange não só os profissionais que eram expressamente nominados no velho Código (médicos, cirurgiões, farmacêuticos, parteiras e dentistas), mas todos aqueles que atuam profissionalmente na área da saúde, como enfermeiros, fisioterapeutas, massagistas, laboratoristas (bioquímicos), psicólogos, psicoterapeutas, ópticos, dietistas, auxiliares de radiologia, fonoaudiólogos, técnicos em calçados ortopédicos, etc.[95]

Ressalte-se que também guarda pertinência com o tema o disposto no art. 15, que estabelece que *ninguém pode ser constrangido a submeter-se, com risco de vida, a tratamento médico ou a intervenção cirúrgica".* Aliás, mesmo na ausência de risco de vida ninguém poderia ser compelido a submeter-se a qualquer tratamento, diante do princípio geral da liberdade ("ninguém será obrigado a fazer ou deixar de fazer alguma coisa senão em virtude de lei" – art. 5º, inc. II, da CF/88). Tampouco se fez referência ao requisito do consentimento informado, que norteia o moderno sistema jurídico que regula a relação médico-paciente. Trata-se do dever do médico de esclarecer e informar o paciente, em modo claro e inteligível, do quadro clínico diagnosticado, apresentando-lhe as alternativas de tratamento (quer clínico, quer cirúrgico), expondo-lhe os riscos e possíveis conseqüências de cada uma das alternativas, com os correlativos benefícios e vantagens. Assim informado, o paciente poderá fazer uma escolha

---

[95] Sobre os profissionais que são considerados, por lei, auxiliares da medicina, na Argentina, consulte-se Felix A. Trigo Represas, *Responsabilidad civil de los profesionales,* Buenos Aires, Ed. Astrea, 1987, p. 119ss. Sobre a responsabilidade médica na Inglaterra, consulte-se a monumental obra de B. S. Markesinis & S. F. Deakin, *Tort Law,* Oxford, Clarendon Press, 1994, 3ª ed., esp. p. 228 a 267.

consciente. A ausência de previsão legal não significa, porém, que tal requisito não mais seja necessário, pois a lei sabidamente não representa todo o direito, sendo apenas uma parte (embora a mais importante, na nossa tradição jurídica) do mesmo. O direito é constituído também por outros formantes (com destaque para a jurisprudência e a doutrina), sendo que a exigência de tal requisito (do consentimento informado) está solidamente radicada nos mesmos. Além disso, tal exigência consta também dos códigos deontológicos da profissão médica em todos os países civilizados.

Quanto ao mais, manteve-se o regime da responsabilidade subjetiva, vinda do código anterior e reafirmada no Código de Defesa do Consumidor (art. 14, § 4º), desde que se trate de atividade desempenhada na condição de profissional liberal. Em se tratando, porém, de prestação que se enquadre como relação de consumo, aplica-se o Estatuto do Consumidor, inclusive quanto ao regime da responsabilidade objetiva (salvo quanto aos profissionais liberais) e à inversão do ônus da prova,[96] na forma prevista

---

[96] O ônus da prova, aliás, é o grande problema da responsabilidade civil médica. Em poucas relações profissionais encontra-se uma das partes em situação de maior vulnerabilidade. Daí a necessidade de, mesmo mantendo-se sob a égide do regime da culpa o problema da responsabilidade civil médica, facilitar-se a defesa dos interesses do paciente. E isso se pode fazer através do mecanismo da inversão do ônus da prova (na forma prevista no Código de Defesa do Consumidor), a critério do julgador e relativamente a determinados aspectos do *thema decidendum*. Outros mecanismos podem ser lembrados, que visam facilitar a situação do paciente, quanto ao ônus probatório, como a teoria da *carga probatória dinâmica*, segundo a qual, o ônus probatório deve recair sobre a parte que se encontrar em melhores condições de produzir determinada prova (sobre este tema, v. Luís Andorno, "La responsabilidade civil medica", *AJURIS,* 59/224, e Ruy Rosado de Aguiar Jr., "Responsabilidade civil do médico", *Revista dos Tribunais,* 718/39).
Uma outra teoria que costuma ser aplicada em caso de responsabilidade médica é a da *res ipsa loquitur* (a coisa fala por si). Parte-se da idéia de que em determinadas circunstâncias, a simples ocorrência de um certo evento é suficiente para permitir a presunção (extremamente relativa, diga-se logo) de que o mesmo deve ter decorrido de algum procedimento culposo.
A teoria da *perda de uma chance* também tem aplicação em tema de responsabilidade civil médica. A rigor, uma tal teoria deve ser discutida no âmbito da análise do nexo causal, pois envolve aquelas hipóteses em que não se tem certeza se uma determinada ação tempestiva teria tido o condão de evitar um mal ou de obter um resultado positivo. Todavia, diante da relevância dos interesses em jogo, a inação torna-se intolerável e este juízo de reprovabilidade seria suficiente para se responsabilizar civilmente, por omissão, quem deixou de agir. No campo da medicina, exemplo adequado seria o do médico plantonista que, recebendo um paciente grave no meio da noite, examina-o e resolve encaminhá-lo para cirurgia apenas na manhã seguinte. Antes do amanhecer, porém, o paciente vem a falecer. Restaria, então, a dúvida: se a operação fosse realizada ainda durante a noite, ter-se-ia logrado evitar o óbito, ou este ocorreria de qualquer forma, diante da gravidade do estado do paciente? Nenhuma resposta absolutamente conclusiva poderá ser dada em tal hipótese. Mas basta, no caso, que se tenha negado ao paciente a chance, a expectativa, a esperança de sucesso com uma tempestiva intervenção cirúrgica, para que se tenha configurada a potencial responsabilidade civil do médico. Obviamente, em tal caso, poderá o médico demonstrar que sua intervenção em momento anterior igualmente seria inócua, diante da gravidade do caso. Isto porque quando está em jogo a vida humana, basta uma pequena probabilidade de sucesso de uma tempestiva intervenção, para que se tenha como subsistente o nexo de causalidade adequada entre a omissão e o evento danoso subseqüente. Para mais informações sobre a aplicação da teoria da *perte d'une chance* no âmbito do direito comparado, consulte-se V. Zeno-Zencovich, "La Responsabilità Civile", *in*: G. Alpa *et alii, Diritto Privato Comparato – Istituti e problemi,* Bari, Laterza, 1999, p. 271ss.

O novo Código Civil e a Constituição

nos arts. 14 e 6º, VIII, do C.D.C. É o caso da responsabilidade dos hospitais,[97] clínicas médicas, laboratórios, etc.

Substancialmente, portanto, permanece válida a orientação jurisprudencial formada sob a égice do Código Beviláqua a respeito da responsabilidade civil dos médicos.

25. Da indenização em caso de usurpação ou esbulho

Embora não tenha havido alteração substancial, o novo regramento para o caso de danos decorrentes de esbulho é tecnicamente melhor. O que sob o Código anterior estava disperso em dois artigos (1.541 e 1.543), agora restou unificado sob o art. 952 e seu parágrafo único. Outra novidade formal foi a inclusão dos lucros cessantes nas parcelas indenizáveis, além dos danos emergentes (valor das deteriorações). Referimos que se trata de novidade formal pelo fato de que a jurisprudência sempre incluiu, na indenização, rubrica referente aos lucros cessantes (pense-se nos inúmeros casos de esbulho relativo a imóvel rural produtivo, em que o esbulhador é condenado também ao pagamento dos lucros cessantes, consistentes nas colheitas que não puderam ser obtidas durante o período do esbulho).

Na impossibilidade de devolver a própria coisa, hipótese em que se restitui valor equivalente, ficou mantida a referência ao valor de afeição, já tradicional em nosso direito formal, embora raríssimos os casos jurisprudenciais aplicadores de tal critério.

26. Da indenização em caso de dano à honra

A indenização por injúria, difamação ou calúnia consistirá na reparação do dano que delas resulte ao ofendido. É o que expressamente prevê o *caput* do art. 953 do novo Código, repetindo expressamente os termos do art. 1.547 do velho diploma. A novidade, mais aparente do que real, reside no novo parágrafo único. De fato, enquanto no sistema anterior, na impossibilidade de se demonstrar prejuízo material, previa-se que o ofensor deveria pagar "o dobro da multa no grau máximo da pena criminal

---

[97] "Responsabilidade civil. Indenização por danos sofridos em conseqüência de infecção hospitalar. I. Tratando-se da denominada infecção hospitalar, há responsabilidade contratual do hospital relativamente à incolumidade do paciente (...) II – Essa responsabilidade somente pode ser excluída quando a causa da moléstia possa ser atribuída a evento específico e determinado." (STJ, 4ª T., REsp 116372/MG, DJ de 02.02.98); no mesmo sentido: TJRS, A.C. 595060146, j. em 19.12.95, rel. Des. Osvaldo Stefanello.

respectiva", no novo sistema, "caberá ao juiz fixar, eqüitativamente, o valor da indenização, na conformidade das circunstâncias do caso".

Também aqui, porém, a jurisprudência há muito já vinha adotando o critério ora formalmente previsto, embora encontráveis acórdãos que usavam o referencial da pena de multa para a fixação do valor da indenização.

27. Da indenização por ofensa à liberdade pessoal

Nenhuma alteração sensível comparece no dispositivo que trata de indenização por ofensa à liberdade pessoal. Os casos que se consideram ofensivos da liberdade pessoal permanecem os mesmos.[98] Igualmente inalterada restou a previsão do critério principal a ser utilizado para a fixação do valor da indenização, qual seja, o "pagamento das perdas e danos que sobrevierem ao ofendido".

Houve uma alteração formal, aglutinando-se em apenas um artigo (o de n. 954) a matéria que, sob o Código de 16, estava distribuída nos arts. 1.550 e 1.551.

A segunda alteração está relacionada à modificação introduzida no cálculo da indenização por danos à honra, na impossibilidade de se demonstrar a existência de danos materiais. Em tal hipótese, segundo o Código anterior, dever-se-ia fixar a indenização em valor equivalente ao dobro da multa no grau máximo da pena criminal respectiva. Idêntico critério era adotado, por remissão, em se tratando de ofensa à liberdade pessoal. Como o atual Código aboliu a referência à pena de multa, atribuindo ao juiz a faculdade de fixar, eqüitativamente, o valor da indenização na hipótese de dano à honra, também para o caso de ofensas à liberdade pessoal tal possibilidade foi estendida.

28. Da prescrição

A prescrição da pretensão condenatória derivada de responsabilidade civil extracontratual ocorria em 20 anos, na forma do art. 177 do velho código, em virtude da regra prevista no art. 179. No novo diploma, o prazo prescricional é drasticamente reduzido para três anos (art. 206, § 3º, inc. V). Trata-se de sensível mudança.

---

[98] Exemplificativamente, "Responsabilidade civil. Dano moral. Lojas Americanas. Detenção indevida. A detenção indevida de três pessoas, sendo duas menores, por suspeita de furto em estabelecimento comercial, causa dano moral que é arbitrado, nas circunstâncias, de acordo com o voto médio, em valor equivalente a 300 salários mínimos" (STJ, 4ª T, REsp 298773/PA, DJ de 04.02.02).

Quanto aos fatos danosos ocorridos antes da entrada em vigor do novo Código, a disposição transitória do art. 2.028 prevê que "serão os da lei anterior os prazos, quando reduzidos por este Código, e se, na data de sua entrada em vigor, já houver transcorrido mais da metade do tempo estabelecido na lei revogada".

Da conjugação dos dois elementos que compõem tal suporte fático, deduz-se que a prescrição vintenária só continuará aplicável para os eventos danosos ocorridos até 11 de janeiro de 1993. A todos os fatos ocorridos a partir de tal data, aplica-se a prescrição trienal prevista na nova codificação. Isso significa que a entrada em vigor do novo código, prevista para 11.01.2003, acarretará a prescrição da ação condenatória relativa a todos os fatos ocorridos entre 11.01.1993 e 11.01.2000, caso as ações judiciais respectivas ainda não tenham sido propostas (ressalvados, obviamente, os casos de suspensão e interrupção da prescrição).

Uma interpretação menos drástica, quanto aos efeitos, embora menos aderente ao texto *sub* comento, poderá defender que o novo prazo prescricional das ações de reparação de danos – três anos – incidirá apenas a partir da vigência do novo código. Assim, se pela regra de direito intertemporal prevista no art. 2.028 concluir-se que o prazo prescricional a invocar é o da lei nova (03 anos) e não o da lei antiga (20 anos), tal novo prazo incidirá por inteiro a partir da vigência do novo Código. Com isso se evitaria o efeito referido no parágrafo anterior, última frase.[99]

29. Conclusões

Do quanto foi exposto, embora sem maiores aprofundamentos, podem ser extraídas algumas conclusões:

a) O novo Código manteve a primazia da culpa (responsabilidade subjetiva) como fundamento básico da responsabilidade civil, como se percebe da cláusula geral do novo art. 186;

b) Robusteceu-se a tendência de objetivação da responsabilidade civil extracontratual, já anunciada pela legislação especial e com reflexos na jurisprudência, embora muitas vezes camuflada com o rótulo de presunção de culpa (*v.g.*, súmula nº 341 do STF). Efetivamente, seja inovando

---

[99] Foi esta a interpretação que acabou por prevalecer na Comissão que tratou da Responsabilidade Civil, na Jornada de Direito Civil, promovida pelo Centro de Estudos Judiciários do Conselho da Justiça Federal (STJ), em Brasília, nos dias 11 a 13 de setembro de 2002, reunindo professores de Direito Civil de todo o Brasil. O enunciado da 14ª proposição, a respeito do art. 2.028, foi o seguinte: "A partir da vigência do novo Código Civil, o prazo prescricional das ações de reparação de danos que não houver atingido a metade do tempo previsto no Código Civil de 1916 fluirá por inteiro, nos termos da nova lei (art. 206)" (autor da proposta: Des. Paulo de Tarso Vieira Sanseverino).

materialmente, ao estabelecer novos casos de responsabilidade sem culpa, seja através de inovações meramente formais, ao transformar em dispositivo legal determinados desenvolvimentos jurisprudenciais, o fato é que o novo código prevê vários casos de responsabilidade civil objetiva. Além de hipóteses pontuais de responsabilidade objetiva, como é o caso da nova responsabilidade subsidiária e por eqüidade dos incapazes (art. 928), da responsabilidade civil pelo fato de outrem (art. 932 c/c art. 933), da responsabilidade pelo fato dos animais (art. 936), das vetustas *actio de positis et suspensis* (art. 937) e *actio de effusis et dejectis* (art. 938), o novo diploma civilista criou três cláusulas gerais de responsabilidade objetiva, de notável força expansiva. É o caso do exercício abusivo de um direito, previsto no novo art. 187, da responsabilidade objetiva por risco criado (art. 927, parágrafo único), e da responsabilidade pelo fato do produto (art. 931);

c) O novo diploma manteve-se no interior da tradição latina da atipicidade da responsabilidade civil extracontratual (permanecendo afastado do modelo da tipicidade relativa dos sistemas germânico e anglo-americano), ao manter a cláusula geral da responsabilidade subjetiva, e alargou ainda mais o âmbito da responsabilidade objetiva, prevendo duas cláusulas gerais para orientar o desenvolvimento jurisprudencial da responsabilidade sem culpa (arts. 187 e 927, parágrafo único);

d) Não restou desautorizada toda a jurisprudência formada sob a égide do velho Código Civil, tendo o novo codificador recebido substancialmente as criações jurisprudenciais (como a responsabilidade objetiva pelo fato de outrem, embora anteriormente disfarçada com o rótulo de presunção de culpa; bem como o princípio da relevância civil da concorrência de culpas);

e) Acolheu-se, igualmente, a lição doutrinária e jurisprudencial no sentido de que, em se tratando de danos materiais, "a indenização mede-se pela extensão do dano" (agora expresso sob forma legal – art. 944), sem indagação do elemento subjetivo (intensidade do dolo ou da culpa). Todavia, importante inovação material foi introduzida ao se relativizar tal critério objetivo, permitindo-se que o juiz reduza, eqüitativamente, o montante da indenização, "se houver excessiva desproporção entre a gravidade da culpa e o dano" (art. 944, parágrafo único);

f) Confirmaram-se, igualmente, os desenvolvimentos jurisprudenciais ocorridos em matéria de responsabilidade civil pelo fato da morte e por danos à pessoa, ao se reproduzir substancialmente as rubricas indenizatórias/compensatórias já previstas sob o antigo Código, acrescentando-se, porém, que tais previsões não excluem outras reparações (parte final do *caput* dos artigos 948 e 949);

g) O prazo prescricional das pretensões ressarcitórias por responsabilidade civil foi reduzido sensivelmente, abandonando-se a prescrição vintenária e adotando-se a prescrição trienal, adequando-se aos modelos existentes no direito comparado;

h) Como toda obra humana, é possível vislumbrar-se deficiências na nova sistemática da responsabilidade civil, principalmente se, com o auxílio do direito comparado, pretender-se selecionar pontualmente o que há de melhor em cada um dos sistemas legislativos mais conhecidos da tradição jurídica ocidental. Todavia, comparando-se globalmente a nova sistemática com os demais modelos existentes, conclui-se que o novo Código (e aqui estou considerando apenas o formante legislativo, comparando-o com os sistemas legislativos alhures existentes, sem focar os desenvolvimentos jurisprudenciais de parte a parte) insere-se entre os modelos mais avançados. A técnica das cláusulas gerais, largamente utilizadas no âmbito da nova sistemática da responsabilidade civil, permitirá grandes desenvolvimentos jurisprudenciais, o que permitirá, inclusive, corrigir eventuais insuficiências ou deficiências presentes na obra legislativa. Até porque, como salientou o Prof. Miguel Reale, *"a estrutura hermenêutica é um complemento natural da estrutura normativa"*,[100] motivo pelo qual *"o Código surge com a idéia de deixar algo a cuidado da doutrina e da jurisprudência, as quais virão a dar conteúdo vivo às normas, na sua expressão formal, para que se atinja a concreção jurídica, isto é, a correspondência adequada dos fatos às normas segundo o valor que se quer realizar"*.[101]

---

[100] Miguel Reale, *O Projeto de Código Civil. Situação atual e seus problemas fundamentais*. São Paulo, Saraiva, 1986, p. 12.

[101] *Op. cit.*, p. 9.

8. Algumas anotações sobre os direitos reais no novo Código Civil

EDUARDO KRAEMER
Magistrado, Professor Universitário, Mestre e Doutorando em Direito

Sumário: Considerações preliminares; 1. A propriedade e o novo Código Civil; 1.2. A posse e a propriedade; 2. Modos de Aquisição; 2.1. Registro; 2.2. Usucapião; 3. Extinção da propriedade imobiliária; 4. Algumas anotações sobre a propriedade condominial; 5. Os direitos reais sobre coisa alheia; 5.1. A promessa de Compra e Venda; 5.2. O sistema de garantias reais; 5.3. A propriedade fiduciária; 5.4. Demais garantias reais; 5.5. As modificações ocorridas nos direitos reais de fruição; Conclusões.

Considerações preliminares

O objetivo a ser atingido com a análise, específica, do capítulo pertinente aos direitos reais reside no exame das principais virtudes e eventuais deficiências da nova Codificação. Não existe possibilidade de exercer sistemática oposição ao novo texto, mas mostra-se salutar, inclusive construtivo, indicar pontos onde ocorreram evoluções.

O exame do Código exige uma alteração metodológica decisiva. A modificação é essencial para que haja possibilidade de extração das reais potencialidades da nova legislação. Os rompimentos metodológicos, iniciados ainda na vigente codificação, rompem com antigos paradigmas. Valores devem ser redimensionados. A necessidade de buscar na Constituição o real sentido da nova codificação. Essencial o cotejo da nova legislação com os princípios insculpidos na Constituição Federal.

O exame isolado do novo Código Civil ocasionará, sem dúvida, a perda de uma visão globalizada do fenômeno jurídico. A inserção constitucional na interpretação e aplicação do novo Código Civil possibilitará, sem dúvida, o surgimento de uma nova aurora para o Direito Civil.[1] O rompimento definitivo com antigas e ultrapassadas concepções, que tanto influenciaram, no passado, conceitos e institutos do Direito Civil.

O renascimento do Direito Civil, exige, sem dúvida, o corte de método preconizado, rompimento com velhos paradigmas de uma ordem que não mais apresenta condições de vigência. Registre-se, ainda, caso não haja adoção de uma nova postura, o novo Código Civil, pode se tornar, rapidamente em uma velha e ultrapassada ferramenta. Porém, o Código Civil poderá constituir-se, no instrumento da concretização da cidadania caso adequadamente interpretado e aplicado.

Assim no pertinente ao capítulo dos direitos reais houve algumas mudanças, não profundas, mas que possibilitam meditação e de certa maneira algum esforço hermenêutico a ensejar a concretização dos valores previstos na Constituição Federal. A principal mudança ocorreu na estrutura da própria Codificação, os valores patrimonialistas, que tanto influenciaram a vigente legislação foram abandonados.

É evidente que não há condições de interpretar os direitos reais com o conteúdo absoluto com o qual foi concebido quando da entrada em vigor do Código de Clóvis. A moderna concepção de direitos reais exige que a totalidade dos valores constitucionais, em especial aqueles relativizadores, sejam aplicados na concretização da extensão dos direitos reais. Necessário verificar, apenas como exemplo, como se concretizará a concepção constitucional de propriedade (funcionalidade social), com os conceitos dogmáticos de propriedade traduzida no novo Código Civil. A titularidade ainda se constitui em um dos pilares informativos da legislação civil, mas não mais se mostra possível que a apropriação seja concebida meramente como instrumento individualista.

Justamente, com tais objetivos, buscaremos o exame das principais modificações da legislação infraconstitucional no pertinente aos direitos reais.

É importante, ainda, salientar que algumas mudanças consagradas no Código Civil já haviam sido incorporadas pela jurisprudência. Não obstante a consagração em texto normativo apenas reforça e permite ao operador menos informado, condições melhores para a aplicação do Direito.[2]

---

[1] Para uma visão mais completa do tema, ver o texto de Gustavo Tepedino, "O Código Civil, os chamados microssistemas e a Constituição: premissas para uma reforma legislativa", contido nas fls.1/16, da obra coletiva *Problemas de Direito Civil – Constitucional*, ed. Renovar, Rio de Janeiro, 2000.

[2] A respeito da Constitucionalização do Direito Privado, ver texto de Gustavo Tepedino, "Premissas Metodológicas para a Constitucionalização do Direito Civil", primeiro capítulo da obra *Temas de Direito Civil*, ed. Renovar, Rio de Janeiro, 1999.

1. A propriedade e o novo Código Civil

A estrutura da propriedade privada na nova Codificação apresenta algumas inovações significativas, no sentido de incorporar os princípios constitucionais informadores da matéria, não se tratando, neste aspecto, de meras reformas formais (art.1228, §1°, do nCC). As limitações, de certo modo, indicam a forma pela qual é possível a concretização da propriedade funcionalizada. Consagra-se de forma definitiva a relativização do direito de propriedade, afastando-se a tradição patrimonialista e individualista consagrada na legislação em ocaso.[3]

Reconhece-se não ser a regra do art. 1.228, § 1°, o ideal, todavia, a utilização de recursos hermenêuticos, especialmente o cotejo com a principiologia constitucional, permitira uma adequada e saudável utilização, acarretando a possibilidade de estabelecer freios a eventuais abusos na utilização da titularidade dominial. Igualmente a regra estabelecida no art. 1.228, § 2°, do nCC estabelece definitivamente a impossibilidade de uso abusivo da propriedade. É evidente que as disposições Constitucionais, especialmente os valores e princípios, devem densificar as normas contidas na Codificação.

Os dispositivos legais obviamente podem não apresentar qualquer caráter revolucionário, mas consistem, sem dúvida, em embrião para a concretização, pelos tribunais, da totalidade da principiologia existente na Constituição Federal. É absolutamente verdadeira a referência que os dispositivos referidos não se apresentariam necessários, caso o interprete realizasse adequada e pertinente aplicação das normas e princípios constitucionais. Nessas condições apenas se exigiria um esforço maior. A concretização em normas infraconstitucionais permite uma melhor aplicabilidade, especialmente para aqueles ainda resistentes à eficácia dos princípios constitucionais.[4]

As noções de propriedade refletem adequadamente a nova proposta da Codificação, especialmente com o rompimento da antiga tradição liberal-individualista presente na proposta oitocentista. Agrega-se, ainda, no capítulo da propriedade a atribuição de poderes ao magistrado para a conversão de ações petitórias em meras indenizatórias, de caráter pessoal,

---

[3] A respeito, existem dois excelentes artigos: o primeiro de Laura Beck Varela, *Das Propriedades à propriedade*, e outro igualmente de Laura, mas em co-autoria com Marcos de Campos Ludwig, *Da propriedade às propriedades*, ambos estão publicados na obra coletiva *A reconstrução do Direito Privado*, org. Judith Martins-Costa, Ed. Revista dos Tribunais, 2002.

[4] É evidente que a posição adotada é meramente pragmática, pois não resta qualquer dúvida da aplicabilidade da totalidade dos princípios constitucionais.

caso presentes os requisitos estabelecidos (art. 1.228, §§ 4º e 5º, do nCC).[5] Refletindo o dispositivo legal a noção de função social da posse, conceito que deve ser compatibilizado com outro princípio constitucional consistente na função social da propriedade, as cláusulas gerais previstas no art. 1.228 e seus parágrafos consagram definitivamente a funcionalização da propriedade, criando funções negativas, imposição de limites, mas igualmente deveres positivos (art.1228, § 1º, do NCCB).[6]

Encerra-se o ciclo conceitual da propriedade, ao contrário do que poderia parecer, houve significativos avanços, cabendo o restante da tarefa de integrar a nova ordem civil ao sistema jurídico aos operadores do direito.

1.2. A posse e a propriedade

As noções básicas relativas ao sistema possessório permanecem inalteradas no novo Código Civil, existindo apenas a necessidade de compatibilizar o exercício da posse aos conceitos consagrados na ordem constitucional, especialmente adequação social. Não se mostra possível conceber a posse apenas como instrumento de efetividade individualista da propriedade. A posse deve ser eficaz instrumento na concretização dos valores consagrados na Constituição Federal, portanto, essenciais ao Estado Democrático de Direito.[7]

A reflexão sobre o tema possessório[8] encerra assim, por óbvio, a possibilidade de instrumentalizar a possibilidade de apropriação privada dos bens. Reserva-se à posse a tarefa, igualmente, de concretização dos valores hauridos pelo legislador da atual Constituição.

2. Modos de Aquisição

No pertinente aos modos de aquisição, não obstante existirem diversas situações consagradas na legislação civil, o exame será restrito a duas espécies: (a) usucapião e (b) registro.

---

[5] Caio Mario da Silva Pereira, em sua obra *Direito Civil – Alguns Aspectos de sua evolução*, ed. Forense, Rio de Janeiro, 2001, fls. 271/279, crítica ao contido no art. 1228, § 4º, do nCC, revelando que o instituto estabelece absurda inversão. Abandona o proprietário para privilegiar o invasor.

[6] Martins-Costa, Judith. *Diretrizes Teóricas do Novo Código Civil Brasileiro*, Ed. Saraiva, São Paulo, 2002, p.145/156.

[7] Existe interessante obra de Ana Rita V. Albuquerque, *Da Função Social da Posse*, Lúmen Júris, Rio de Janeiro, 2002, onde a autora praticamente esgota a questão da necessidade do exercício social da posse.

[8] Interessante obra, para eventual aprofundamento do tema, é a de Manuel Rodrigues, *A Posse*, Almedina, Portugal, 1981.

2.1. Registro

À similitude da antiga legislação, a nova legislação consagra como principal forma de aquisição da propriedade imobiliária o registro. Continua a legislação a estabelecer um sistema onde há necessidade de um título para ensejar a implementação do modo (registro). Atribui-se ao registro eficácia relativa em relação a direito real adquirido.

Não existindo quaisquer aspectos em contrário, é mantida a vigente lei dos registros públicos (6.015/73) como a legislação reguladora dos procedimentos necessários à concretização do registro imobiliário. Como na vigente legislação, o registro é aplicável nas hipóteses de aquisição de direitos reais de menor amplitude (hipoteca, usufruto, servidões, etc.).

Os mecanismos de registro revelam mecanismos de segurança jurídica para os adquirentes. Não existem retrocessos ou avanços. A situação permanece absolutamente idêntica, sem quaisquer alterações significativas.

O sistema registral adotado pelo Código Civil não permite traduzir a posse como instrumento de aquisição. Privilegia-se a segurança jurídica em detrimento de valores outros.

2.2. Usucapião

A análise será restrita ao usucapião que tenha por objeto bens imóveis. O novo Código Civil disciplina, basicamente, seis espécies de usucapião: (a) o extraordinário de posse simples - art. 1.238, *caput*; (b) extraordinário de posse qualificada – art. 1.238, parágrafo único; (c) ordinário de posse simples – art. 1.242, *caput*; (d) ordinário de posse qualificada – 1.242, parágrafo único; (e) usucapião urbano; (f) usucapião rural. A legislação civil, importante salientar, não esgota todas as possibilidades de usucapião, pois o Estatuto da Cidade (Lei 1.0257/02) contempla a figura do usucapião especial urbano coletivo,[9] modalidade não contemplada na legislação civil, igualmente o novo Código Civil modifica os pressupostos do usucapião especial urbana.

Existem algumas virtudes nas novas regras do usucapião imobiliário que devem ser salientadas. As principais alterações positivas dizem respeito: (a) redução do tempo para as formas extraordinária e ordinária; (b) possibilidade de prazos inferiores quando o imóvel é utilizado em atividade produtiva ou estabelecimento de moradia. Novamente consagra-se a

---

[9] Relativamente ao usucapião coletivo ver artigo de Francisco Loureiro, Usucapião individual e coletivo no Estatuto da Cidade, *Revista Trimestral de Direito Civil*, vol. 9, Ed. Padma, Rio de Janeiro, 2002.

função social da posse, princípio necessário para mediar e equacionar a função social da propriedade.[10]

Não obstante tais virtudes, possível a identificação de alguns problemas no pertinente às regras estabelecidas para o usucapião imobiliário.

Uma primeira crítica passível de ser realizada diz respeito à generalização prevista no art. 1243 do nCC. O dispositivo legal permite o acréscimo possessório para qualquer espécie de usucapião. O usucapião especial rural (art. 1.239) exige que "o possuidor tenha tornado a terra produtiva por seu trabalho ou de sua família". Não se mostra razoável que haja possibilidade de acréscimo possessório em tal espécie de usucapião. Em tal espécie apenas poderia se permitir, com alguma liberalidade, o acréscimo decorrente da sucessão hereditária, condicionada a efetiva dedicação laboral do herdeiro.

Situação muito próxima do usucapião rural ocorrerá no usucapião urbano, neste apenas seria possível agregar-se a posse se o anterior possuidor também a utilizasse nas condições previstas no art. 1.240, do nCC.

A única forma de compatibilizar a regra genérica do art. 1.243 do nCC é admitir o acréscimo possessório para a generalidade dos usucapiões, com exceção do rural e no urbano com a ressalva referida.

O usucapião urbano, quando postulado de forma individual,[11] passou a ter duas disciplinas infraconstitucionais: a primeira prevista no estatuto da cidade, e a segunda, no nCC (art. 1.240).

É evidente que a redação do novo Código Civil deverá prevalecer, pois pelo critério cronológico revogara as disposições do Estatuto da Cidade. É lamentável que tal ocorra, pois a redação da Lei 10.257/02 – Estatuto da Cidade – mostrava-se mais adequado e preciso. O detalhe que permitia uma maior precisão ao Estatuto da Cidade em relação à codificação diz respeito à expressão núcleo do usucapião: (a) na legislação civil é utilizada a expressão *área urbana*; (b) no Estatuto da Cidade, é usada a expressão *área* ou *edificação*. A redação do Estatuto da Cidade permite, sem maiores esforços de interpretação, uma ampliação das hipóteses de cabimento do usucapião urbano, sem as restrições que a expressão *área* acarreta, especialmente em decorrência de decisões judiciais com extremo conservadorismo.

3. Extinção da propriedade imobiliária

Algumas considerações relativamente à extinção da propriedade imobiliária são necessárias. A codificação de 1916 disciplinava a matéria em

---

[10] Miguel Reale, Visão Geral do Novo Código Civil, *Revista de Direito Privado*, vol. 9, p.13.

[11] O usucapião coletivo continua sendo disciplinado pelo Estatuto da Cidade.

seus arts. 589 a 591, agregando além das causas tradicionais (alienação, renúncia, abandono e perecimento), duas outras tipicamente de direito administrativo (desapropriação e requisição).

A Codificação de 2002 mantém, basicamente a estrutura da antiga Codificação, mas agrega dispositivo legal ao explicitar o abandono que, caso aplicado, poderá se constituir em avanço na concretização da função social da propriedade imobiliária.

Estabelece o art. 1.276, § 2°, do Código Civil de 2002, que a propriedade imobiliária, caso o proprietário não possuir mais intenção de mantê-la em seu patrimônio, poderá ser arrecadada pelo poder público, desde que não haja exercício de posse do primitivo possuidor ou de terceiro. É a caracterização do abandono. Até esse ponto nenhuma novidade em relação à primitiva legislação. A primeira alteração efetuada, sem maiores repercussões, diz respeito aos prazos (no pertinente aos bens imóveis urbanos) e ao destino dos mesmos.

Os imóveis urbanos e rurais passam a ter prazo comum para a declaração de vacância pelo abandono do primitivo proprietário: três anos. A destinação igualmente é alterada, os imóveis urbanos passam para a propriedade dos municípios ou distrito federal conforme onde se localizarem; já os imóveis rurais, qualquer que seja a localização, passam para a propriedade da União. Existe uma explicação lógica para a alteração das destinações em relação ao Código Civil de 1916. Assim, em relação aos imóveis urbanos, mostra-se absolutamente lógica a sua destinação aos municípios, pois em decorrência de determinação da Constituição Federal necessariamente as políticas urbanas devam ser desenvolvidas pelo poder municipal. Na medida em que o Município recebe imóveis abandonados, pode deles dispor para concretizar suas políticas urbanas. Idêntico raciocínio deve ser desenvolvido no pertinente aos imóveis rurais. Diversamente da antiga codificação, os imóveis rurais vagos passam para a propriedade da União. A União, pela Constituição Federal, é a condutora do processo de reforma agrária. Assim, plenamente justificada venha a União receber tais áreas de terras, objetivando, certamente, envolvê-las em procedimentos para fins de assentamentos. Absolutamente lógica a proposição do Código Civil, pois em conformidade com o restante do sistema jurídico vigente.

Obviamente que a interpretação realizada concretiza a Constituição. A leitura exclusivamente da legislação infraconstitucional acarreta perda de tal perspectiva, acarretando, sem dúvida uma restrição no alcance da regra.

O abandono da propriedade, como regra geral, permite ao proprietário, antes da declaração judicial de vacância, uma tentativa de provar que não ocorreu o abandono. É evidente que a caracterização do abandono,

O novo Código Civil e a Constituição

225

buscando sempre uma interpretação em conformidade com a Constituição Federal, exige estar a propriedade desenvolvendo alguma função social. Condição necessária para a manutenção da relação de titularidade relativamente a qualquer espécie de imóvel. Colhe-se que o proprietário pode tentar afastar eventual caracterização de abandono, buscando comprovar que realmente exercia atos possessórios capazes de identificar o exercício de efetiva função social.

Essa é uma das hipóteses, situação idêntica já existia no Código Civil de 1916. A grande novidade da nova legislação diz respeito à inserção do § 2º, ao art. 1.276, onde se verifica que o abandono do imóvel, agregado ao não-pagamento dos tributos incidentes, acarreta presunção absoluta de perda da propriedade. Ao proprietário, para afastar eventual incidência da presunção absoluta de propriedade, deve satisfazer os ônus fiscais, pois apenas dessa maneira poderá agregar a defesa outros elementos. A cláusula inserida demonstra a preocupação do legislador em consagrar a extensão conceitual prevista na Constituição Federal em relação ao tema. Não é possível sustentar que a titularidade possa ser mantida sem contraprestação tributária.

Rompe-se, com tal dispositivo legal, com a noção da propriedade como sendo um direito perpétuo, e não capaz de ser destruído pela inércia. Inaugura-se um tempo onde, pelo menos, eventual utilização não adequada será compensada pela regularidade fiscal. Ganha a sociedade em seu todo, pois os tributos arrecadados poderão ser utilizados em finalidades sociais.

Encerra-se, assim, o ciclo da aquisição e manutenção da propriedade imobiliária, com a certeza que houve acertos e ganhos com a nova legislação.[12]

4. Algumas anotações sobre a propriedade condominial

A vigente estrutura legal estabelece em relação ao condomínio duas situações distintas: (a) ao Código Civil/1916 era reservada a disciplina do denominado condomínio geral ou comum (o novo Código Civil utiliza a expressão condomínio voluntário); (b) em legislação específica (Lei 4.591/64), existe o regramento em relação ao denominado Condomínio Horizontal ou especial. As novas regras importaram para o corpo do

---

[12] É possível cogitar-se que eventuais ocupantes de imóveis possam promover reconvenção para ver reconhecido e declarado o abandono, caso após o prazo de três anos os proprietários venham a manejar ação possessória ou petitória.

Código Civil o chamado condomínio especial, denominando-o de condomínio edilício (arts. 1331 a 1358).

Em relação ao condomínio voluntário não existe nenhuma alteração significativa, com exceção da regra prevista no art. 1.316, onde é possível o não-pagamento das despesas e dívidas, condicionado à aceitação dos demais condôminos. Existem apenas algumas considerações formais que devem ser realizadas. A renúncia, em se constituindo ato de renúncia a direito real, necessariamente deve ser expressa pela forma pública (art.108 do CC/2002).[13] Outrossim, como existe transferência de titularidade, ocorre incidência tributária.

As demais alterações relativas ao condomínio voluntário são meramente formais e sem maior relevância.

Examinemos, agora, o denominado Condomínio Edilício, onde realmente ocorreram modificações algumas com profundas repercussões. As considerações, obviamente, não objetivam esgotar a matéria, até por que a limitação do estudo não permite.

A origem do Condomínio Edilício é mantida com a mesma estrutura da Lei 4.591/64, com algumas explicitações anteriormente já admitidas pela doutrina e pela jurisprudência. Apenas para ilustrar: (a) apenas os condôminos quites poderão participar e exercer o direito de voto (art. 1.335, III, do nCC); (b) direito de preferência entre os condôminos na hipótese locação de vaga destinada ao abrigo de veículos (art. 1.338, do nCC); (c) melhor explicitação do modo de cálculo da fração ideal (art. 1.331, § 3º, do nCC). As situações exemplificadas apenas denotam a preocupação de consagrar normativamente situações já admitidas pelos pretórios e doutrina.

A regulamentação do condomínio edilício pode evidenciar algumas dificuldades. O novo Código Civil não revogou expressamente as regras relativas à Lei 4.591/64, assim em relação ao antigo diploma as normas não disciplinadas no novo diploma legal permaneceram válidas. É evidente que o novo Código Civil não disciplinou todas as matérias em sua totalidade. Permanecem vigentes algumas regras da antiga legislação, v.g., a participação do locatário nas assembléias gerais ordinárias onde não haja a participação do proprietário e na qual haja deliberação relativa ao orçamento das despesas ordinárias de condomínio. Criam-se, em decorrência da sistemática adotada, dificuldades no manejo e na operação dos textos normativos. É provável que num primeiro momento, em matéria de condomínio edilício, haja enormes dificuldades em sua aplicabilidade.

---

[13] A forma pública apenas não será exigida caso a parte ideal não alcançar o limite de 30 salários mínimos. Eventual dispensa da forma pública não permite que seja, igualmente, afastada a incidência tributária.

Sem a pretensão de exaurir as questões atinentes ao condomínio edilício, entendo haver necessidade de suscitar a polêmica relativamente a uma questão. O novo Código Civil determina que a fração ideal seja calculada em proporção ao valor da unidade autônoma, tendo como paradigma o restante da edificação. A regra permite concluir que eventuais valorizações ou desvalorizações posteriores, v.g., construção de elevada, pode acarretar que algumas unidades percam valor, havendo necessidade de efetuar-se novamente o cálculo da proporcionalidade da fração ideal. É apenas uma indagação, pois em princípio a fração ideal se apresenta imutável.

5. Os direitos reais sobre coisa alheia

Tradicionalmente podem ser deduzidos três grandes grupos para evidenciar os direitos reais sobre coisa alheia: (a) os direitos reais de aquisição; (b) os direitos reais de garantia; (c) os direitos de fruição. A nova legislação não apresenta de forma didática os três grupos. Os direitos são apresentados em forma seqüencial, sem maior preocupação com a divisão proposta.

É possível identificar-se como do primeiro grupo, direitos reais de aquisição, a promessa de compra e venda; no sistema de garantias reais se mostra possível à identificação da hipoteca, da anticrese, dos penhores e da propriedade fiduciária; já no sistema dos direitos reais de fruição identificam-se usufruto, uso, habitação, servidões e direito de superfície.

A nova codificação apresenta algumas alterações significativas no pertinente aos direitos reais de fruição. À circunstância dos demais, em sua estrutura básica, permanecerem com o mesmo aspecto formal, não retira a possibilidade de sua interpretação adequar-se ao conjunto de princípios informativos da nova codificação. Exige-se uma postura nova frente aos institutos para que se possa extrair a riqueza que os mesmos possuam. Importante salientar que a busca de uma interpretação dos institutos em conformidade com a Constituição Federal se constitui em exigência. A efetividade da nova legislação depende, basicamente, da postura dos aplicadores.

Examino algumas mudanças substanciais ocorridas na nova codificação.

5.1. A promessa de Compra e Venda

Algumas anotações históricas sobre a promessa de compra e venda se mostram necessárias objetivando descrever a evolução do instituto, bem como permitir o cotejo com as regras estabelecidas no novo Código Civil.

A promessa de compra e venda apresenta sua origem no Decreto 58/37, antes apenas havia vigência das regras insertas no Código Civil, especialmente o contido no art. 1.088. As regras anteriores à promessa apenas admitiam, na hipótese de eventual inadimplemento, a busca de perdas e danos. Pelas regras originais do Código Civil, em princípio, não haveria condições de buscar o efetivo cumprimento do contrato, restando apenas a via das perdas e danos. Obviamente o deslocamento do centro econômico das zonas rurais para as zonas urbanos, obrigou a modernização dos textos legislativos, acarretando a expedição do Decreto 58/37. Objetivando claramente a proteção da população menos favorecida socialmente.

A promessa ou compromisso de compra e venda, com cláusula de irretratabilidade, ocasionou profunda e marcante modificação em todo o sistema de aquisição e transferência imobiliária. A promessa de compra e venda, restrita em um primeiro momento apenas aos imóveis loteados, estendeu-se, posteriormente, para a totalidade das transações imobiliárias. Constitui-se, sem dúvida, em instrumento de enorme praticidade e utilidade.[14]

Os maiores avanços em relação à promessa de compra e venda decorreram, basicamente, da enorme evolução jurisprudencial pertinente ao tema. No passado o direito sobre o objeto do contrato principal, exercitável através da ação de adjudicação compulsória, apenas poderia ocorrer caso houvesse a conjugação de três requisitos: (a) quitação do preço; (b) cláusula de irretratabilidade; (c) registro da promessa no ofício imobiliário. A evolução ocorrida nos tribunais acarretou a exata compreensão da temática. Deslocou-se, de forma correta, o dever de transferir o imóvel como ínsita a própria concretização da promessa, e não como efeito gerado pela atividade decorrente do registro. O registro, no vigente entendimento dos pretórios, apenas produz eficácia contra terceiros, portanto, apenas deve ser exigido quando ocorrer algum conflito com terceiros.

O novo Código Civil insere em dois dispositivos legais a promessa de compra e venda. Existem dois aspectos que devem ser salientados: (a) a validade da inserção do instituto na Codificação; (b) requisitos para a formação da promessa de compra e venda e sua execução compulsória.

A inserção da promessa de compra e venda permite, definitivamente, a sua universalização como instrumento a ser utilizado nas transações imobiliárias. Ressalte-se que o arrependimento permanece absolutamente vedado nos imóveis loteados.[15] Justifique-se a proibição em decorrência

---

[14] É indispensável para a compreensão do tema a leitura da obra de José Osório de Azevedo Jr, *Compromisso de Compra e Venda*, Malheiros Editor, São Paulo, 4º edição, 323 p.

[15] Na dicção legal vigente entende-se por loteado, imóvel objeto do parcelamento do solo urbano originário.

dos valores envolvidos, especialmente a preservação da economia popular, a tutela da confiança e da boa-fé objetiva.

A formação da promessa de compra e venda exige, na vigente legislação, a celebração com cláusula de irretratabilidade. A irretratabilidade e a quitação do processo foram suficientes para a que a jurisprudência lograsse permitisse a adjudicação compulsória. A idéia de que a celebração do contrato principal é um mero dever decorrente da celebração do pacto inicial. A evolução jurisprudencial permitiu que, nas hipóteses de negativa de celebração do contrato definitivo, a irretratabilidade e a quitação do preço fossem suficientes a ensejar a transferência da propriedade compulsoriamente. Não obstante a evolução dos tribunais, o novo Código Civil aparentemente revela um retrocesso. A adjudicação compulsória estaria jungida a três requisitos básicos: (a) irretratabilidade; (b) quitação do preço; (c) registro do contrato de promessa de compra e venda no ofício imobiliário.

A exigência dos dois primeiros requisitos não demonstra qualquer novidade. Não existe possibilidade de retorno à antiga discussão. Necessário estabelecer a distinção entre a possibilidade de atribuir condições do promitente comprador substituir o contrato principal por uma decisão judicial com a circunstância do promitente comprador ter em seu favor formado um direito real.

Possível o exame da questão por dois ângulos: (a) o direito do promitente comprador ao objeto do contrato principal(dever secundário do promitente vendedor outorgar a escritura definitiva); (b) a eventual necessidade de invocação do direito real.

O negócio entre as partes é válido e eficaz com a sua celebração e sendo exigível em relação ao promitente comprador na medida da satisfação das obrigações. O registro ou não da promessa em nada adicionara na relação entre as partes que estabeleceram o compromisso de compra e venda. O registro apenas passa a possuir importância nas hipóteses onde haja necessidade de opor a promessa contra terceiros. O registro da promessa produz de forma eficaz a oponibilidade contra terceiros,[16] mas não altera a relação entre as partes contratantes. Exigir o registro para fins da adjudicação compulsória se mostra absolutamente assistemático. Não é razoável que apenas as promessas inscritas possam se beneficiar da tutela jurisdicional. O dever do promitente vendedor não se qualificou em decorrência do registro no ofício imobiliário. A inscrição apenas qualifica o promitente-comprador como titular de direito real. O registro não gera o

---

[16] No regime vigente a própria questão do registro da promessa foi relativizado, a súmula 84 do STJ é exemplo. A promessa agregada a exteriorização da posse ocasiona rompimento com o dogma que apenas o registro é capaz de produzir oponibilidade em relação a terceiros.

dever do promitente-vendedor outorgar o contrato definitivo, a celebração do contrato definitiva se constitui em mero dever decorrente da própria celebração da promessa.

Assim, o contido no art. 1.418, do nCC, deve merecer uma adequada interpretação, afastando-se eventuais retrocessos.

5.2. O sistema de garantias reais

Existe a manutenção dos clássicos e típicos direitos reais de garantia: hipoteca, penhor e anticrese. Agrega-se, ainda, a propriedade fiduciária, tendo como objeto bens móveis, instrumento de vasta aplicação pelo mercado financeiro (atualmente regulado pela LMC e DL 911/69) e a alienação fiduciária de bens imóveis, regulada em lei especial (Lei 9.514/97), a qual fica absolutamente mantida em sua atual estrutura normativa.

5.3. A propriedade fiduciária

O novo Código Civil, em título próprio, busca disciplinar a propriedade fiduciária. Identificam-se algumas impropriedades. A primeira diz com a ausência de disciplina relativa à propriedade fiduciária sobre bens imóveis. No sistema anterior havia dois textos disciplinando a propriedade fiduciária: (a) a LMC e o DL 911/69 relativo aos bens móveis e (b) Lei 8.914/97; a propriedade fiduciária sobre bens imóveis. Na medida em que houve a inserção da propriedade fiduciária no texto do Código Civil se mostraria recomendável à disciplina da totalidade das hipóteses relativas à propriedade fiduciária. Assim existe um tratamento não sistemático das hipóteses possíveis de alienação fiduciária. Conclusivo, portanto, que a propriedade fiduciária sobre móveis regula-se pelo Código Civil, e a relativa aos bens imóveis permanece com o texto excepcional. Perdeu-se, boa oportunidade, para corrigir eventuais imperfeições do texto da propriedade fiduciária sobre bens imóveis.

Em relação à propriedade fiduciária mobiliária, três pontos devem ser referidos:

a) universalização de sua utilização.

A partir da nova codificação qualquer pessoa, jurídica ou natural, podem pactuarem cláusulas que estabeleçam a formação da propriedade fiduciária;

b) apenas bens móveis não fungíveis podem ser objeto de propriedade fiduciária;

c) a questão do prévio registro no cartório de títulos e documentos ou o registro no órgão veicular, na hipótese de o objeto recair sobre veículo.

Entendo que entre as partes não existe, para validade e eficácia do negócio celebrado, do prévio registro. O registro apenas outorgara a parte direito real. A propriedade fiduciária nasce da tradição consensual estabelecida no pacto celebrado. É necessário distinguir-se dois momentos na formação da propriedade fiduciária: (a) o primeiro diz respeito à eficácia entre as partes; (b) o segundo refere a formação do direito real. O registro não se mostra necessário para produzir efeitos entre as partes. Não é razoável que, mesmo entre as partes, o contrato que venha a estabelecer a propriedade fiduciária tenha que ser submetido a prévio registro.

5.4. Demais garantias reais

As demais garantias reais não apresentaram modificações substancias em relação à antiga legislação. As modificações são meramente formais, não ensejando necessidade de maiores indagações.

Apenas registre-se a alteração nas situações onde haverá possibilidade de especialização de hipoteca legal, bem como a ampliação das hipóteses de penhor.

No restante, as modificações não ensejam maiores digressões.

5.5. As modificações ocorridas nos direitos reais de fruição

As alterações mais significativas em tal grupo diz respeito ao desaparecimento da enfiteuse, permanecendo apenas em vigor a legislação pertinente aos terrenos foreiros públicos (art. 2.038 do nCC). O direito de superfície é normatizado, não obstante já se encontrar disciplinado na legislação pertinente ao Estatuto da Cidade. Os demais direitos reais de fruição não apresentam modificação substancial, meramente formal, sem maiores implicações.

O instituto das servidões apresenta uma incongruência em relação ao direito de propriedade. Em ambos existe a possibilidade de aquisição pelo usucapião. O prazo máximo de usucapião envolvendo a propriedade é de quinze anos (usucapião extraordinário, não obstante, em se tratando de aquisição de servidões o prazo para idêntica forma de usucapião é de 20 anos. Em uma interpretação meramente literal os prazos deveriam ser obedecidos. Não obstante entendo que existe possibilidade de uma interpretação sistemática, adequando-se os prazos a lógica do sistema.

Em primeiro o sistema de usucapião apresentou modificações substanciais, especialmente com redução de prazos em algumas hipóteses; um segundo aspecto que deve ser salientado diz respeito que o usucapião extraordinário(semelhante ao previsto no art. 1379, parágrafo único), foi reduzido de vinte para quinze anos; um último ponto diz respeito à amplitude dos direitos em aquisição. A propriedade é a forma mais ampla dos direitos reais; a servidão se constitui em direito real limitado. Não se mostra logicamente adequado que para a aquisição do direito mais amplo o prazo seja abreviado, permanecendo para o direito de menor amplitude um prazo mais longo.

Entendo que o prazo para fins de usucapião extraordinário de servidão deva ser o maior prazo previsto para a aquisição do direito de propriedade. Interpretação sistemática do Código e adequação na amplitude dos direitos em aquisição. Assim, o prazo previsto no art.1.379, parágrafo único, do nCC, deve ser interpretado como sendo quinze, e não vinte anos como grafado.

Outrossim, o Código Civil disciplina o direito de superfície. O direito de superfície já se encontra regulado pelo Estatuto da Cidade e para alguns na forma de concessão de direito real de uso, prevista no Decreto-Lei 271/67. A grande alteração estabelecida com a regulamentação do Direito de Superfície no nCC diz respeito ao objeto que se apresenta ampliado; a Lei 10.257/01 apenas abrange imóveis urbanos, enquanto o Código Civil admite a celebração da superfície em relação a qualquer imóvel.

Conclusões

1. A maior alteração do novo Código Civil diz respeito à quebra dos paradigmas vigentes daqueles que manejam com o direito. Caso a percepção seja realizada com antigos parâmetros, o novo tende a envelhecer rapidamente. Existe necessidade de perceber nos signos uma maior amplitude, capaz de enfrentar as complexidades impostas pelas sociedades contemporâneas.

2. Uma das formas de rompimento com antigos paradigmas e a busca constante dos valores constitucionais. A interpretação a partir da constituição, a carta política como centro do sistema jurídico. A codificação deixou há muito de ser o centro e a essência do sistema. A aplicação do direito, obrigatoriamente, deve possuir a filtragem constitucional.

3. A quebra dos paradigmas, no pertinente aos direitos reais, especialmente a propriedade, acarreta na necessidade de concretização dos valores constitucionais que permeiam a garantia da apropriação privada dos meios de produção, a dignidade da pessoa humana, a função social da propriedade, o direito de habitação, entre outros.

4. A propriedade e a posse, na nova codificação, estão funcionalizadas. O exercício de ambas deve expressar e concretizar valores sociais. Não se concebe a posse como mera expressão individualista.

5. O novo Código Civil procura consagrar, seja na aquisição ou na extinção do direito de propriedade, a funcionalização do direito de apropriação. Exemplos de tais conclusões pode-se extrair dos prazos mais

abreviados para fins de certos usucapiões, bem como na presunção absoluta de abandono quando agregada à não-satisfação das obrigações tributárias.

6. Os demais institutos, direitos reais limitados, devem merecer dos aplicadores, o mesmo tratamento do direito real mais amplo, a propriedade. É a única forma que possibilita a concretização dos princípios constitucionais para a totalidade do capítulo destinado aos direitos reais.

Bibliografia

ALBURQUERQUE, Ana Rita Vieira. *Da Função Social da Posse*. Rio de Janeiro: Lumen Juris, 191 p.

AZEVEDO JR., José Osório de, *Compromisso de Compra e Venda*. 4º ed. São Paulo: Malheiros, 423 p.

CHEMERIS, Ivan. *A Função Social da Propriedade*. São Leopoldo: Ed. Unisinos, 2002, 141p.

COSTA, Judith Martins. *Diretrizes Teóricas do Novo Código Civil*. São Paulo: Saraiva, 2002, 226 p.

——. (org). *A Reconstrução do Direito Privado*. São Paulo: RT, 2002, 861p.

DALLARI, Adilson Abreu (org.), *Estatuto da Cidade - Comentários à Lei 1.0257/01*. São Paulo: Malheiros, 2002, 440p.

FACHIN, Luis Edson e Carlos E. P. Ruzyk. "Um Projeto de Código Civil na Contramão da Constituição". *Revista Trimestral de Direito Civil*, vol. 4., p. 265. Rio de Janeiro: Ed. Padma, 2000.

GAMA, Ricardo Rodrigues. "Algumas Considerações Sobre o Novo Código Civil Brasileiro". *Revista de Direito Privado*, vol. 9, p. 18. São Paulo: RT, 2002.

GASPARINI, Diógenes. *O Estatuto da Cidade*. São Paulo: Editorial NDJ, 2002, 257 p.

GOMES, Luiz Roldão de Freitas. "Notas sobre o Direito das Coisas". *Revista Trimestral de Direito Civil*, vol. 1, p. 59. Rio de Janeiro: Padma, 2000.

LOUREIRO, Francisco. "Usucapião Individual e Coletivo no Estatuto da Cidade". *Revista Trimestral de Direito Civil*, vol. 9, p. 25. Rio de Janeiro: Padma, 2002.

PEREIRA, Caio Mário da Silva. *Direito Civil – Alguns Aspectos de Sua Evolução*. Rio de Janeiro: Forense, 2001, 322 p.

REALE, Miguel. "Visão Geral do Novo Código Civil". *Revista de Direito Privado*, vol. 9, p. 13. São Paulo: RT, 2002.

RODRIGUES, Manuel. *A Posse – Estudo de Direito Civil Português*. Coimbra, Portugal: Almedina, 383 p.

TEPEDINO, Gustavo (org.). *Problemas de Direito Civil – Constitucional*. Rio de Janeiro: Renovar, 2000, 575 p.

——. *Temas De Direito Civil*. Rio de Janeiro: Renovar, 1999, 512 p.

9. Titularidades e apropriação no novo Código Civil brasileiro – Breve ensaio sobre a posse e sua natureza

RICARDO ARONNE
Doutor em Direito Civil e Sociedade pela UFPR, Mestre em Instituições de Direito do Estado pela PUCRS, Especialista em Direito Processual Civil pela PUCRS, Professor Orientador de Direito Civil dos cursos de graduação e pós-graduação da Faculdade de Direito da PUCRS, Coodenador e Professor Orientador dos Cursos de Pós-Graduação da Faculdade de Direito de Porto Alegre (CESUPA), Advogado e Consultor Jurídico.

Sumário: 1. Introdução; 2. Em Busca de uma Radiografia da Posse Codificada; 3. A Aporética Possessória e a Teoria Tríptica; 4. Posse e Função Social; 5. Possessórias e Função Social da Posse; 6. Considerações Finais.

1. Introdução

O Direito Civil brasileiro, na ante-sala do século XXI, assistiu ser produzida no país uma nova codificação. Contra as mais progressistas tendências do Direito Civil Contemporâneo, a opção pela codificação dos estatutos privados derivou de uma escolha político-legislativa do Congresso Nacional, estando longe de ser um consenso entre os civilistas pátrios.[1]

Padece, pois, do mesmo mal de seu antecessor que, ao invés de abrir as portas do século XX, quando aprovado em 1916, fechava as portas do século XIX, representando os interesses das oligarquias agrárias, bem assentadas na então República do Café com Leite.

---

[1] Gustavo Tepedino. O velho projeto de um revelho código civil. *Temas de Direito Civil*. Rio de Janeiro: Renovar, 1999, p. 437: "Na discussão sobre o projeto do novo (?) Código Civil, o que menos importa é o indiscutível brilho e o extraordinário talento da comissão de juristas que o elaborou e do Senador Josaphat Marinho, seu Relator. O fato é que o projeto foi redigido há quase 30 anos (a comissão foi constituída em maio de 1969) e a sua aprovação representará impressionante retrocesso político, social e jurídico."

O novo Código Civil e a Constituição

Derivou do ora explicitado, um profundo processo de decapagem hermenêutica,[2] para proceder a evolução de uma legislação de caráter fechado, que a partir do Estado Novo começa seu desalinho axiológico com o sistema jurídico, o qual altera-se profundamente com o fim do "liberalismo caboclo", decretado pelas sucessivas crises do café.[3]

Tratava-se do Código Patrimonial Imobiliário, na medida em que existia e dotava de direito subjetivo, àquele que já era dotado de patrimônio.[4] Neste sentido somente se observa como sujeito no direito de família, o indivíduo casado, não tendo trânsito na codificação outro projeto parental que não a família matrimonial hierarquizada. Para o contrato, também somente o contratante era reconhecido como sujeito, ficando à margem aquele sem dotação patrimonial mínima, para participar do jogo do trânsito jurídico.[5] O direito das coisas, zona central e sensível da codificação, não destoou da perspectiva oitocentista que inspirou o diploma civil.

Adotando a teoria dualista, que cinge o direito patrimonial em duas categorias, dos vínculos reais e dos vínculos pessoais, em matéria de propriedade e suas derivações no que diz respeito a patrimônio alheio, somente o interesse dos respectivos titulares guardava relevância e jurisdicidade. Na lição de Giuseppe Provera:

---

[2] Vicente de Paula Barreto, em seu prefácio à obra de Margarida Maria Lacombe Camargo (*Hermenêutica e argumentação – uma contribuição ao estudo do direito*. Rio de Janeiro: Renovar, 1999, p. VI), leciona: "Enquanto a dogmática clássica encontrou nos grandes civilistas e nas codificações do século XIX o campo propício para desenvolver um modo de aplicação do direito, que se caracterizaia por um modelo de interpretação fundado numa concepção abstrata do direito, e, no fundo ideal do Estado e da sociedade, o pensamento jurídico contemporâneo defronta-se, precisamente em virtude da chamada 'crise do direito', com o desafio de construir uma nova forma de pensar e aplicar o direito. A 'aplicação da lei', vale dizer, a adequação do fato aos ditames da norma jurídica, consistia no objetivo central da dogmática clássica, que transitava no universo fechado do sistema jurídico não levando em conta o que Hans Kelsen chamou de fatores 'a-científicos' na análise jurídica. O direito bastava-se a si próprio, como se fosse uma mônada dentro da qual deveriam ser enquadrados os fatos e as relações sociais."

[3] Francisco de Assis Silva; Pedro Ivo de Assis Bastos. *História do Brasil*. São Paulo: Moderna, 1983. p. 177: "O problema apresenta-se sem perspectivas no correr do ano de 1930 [...]. O vencimento das dívidas e o avolumar-se da crise levam à debâcle e às falências. A revolução de 1930 interrompe brutalmente esta situação e subverte a estrutura agrária dominante e a supremacia política desta classe. Era o fim de uma época e da hegemonia dos fazendeiros do café".

[4] Orlando Gomes. *Transformações gerais do direito das obrigações*. São Paulo: RT, 1980. p. 2: "O Direito das Obrigações elaborado no século XIX, calcado no Direito Romano e aperfeiçoado, principalmente na Alemanha, pela Escola das Pandectas, concorreu para o desenvolvimento econômico, mas legitimou abusos, ao favorecer a prepotência das pessoas economicamente fortes. No pórtico de sua codificação, poder-se-ia ter inscrito, a talho de foice, a legenda: *beati possidentes*".

[5] Sérgio Buarque de Hollanda. *Raízes do Brasil*. 26.ed. São Paulo: Cia. das Letras, 1997. p. 95: "Essa primazia acentuada da vida rural concorda bem com o espírito da dominação portuguesa, que renunciou a trazer normas imperativas e absolutas, que cedeu todas as vezes que as conveniências imediatas aconselharam a ceder, que cuidou menos em construir, planejar ou plantar alicerces, do que em feitorizar uma riqueza fácil e quase ao alcance da mão."

"Ma perché questa immagine si formi bisognaque il diritto risulti opponibile ai terzi, dovedosi intendere l'opponibilità nel duplice significato di tutela dell'interesse alla titolarità ed all'esercizio del diritto da un lato e di c.d. diritto di seguito o di sequela dall'altro".[6]

Ou seja, regulando a vida, a partir de um filtro artificial denominado relação jurídica, é traçada uma linha entre o direito e o não direito, cujo pórtico de entrada ao trânsito jurídico se dá em face do reconhecimento da condição de sujeito de direito, que, no caso do direito das coisas, implica na titularidade e não na condição humana, ubicada em um mínimo social.[7]

A posse não trouxe novidades. Visitada como o *foyer* da propriedade privada, principalmente propriedade privada da terra, meio de produção por excelência desde o Brasil colonial – realidade que perdurou nas primeiras repúblicas -, abre o capítulo dedicado ao direito das coisas, oscilando entre as teorias alemãs clássicas mais aceitas (objetiva e subjetiva), adaptando-as para servirem de escudo a eventuais ataques à propriedade imobiliária.

A percepção da realidade brasileira que permeou a codificação conta uma triste história de exclusão social, à qual o Direito contemporâneo luta para mitigar,[8] e que o denominado novo Código Civil não pode importar em retrocesso. Para tanto, o processo de decapagem hermenêutica que se observou ao longo de mais de oitenta anos no Código Beviláqua, não foi um desafio maior do que o apresentado pelo novo Código.

O sentido do que ora se verte, guarda um papel no espaço e no tempo, cediço a importância do momento que o Direito Civil brasileiro atravessa. O projeto em nada inovou o Código de 1916, na medida em que se manteve adrede à moldura patrimonialista que ancorava a codificação do início do

---

[6] Giuseppe Provera, La distinzione fra diritti reali e diritti di obbligazione alla luce delle istituzioni di Gaio. In: *Il modello di Gaio nella formazione del giurista*. Milão: Giuffrè, 1981, p.389-390: "Mas para que esta imagem se forme, é preciso que o direito resulte oponível a terceiros, devendo compreender-se a oponibilidade no duplo significado, de um lado, tutela do interesse à titularidade e ao exercício do direito, de outro, o direito de seguimento ou seqüela". (Tradução livre)

[7] Ingo Wolfgang Sarlet. *A eficácia dos direitos fundamentais*. Porto Alegre: Livraria do Advogado, 1998. p.63: "No âmbito de um Estado social de Direito – e o consagrado pela nossa evolução constitucional não foge a regra – os direitos fundamentais sociais constituem exigência inarredável do exercício efetivo das liberdades e garantia de igualdade de chances (oportunidades), inerentes à noção de uma democracia e um Estado de Direito de conteúdo não meramente formal, mas, sim, guiado pelo valor de justiça material."

[8] Luiz Edson Fachin. *Teoria crítica do direito civil*. Rio de Janeiro: Renovar, p. 1: "Para captar as transformações pelas quais perpassa o Direito Civil contemporâneo, há lugar para uma nova introdução que se proponha a reconhecer a travessia em curso e que se destine a um olhar diferenciado sobre as matérias que compõem o objeto de análise. Clara premissa que instiga a possibilidade de reconhecer que o reinado secular de dogmas, que engrossaram as páginas de manuais e que engessaram parcela significativa do Direito Civil, começa a ruir. Trata-se de captar os sons dessa primavera em curso."

século XX.[9] Deve-se, pois, tomar o cuidado de não ser vertida uma dogmática engessante, do qual é auspiciosa uma nova codificação.[10] O viés hermenêutico continua apto ao reconstruir do *status quo*, sem que se deixe de reconhecer eventuais claudicações, no curso de uma jornada cujo "por vir", ainda que reflita, possa não depender do "de vir" de maneira absoluta, de modo que a opção pela codificação não derive, no processo da história nacional, como um momento decisivo onde o país tenha feito uma escolha equivocada.[11]

Nesse passo, carece de utilidade comentar, acima da superficialidade, a disciplina da pertença, seja pela apropriação ou titularidade, dentro do "novo" Código, ou seja, partir da codificação para chegar nela mesma,[12] sem aterrar a interlocução com o sistema em que o Código aporta e a sociedade para a qual se destina.[13] Talvez aí se consiga manter o estudo

---

[9] Gustavo Tepedino. O velho projeto de um revelho código civil. Ob. cit., p. 438: "Do ponto de vista social, o retrocesso não é menos chocante. Os últimos 30 anos marcaram profunda transformação do direito civil, simplesmente desconsiderada pelo projeto do novo (?) código:os institutos de direito privado, em particular a família, a propriedade, a empresa e o contrato, ganharam função social que passa a integrar o seu conteúdo. As relações patrimoniais são funcionalizadas à dignidade da pessoa humana e aos valores sociais inculpidos na Constituição de 1988. Fala-se, por isso mesmo, de uma *despatrimonialização do direito privado*, de modo a bem demarcar a diferença entre o atual sistema em relação àquele de 1916, patrimonialista e individualista. Os quatro personagens do Código Civil – o marido, o proprietário, o contratante e o testador -, que exauriam as atenções (sociais) do codificador, renascem, redivivos, com o projeto, agora em companhia de mais um quinto personagem: o empresário."

[10] Marcel Planiol; Georges Rippert. *Tratado practico de derecho civil frances.* Havana: Cultural, 1946. Tomo 3. p. 7.

[11] Antonio Paim. Momentos decisivos da história brasileira. São Paulo: Martins Fontes, 2000, p. XI-XII: "Momentos decisivos de nossa história são aqueles nos quais o país poderia ter seguido rumo diverso do escolhido. [...] Barbara Tuchman (1912-1989), ao escolher as situações que figurariam no livro que intitulou de A Marcha da Insensatez, adotou como critério a presença contemporânea de opositores. Cassandra advertiu que o cavalo de madeira traria desgraças a Tróia. Mesmo assim, deixaram-no entrar. No caso brasileiro, as opções também se configuraram, quase sempre tão claras como no confronto entre separatismo e unidade nacional ou entre sistema representativo e autoritarismo."

[12] TEPEDINO, Gustavo. *A parte geral do novo Código Civil – Estudos na perspectiva civil-constitucional.* Rio de Janeiro: Renovar, 2002, p. XI e XII: "A leitura dos artigos da Parte Geral nesta perspectiva permite superar as inúmeras perplexidades suscitadas pela reforma legislativa, garantindo estabilidade ao sistema jurídico, com base nos valores culturais consagrados na Constituição da República. Afasta-se, portanto, a visão *neo-exegética*, ainda presente no espírito nostálgico de tantos autores, que imaginavam no Novo Código a oportunidade se restaurar a pureza técnica do corpo normativo, visto como um conjunto (neutro) de dispositivos a ser utilizado para a segurança das relações patrimoniais."

[13] René Gonnard, *La propriété dans la doctrine et dans l'histoire.* Paris: LGDJ, 1943. p. 1-2: "Dans les sociétés humaines même les plus rudimentaires, se pose le problème de l'appropriation, c'est-á-dire le problème de la manière dont sera assurée, aux individus ou aux groupes, la faculté, plus ou moins durable et plus ou moins exclusive, de disposer des biens.
[...] Et le droit de propriété, dans sa forme et dans son organisation, on a beaucoup varié dans le temps et dans l'espace".
"Na sociedade humana, mesmo nas mais rudimentares, é colocado o problema da apropriação, quer dizer a maneira que será assegurada, aos indivíduos ou aos grupos, a faculdade, mais ou menos durável e mais ou menos exclusivo, para se dispor dos bens.
[...] E o direito de propriedade, na sua forma e na sua organização, alterou-se no espaço e no tempo".
(Tradução livre)

da reforma do Direito Civil, no contexto evolutivo já alcançado e não estancar em um evento deste processo, que é a aprovação do Novo Código.[14]

"O marco inicial da reflexão está no combate ao aparente triunfo da indiferença que parece ganhar espaços no eloqüente silêncio sobre a temática da reforma do direito civil brasileiro. [...] Pode ser paradoxal apontar esse esmaecimento dos vôos epistemológicos e da interlocução científica na seara do direito que se propõe a governar juridicamente o que se apresenta na base organizativa da sociedade: as titularidades de apropriação, o projeto parental e o trânsito jurídico. Afinal, esse debate deveria radiografar os três pilares que mostram, numa breve lição de anatomia jurídica, a arquitetura social e o seu reflexo normativo sobre os bens de uso, de consumo e de produção. Ubica-se aí essa primeira nota de conclamação destinada não apenas ao debate imprescindível sobre o projeto do novo Código Civil, mas sim sobre o debate conjunto de transformações necessárias pelas quais passou e deve ainda passar o direito civil brasileiro. Daí o sentido dessa clivagem entre os limites da codificação e as possibilidades da reforma. A reforma é um processo em construção. A codificação enquanto proposição de unidade é um evento, evento esse que no tempo opera, mediante a tradição, uma função de modo. Em ambas observamos um mapeamento tributário dos valores culturais predominantes, e, para ambas dirigimos nossa atenção".[15]

Pode-se, outrossim, manter a reflexão à luz dos pressupostos e paradigmas contemporâneos de "repersonalização", "publicização" e "constitucionalização", fruto da própria inflexão da moldura axiológica constitucional despatrimonializante,[16] que perfaz a base e o topo do ordenamento e, a partir dela, perseguir, sem prejuízo de retrocesso, a unidade que o Código apenas se propõe a fornecer, mas que resulta por voltar seu

---

[14] Alexandre Pasqualini. Sobre a interpretação sistemática do direito. *Revista do Tribunal Regional Federal da 1.ª Região*, Brasília: O Tribunal, v.7, n.4, p.96, 1995: "Em outras palavras, a lei se apresenta tão-só como o primeiro e menor elo da encadeada e sistemática corrente jurídica, da qual fazem parte, até como garantia de sua resistência, os princípios e os valores, sem cuja predominância hierárquica e finalística o sistema sucumbe, vítima da entropia e da contradição. Vale dizer, a unidade só é assegurada por obra do superior gerenciamento teleológico, patrocinado pelos princípios e valores constituintes da ordem jurídica. Vai daí que a idéia de sistema jurídico estava a reclamar conceituação mais abrangente, sob pena de se tornar incapaz de surpreender o fenômeno jurídico em toda a sua dimensão, principalmente na esfera decisória."

[15] Luiz Edson Fachin. A reforma no Direito Brasileiro: novas notas sobre um velho debate no Direito Civil. *Revista dos Tribunais*, São Paulo, RT, n. 757, p. 64-65.

[16] NALIN, Paulo; CASTRO, Carlos Alberto Farracha de. Economia, mercado e dignidade do sujeito. In: FACHIN, Luiz Edson; TEPEDINO, Gustavo; MORAES, Maria Celina Bodin, *et al.* (Org). *Diálogos sobre direito civil – Construindo a racionalidade contemporânea*. Rio de Janeiro: Renovar, 2002, p. 99-125.

regime de garantias, tão somente aos três pilares[17] do Direito Civil tradicional.

Nada obstante a pragmaticidade dessa decapagem hermenêutica, não carece de utilidade científica o estudo crítico da disciplina como versada no novo Código, servindo de ponte a instrumentalizar interlocução entre o clássico e o contemporâneo, percebendo-se, no mínimo por questões didáticas, senão pedagógicas,[18] as superações de paradigmas e dogmas[19] neste percurso, ainda pseudo-doutrinariamente afirmados,[20] principalmente na seara da posse, vasto celeiro de conservadorismo no Direito Civil.[21]

2. Em Busca de uma Radiografia da Posse Codificada

A posse, na disciplina da pertença, atende ao comando dos regimes de apropriação. Tradicionalmente, é a regulação do ter, não raro em prejuízo do ser, diante de sua arquitetura fulcrada na retenção física dos bens de apropriação.

---

[17] Jean Carbonnier. *Flexible droit: pour une sociologie du droit sans riguer*. Paris: LGDJ, 1992. p. 201.

[18] John Gilissen. *Introdução histórica ao direito*. 2.ed. Lisboa: Calouste Gulbenkian, 1995. p. 648: "A descrição histórica das situações reais tem sido severamente afectada por utilizações retrospectivas de esquemas conceituais e dogmáticos. Sendo as situações reais, nomeadamente sobre bens imóveis, situações duradouras, elas estão sujeitas a contínuas reinterpretações conceituais. Assim a dogmática oitocentista, dominada pelo paradigma da propriedade absoluta e da oposição público/privado reinterpretou a seu modo as formas de deter as coisas herdadas do passado (exemplar, neste plano, a discussão oitocentista sobre a questão dos forais); a dogmática do direito comum, por sua vez, já reinterpretara, de acordo com as categorias doutrinais tardo-medievais e modernas, as fórmulas dos documentos medievais ou as relações reais estabelecidas na prática; por fim, os notários dos sécs. XII e XIII já tinham procurado classificar as situações vividas nos esquemas terminológico-conceituais da *ars notariae*. De tudo isso resulta a necessidade de uma progressiva decapagem da tradição, que nem sempre tem sido levada a cabo pela historiografia dominante, pelo que o panorama actual da história dos direitos reais, também em Portugal, se revela ainda bastante grosseiro, apesar da atenção que tem despertado."

[19] CORTIANO Jr., Eroulths. Para além das coisas (Breve ensaio sobre o direito, a pessoa e o patrimônio mínimo. In: FACHIN, Luiz Edson; TEPEDINO, Gustavo; MORAES, Maria Celina Bodin, *et al.* (Org). *Diálogos sobre direito civil – Construindo a racionalidade contemporânea*. Rio de Janeiro: Renovar, 2002, p. 155-165.

[20] Com a mesma afirmação *vide* Gustavo Tepedino, Contornos constitucionais da propriedade privada, *Temas de direito civil*, Rio de Janeiro: Renovar, 1999, p. 268.

[21] António Menezes Cordeiro. Problemas de direitos reais. *Estudos de direito civil*. Coimbra: Almedina, 1991. v.1. p.201: "O Direito encontra-se em evolução, permanentemente, quer em obediência às modificações sociais, quer em consonância com a sua própria dinâmica interna. As modificações registradas no tecido jurídico não são uniformes: em cada momento histórico, certas disciplinas jurídicas apresentam um dinamismo particular, superior às demais. Nesta panorâmica, existe divulgado o entendimento de que o Direito privado comum, com tónica, pois, no Direito das Obrigações e em Direitos Reais, se situaria numa zona de estabilidade acentuada, o que é dizer, pouco permeável a inovações. Francamente inexacto no tocante às Obrigações, esta asserção bem poderia colher em Direitos Reais."

Independe das titularidades, guardando autonomia institucional (classicamente mais propalada do que sistematizada), se imiscuindo no domínio,[22] em sua percepção mais arejada, mas tampouco confunde-se com ele, constituindo ainda, um desafio para a civilística, no sentido de ter muito a ser dito sobre o tema, não obstante muito já ter sido dito.[23] Neste viés, há de ser acompanhado Darcy Bessone:

> "Não estamos a refletir apenas na figura complexa da posse. Queremos saltar para fora de um círculo tão estrito para vermos todo o descompasso entre o Direito e a vida, especialmente no campo do Direito privado. Tem faltado imaginação e criatividade aos cientistas do Direito. Não conseguem vincular-se à evolução resultante das novas descobertas e inventos. De ordinário, viram-se para trás, em lugar de volverem-se para frente.
> Querem descobrir, em Roma agrária, de dois mil anos atrás, as soluções para os conflitos do século XX ou do terceiro milênio.
> Os cajados romanos refletiam a singeleza da vida, então destituída das complexidades que, agora, a todos nós envolvem. Àquele tempo, a propriedade, virtualmente, não era titulada, circunstância que levou, naturalmente, a situações fáticas em que a posse viceja".[24]

A posse, pela perspectiva clássica, fulcra-se em duas teorias[25] que partem dos muitos sistemas jurídicos que Roma erigiu, sucessivamente, na constante busca sociológica de adequação de seus institutos jurídicos às muitas transformações de seu povo e cultura.

Isto não sem prejuízo das distorções medievais em sede de direitos reais que, na medida de sua utilidade, foram aproveitadas pelos seus

---

[22] Ricardo Aronne. *Propriedade e domínio – reexame sistemático das noções nucleares de direitos reais*. Rio de Janeiro: Renovar, 1999, p. 124-125.

[23] Importantes, pela contemporaneidade e aplicação, as lições sobre a autonomia da posse trazidas por Teori Albino Zavascki no texto "A tutela da posse na Constituição e no projeto do novo Código Civil" (In: MARTINS-COSTA, Judith. (org.) *A reconstrução do direito privado*. São Paulo: RT, 2002, p. p. 843-861). Na mesma obra vide também Laura Beck Varela (A tutela da posse entre a abstração e autonomia: Uma abordagem histórica. MARTINS-COSTA, Judith. (org.) *A reconstrução do direito privado*. Ob. cit., p. 789-842).

[24] Darcy Bessone. *Da posse*. São Paulo: Saraiva, 1996, p. 7.

[25] Fernando Luso Soares. *Ensaio sobre a posse como fenómeno social e instituição jurídica*. Coimbra: Almedina, 1996, p. XXI: "Não necessitamos de grandes explicações para entender o fenómeno da 'estabilidade' teórica da posse. A 'responsabilidade' cabe ao facto de este instituto se encontrar poderosamente ligado (ou espartilhado ?) pela opulência das investigações históricas que se lhe referem. E não só, aliás. Em grande parte ela pertence também ao gigantesco prestígio científico daqueles dois homens que foram (e continuam a ser) os alicerces fundamentais dos estudos possessórios. Refiro-me, evidentemente, a SAVIGNY e IHERING. É impossível, *hoje* tal como ontem, analisar as questões da posse e criticar os pontos de vista adoptados pelo legislador, sem que as idéias básicas se orientem ou se determinem por uma referência (em regra, *polémica*) a estes dois gigantes da História do Direito.

representantes.[26] É esta a armadura que foi imposta à disciplina da apropriação, no que se pode chamar Direito Moderno, alinhado ao interlúdio da Revolução Francesa até as grandes guerras, que marcam a pós-modernidade.

Sem que este texto volte-se para um estudo das teorias possessórias, o que não é seu objeto, *tomá-las* como ponto de partida, a ubicar uma reflexão que não *tome-as* como compromisso, porém como dado, o qual integra, diante de sua inelutável importância histórica, o que ainda se verifica por construir, na existência de uma "nova" codificação, mas, principal e primordialmente, a partir de um Direito Civil constitucionalizado e pluralizado.[27]

A primeira destas teorias, derivada do intelecto de Carl von Savigny, arauto da Escola Histórica, se denomina Teoria Subjetiva da Posse. Subjetiva na medida em que compreende a posse como a soma de seus dois *famulus*, o *corpus* e o *animus*, cuja ausência de um destes a descaracteriza.[28]

A *intentio* ganha um papel prevalente, no sentido de não bastar para a configuração da posse, em um sentido juridicamente hábil, apenas a retenção física, o apoderamento da coisa, estratificada na noção de *corpus*. É necessário ainda o *animus*, a vontade de possuir (*animus possidendi*), não raro superposto à vontade de ser dono (*animus domini*), ou a vontade de ter para si (*animus sibi habere*) o bem, ou melhor, a *res*.

Ou seja, um fator psico-intelectual, aliado à *detentio*, marca o delimitador entre a posse juridicamente tutelada e reconhecida e a posse não reconhecida e carecedora de tutela. Daí subjetiva, a adjetivação que se agregou para designação desta corrente clássica.

Para a Teoria Subjetiva, a posse é um fato, enquanto a propriedade é um direito, carecedor, este último, da visibilidade que a posse agrega de modo ínsito, por ser um fato, no entendimento dos respectivos adeptos.

Savigny partiu seus estudos fulcrado na análise da tutela interdital e petitória romana,[29] sem perder de vista até mesmo as publicianas. Parte de uma percepção primária de que ao possuidor titular, guindado à condição

---

[26] John Gilissen. Ob. cit., p. 648.

[27] Luiz Edson Fachin. *A função social da posse e a propriedade contemporânea*. Porto Alegre: Fabris, 1988, p. 25.

[28] Friedrich Carl von Savigny. *Traité de la possession – En droit romain*. 4ª ed. Bruxelles: Bruylant, 1893, p. 87-91.

[29] Insere-se, ao contrário de outros comentaristas da teoria, a análise das petitórias pois a *vindicatio*, *actio* que visa tutelar ou viabilizar o *dominium*, em última instância, e que repousa na oponibilidade *erga omnes* da *proprietas*, seria a *suma obligatio* decorrente do dever de abstenção dos não titulares, positivado a partir do período das *legis actiones* (Ricardo Aronne, *Propriedade e Domínio*, ob. cit., p. 92-98). Difere, pois, até em natureza, das *interdictas* atinentes à seara possessória, indentificadas com a *reintegratio* e a *mantentio*.

de proprietário ou assemelhado (como o enfiteuta), naturalmente, pela sua condição, advinha-lhe a tutela de sua posse.

Ao ter sua posse reconhecida pelo Direito, do modo assinalado, Savigny classificou-a como *naturalis*.[30] Por identificar a natureza interdital com as possessórias, denomina de posse *ad interdicta*, toda àquela que é tutelada, e daí compreendida por ele como reconhecida pelo Direito. Assim, a posse *naturalis* era *ad interdicta*.

Em outros casos, é o sistema jurídico quem concedia tutela à posse, ainda que o possuidor estivesse desprovido de titularidade, mas preenchesse condições de especialidade, cujas iniciais seriam o *corpus* e o *animus*, os fâmulos desta. Tal posse resultou classificada como *civilis*, pois a tutela era advinda do Direito Civil e não de sua condição natural de possuidor.[31]

A posse *civilis* era, assim, uma posse *ad interdicta*, mas como o sistema tende a corrigir seus "miasmas", von Savigny agregou-lhe a condição de *ad usucapionem*, para que fosse atribuída a titularidade ao possuidor, cuja posse mudaria sua condição, de *civilis* para *naturalis*, trazendo-a à condição de normalidade (natural = *naturalis*).[32]

No que diz com a Teoria Objetiva da Posse, obra do discipulo de von Saviny, Rudolf von Jhering – então, já opositor, em mais dois *fronts* científicos, de seu antigo mentor –, a posse é um direito e, ainda que aprecie e discorra sobre a presença do *animus*, reconhecendo sua existência, tal fâmulo não tem o condão de caracterizar ou descaracterizar o regime possessório, para àquele.

A posse, enquanto escudo da propriedade, se caracteriza pelo *corpus*, daí se denominar objetiva tal corrente, não obstante traçar longas elocubrações, não raro desprezadas pela manualistica pátria, sobre a destinação econômica do bem, com vistas a compreender figuras como o abandono ou a posse justa e injusta.

O debate entre tais correntes, pautou na Alemanha interessante formulação, não só de ordem metodológica, na medida em que cruzavam espadas os seguidores da Jurisprudência Histórica com os da Jurisprudência dos Interesses, escolas respectivamente de Savigny e Jhering, bem como da oportunidade ou não de codificar o Direito Privado alemão. Interessante pois é claramente visível esta discussão nas entrelinhas da

---

[30] Friedrich Carl von Savigny. *Traité de la possession – En droit romain.* Ob. cit., p. 49.

[31] Idem, ibidem, p. 49-77.

[32] Neste sentido, aliado ao ideário de racionalismo Kantiano, fulcrando as teorias liberais, colhe-se de Hegel (*Enciclopédia das ciências filosóficas em epítome.* Lisboa: Edições 70, 1992. v.3. p.107), a íntima ligação entre o sentido de liberdade, personalidade, posse e propriedade, onde uma coisa emerge quase como uma emanação da outra. Sobre a crítica, vide Ricardo Aronne (*Por uma nova hermenêutica dos direitos reais limitados – das raízes aos fundamentos contemporâneos.* Rio de Janeiro: Renovar, 2001, p. 168-170).

contenda, onde as teorias possessórias em desfile, são mais cenários do que atores, na novela do desenvolvimento do Direito Civil continental.[33]

Importante ter em vista que, ao fim e ao cabo, os embates doutrinários que se travam em Ciência do Direito, são debates entre metodologias. No que se refere às teorias possessórias clássicas, oriundas da Escola Histórica – Teoria Subjetiva – ou da Jurispridência dos Interesses – Teoria Objetiva –, ambas se mostram estritamente positivistas, como pode-se colher na origem.

Savigny entende que o papel da Ciência do Direito, cuja metodologia é instrumento, seria apresentar historicamente as funções legislativas do Estado. Textualmente: *"El objetivo de la ciencia jurídica es, por tanto, presentear históricamente las funciones legislativas de un Estado."*[34]

Quanto à jurisprudência dos interesses, também é profícua em legalismo positivista, ao identificar o direito subjetivo como derivado da relação jurídica, bem como ser este um interesse juridicamente protegido.[35] Interesse, como esclarece o autor, aporta com sentido de elemento substancial do direito subjetivo, diz com o *animus* do titular, adrede à sua seara de proteção jurídica. Já o sentido de jurídico, se refere à chancela estatal da produção jurídica, operando com a noção de completude.

> "Ponha-se em lugar de *juridicamente* protegidos, *legalmente protegidos*, e tudo ficará bem. Se utilizei a primeira expressão, é porque a lei não é a única fonte de direito no sentido objetivo; há ainda o direito consuetudinário, que não pode ser compreendido na expressão 'legalmente protegidos'".[36]

No trecho transcrito, Jhering se defende das críticas à sua concepção de direito subjetivo, formuladas pelos adeptos da Escola da Exegese e da Pandectísta, diante das noções que buscou introduzir em seu *Geist des Römischen Rechts*.[37]

Observe-se que o termo "jurídico" tem, para o autor, o sentido de legal; o que a lei explicíta estar protegido. O termo "consuetudinário", tendo em vista que a unificação alemã ainda era um projeto, a ser embalado pelo BGB e se consolidar em Weimar – ou seja, no início do Século XX -, volta-se muito mais para o sentido jurisprudencial da *Equity* e,

---

[33] Neste sentido é o próprio Jhering que sugere sobre Savigny, que "ficará sempre a glória imorredoura, inexpugnável, de haver restaurado, na dogmática do direito civil, o espírito da jurisprudência romana, de modo que, seja qual for, afinal, a soma dos resultados práticos, incólume lhe restará, em todo caso, esse merecimento." (*Foundement des interdits possessoires*. Paris: Meuleneare, s.d., p. 1).

[34] Friedrich Carl von Savigny. *Metodologia jurídica*. Buenos Aires: De palma, 1994, p. 5.

[35] Rudolf von Jhering. *Questões de direito civil*. Rio de Janeiro: Garnier, 1910, p. 104.

[36] Rudolf von Jhering. *Teoria simplificada da posse*. São Paulo: Saraiva, 1986, p. 93-94.

[37] Rudolf von Jhering. *L'esprit du droit romain*. Paris: Librairie Marescque Ainé, 1888, t. 4 e p. 317.

portanto de *Common Law*, do que para os costumes no sentido do direito latino.[38] É de sentido mais insular do que continental.[39]

Aporta nestas teorias o ponto de partida da reflexão sobre a apropriação, pois é nestas teorias que, ainda hoje, a manualística assenta suas parcerias epistemológicas com vistas a traduzir o fenômeno da posse em sua dimensão jusprivatista. Questionar o dado, importa retomar a dogmática em sede de posse pelas suas vigas mestras, daí partir-se do ancoramento temático e dos lastros teóricos que frutificaram no racionalismo do século XIX.

Compreender a posse na "nova" codificação – e não para a "nova" codificação – importa repensá-la em suas bases, como fenômeno imbricadamente histórico e social, que pode alavancar uma perpectiva contemporânea e funcionalizada da apropriação e pertença.[40]

Tanto no que diz com o Código Beviláqua, como em relação ao vindouro, mantem-se as investigações acerca de qual das teorias é adotada, ainda que, como discorre Fachin, "as diferenças são bem menos substanciais do que se apregoa."[41]

Ainda assim, colhe-se do autor do, então, projeto do que viria a ser o Código Beviláqua, comentando os dispositivos sobre a matéria (arts. 561 a 601 do Projeto do CCB de 1916), aduzir não ter a doutrina formulado um conceito hábil de posse, para utilização na codificação.

"Não há certamente assumpto, em todo o direito privado, que tenha mais irresistivelmente captivado a imaginação dos juristas do que o

---

[38] Sobre a distinção, especificamente no que diz com o direito das coisas, vide Albina Candian; Antonio Gambarro; Barbara Pozzo. *Property - propriété - eigentum : corso di diritto privato comparato.* Milão: CEDAM, 1992, *passim.*

[39] Idem, ibidem, p.56-57: *"Uno dei segreti dell'Equity risiede nell'aver mutuato il criterio del better title con cui il common law ha da sempre regolato i conflitti proprietari assegnado il diritto a colui tra i due contendenti che era munito del titolo migliore, seza pretendere che si trattasse di un titolo 'assoluto'. In Equity questo criterio viene universalizzato facendo prevalere quello dei due interessi in gioco che appare il più meritevole, senza tener conto della 'regolarità' legale. Con ciò le esperienze di common law vennero private del più usuale di esclusione della una categoria legale ed i confini della law of property divennero necessariamenti sfumati poiché tutto ciò che non poteva trovare riconscimento in law poteva aspirare a trovare efficace tutela in Equity".*
"Um dos segredos do *Equity* reside na alteração do critério do *better title* com o qual o *commom law* sempre regulou os conflitos dos proprietários para afirmar o direito entre dois adversários que se apresentavam ambos munidos do melhor título, sem considerar que se tratasse de um título 'absoluto'. *In Equity* este critério vem universalizado, fazendo prevalecer entre os interesses em jogo que se apresentasse mais merecedor, sem levar em conta a 'regularidade' legal. A partir da experiência do *common law* foram excluídas várias categorias legais e os limites da *law of property* tornaram-se necessariamente fluidos, porque tudo aquilo que não podia encontrar reconhecimento *in law* poderia aspirar ser reconhecido para ser tutelado *in Equity*". (Tradução livre)

[40] Para um início de estudo específico neste ponto veja-se Eduardo Takemi Kataoka (Declínio do individualismo e propriedade. In: TEPEDINO, Gustavo. (org.) *Problemas de Direito Civil-Constitucional.* Rio de Janeiro: Renovar, 2000, p. 457-466).

[41] Luiz Edson Fachin. *A função social da posse e a propriedade contemporânea.* Ob. cit., p. 25.

O novo Código Civil e a Constituição

245

da posse, mas tambem difficilmente se encontrará outro que mais tenazmente haja resistido á penetração da analyse, ás elucidações da doutrina.

Si é um facto ou um direito, dissentem os auctores; si conceitualmente differe da detenção, é objecto de interminaveis discussões; quaes os seus elementos constitutivos, dizem por modo diverso os mais conspicuos tratacdistas".[42]

Luiz Roldão de Freitas Gomes, apreciando as "alterações" havidas no direito das coisas da nova codificação, a partir do anteprojeto, acaba por subscrever e transcrever a crítica de Caio Mário, quanto à indecisão conceitual, diante das teorias clássicas.

O Código de 1916, em definição programática, abraçou sem rebuços a escola objetivista de Von Jhering.

"Ao mesmo tempo que conceituou a posse em termos precisos, teve a coragem de oferecer ao seu intérprete, desde logo, o supedâneo doutrinário, tanto mais indispensável, define a posse no art. 1.390 (agora 1.196) em tais termos que não se sabe bem a que subsídio recorrer em termos conceituais".[43]

Finda por verificar-se na prática, que muitas investigações e lacunas atinentes a codificação de 1916, não se resolverão com a entrada do novo diploma legal. Ao contrário. Tendencialmente serão reacesos temas que poderiam restar pacificados, como se colhe em sede de posse. Demonstra isto, que a carência pela qual o Direito Civil atravessa, efetivamente não é pouca, mas, certamente, seu conteúdo não é de ordem legislativa.

Na esteira do disposto, cumpre, até por ser básico à reflexão, buscar a natureza da posse no sistema vigente e, na mesma linha, verificar seu trânsito no CCB e no NCCB.[44]

3. A Aporética Possessória e a Teoria Tríptica

Admitida – com vistas, tão-só, a problematizar o tema – a percepção positivista de sistema formal de regras, ordenado a partir da codificação, a adoção de uma ou de outra teoria, por si só, deixa à margem do sistema

---

[42] Clóvis Beviláqua. *Em defeza do projecto de Código Civil Brazileiro*. Rio de Janeiro: Francisco Alves, 1906, p. 107.

[43] Luiz Roldão de Freitas Gomes. Notas sobre o direito das coisas no projeto do Código Civil. *Revista Trimestral de Direito Civil*, nº 1, Rio de Janeiro, Padma, 2000, p. 78.

[44] Compreenda-se por CCB o Código Civil Brasileiro vigente e por NCCB o Novo Código Civil Brasileiro, a entrar em vigor no ano vindouro.

a esfera jurídico pessoal da posse, classicamente designada de posse precária, em jargão que até hoje é vastamente utilizado na contratualística brasileira, bem como retira, da tutela possessória, ou a posse fática ou a denominada posse indireta.[45]

Se a posse é um fato (Teoria Subjetiva), não se tutela àquele que não controverta o fato da posse, ou a postule tendo por base um direito de posse ou direito à posse e não o fato da posse. Não menos preciso, seria dizer que se a posse é um direito real, e assim entende Jhering em sua Teoria Objetiva,[46] qualquer postulação possessória, se não embasada em uma titularidade, não terá guarida no ordenamento.

Não se quer buscar definir algo a partir de sua própria definição, mas para que a instrumentalidade do ínsita ao Direito seja atendida, tem-se que perceber como o sistema jurídico procede o trânsito do instituto da posse em suas entranhas, ou seja, após sofrer um *imput* do sistema social,[47] através de uma demanda veiculando interdito desta natureza.

Transitar-se-ão quatro casos específicos no âmbito da apropriação, para leitura no sistema jurídico vigente. Casos de contornos e características próprias, a servirem de problematizadores, enquanto exercício aporético de compreensão da posse. Para tanto, partir-se-á de uma compreensão do fenômeno possessório como apreensão física do bem da vida. É uma compreensão sabidamente insuficiente, onde a própria noção de posse indireta não cabe, mas presta-se, diante de sua primariedade e clareza, para início de aporética, a ser posteriormente desenvolvida no presente texto.

Tenha-se presente o proprietário singular, de titularidade regular e domínio consolidado, exercendo posse sobre seu próprio bem. O segundo caso trata-se de um locatário de imóvel residencial urbano, cuja posse deriva do pacto locatício, formal e materialmente contratado. O terceiro caso possível é o do sujeito que se apossa de *res nullius*, de um bem abandonado, que toma para si e procede sua destinação econômica. Esse caso interessa enquanto posse *ad usucapionem*, ou seja, antes de se implementar o lapso de aquisição do domínio. Por fim, tome-se o caso do caseiro que guarda um bem para o respectivo proprietário, seu contratante.

No caso do proprietário, sua relação possessória assenta as respectivas bases de legitimação perante o sistema jurídico, no domínio, ou seja, o *ius possidendi*, um direito de possuir, é o substrato legitimante do escopo possessório do titular da propriedade de tal bem.

---

[45] Darcy Bessone. Ob. cit., p. 103-106.

[46] Rudolf von Jhering. *Teoria Simplificada da Posse*. Ob. cit., p. 104: "A posse aparece como uma relação *imediata* da pessoa com a coisa; pertence, pois, ao direito das coisas."

[47] Ricardo Aronne. *Por Uma Nova Hermenêutica dos Direitos Reais Limitados – Das Raízes aos Fundamentos Contemporâneos*. Rio de Janeiro: Renovar, 2001, p. 50-61.

Em face do ordenamento, o proprietário carrega um direito subjetivo real que faz imediata sua relação possessória. Ao menos em tese, para o exercício da posse, o detentor de tal espectro dominial de posse, identificada como *ius possidendi* pela dogmática estabelecida classicamente,[48] sendo o bem objeto direto, na esfera de vínculo jurídico. Tal posse é regulada, desta forma, na codificação de 1916, assim como no novo Código.

É posse reconhecida, que se legitima no ordenamento por sua jurisdicidade de direito subjetivo real. Nesse caso trata-se de posse essencialmente jurídica, que permanece reconhecida e tutelável, independentemente de sua faticidade.

Em caso de conflito possessório, o que legitima o pleito interdital, nesse caso, é o direito dominial do autor, subjetivado pelo *jus possidendi*, que é o direito de possuir, cuja tutela é requerida ao Estado, na figura do Juiz. É o caso, não só do proprietário, como de todo àquele possuidor na esfera real, como o usufrutuário, credor pignoratício, enfiteuta, entre outros.

O Código Beviláqua, no art. 485 reconhece textualmente a figura do *jus possidendi*, quando parte da titularização dos elementos dominiais, juntamente com as respectivas titularidades, enunciando: "Considera-se possuidor todo aquele que tem de fato o exercício, pleno, ou não, de algum dos poderes inerentes ao domínio, ou propriedade."

Repisa-se, é o domínio ou sua titularidade que legitima, nestes casos, o pedido possessório, advindo o respectivo interesse de agir à demonstração da violação positiva de tal espectro possessório, atingindo o poder dominial e ou titularizado pelo que demanda tutela.

Nada é efetivamente inovado pelo "novo" Código, neste tocante. A supressão do termo domínio, no dispositivo correlato, o art. 1.196, em nada altera a *ratio iuris* ou mesmo a *mens legis*, ainda que tenha havido uma oscilação na *mens legislatoris*.[49] Assim se encontra a redação do dispositivo: "Considera-se possuidor todo aquele que tem de fato o exercício, pleno, ou não, de algum dos poderes inerentes à propriedade."

---

[48] Tito Fulgêncio. *Da posse e das ações possessórias.* 9.ed. São Paulo: Forense, 1995. v.2. p.251: "'*Jus Possessionis*' e '*Jus Possidendi*' - Tratando-se do *jus possessionis* e não do *jus possidendi*, de causa possessória e não de causa petitória, cumpre ao A. provar que, estando na posse de suas terras, foi esbulhado, e não que as terras em questão lhe pertenciam. Trib. de São Paulo".

[49] Ricardo Aronne. *O princípio do livre convencimento do juiz.* Porto Alegre: Fabris, 1996, p. 43-44: "O pensamento do legislador não é apenas obra dele, é, isto sim, um fruto de origem infinita, produto de uma ideação de séculos, resultante de vivências, não só de um indivíduo, mas de civilizações, que se imiscui no cérebro por obra da criação e/ou do estudo, de forma que o legislador sequer percebe. Eis aí a significação sociológica da lei, em seu nascedouro, posto que, de forma pura, esta significação só haverá de surgir a partir dos efeitos sociais que esta norma provocar."

Propriedade, comparece no texto, como ocorrera no texto de 1916, com o sentido de titularidade, diante do sentido que a racionalidade inter-subjetiva do ordenamento jurídico lhe consigna. Existindo no art. 485 do CCB o termo domínio, implica que o possuidor que tenha o bem na esfera dominial, poderia propor a possessória alegando *jus possidendi*, inde-pendente da titularidade ser ou não ostentada.

Quando o termo domínio é excluído do dispositivo, como fez o art. 1.196 do NCCB, há um intento de fechamento, pois àquele que ainda não tiver titularidade de seu domínio, não possibilitaria opor seu *jus possidendi*.

Haveriam efeitos nocivos decorrentes do exposto, na opção por uma interpretação literal, como se colhe na usucapião. Tome-se uma usucapião extraordinária, regida pelo art. 550 do CCB, que assim resta vertido: "Aquele que, por 20 (vinte) anos, sem interrupção, nem oposição, possuir como seu um imóvel, adquirir-lhe-á o domínio, independentemente de título e boa-fé que, em tal caso, se presume, podendo requerer ao juiz que assim o declare por sentença, a qual lhe servirá de título para transcrição no Registro de Imóveis."

Nesse caso, quando a posse *ad usucapionem*, que é posse estritamente fática, estribada na boa-fé do possuidor, transforma-se em *jus possidendi*, pela implementação do domínio, na medida que o lapso temporal de exer-cício possessório qualificado se integrou completamente, poderia o pos-suidor demandar interdito na condição de detentor do direito real de posse que, de plano, ostenta.

Já carrega direito real na esfera possessória, e assim um efetivo direito de posse, pois uma sentença de usucapião apenas declara domínio e não o constitui. Ou seja, o julgador reconhece um domínio que já existe e, assim, o declara.[50] Ocorre que, já aduziu Jefferson Guedes[51] estribado em Pontes de Miranda, a presença da declaração não exclui as demais forças eficaciais da sentença, sempre presentes, ainda que não preponde-rantes.[52]

Como demonstra a teoria da autonomia,[53] o usucapiente adquire do-mínio quando implementa o lapso temporal para a usucapião, mas somente será proprietário, com titularidade oponível *erga omnes*, passível de exi-gibilidade instrumentalizada pela reinvindicatória, após a transcrição da sentença (eficácia mandamental), pois é na sentença que sua propriedade

---

[50] Luiz Edson Fachin. *A função social da posse e a propriedade contemporânea*. Ob. cit., p. 39.

[51] Jefferson Carús Guedes. *Exceção de usucapião*. Porto Alegre: Liv. do Advogado, 1997, p. 115.

[52] Pontes de Miranda. *Tratado das ações*. t.2. São Paulo: RT, 1974, p. 3-4.

[53] Ricardo Aronne. *Propriedade e domínio*. Ob. cit., p. 76-80.

é constituída e a anterior desconstituída.[54] Titularidade é autônoma do domínio, sem prejuízo de sua interdependência.[55]

Portanto, uma interpretação insular e literal do art. 1.196 do NCCB, afasta a possibilidade do usucapiente aforar, na condição que ocupa após a implementação do domínio, uma possessória, até que adquira a respectiva titularidade, mediante a respectiva sentença que reconhece seu domínio (declaratividade), lhe dá titularidade, fazendo-o proprietário (constitutividade), produz a publicidade registral através da nova matrícula que determina registro (mandamentalidade), retirando a oponibilidade do anterior proprietário, o usucapido, em face da baixa da anterior matrícula (desconstitutividade), e apreciando a sucumbência (condenatoriedade).

Em outros termos, desimportaria se o mesmo veicula *jus possidendi* ou posse *ad usucapionem*. Em ambos os casos teria o mesmo trato pelo sistema jurídico, pois em ambos os casos não existe a titularidade de proprietário. Assim, neste interlúdio entre a sentença de usucapião e a

---

[54] Daí a baixa da antiga matrícula, com a abertura de uma nova, espelhando a aquisição originária, fruto do nascimento de um novo domínio, que se instrumentaliza por uma nova propriedade, ainda que tudo isto diga respeito a um mesmo bem.

[55] Neste sentido, Adilson J. P. Barbosa e José Evaldo Gonçalo, em parecer de Bancada à Câmara dos Deputados sobre o NCCB (*O direito de propriedade e o "novo" Código Civil*, Brasília, Câmara dos Deputados, capturado na internet em http://www.cidadanet.org.br/dados/arts_novo_codigo_civil_e_propriedade.htm, em 19.02.2001), explicitam a necessidade da adoção da teoria da autonomia entre domínio e propriedade:

"Em face do exposto, nada mais natural do que, com a promulgação de um novo Código Civil, aproveitar-se a oportunidade para dotar o País de uma legislação que, além de abrigar os avanços normativos e socioculturais trazidos pela Constituição Federal de 1988, e elaborados quotidianamente na luta dos Movimentos Sociais espalhados pelo Brasil, pudesse, através de um programa normativo claro e objetivo, direcionar os operadores jurídicos e interpretes em geral para construção de um modelo de sociedade mais justa e igual.

Não é o que estamos assistindo. Ao contrário, no que diz respeito ao Livro III, referente aos 'Direitos das Coisas', em nome da 'salvação' de um trabalho de 25 (vinte e cinco) anos - tempo que o projeto tramita no Congresso - o Brasil pode ter um Código Civil, com um programa normativo que nos remete aos direitos de primeira geração elaborados no final do século XVIII, no qual o direito de propriedade era concebido como um direito subjetivo de caráter absoluto. [...]

O PL 634/75, aparentemente, fundiu os conceitos de propriedade e domínio, eliminando a polêmica sobre a existência ou não de identidade entre os dois termos. Entretanto, conforme visto alhures, o absolutismo com que é tratado o direito de propriedade pela doutrina e operadores jurídicos no Brasil, deve-se ao tratamento unitário dado a termos que traduzem conceitos autônomos, o que tem merecido forte crítica de autores preocupados com a pouca efetividade que as alterações do ordenamento econômico e social, promovidas pelo texto constitucional de 1988, têm provocado no tratamento da propriedade. [...]

As codificações emanadas do Estado e tomadas como única fonte do Direito, abriram caminho para o positivismo jurídico, doutrina que considera o direito como um fato e não como um valor. O PL 634/75, no Título que trata dos 'Direitos das Coisas', não se afasta dessa concepção. Ao contrário, fazendo-se surdo ao novo tratamento dado à propriedade pela Constituição Federal, reflexo dos avanços da sociedade e das lutas sociais, expõe um texto decrépito e atrasado, no qual, por força das normas positivada no texto constitucional e na legislação ordinário agrega alguns avanços, sem contudo avançar no que diz respeito ao tratamento dado as várias formas de propriedade que aparecem na realidade brasileira."

implementação do prazo para efetivação material da usucapião, a condição jurídica do possuidor seria desprezada.

Uma leitura sistemática da rede principiológica, regrativa e axiológica do ordenamento, verifica trato diferido para a matéria. O sistema jurídico reconhece a exceção de usucapião como arma pela qual pode-se contrapor uma pretensão reinvindicatória, reconhecendo-a como oposição de domínio. Então, o sistema jurídico reconhece a condição mutativa da posse na usucapião, passando a tutelar o domínio do possuidor, na medida em que o reconhece, até mesmo contra a pretensão reivindicatória do proprietário.

Como se colhe, a modificação semântica do dispositivo codificado, em nada alterou a tutela possessória neste tocante, atinente ao *jus possidendi*, com a supressão do termo domínio do dispositivo, o que também procedeu nos dispositivos atinentes à usucapião de bens imóveis (arts. 1.238 a 1.244).

O reconhecimento do *jus possidendi* pelo Direito Civil brasileiro, afina-se com a Teoria Objetiva da Posse. Para von Jhering, a posse é um direito subjetivo real, devendo, com isto ser regulada no livro dedicado ao direito das coisas, forte na concepção dualista dos direitos patrimoniais, devendo, no entanto, segundo o autor, ser precedida da regulação de titularidade.

"Depois do que ficou dito, essa localização indica-se a si mesma. A posse aparece como uma relação *imediata* da pessoa com a coisa; pertence, pois, ao direito das coisas. Não existe acordo para determinar a sua classificação anterior ou posterior à propriedade. Dado o seu fim legislativo, conforme expus, e não vendo nela senão um complemento da proteção da propriedade, deve-se considerá-la depois da propriedade, porque é preciso expor-se a insuficiência da proteção da propriedade para se poder compreender a necessidade da proteção possessória".[56]

Conforme von Jhering, e como visto nos casos trabalhados topicamente, a posse é reconhecida como direito real, "uma relação *imediata* da pessoa com a coisa".[57] Mas isso não quer necessariamente dizer que o ordenamento apenas reconhece e dá trânsito a tal esfera possessória. É isto que é alcançado ao afirmar ser a posse, simplesmente, direito real.

A posse é um direito real porque possuir é uma das muitas "relações" possíveis entre sujeito e bem. Como tal, transmuda-se em vínculo real que integra o domínio da coisa, reconhecido domínio como o conjunto de

---

[56] Rudolf von Jhering. *Teoria simplificada da posse*. Ob. cit., p 104.
[57] Idem, ibidem.

O novo Código Civil e a Constituição

vínculos reais, direitos subjetivos reais, possíveis de estabelecimento entre o sujeito e o objeto de sua apropriação.

Este conjunto de direitos subjetivos reais é mutante. Bens diversos possuem domínios distintos, cujo conteúdo varia de acordo com a fruibilidade, ductibilidade ou residualidade do bem. Bens infrugíferos, desse modo, não possuem *jus fruendi*, impossibilitando o gravame de usufruto ser constituído. No âmbito possessório, pode-se afirmar que os bens imateriais não possuem esfera possessória, diante de sua ductibilidade que não permite apreensão física. Na carência de um *corpus*, não verifica-se o *jus possidendi* na respectiva esfera de domínio.[58]

Ocorre que a posse apresenta outra dimensão jurídica que desafia a Teoria Objetiva. Leciona Manoel Rodrigues, em clássico português sobre a matéria: "Como é que a posse se pode considerar um direito real se ela hoje incide sobre coisas que alguém detém por simples relação pessoal".[59]

A resposta fácil, para tanto, seria colher em von Savigny que toda posse é protegida por interditos.[60] Não é assim. De fato, observa-se que o locatário, o comodatário, o arrendatário, o promitente comprador, dentre outros tantos, detêm o bem em condição de possuidor, ao contrário da percepção clássica.

O locatário, por exemplo, alcançando a segunda figura elencada para análise, exerce a posse em nome próprio, tendo seu direito à mesma reconhecido legislativa e contratualmente. Não é um direito de posse, mas, sem dúvida, um direito à posse de tal bem, fruto de um vínculo contratual.

Deste modo, o que legitima a posse do locatário, não é a faticidade de sua existência, mas a regulação intersubjetiva que reconhece seu exercício, entre ele e o detentor do domínio possessório, do *jus possidendi*. Ele não representa o locador, ainda que a posse que tem derive daquele. Jamais se configuraria como um mandatário da posse.[61]

Quando busca tutela possessória, prova possuir e a qualidade de possuidor jurídico e não tão somente fático, bem como de uma posse sua e não posse por outro. Este caso está fora de ambas teorias clássicas, apesar

---

[58] Ricardo Aronne. *Propriedade e Domínio*. Ob. cit., p. 126-127.

[59] Manuel Rodrigues. *A Posse*. 2ª ed. Coimbra: Coimbra Ed., 1940, p. 40.

[60] Carl von Savigny. *Traité de la possession*. Ob. cit., p. 350, v. 1.

[61] Importante salientar que a teoria clássica e a dogmática produzida em seu escopo, não dão conta das questões mais comezinhas na matéria, como é o caso das relações jurídico contratuais, onde a posse é cedida em seu exercício, preservando-se o titular, o direito real de possuir. São os casos do depositário, arrendatário, comodatário ou locatário. Observe-se a digressão de Limongi França (*A posse no Código Civil – Noções fundamentais*. São Paulo: José Buchatsky, 1964, p. 15): "*Posse direta e indireta. Ambas são posses jurídicas (jus possidendi) e não apenas posse de fato, pois implicam exercício de efetivo direito sobre a coisa.*" Sem dúvida são posses jurídicas, porém um caso dá posse *da* coisa e outro posse *na* coisa. Nem toda a posse jurídica, implica em um direito real de posse no bem, podendo gerar um direito à posse do bem, em perspectiva pessoal.

de ser corriqueiro. No caso do locatário, verifica-se que há, por parte dele o *jus possessionis*, não um direito de posse (*jus possidendi*), mas sim um direito pessoal à posse, reconhecido no ordenamento vigente.

O bem é objeto indireto no vínculo locatício, o qual tem, usando a terminologia adotada por Jhering, por objeto imediato a prestação dos sujeitos. O vínculo é obrigacional, derivando a posse do contrato firmado. A posse de um, diante das qualidades muito distintas, não elimina o reconhecimento da posse do outro, ainda que não exista composse entre ambos.[62]

Há *jus possidendi* por parte do locador e *jus possessionis* por parte do locatário, ambas posses sem superposição e coincidentes, passível o direito possessório do locatário, ainda que pessoal, sobrepor-se ao do locador. A tecitura jurídica reconhece tal condição, nominando tais posses, diante da lacuna teórica das posições tradicionais, de posse direta e posse indireta.

A posse indireta é àquela que se mantém pelo reconhecimento do liame jurídico-possessório, do *jus possidendi*, o direito de posse, sem que haja correspondência fática do exercício possessório. O direito de posse, neste caso, não perde eficácia pela falta de posse fática. Com isto elimina-se a possibilidade de adoção da teoria subjetiva.

Ocorre que o reconhecimento da posse direta, que implica o direito à posse, o *jus possessionis*, como posse jurídica e eficaz, porém de natureza pessoal, afasta-se da teorização obrada pela Teoria Objetiva, onde a posse é um direito real.

Assim o tema é regulado pelo Código Beviláqua, no art. 486: "Quando, por força de obrigação, ou direito, em casos como o do usufrutuário, do credor pignoratício, do locatário, se exerce temporariamente a posse direta, não anula esta às pessoas, de quem eles a houveram, a posse indireta." Ou seja, o Código rompe com as teorias clássicas, ainda que titubeie em relação à matéria.

---

[62] Antonio Hernandez Gil. *La función social de la posesión: ensayo de teorización sociológico-jurídica.* Madrid: Alianza, 1969. p. 7: *"La 'propiedad privada' es la expressión jurídica culminante – sobre todo en la línea histórica del liberalismo y el capitalismo – del poder de la persona sobre las cosas. El propietario ostenta una prerrogativa de rango superior que le permite decidir acerca del destino de lo apropiado. Las facultades de utilización, secuela del derecho, puden consistir, ya en el uso, ya más ampliamente en el aprovechamiento y disposición de los bienes como capítal creador de dinero o renta. Todo acto de gestión o disposición jurídica que no traiga consigo la enajenación (o sea la transferencia a otro del poder dominical) es compatible con la subsistencia del derecho de propiedad que, por lo mismo, puede revestir las más diversas manifestaciones. No requiere de suyo servirse de las cosas de modo personal directo Cuenta su utilización económica. Proprietario es el receptor de las ventajas derivadas de la adcripción dominical. Más aún, a la propiedad privada le es indiferente cualquier contenido concreto. La cualidad de propietario se sobrepone al actuar como propietario. La titularidad formal es lo importante."*

O explicitado perfaz uma crítica na medida em que o credor pignoratício e o usufrutuário, possuidores por força de um direito real de posse, o *jus possidendi*, não se encontram na mesma posição do locatário. No caso de um usufruto, o *jus possidendi* – juntamente com o *jus utendi* e *fruendi* – são destacados em favor do usufrutuário, não restando posse ao proprietário do bem.[63]

O proprietário não pode, sequer indiretamente, em tese, usar, fruir, ou mesmo possuir o bem, em face do princípio da exclusividade.[64] O bem somente possui um *jus possidendi*, o qual, estando destacado em favor de um beneficiário, não pode estar concomitantemente com terceiro, que não lhe seja condômino, ou, no caso, compossuidor.[65]

Melhor se mostra a redação do NCCB, para o dispositivo correlato, o art. 1.197: "A posse direta, de pessoa que tem a coisa em seu poder, temporariamente, em virtude de direito pessoal, ou real, não anula a indireta, de quem foi havida, podendo o possuidor direto defender sua posse contra o indireto."

Persiste problemática a questão de um possuidor real, não proprietário, ser equiparado ao possuidor direto da locação. Observe-se que no usufruto, conforme o art. 717 do CCB,[66] o exercício possessório (direito à posse, *jus possessionis*), pode ser cedido gratuita ou onerosamente para terceiro, sem atribuição de titularidade.

O art. 1.399 do NCCB procede de igual forma, ao regular que o "usufrutuário pode usufruir em pessoa, ou mediante arrendamento, o prédio", podendo, então ceder obrigacionalmente sua posse. Repise-se que a posse é sua, fruto de uma relação direta com o bem. Não há posse na esfera dominial do proprietário, sendo, portanto, denominado nú-proprietário, para tal instituto.

Com o enfiteuta ou o superficiário, assim como o usuário, o credor pignoratício e anticrético, também ocorre desdobramento do *jus possidendi*. O proprietário é qualificado nú-proprietário, justamente porque sua propriedade, desprovida de posse – na percepção clássica o escudo da propriedade –, ficaria a descoberto.[67] Consolidando-se o domínio, diante do termo do gravame, a posse enquanto direito subjetivo real, e, dessa forma, imanente ao domínio – que é elástico –,[68] retorna ao titular da propriedade.

---

[63] Ricardo Aronne. *Por uma nova hermenêutica dos direitos reais limitados*. Ob. cit., p. 273-305.

[64] Idem, ibidem, p. 139.

[65] Rodrigo da Cunha Lima Freire. "Princípios regentes do direito das coisas". *Revista dos Tribunais*, São Paulo: RT, n.735, 1997, p. 70.

[66] Art. 717 do CCB. "O usufruto só se pode transferir, por alienação, ao proprietário da coisa; mas o seu exercício pode ceder-se por título gratuito ou oneroso."

[67] Rudolf von Jhering. *Teoria simplificada da posse*. Ob. cit., p. 104.

[68] Ricardo Aronne. *Por uma nova hermenêutica dos direitos reais limitados*. Ob. cit., p. 140.

Uma leitura sistemática e integrativa do dispositivo em apreço, demonstra que, desdobrado o *jus possidendi*, para erigir um *ius in re aliena*, retira a condição de possuidor do proprietário, não sendo este sequer possuidor indireto. Esta condição é ficcional, decorrente da titularidade, sendo recurso dispensável pelo manejo do princípio da elasticidade.

Quando um usufrutário loca o bem, ele é possuidor indireto e o locatário possuidor direto. O proprietário somente terá posse ao termo do gravame, quando, inclusive, poderá denunciar a locação. Neste sentido, colhe-se da Lei do Inquilinato:

"Art. 7º. Nos casos de extinção de usufruto ou de fideicomisso, a locação celebrada pelo usufrutuário ou fiduciário poderá ser denunciada, com o prazo de trinta dias para a desocupação, salvo se tiver havido aquiescência escrita do nu-proprietário ou do fideicomissário, ou se a propriedade estiver consolidada em mãos do usufrutuário ou do fiduciário.

Parágrafo único. A denúncia deverá ser exercitada no prazo de noventa dias contados da extinção do fideicomisso ou da averbação da extinção do usufruto, presumindo-se, após esse prazo, a concordância na manutenção da locação".[69]

Falta possibilidade jurídica ao proprietário, em situação como a ora reverberada, para postular a posse, no curso do usufruto. Sequer pode postular para dar ao usufrutuário. Objetivando haver a posse do bem, seja por uma desídia ou inação do usufrutário, deve o nú-propritário, antes, desconstituir o gravame, para então ajuizar o desejado interdito possessório.[70]

Daí poder-se dizer que um direito à posse não é sinônimo de um direito de posse, podendo haver conflito entre ambos. Neste ponto, o NCCB, no art. 1.197, avançou quanto ao Código Beviláqua, prevendo a defesa do *jus possessionis* até mesmo em detrimento do *jus possidendi*.

"*Art. 1.197.* A posse direta, de pessoa que tem a coisa em seu poder, temporariamente, em virtude de direito pessoal, ou real, não anula a indireta, de quem aquela foi havida, podendo o possuidor direto defender a sua posse contra o indireto."

---

[69] Art. 7º da Lei nº 8.245, de 18 de outubro de 1991. Dispõe sobre as locações dos imóveis urbanos e os procedimentos a elas pertinentes.

[70] Neste sentido, cediço a ordinariedade de uma ação desconstitutiva, em caso de urgência, implementados os requisitos do art. 273 do CPC, poderia ser obtida a desconstituição liminarmente, mediante uma antecipação atípica de tutela, passível de agasalho no dispositivo indicado. A partir daí, viável o ajuizamento da possessória, pelo proprietário, citando o réu e intimando o usufrutuário, na condição de terceiro interessado, da demanda. Finda a desconstitutiva do usufruto, o respectivo trânsito em julgado implicaria na condição de estranho ao procedimento possessório, do agora ex-usfrutuário.

O novo Código Civil e a Constituição

Reconhece, o dispositivo, uma bifurcação da posse, sem superposição, mas com largos efeitos jurídicos que passam a colocar em cheque, explicitamente, contraditórias percepções tradicionalmente repetidas.[71]

Uma delas é a da natureza da posse, onde já percebe-se uma bipartição. A outra é o dogma da seqüela, perpetrado pela dogmática. No caso, o NCCB está reconhecendo expressamente a possibilidade de preponderar uma relação possessória contratual sobre uma relação possessória real, ou seja, percebendo o estreitamento de eficácia dos direitos reais, no compasso dado pela jurisprudência brasileira.

O Código Beviláqua, também reconhecia tais efeitos, porém de um modo menos direto. Assim regulava o CCB:

> *"Art. 486.* Quando, por força de obrigação, ou direito, em casos como o do usufrutuário, do credor pignoratício, do locatário, se exerce temporariamente a posse direta, não anula esta às pessoas, de quem eles a houveram, a posse indireta."

Reconhece a bifurcação da natureza possessória, ainda que não cogite textualmente do conflito, mas, logo ao art. 621, cria uma tradição ficta de posse, que denuncia a apreensividade do codificador na matéria.

A posse transita, como desde logo se vê, em duas dimensões jurídicas patrimoniais. Uma dimensão jurídico-obrigacional, ou contratual, que caracteriza o *jus possessionis*, e outra jurídica-real, ou patrimonial *strictu sensu*, caracterizadora do *jus possidendi*, por ser de ordem dominial.

Ocorre que a riqueza do fenômeno possessório, ainda que filtrado pela lente do Direito, não se esgota em apenas estas duas figuras. O sistema reconhece e dá trânsito a uma posse fática que não depende de uma legitimação nas figuras contratuais ou nas titularidades do direito das coisas.

O possuidor *ad usucapionem*, é um exemplo rico, da espécie em análise. Um sujeito que adentra bem em abandono, no caso uma *res nullius*, tomando-a para si, com vistas a residir no local. A partir de seu apossamento e ocupação, o sistema jurídico já situa este sujeito na condição de possuidor. Tanto o é, que caso o bem estivesse na posse de alguém, este teria a posse esbulhada, perdendo-a para o ocupante.

---

[71] Entre as críticas que daí derivam, transcreve-se a havida no parecer de Bancada à mesa da Câmara, havido por Adilson J. P. Barbosa e José Evaldo Gonçalo (*O direito de propriedade e o "novo" Código Civil*, ob. cit., s.p.): "O "direito" de posse, realidade jurídica de milhões de brasileiros no campo e na cidade, como ocorre no atual Código Civil, foi colocado, pelo PL 634/75, em uma parte do "novo" Código Civil, integrando o "Direito das Coisas", nos artigos 1.196 a 1.224, mas fora do direito à propriedade, cuja regulamentação somente se inicia no art. 1.225, do Título II. Por conseguinte, a posse não se inclui na área da propriedade ou dos direitos reais que o referido art. 1.225 enumera. Baila no espaço, como um corpo estranho, senão vejamos: [...]"

Se isto é correto, surge uma terceira dimensão da posse no sistema jurídico contemporâneo, dando-lhe uma configuração tríptica, não apreendida pelas teorias tradicionais, cujas dimensões se excluem mutuamente.

Atente-se que este sujeito que ocupou o bem da vida, tem a posse efetiva da coisa. De outra banda, sua posse não é legitimada por direito subjetivo de natureza alguma, e sim pelo fato de deter o bem em nome próprio. Tenha-se presente que os valores existenciais hão de guardar privilégio diante dos patrimoniais, em uma ordem jurídica repersonalizada. Daí dizer que uma das grandes ausências na codificação, é o princípio da função social da posse, sem positivação expressa.

O ocupante do bem, exerce deste modo, faticamente, um dos poderes inerentes ao domínio - e indiretamente à propriedade -, na esteira do art. 1.196 do NCCB e do art. 485 do CCB. Sua posse está sob o abrigo do sistema jurídico, para que seja tutelada enquanto fato da posse.

Poderá haver conflito entre possuidores de fato, tendo que ser tutelada pelo Estado, em face do art. 5º, XXXV, da CF/88, quando, por exemplo, o possuidor *ad usucapionem* é esbulhado por um terceiro. Ao interpor a reintegração, o faz por ter perdido o fato da posse para o réu,[72] não tendo direito subjetivo algum, na esfera material possessória, que legitime seu pleito.

O Estado, de pronto, intervém tendo que dizer qual das duas posses fáticas é melhor. Diante do esbulho, cuja prova aponta a má-fé do réu, no mínimo indiciariamente,[73] denuncia uma melhor posse do autor, alinhada à sua boa-fé e funcionalização mediante destinação. Nestas bases tem sua posse tutelada e reintegrada, provavelmente.

Então a posse no sistema jurídico vigente, com franco trânsito na codificação vigente e no NCCB, tem uma tríplice dimensão não hierarquizada, senão topicamente. A posse assume uma configuração tríptica, ao desnudar-se com uma natureza fática e duas outras jurídicas, uma real e outra pessoal.[74]

---

[72] Neste sentido, o inc. IV do art. 927 do CPC, determina ao autor a prova da perda de sua posse.

[73] Ricardo Aronne. *O princípio do livre convencimento do juiz.* Ob. cit., p. 36.

[74] Martinho Garcez Neto. *Temas atuais de Direito Civil.* Rio de Janeiro: Renovar, 2000, p. 370: "Estas ligeiras observações, este exame perfunctório da natureza jurídica da posse, indispensáveis para compreendermos o fundamento da proteção possessória e como funciona o sistema de defesa da posse, servem ao menos para fornecer uma pálida idéia dos inumeráveis problemas que a todo o instante assaltam o estudioso do tema e, máxime, o aplicador da lei, levando-os mesmo ao desespero, ante o reconhecimento de sua inópia, da carência do engenho e arte que o assunto requer. Entretanto, que vastidão imensa restaria ainda a percorrer, mesmo que ficássemos rigidamente confinados nas fronteiras precisas da proteção possessória ! Quanta sombra a esbater ! Quantas teias de aranha a afastar para a limpidez de uma visão perfeita da planura ou das escarpas ! Que mundo abismal de interrogações, a desafiar a presumida argúcia dos pesquisadores insatisfeitos ou ambiciosos."

A posse, enquanto direito real, confunde-se com a propriedade, na medida em que integra o domínio, sem que perca sua autonomia ínsita. A posse não é só um direito real, ao contrário do que pregava Jhering, mas também é um direito real. O *jus possidendi* não esgota as dimensões da posse.

A posse, enquanto fenômeno jurídico de natureza obrigacional, o *jus possessionis*, traduz uma derivação, sem serviência, daquele que possui o direito de possuir, cedendo seu exercício contratualmente para que outro possua, sem uma relação imediata de posse, mas sim intersubjetivada, decorrente de conduta prevista contratualmente.

A intersubjetivação do *jus possidendi*, de outra banda, ocorre na titularidade. Não intersubjetivada, transita como fato da posse, cuja alegação de domínio pode subsidiar dando-lhe mais força.

São duas posses jurídicas que não se confundem, mas que tampouco afastam o reconhecimento que o ordenamento dá ao possuidor não legitimado juridicamente, tutelando o fato da posse. Não se reduz, com isso, a posse à um fato, como apregoado por von Savigny, ainda reconhecendo-se a posse indireta, unicamente jurídica, sem elementos fáticos preponderantes.

Por fim, àquele que possui em nome de alguém, como um representante material do possuidor, não possui. É o caso do zelador e do caseiro, que guardam o bem para alguém, não necessariamente proprietário, porém sempre o possuidor. Trata-se de detenção, figura diversa da posse e que, na esfera dos efeitos, o mais importante é a inexistência de tutela. O detentor não pode propor interdito possessório, pois não é possuidor.

Radiografada a posse e analisada na percepção tridimensional em que se apresenta, cumpre perquirir de seu *telos* na tecitura axiológica, pois a percepção do papel da posse para a realização de um Estado Social e Democrático, é meta constitucionalmente "imantada", para o intérprete contemporâneo, tal qual a segurança do *status quo* fora para os oitocentistas.[75]

---

[75] Alexandre Pasqualini. *Hermenêutica e sistema jurídico: uma introdução à interpretação sistemática do direito.* Porto Alegre: Livraria do Advogado, 1999. p.23: "A exegese, portanto, não se dá a conhecer como simples e secundário método ancilar à ciência jurídica. Como fenômeno algo transcedental da cognição, o acontecer hermenêutico não é exterior, passivo, muito menos neutro em face do seu objeto. A experiência interpretativa se sabe interior e imanente à ordem jurídica. Na sua relação com o intérprete, o sistema não atua como um sol que apenas fornece sem nada receber em troca. Que fique claro que o sistema ilumina, mas também é iluminado. A ordem jurídica, enquanto ordem jurídica, só se põe presente e atual no mundo da vida através da luz temporalizada da hermenêutica. São os intérpretes que fazem o sistema sistematizar e, por conseguinte, o significado significar".

4. Posse e Função Social

Toca na matéria possessória, com tanta expressividade quanto no âmbito da propriedade, contrato e empresa, o princípio da função social erigido à condição de direito fundamental, indiscutivelmente dotado de eficácia direta e horizontal, bem como norteador vinculante para a ordem econômica do Brasil.

O princípio da função social da propriedade é densificado pelo princípio da função social da posse, sem descuido da devida autonomia, mas sem desleixo da notável e classicamente reconhecida inter-relação. Este fenômeno, já analisado em Hegel,[76] colhe-se também em Rousseau.

"O que o homem perde pelo contrato social é a liberdade natural e um direito ilimitado a tudo quanto deseja e pode alcançar; o que ele ganha é a liberdade civil e a propriedade de tudo o que possui. Para que não haja engano a respeito destas compensações, importa distinguir entre a liberdade natural, que tem por limites apenas as forças do indivíduo, e a liberdade civil, que é limitada pela vontade geral, e ainda entre a posse, que não passa do efeito da força ou do direito do primeiro ocupante, e a propriedade, que só pode fundar-se num título positivo".[77]

Os elos estabelecidos entre a posse e a propriedade, são fato inarredável ao estudioso do Direito, os quais não se ignora, ainda que se apregoe a identidade autônoma da posse, presente desde tempos imemoriais nas regulações positivas.[78] Na mesma intensidade que o liberalismo aproxima a noção de liberdade à propriedade,[79] a noção de posse também se afilia para com a de propriedade.

---

[76] Ricardo Aronne. *Por uma nova hermenêutica dos direitos reais limitados. Ob. cit.,* 168-170.

[77] Jean-Jacques Rousseau. *O contrato social – princípios do direito político.* 3ª ed. São Paulo: Martins Fontes, 1998, p. 26.

[78] Martinho Garcez Neto. Ob. cit., p. 369-370.

[79] Francesco D. Busnelli. Il diritto e le nuove frontiere delle vita umana. *Diriti Umani, Poteri Degli Stati e Tutela DellAmbiente,* Milão: Giufere, 1993. p. 48: "*Una precisa scelta ideologica ispira un secondo, meno vistoso ma non meno importante, tentativo di distacco del diritto dalla realtà 'naturale' della vita umana. Esso rappresenta, per così dire, la 'faccia nascosta' di quella che potrebbe definirsi lesaltazione del 'moderno individualismo': una ideologia, questa, che si ispira allobjettivo della 'ricerca della felicità della parte di uomini liberi' (pursuit of hapiness by free man), e che giuridicamente si traduce in un right of privacy, destinato con il tempo a divenire 'uno dei diritti più assoluti del sistema giuridico nordamericano*'".
"Uma precisa escolha ideológica inspira uma segunda, menos evidente mas nem por isso menos importante, tentativa de destacar o direito da realidade 'natural' da vida humana. Isto representa, por assim dizer, a 'face oculta' daquilo que se poderia definir como a exaltação do 'individualismo moderno': uma ideologia, que se inspira no objetivo da 'busca da felicidade pelos homens livres' (pursuit of hapiness man), e que juridicamente se traduz em um right of privacy, destinado com o tempo a se tornar 'um dos direitos mais absolutos do sistema jurídico norte americano'". (Tradução livre)

Partindo do ora explicitado, uma questão merece trato. Qual o efeito do inc. XXIII do art. 5° da Constituição, que positiva o princípio da função social da propriedade, abraçado sem rebouços pela regulação da ordem econômica (art. 170) e que possui eficácia horizontal e direta indiscutível, em face do § 1° do art. 5°.[80]

Por primeiro, deve-se ter presente que toda a interpretação jurídica é interpretação sistemática,[81] de modo que toda a exegese há de ser uma interpretação conforme a Constituição. A Constituição Federal é a matriz axiológica de todo o ordenamento jurídico, de modo que a tecitura normativa é por ela alicerçada teleologicamente para o alcance do programa constitucional de promover um Estado Social e Democrático de Direito.

Na medida em que a Constituição vincula o direito de propriedade ao atendimento da função social, o que é controlado judicialmente é a eficácia e oponibilidade, ou seja exigibilidade da pretensão do titular e, via de consequência, da ação do proprietário.[82]

O novo Código reconhece cabalmente isto no § 4° do art. 1228, quando em sede de reinvindicatória, dando ao julgador, logo em seguida (§ 5°), poderes para proceder a expropriação do bem. Daí não poder causar espanto a exigência de prova de funcionalização da propriedade, em face do aforamento de pretensão de abstenção por via de demanda petitória.

Em sede de função social do contrato, também verifica-se o explicitado quando o credor ajuiza sua pretensão de cumprimento, na esteira dos dispositivos densificadores da liberdade contratual, podendo ter o conteúdo da obrigação integralmente revisto, diante dos dispositivos concretizadores da isonomia contratual, à luz dos valores agasalhados na relação jurídica controvertida e sua inserção social.

---

[80] Louis Josserand. *Derecho civil.* Buenos Aires: Bosch, 1952. v.3. Tomo 1. p. 104: *"Como lo hemos indicado precedentemente, es de la esencia de los derechos el ser, no absolutos, soberanos, sino relativos: la comprobación es pertinente para los derechos reales mismos y para su prototipo, el derecho de propiedad, absoluto en el sentido de que puede oponerse a todos. Este derecho es relativo en su ejercicio, en su realización, en el sentido de que no puede ser utilizado impunemente sino en el plano de su misión social, en la línea de su espíritu en otro caso, su titular, a decir verdad, no usa ya, sino que abusa del derecho de propiedad; comete un abuso del derecho de propiedad es decir, una desviación de ese derecho con relación a su objeto, y compromete con ello su responsabilidad. Si los poderes públicos nos reconocen derechos, no es para realizar la injusticia, sino para hacer uso legítimo y regular de dichos derechos."*

[81] Juarez Freitas. *A interpretação sistemática do direito.* São Paulo: Malheiros, 1995, p. 16.

[82] TJRS, 6ª C. Cível Ap. 597163518, Rel. Des. João Pedro Freire, j. 27.12.2000: "Ação Reivindicatória. Improcedência. Área de Terra na posse de centenas de famílias, há mais de 22 anos. Formação de verdadeiro bairro, com inúmeros equipamentos urbanos. Função social da propriedade como elemento constitutivo do seu conceito jurídico. Interpretação conforme a Constituição. Inteligência atual do art. 524 do CC. Ponderação dos valores em conflito. Transformação da gleba rural, com perda das qualidades essenciais. Aplicação dos arts. 77, 78, e 589 do CC. Consequências fáticas do desalojamento de centenas, senão milhares, de pessoas, a que não pode ser insensível o juiz. Nulidade da sentença rejeitada por unanimidade. Apelação desprovida por maioria."

A questão que suscita polêmica, se trava em sede de possessória. Cumpre perquirir dos poderes do magistrado, à luz do princípio da legalidade, para exigir prova de funcionalização do bem, em sede de possessória. Ocorre que a função social redesenhou o direito de propriedade, como lavrou a pena do Min. Celso de Mello, ainda em 1993 expondo que a titularidade "dispõe de perfil jurídico-constitucional próprio e traduz, na concreção do seu alcance, uma reação do Estado a descaracterização da função social que inere a propriedade privada."[83]

Ou seja, a realização da função social da propriedade pelos particulares é meta a ser perseguida pelo Estado, para o que este é municiado pelo ordenamento com diversos institutos, como o da desapropriação sanção, progressividade fiscal, ou parcelamento compulsório do solo.

Se o dever de funcionalizar não informa o exercício possessório, limitando-se às titularidades, descabe indagar em juízo acerca da funcionalização do bem em sede de possessória. Em outras palavras, não se tutela a titularidade atinente a bem que não atenda à função social, porém seria tutelável a posse deste bem.

Visível é a contradição performativa desta interpretação. Tal contradição traduziria uma incoerência material no seio do sistema jurídico que põe em risco a unidade axiológica da tecitura normativa constitucional e infraconstitucional.[84]

Sendo exigida funcionalização da propriedade, a posse há de se circunscrever no programa constitucional destinado à titularidade que centraliza o direito das coisas, diante de sua abrangência que alcança a disciplina da apropriação como um todo.

Despiciendo de sentido seria destilar tinta sobre a conexão entre os fins da posse e da propriedade em um Estado Social e Democrático de Direito, cediço a pertença inserir-se na regulação da ordem econômica. Isto é evidenciado pela positivação expressa da habitação como direito fundamental, sendo que esta transita nos regimes possessórios, tanto quanto procede nas titularidades.

---

[83] STF, Tribunal Pleno, MS-21348 / MS, Rel. Min. Celso de Mello, j. 02.09.1993.

[84] Claus-Wilhelm Canaris, *Pensamento sistemático e conceito de sistema na ciência do direito*. Trad. A. Menezes Cordeiro. Lisboa: Fund. Calouste Gulbenkian, 1989. p. 76-78: "Mas isso significa que, na descoberta do sistema teleológico, não se pode ficar pelas 'decisões de conflitos' e dos valores *singulares*, antes se devendo avançar até os valores *fundamentais* mais profundos, portanto até aos *princípios gerais* duma ordem jurídica; trata-se, assim, de apurar, por detrás da lei e da *ratio legis*, a *ratio iuris* determinante. Pois só assim podem os valores singulares libertar-se do seu isolamento aparente e reconduzir-se à procurada conexão 'orgânica' e só assim se obtém aquele grau de generalização sobre o qual a *unidade* da ordem jurídica, no sentido acima caracterizado, se torna perceptível. O sistema deixa-se, assim, definir como uma ordem axiológica ou teleológica de princípios gerais de Direito, na qual o elemento de adequação valorativa se dirige mais à característica de ordem teleológica e o da unidade interna à característica dos princípios gerais."

Não obstante há de ser referido, repisando-se que a dogmática não perfaz o suporte metodológico destas linhas, o fato das teorias possessórias clássicas sempre identificarem a noção de posse à noção de propriedade. Isso, além de incontroverso atualmente, já era denunciado por Fachin desde a aurora da Constituição vigente.[85]

Se a proteção possessória, classicamente considerada, é a guarda avançada da propriedade, e, para o exercício do direito principal, na via petitória, exige-se a funcionalização do bem, não seria na defesa primária do bem que, tão básico dever constitucional – o qual informa positiva e negativamente todos os cidadãos brasileiros –, não seria exigido.

Sem dúvida que a propriedade liga-se com a posse, ainda que estas não se identifiquem. Na medida em que a propriedade plena instrumentaliza o domínio consolidado e, considerando que a posse na esfera real, uma de suas três dimensões, integra o domínio, os institutos possuem similitudes e conexões.

A posse é uma forma de manifestação dominial, de expressão da apropriação humana sobre os bens, e, como tal, sujeita ao influxo constitucional, derivação expressa do conjunto de direitos fundamentais e regulação da ordem econômica. Isto atinge diretamente o NCCB, tanto quanto atingiu o CCB, sob pena de, respectivamente, inconstitucionalidade ou não recepção.

Pela axiologia constitucional, o papel de cada norma no sistema jurídico é teleologicamente condicionado e, não raro, redesenhado. Isso ocorre pelo fato das normas esclarecerem-se reciprocamente na tecitura normativa, sendo alimentadas pelos valores positivados no ordenamento. Por isto compreender uma norma importa em concretizar principiologicamente seu conteúdo.

"'Compreender' y, con ello, 'concretizar' sólo es possible con respecto a un problema concreto. El intérprete tiene que poner en relación con dicho problema la norma que pretende entender, si quiere determinar su contenido correcto aqui y ahora. Esta determinación, así como la 'aplicación' de la norma al caso concreto, constituyen un proceso único co y no la aplicación sucesiva a un determinado supuesto de algo preexistente, general, en si mismo compreensible. No existe interpretación constitucional desvinculada de los problemas concretos".[86]

É, pois, a melhor interpretação dentre as muitas possíveis, àquela que mais eficácia traga ao princípio da função social, direito fundamental que

---

[85] Luiz Edson Fachin. *A função social da posse...* Ob. cit, p. 25-26.
[86] Konrad Hesse. *Escritos de derecho constitucional.* Madrid: Centro de Estudios Constitucionales, 1983. p. 44-45.

angula o ordenamento jurídico trazendo ao bojo valores protetivos da pessoa humana, com vistas a uma sociedade fraterna, justa e igualitária.[87]

A partir do princípio da dignidade humana, vetor jurídico-axiológico, principiologicamente recebido,[88] a existencialidade prepondera sobre a patrimonialidade, retomando a dimensão ontológica do homem à quadra central dos mecanismos protetivos do sistema, em detrimento da pertença que migra para a periferia, em papel nitidamente instrumental.

Percebe-se, deste modo, implicitamente no art. 170 e no art. 5º, XXIII, da CF/88, a positivação do princípio da função social da posse como via de realização, concretização no dizer de Hesse, do princípio da função social da propriedade.

Independentemente da natureza que ostente a posse controvertida, para que seja reconhecida e tutelada, o sistema jurídico impõe um filtro axiológico através do princípio da função social da posse.

A posse não funcionalizada traduz um direito subjetivo virtualizado, pois ainda que possa derivar pretensão deste, não há tutela a ser-lhe concedida pelo Estado, e a autotutela se apresenta vedada.[89]

Do mesmo modo como foi redesenhado o art. 524 do CCB,[90] a partir da eficácia irradiante dos direitos fundamentais, o que também acontece com o art. 1.228 do NCCB,[91] importando um repensar integral do direito

---

[87] Ingo Wolfgang Sarlet. *A eficácia ...* Ob. cit., p.62: "Os direitos fundamentais, como resultado da personalização e positivação constitucional de determinados valores básicos (daí seu conteúdo axiológico), integram, ao lado dos princípios estruturais e organizacionais (a assim denominada parte orgânica ou organizatória da Constituição), a substância propriamente dita, o núcleo substancial, formado pelas decisões fundamentais, da ordem normativa, revelando que mesmo num Estado constitucional democrático se tornam necessárias (necessidade que se fez sentir da forma mais contundente no período que sucedeu à Segunda Grande Guerra) certas vinculações de cunho material para fazer frente aos espectros da ditadura e do totalitarismo".

[88] Art. 1º, III, CF/88.

[89] Cumpre explicitar que, apesar de ser tema passível de controvérsia, inclusive suscitado no Congresso Nacional pelos Senadores Gabeira e Requião, quando das discussões acerca do projeto do NCCB, entende-se inconstitucional o desforço imediato, pois à luz da dignidade humana, como princípio fundamental do ordenamento, não se admite norma infraconstitucional a permitir, ainda que em regime de exceção, o risco à pessoa para defesa do patrimônio. Desforço imediato não se confunde com legítima defesa, onde o bem protegido é a própria integridade. Hoje não se percebe mais o patrimônio como extensão da pessoa. Desta feita, compreende-se inconstitucional o § 1º do art. 1210 do NCCB.

[90] Art. 524, CCB. A lei assegura ao proprietário o direito de usar, gozar e dispor de seus bens, e de reavê-los do poder de quem quer que injustamente os possua.

[91] Art. 1.228, NCCB. O proprietário tem a faculdade de usar, gozar e dispor da coisa, e o direito de reavê-la do poder de quem quer que injustamente a possua ou detenha.
§ 1º O direito de propriedade deve ser exercido em consonância com as suas finalidades econômicas e sociais e de modo que sejam preservados, de conformidade com o estabelecido em lei especial, a flora, a fauna, as belezas naturais, o equilíbrio ecológico e o patrimônio histórico e artístico, bem como evitada a poluição do ar e das águas.
§ 2º São defesos os atos que não trazem ao proprietário qualquer utilidade, e sejam animados pela intenção de prejudicar outrem.

O novo Código Civil e a Constituição

de propriedade, a função social traduz um paradigma de leitura do art. 1.196 e 1.210 do NCCB.[92]

A posse somente ganha trânsito jurídico, quando se apresenta funcionalizada, quando é instrumento de funcionalização da propriedade. Dessa forma, tal qual a posse se apresenta autônoma em face da propriedade, há de se reconhecer a autonomia da função social da posse em relação à função social da propriedade, tal qual dignidade e igualdade se apresentam como noções autonomas.

O bem poderá não estar atendendo suas finalidades junto à coletividade, em razão da posse, ainda que a propriedade esteja atendendo sua função social.[93] Isso pode ser facilmente observado no sub-aproveitamento da terra. Atente-se à uma propriedade rural de boas proporções, regularmente arrendada para efetivar suas potencialidades econômicas, individuais e sociais.

O proprietário, impossibilitado por qualquer razão de funcionalizar a terra que titulariza, redireciona-a para outros particulares, mediante preço, para que estes a cultivem, arrendando-a. A propriedade, em tese, restou funcionalizada, pois o proprietário deu destinação social a um bem, cujos fins se atrelam à produção primária.

Ocorre que os arrendatários poderão, ainda que atentem aos encargos contratuais do arrendamento rural, deixar a terra sem cultivo, ou dar-lhe destino aquém do devido. Quem deve responder pela desídia, não se verificando conluio, são os arrendatários, e não o arrendante.

Neste passo, a própria progressividade do ITR recai sobre os arrendatários, pois arcam com o ônus fiscal do bem arrendado. Não reconhecido o princípio da função social da posse, enquanto concretizador do princípio da função social da propriedade, decorre uma redução do instrumental

---

§ 3º O proprietário pode ser privado da coisa, nos casos de desapropriação, por necessidade ou utilidade pública ou interesse social, bem como no de requisição, em caso de perigo público iminente.
§ 4º O proprietário também pode ser privado da coisa se o imóvel reivindicado consistir em extensa área, na posse ininterrupta e de boa-fé, por mais de cinco anos, de considerável número de pessoas, e estas nela houverem realizado, em conjunto ou separadamente, obras e serviços considerados pelo juiz de interesse social e econômico relevante.
§ 5º No caso do parágrafo antecedente, o juiz fixará a justa indenização devida ao proprietário; pago o preço, valerá a sentença como título para a transcrição do imóvel em nome dos possuidores.

[92] Art. 1.210, NCCB. O possuidor tem direito a ser mantido na posse em caso de turbação, restituído no de esbulho, e segurado de violência iminente, se tiver justo receio de ser molestado.

[93] Interessante noção de suporte pode ser colhida na lição de Milton Santos (*A natureza do espaço – Técnica e tempo. Razão e emoção.* 3ª ed., São Paulo: Hucitec, 1999, p. 174): Mas os objetos em si apenas carregam informações puras e somente adquirem uma informação definida, informação 'momentual', quando utilizados, isto é, preenchidos e animados por eventos. É exatamente G. Simondon (1958, 1989, p. 247) quem nos fala dessa 'information événementielle'. Concretude e conteúdo em informação são, juntos, sinônimos de intencionalidade na sua concepção, isto é, da busca de adequação entre a estrutura, a natureza interna do objeto e a função a que se destina."

principiológico, apto para aferir da jurisdicidade da conduta do possuidor, o qual não necessariamente é o proprietário.

Perceber a interpretação que mais eficácia dê aos direitos fundamentais, bem como à toda principiologia do ordenamento, é um dos papéis da hermenêutica contemporânea, lastreada pelos princípios objetivadores, em especial os princípios da unidade, hierarquização axiológica, concordância prática e otimização.

Coerentemente com o comando constitucional estatuído, a posse somente é apta a ser tutelada quando se mostrar funcionalizada pelo respectivo possuidor, ou ainda, como pode advir da imissão, a tutela servir de instrumental para a funcionalização do bem.

A cláusula geral de funcionalização, a partir do regime planificado da ordem econômica,[94] informa toda e qualquer conduta dos particulares, na mesma medida em que o interesse público há de informar e pautar a jurisdicidade da conduta dos órgãos e administradores públicos.

Integrando, a função social, à noção contemporânea de posse, no caso de conflito possessório a ser dirimido na via interdital, sem dúvida que é dado ao julgador perquirir do autor acerca da funcionalização da posse.

Quando o inc. I do art. 927 do CPC,[95] onera o autor com a incumbência da prova de sua posse, à luz do princípio inquisitivo,[96] faculta ao julgador indagar e determinar a produção de prova no sentido do cumprimento da função social.

Sem dúvida trata-se de ônus do autor da demanda, pois assim como a ele incumbe provar sua posse, incumbe provar a qualidade de sua posse, enquanto fato constitutivo de direito, com vistas a obter a tutela interdital objetivada.

Dizer que seria ônus do demandado provar a não funcionalização do bem da vida, não seria interpretação mais adequada. Primeiro porque a prova da posse, consoante já explicitado, é ônus do autor e não do réu, integrando seu ônus subjetivo de prova. Em segundo lugar, não atribui à qualquer das partes provar fato negativo ou não existente e, sem dúvida, falta de funcionalização trata-se de fato negativo. E, por fim, por ser incumbência do aparelho estatal, sem discriminação de poderes,

---

[94] Art. 170, CF/88.

[95] Art. 927, CPC. Incumbe ao autor provar:
I - a sua posse;
II - a turbação ou o esbulho praticado pelo réu;
III - a data da turbação ou do esbulho;
IV - a continuação da posse, embora turbada, na ação de manutenção; a perda da posse, na ação de reintegração.

[96] Ricardo Aronne. *O princípio do livre convencimento do juiz*. Ob. cit., p. 29-32.

O novo Código Civil e a Constituição

exigir a funcionalização dos bens, para realização dos direitos fundamentais.[97]

Não é devido agrilhoar um direito fundamental a uma interpretação que reduza-lhe eficácia. Daí porque a constante busca da efetivação de todo o catálogo de direitos fundamentais, e o incessante arejamento do círculo hermenêutico, evitando-se a estagnação da jurisprudência como um todo, não só na esfera do Direito Civil.

A noção de função social adere à noção de posse a partir da irradiação principiológica que alimenta axiologicamente o sentido das regras jurídicas. Trata-se de existencializar uma disciplina tradicionalmente patrimonialista, afetando-a à realização do Estado Social e Democrático de Direito, como princípio estruturante do ordenamento, a orientar teleologicamente o esforço interpretativo da comunidade de operadores jurídicos.

Tratar a posse é, pois, tratar os efeitos da posse, para o que, inevitável se apresenta o enfrentamento do tema de tutela interdital, redimensionado pela cláusula fundamental de funcionalização.

5. Possessórias e Função Social da Posse

Quanto aos efeitos da posse, apesar de manter um viés adjetivo, o NCCB suprimiu a regulação da concessão de liminar, deixando-a ao CPC.

Este último, espelha nos respectivos comandos, o modelo do Código Beviláqua, disciplinando ser cabível a liminar, sempre que intentado o interdito até ano e dia do esbulho ou turbação. Importa pensar, após as anteriores digressões, como bem instrumentalizar a função social da posse, no âmbito dos conflitos.

O tema, na sociedade contemporânea, traz a lume uma de suas maiores mazelas, que é a questão da exclusão e dos movimentos sociais, principalmente no que pertine à questão agrária.

Dois valores agregam um potencial de conflito, no caso das invasões coletivas, a segurança social e a manutenção das instituições, bem como a igualdade de oportunidades e o acesso a uma ordem jurídica justa. Resolver o conflito de tais valores, em suas expressões normativas, sem resultar na eliminação de nenhum deles, é um desafio a ser enfrentado desde logo, sob pena de virtualização teórica.

---

[97] Juarez Freitas. *A interpretação* ... Ob. cit., p. 40: Em tal linha, sempre em atenção a imprescindível e irrenunciável meta de um conceito harmônico com racionalidade intersubjetiva, entende-se mais apropriado que se conceitue o sistema jurídico como uma rede axiológica e hierarquizada de princípios gerais e tópicos, de normas e de valores jurídicos cuja função é a de, evitando ou superando antinomias, dar cumprimento aos princípios e objetivos fundamentais do Estado Democrático de Direito, assim como se encontram consubstanciados, expressa ou implicitamente, na Constituição.

Sem dúvida as invasões não devem ser alimentadas, sob pena de eliminação da segurança social diante de uma insurgência contra as instituições. Por outro lado, a manutenção do *status quo*, não é um objetivo do Estado, descabendo ignorar a não funcionalização dos bens.

O tema advém à ótica do interprete, prismado por uma ordem jurídica repersonalizada, de modo aos valores existenciais guardarem a devida precedência protetiva.

Uma das soluções se encontra na regulação do § 5º do art. 1.228 do NCCB.[98] Porém, com vistas a não impulsionar as invasões ou eliminar o direito de propriedade, importa não alcançar a posse nem para os invasores, nem para o possuidor esbulhado.

A partir de tal via, possibilita-se seja fixada uma indenização justa, pelo juízo, a ser integralizada nos termos do *caput* do art. 184 da CF/88,[99] ou seja, da desapropriação sanção. Com o surgimento do interesse da União, o feito, originariamente da competência da Justiça Comum, haverá de migrar para Justiça Federal, com a intervenção desta.

Consoante a regulação da norma expropriatória para interesse social, o proprietário receberá a respectiva indenização em TDAs resgatáveis em vinte anos, a partir do segundo. Como somente a partir do segundo ano inicia-se o adimplemento gradual da indenização, sequer problemas de orçamento público são verificáveis.

A partir do explicitado, cabe ao ente público buscar a imissão de posse contra os invasores, para que proceda o assentamento devido. Aos invasores, descabe assentar, para não motivar a conduta insurgente, como também descabe tutelar posse não funcionalizada. A melhor solução é o redirecionamento do bem.

De outra banda, com a negativa da liminar, o objeto litigioso permanece na posse dos invasores, desde que haja a precedência axiológica gizada, não estando a conduta pautada por valores patrimoniais. É situação temporária, compatível com o redirecionamento do bem e com a sensibilidade necessária a um juízo possessória. O bem é mantido, provisoriamente, com quem buscou a funcionalização desse, ainda que por via inadequada. Com isso é alcançado lapso temporal hábil à respectiva relocação.

Ao possuidor que não funcionaliza, possuindo virtualmente, prejuízo não decorre do ato, pois não derivam lucros da coisa improdutiva e sem

---

[98] Art. 1.228, § 5º, NCCB. No caso do parágrafo antecedente, o juiz fixará a justa indenização devida ao proprietário; pago o preço, valerá a sentença como título para transcrição do imóvel em nome dos possuidores.

[99] Art. 184, CF/88. Compete à União desapropriar por interesse social, para fins de reforma agrária, o imóvel rural que não esteja cumprindo sua função social, mediante prévia e justa indenização em títulos da dívida agrária, com cláusula de preservação do valor real, resgatáveis no prazo de até vinte anos, a partir do segundo ano de sua emissão, e cuja utilização será definida em lei.

O novo Código Civil e a Constituição

função implementada. Ademais, a titularidade será indenizada, nos termos constantes do ordenamento, relativizando-se a patrimonialidade pela existencialidade, sem eliminação mútua.

Observe-se que tal caminho, supera a impossibilidade de vistoria por dois anos pelo INCRA, de terras que tenham sido invadidas, pois a prova do não atendimento da função social logrou ser produzida judicialmente, no curso da possessória, não se tratando do procedimento administrativo previsto em lei. Sabedor o Estado da não funcionalização do bem, cumpre expropriar, conforme estatuído constitucionalmente.

A partir da respectiva imissão de posse pela autoridade federal, desde logo o bem passa a integrar o Programa Nacional de Reforma Agrária, sendo a sentença um substitutivo do decreto expropriatório. A indenização pertine ao titular e não ao esbulhado, caso não haja correspondência de sujeitos.

Assenta-se em tal via interpretativa, uma seara de manutenção da unidade axiológica e teleológica do sistema jurídico, superando a possibilidade de contradição material do ordenamento.

6. Considerações Finais

À guisa de conclusão, tem-se presente que a idéia de unidade e sistematização que o NCCB se propõe, não tem condições de manutenção em um viés codicista ou codificante.

É na Constituição que o ordenamento angula e alimenta de sentido, as normas que integram ou se agregam à tecitura jurídica. Pensar o Código, apartado de dispositivos externos (o uso do termo é intencional, pois pensar de modo codificante é pensar sistema fechado), como o Estatuto da Cidade, o Estatuto da Terra e, principalmente, a Constituição da República, é fatiar o ordenamento, vislumbrando significantes como significados.

O Direito não se presta a ser pensado em tiras. Refletir sobre o sentido da "nova" codificação, é refletir como este novo conjunto normativo expressa os valores e princípios consagrados na pedra fundamental do sistema.

Assim, refletir sobre a posse é investigar sobre como ela se integra no corpo legislativo que desenha o Estado Social, cuja concretização é papel do intérprete, no exercício de sua função social como operador jurídico.[100]

---

[100] Já denunciava Juarez Freitas, no outono do séc. XX (*As grandes linhas da filosofia do direito.* 3ª ed. Caxias do Sul: EDUCS, 1993, p. 119): "O jurista, sob pena de omissão e de cumplicidade farisaica, deve captar a mensagem para o seu tempo, não lhe cabendo acastelar-se em elocubrações vãs, na ânsia de interpretar fossilizados textos legais, em função de suas vírgulas ou reticências. Não

Reconhecida a tríplice dimensão que a posse transita no ordenamento, sem uma pré-hierarquização no âmbito das regras, é na esfera principiológica que uma solução hábil e transparente, alinhada ao estado da arte da metodologia jurídica, oferta-se ao intérprete.

É pela compreensão da natureza possessória que se observa o reconhecimento da apropriação física dos bens na malha axiológica do Direito, porém é pelo princípio da função social da posse que a expressividade da tutela se apresenta mensurável. A hierarquização tópica das esferas dimensionais de posse, é informada na via principiológica, sob pena de exclusão recíproca.

Daí a razão do manuseio hábil com as espécies de normas existentes, eis ser conflitual a relação principiológica e antinômica a convivência das regras. Os princípios hierarquizam e relativizam-se mutuamente, enquanto as regras se excluem.

Há de aportar, dessa forma, a novidade codificada, nem tão alvissareira, sob o prisma metológico contemporâneo. O NCCB já nasce velho, sendo o seu compreender um repensar. Vislumbrá-lo como sistema jurídico fechado de Direito Privado, a ser percebido na esteira da Escola da Exegese, expressa um retorno ao auge do século XIX - na esfera de pensamento jurídico -, bem como um abraçar dos valores da sociedade do século XVIII.

Muito mais há para ser dito e enfrentado. Mesmo os temas que ora transitaram nestas primeiras linhas de estudo, hão de ser aprofundados e refletidos sem a brevidade que o texto se propôs. É a partir da operação hermenêutica, de consecução dos valores constitucionalmente positivados, que se pode manter a evolução da reforma, tendo por certo que o papel do intérprete opera uma função de modo, que se ubica no espaço e no tempo.

O espaço, é o cenário das relações interprivadas da sociedade brasileira do século que se descortina, velada por um abismo entre classes sociais, conflitos em razão da terra, miséria, fome e intolerância.[101] O tempo é o hoje, descabendo que um pensamento codificador remeta o operador aos valores de dois séculos atrás.

---

pode limitar-se a uma postura estática na defesa de uma ordem senil, que não assimila o impacto das exigências sociais. Ao contrário, o jurista tem de colocar seu pensamento e sua cultura a serviço de uma missão evangelizadora no objetivo de desfazer a rede de peias arquitetadas pelo egoísmo em sua voracidade autofágica de lucro. Sem inovação e rejuvenescimento, todo o conservadorismo é misoteísta, ao enredar-se no passado. O jurista tem de compreender que, do mesmo modo que o reino dos bacharéis está sendo desconstituído, também o será o reino dos economistas. Deve abandonar, pois, todo o medo de utopias concretas e colocar-se despojadamente ao lado do povo."

[101] Milton Santos. *Por uma outra globalização – do pensamento único à consciência universal.* Rio de Janeiro: Record, p. 111: "Neste caso, o território não é apenas o lugar de uma ação pragmática e seu exercício comporta, também, um aporte da vida, uma parcela de emoção, que permite aos valores representar um papel."

No mais, a função de modo é entregue à esfera metodológica, sem que o intérprete lave suas mãos do papel que desempenha. Quanto aos destinatários da norma, o cidadão, o povo, este toma a palavra na sua expressão mais popular e sensível, quando já denunciava que "a gente não quer só comida, a gente quer comida, diversão e arte."[102]

Se outrora, no esmaecer do absolutismo e ascenção do liberalismo burguês, a tutela da aparência se justificava no âmbito da posse, como expressão do pensamento de então, vertido na máxima *in dubio pro libertate*, hodiernamente não.

Sem compromisso com o *status quo*, a partir de um mapeamento tributário de novos valores e de uma cartografia que denuncia diversos vôos epistemológicos, a máxima aplicável na espécie, com vistas à consecução do Estado Social, importa *in dubio pro dignidade*.

Com este o desafio, remonta-se o instituto da posse, em paradigma distinto do tradicional. Não se tratam de novas roupagens a encobrir uma mesma percepção, mas de uma guinada teleológica, amalgamando o instituto à uma sociedade pluralizada, para à qual o Direito há de ser instrumento e não um severo e insensível grilhão, transformando a posse em um Prometeu acorrentado, cujo fígado exposto denuncia a fratura social que dela emerge.

---

[102] Arnaldo Antunes. Titãs. Comida. *Acústico*. MTV: São Paulo, 1997, f. 1.

10. A separação judicial e o divórcio no novo Código Civil

LUIZ FELIPE BRASIL SANTOS
Desembargador do Tribunal de Justiça do Rio Grande do Sul. Professor na Escola
Superior da Magistratura do RS e na Escola Superior do Ministério Público do RS.

Sumário: 1. Introdução: um breve escorço histórico; 1.1. O Código Civil de
1916; 1.2. A Emenda Constitucional nº 9/77 e a Lei nº 6.515/77; 1.3. A
Constituição de 1988; 2. O Novo Código Civil; 3. Observações Conclusivas;
Referências Bibliográficas.

1. Introdução: um breve escorço histórico

1.1. O Código Civil de 1916

O vetusto Código Civil de 1916 continha, em seu artigo 317, a
previsão de um *numerus clausus* de hipóteses em que se daria o "desquite".
Em qualquer delas, o fundamento do pedido estava vinculado ao "princípio
da culpa", ou seja, apenas o comportamento do outro cônjuge que carac-
terizasse uma hipótese de violação a dever conjugal é que ensejaria o
"desquite", sendo declarado "culpado" aquele que houvesse violado tal
dever, arrostando as seqüelas daí decorrentes.

Na redação original do dispositivo, ensejavam o pedido de desquite
litigioso as seguintes hipóteses: adultério, tentativa de morte, sevícias ou
injúria grave e abandono voluntário do lar durante dois anos contínuos.
Para o legislador do final do século XIX e início do XX era desconhecida
a possibilidade de pôr fim à sociedade conjugal com fundamento no *princípio da ruptura*, ou seja, em causa objetiva (decurso do tempo de separação fática do casal). Como exceção, admitia o desquite por mútuo
consentimento (popularmente conhecido como "amigável"), que era previsto no artigo 318, tendo como condição a existência de casamento há
mais de dois anos.

O novo Código Civil e a Constituição

Tendo contemplado apenas a causa culposa como fundamento da extinção da sociedade conjugal, o legislador de 1916, além disso, deixou de prever o divórcio, justamente por não admitir a possibilidade de extinção do casamento, tal era a valoração desse contrato-instituição como única forma de constituir família. Resumindo a ideologia que sobre o tema informou o Código Civil, assim se expressou Clóvis Beviláqua:[1]

> "A respeitabilidade, com que é cercada a família brasileira, a honestidade de nossas patrícias, os costumes de nosso povo, enfim, não somente dispensam o meio extremo do divórcio, como o tornariam sobremodo nefasto."

1.2. A Emenda Constitucional n° 9/77 e a Lei n° 6.515/77

Somente em 1977 – pondo fim ao um longo período de inglória luta daqueles que pugnavam pelo divórcio, sob a liderança do senador Nelson Carneiro – é que a Emenda Constitucional n° 9/77, afastando da Constituição o princípio da indissolubilidade do vínculo (consagrado em nossas Cartas Constitucionais desde a de 1934 – artigo 144), veio a introduzir no ordenamento jurídico brasileiro a figura do divórcio.

Em dezembro do mesmo ano, a Lei n° 6.515/77 ("Lei do Divórcio"), regulamentando o dispositivo constitucional, deu nova denominação ao "desquite", que passou a ser conhecido como "separação judicial", tendo como finalidade também a exclusiva extinção da sociedade conjugal (pondo fim apenas a alguns deveres matrimoniais, como a coabitação e a fidelidade recíproca – artigo 3° da Lei n° 6.515/77), sem, no entanto, dissolver o casamento ("vínculo matrimonial"), o que só poderia ser alcançado por meio do divórcio.

Assim, embora a tardia inclusão em nosso ordenamento jurídico da figura do divórcio, preservou-se o desquite – rebatizado de "separação judicial" – o que foi justificado como uma "homenagem aos sentimentos religiosos do povo brasileiro" (Exposição de Motivos da Lei n° 6.515/77), ou seja, uma forma de propiciar às pessoas que, por profundas convicções religiosas, não desejassem pôr fim ao casamento um modo de dissolver juridicamente alguns efeitos da união (fidelidade, coabitação e regime matrimonial de bens – conforme artigo 3° da Lei n° 6.515/77), uma vez constatada a inviabilidade da manutenção do relacionamento.

Também motivou a manutenção em nosso direito de um instituto de efeitos reconhecidamente limitados como a separação judicial o ambiente histórico que então permeava a sociedade brasileira. Ou seja, setores conservadores, ligados especialmente à Igreja Católica, temiam que o divórcio

---

[1] BEVILÁQUA, Clóvis. *Direito de Família.* 7. ed. Rio de Janeiro: Rio, [s. d.], p. 286-287.

viesse a gerar verdadeiro caos na ordem familiar, exigindo, por isso, que um instituto jurídico de efeitos mais limitados fosse mantido.

Preservada que foi a agora denominada "separação judicial", algumas alterações expressivas foram feitas quanto aos seus fundamentos: (1) introduziu-se o "princípio da ruptura", como causa de pedir (artigo 5º, § 1º, da Lei nº 6.515/77) e (2) foi concedida maior liberdade de interpretação ao operador do direito, na medida em que, abandonando o sistema de *numerus clausus* do antigo artigo 317 do CCB, adotou o legislador a técnica das cláusulas gerais para caracterização da culpa, quais sejam "conduta desonrosa" ou "grave violação dos deveres do casamento" (artigo 5º, *caput*, da Lei nº 6.515/77), em uma ou outra hipótese devendo resultar na insuportabilidade da vida em comum, cumprindo ao intérprete, no caso concreto, dizer se determinado proceder de qualquer dos cônjuges caracterizava ou não uma dessas previsões. Como frisa Yussef Said Cahali,[2] em sua clássica obra, o legislador optou nessa lei pelo sistema das

> "causas facultativas da separação judicial, carregando aos tribunais a responsabilidade de modelar o *standard* da conduta desonrosa, ou da infração aos deveres conjugais que, pela sua gravidade, torna insuportável a vida em comum dos esposos."

Quanto ao divórcio, foi previsto sob duas modalidades: (1) na forma de conversão da separação judicial (artigo 25), para o que originalmente era exigido o prazo de três anos desta; e (2) como disposição transitória (artigo 40), na forma direta, inicialmente para aqueles casais que completassem cinco anos de separação fática, com início anterior a 28 de junho de 1977 (data da entrada em vigor da Emenda Constitucional nº 9/77).

Na modalidade direta, o § 1º do artigo 40 exigia, além da comprovação do tempo de separação fática, também a demonstração da culpa de algum dos cônjuges.

Parte da jurisprudência, reconhecendo a dificuldade de atribuir a culpa pelo fracasso do matrimônio a qualquer dos cônjuges – e constatando a inviabilidade de manter unidos pela lei aqueles a quem a vida já separou –, vinha, mesmo quando fundado o pedido no artigo 5º, *caput*, da lei divorcista, decretando a separação judicial sem declaração de culpa, pela simples constatação da falência do matrimônio.

Exemplo dessa orientação encontra-se nos Embargos Infringentes nº 70001797711, do Quarto Grupo Cível do Tribunal de Justiça do Rio Grande do Sul, onde foi assentado que:

---

[2] CAHALI, Yussef Said. *Divórcio e Separação*. 8. ed. São Paulo: RT, 1995, v. 1, p. 60.

"Não tem mais justificativa a atribuição da culpa pelo rompimento da vida em comum, quando qualquer conseqüência pode advir desta declaração, bastando, para a decretação da separação, o reconhecimento do fim do vínculo afetivo."

No mesmo sentido foram, entre outras, as Apelações Cíveis nº 598520187, 70000859983 e 70001840289, da mesma Corte.

Importa notar que tais formulações jurisprudenciais não constituíram, por certo, novidade. Ao contrário – evidenciando a dificuldade que os tribunais tradicionalmente enfrentaram para definir, de forma maniqueísta, quem teria sido o culpado pelo fracasso do casamento –, a solução de decretar o fim da sociedade conjugal mesmo sem atribuição de culpa já vinha, em um ou outro caso, sendo de há muito apontada pela jurisprudência desde a primeira metade do século XX.

Em contunde crítica a essa orientação – e em defesa da necessidade de apuração da culpa –, Pontes de Miranda, em interessantíssima passagem de sua monumental obra,[3] referindo antigos arestos do Tribunal de Justiça de São Paulo (de 1925) e da Corte de Apelação do Distrito Federal (de 1929 e 1933), a censurava, por considerá-la, na perspectiva do direito posto – então na previsão do artigo 317 do Código Civil – atécnica, além de incompatível com a concepção católica do desquite. Disse o Mestre:

"A despeito, porém, da clareza da lei, da interpretação que se há de dar a regra jurídica limitativa, como é a do art. 317, insinuou-se na jurisprudência, com audácia que toca às raias mesmas da licença, no sentido de 'facilitar o desquite', a prática de se admitir, como fundamento para a decretação do desquite, não ser mais possível, nos termos em que se apresenta à Justiça, a permanência da sociedade conjugal (...). Quase sempre ocorre isso naquelas ações em que os juizes, não encontrando base para julgar procedentes a ação ou procedente a reconvenção, ou procedentes uma e outra, decidem pela improcedência e, tomando a mais absurda das atitudes (pois que, julgada improcedente a ação e improcedente a reconvenção, nenhum provimento cabe aos tribunais), decretam o desquite por impossibilidade da convivência conjugal, ou quejandas fórmulas, que destoam, abertamente, da letra e do sistema do Código Civil, *e tomam aspectos escandalosos nos votos de juízes que se dizem católicos. Não está na lei, além de constituírem tais causas criadas a própria linha divisória entre a concepção católica e a concepção luterana* ou calvinista do divórcio. (...) Conceder desquite por fundamento que não esteja num dos incisos do art. 317 é violar direito em tese, é violar letra da lei. (*grifo meu*).

---

[3] PONTES DE MIRANDA. *Tratado de Direito Privado*. 4. ed. São Paulo: RT, 1983, v. VIII, p. 44-45.

Posicionando-se em outro pólo, o insigne civilista João Baptista Villela (1979) insurgia-se veementemente contra a incorporação desse princípio em nosso ordenamento jurídico, afirmando:[4]

"Vício seriíssimo da lei é o de ainda se estruturar sobre o velho e decadente princípio da culpa. A mais significativa evolução, que se processa hoje no mundo em matéria de divórcio, é o abandono do princípio da culpa (*Verschuldensprinzip*) em favor do princípio da deterioração factual (*Zerruttugsprinzip*). De um lado, não cabe ao Estado intervir na intimidade do casal para investigar quem é culpado e quem é inocente nesta ou naquela dificuldade supostamente invencível. Depois, haverá algo de mais presunçoso do que se crer capaz de fazê-lo? Dizer quem é culpado e quem não o é, quando se trata de um relacionamento personalíssimo, íntimo e fortemente interativo como é o conjugal, chegaria a ser pedante, se antes disso não fosse sumamente ridículo. Nem os cônjuges, eles próprios, terão muitas vezes a consciência precisa de onde reside a causa de seu malogro, quase sempre envolta na obscuridade que, em maior ou menor grau, impregna todas as relações humanas."

Mais recentemente, refletindo o agora predominante pensamento da moderna doutrina familiarista, assinalou, com acuidade, Lúcio Grassi De Gouveia;[5]

"na origem da consideração da culpa como fator preponderante para fixação dos efeitos do divórcio, deve ser considerada a influência da formação cultural judaico-cristã, que associa as atividades humanas à idéia de expiação dos pecados, em que o prazer não é facilmente absorvido desvinculado do elemento culpa (...). Tal forma de pensar influenciou o direito de família em diversos países, expressando-se essa noção de culpa na responsabilização de um cônjuge por não mais querer continuar casado com o outro. Exige-se sacrifício e dor em prol da 'paz doméstica', que se transforma gradativamente na mais terrível forma de sofrimento: a convivência forçada com alguém com quem não há mais qualquer vínculo afetivo. O direito à felicidade é colocado em último plano. O cônjuge deve sofrer, pois, já que assumiu o casamento, estará condenado perpetuamente a viver com outro pelo resto da vida. E se conseguir livrar-se do casamento, em um processo árduo, no qual será vasculhada sua vida e devastada sua intimidade (a investigação da culpa propicia isso) não poderá fazê-lo impunemente. Em

---

[4] VILELLA, João Baptista. *Apud* PEREIRA, Rodrigo da Cunha, *in A Sexualidade vista pelos Tribunais*. 2. ed. Belo Horizonte: Del Rey, 2001, p. 225.

[5] GOUVEIA, Lúcio Grassi de. *A Culpa como Fator para Fixação dos Efeitos do Divórcio*. REVISTA DA ESMAPE, v. 5, nº 12, p. 505-506.

alguns sistemas jurídicos terá que pagar perdas e danos, alimentos, perderá bens e direitos, em suma, será punido muitas vezes com a ruína econômica. Livra-se de uma pena perpétua mas imediatamente tais sistemas jurídicos lhe asseguram eficazmente outra. Você jamais será feliz! É o que parece querer dizer o juiz que matematicamente calcula o grau de culpa de cada um dos desesperados cônjuges para fixação dos efeitos a serem suportados pelo único ou principal culpado."

Fazendo eco, no plano jurisprudencial, ao crescente prestígio da corrente que se opõe à adoção do *princípio da culpa*, recentemente (em 12 de dezembro de 2001) o Centro de Estudos do Tribunal de Justiça do Rio Grande do Sul aprovou a seguinte conclusão:

"Desde que completado o lapso temporal de separação fática exigido para o pedido de separação judicial litigiosa com causa objetiva (art. 5º, par. 1º, Lei nº 6.515/77) ou para o pedido de divórcio (art. 40, Lei nº 6.515/77) descabe postular separação com causa culposa (art. 5º, *caput*, Lei nº 6.515/77), por falta de legítimo interesse. (Maioria)."

Na fundamentação, restou assentado que:

"A perquirição da culpa como fundamento do pedido de separação judicial (art. 5º, *caput*, da Lei nº 6.515/77) somente se justifica quando não preenchidos os requisitos para a obtenção da separação com causa objetiva ou para o divórcio. Uma vez estando o casal já separado de fato por tempo superior a um ano, sem que qualquer dos cônjuges tenha tomado a iniciativa do pedido com base na culpa, resta evidenciado o desinteresse em promover a ação sob tal fundamento, o que retira, até mesmo, legitimidade moral ao autor do pedido para invocar a conduta culposa do réu. Desta forma, com o decurso do prazo, ficando implementado o requisito para idêntica postulação fundada em causa objetiva, resta inteiramente esvaziada de sentido a pretensão à desconstituição do matrimônio com base na culpa, eis que idêntico resultado poderá ser obtido de forma muito mais singela e menos gravosa para ambas as partes e a possível prole. Por fim, não é demasia lembrar que o entendimento que aqui se propõe é coerente com a tendência que se verifica no Direito de Família – com evidentes reflexos nas reformas da lei divorcista – no sentido da objetivação das causas de pedir da separação e do divórcio, com o conseqüente desprestígio do princípio da culpa, que reconhecidamente não passa de mera ficção jurídica.

1.3. A Constituição de 1988

Tratando "da família, da criança, do adolescente e do idoso" no Capítulo VII do Título VIII, a Carta de 1988 dispôs sobre o divórcio no

§ 6º do artigo 226. Nada versou acerca da separação judicial, com o que restou inalterado o tratamento dado a esta até então pela Lei nº 6.515/77.

Profundas alterações, entretanto, foram introduzidas pelo texto constitucional no que diz com as hipóteses de divórcio até então contempladas na lei própria.

Mantidas que foram as duas modalidades de divórcio (direto e indireto, ou por conversão), facilitou-se ao extremo sua obtenção.

Primeiro, quanto ao divórcio por conversão da separação judicial, o prazo – que até então era de três anos – passou a ser de apenas um.

Depois, no que diz com o divórcio direto, verdadeira revolução ocorreu, uma vez que deixou de constituir disposição transitória, na forma como era contemplado originalmente no artigo 40 da Lei nº 6.515/77, que exigia prazo de separação fática superior a cinco anos, com início anterior a 28 de junho de 1977 (data da vigência da Emenda Constitucional nº 09/77), passando a ter vigência plena e indeterminada, uma vez que o prazo foi reduzido para dois anos, sem qualquer menção ao *dies a quo*. Ademais, ficou arredada qualquer possibilidade de questionamento da culpa no âmbito do divórcio, restando ab-rogado o § 1º do artigo 40, que admitia a verificação da culpa também no divórcio direto.

Tais modificações, implementadas pelo ordenamento constitucional, vieram, posteriormente, a ser introduzidas na lei divorcista pelas Leis nº 7.841, de 17.10.89, e 8.408, de 13.02.92, a primeira alterando a redação do *caput* do artigo 40, e revogando o § 1º (hipótese de divórcio direto); e a segunda modificando o artigo 25 (reduzindo o prazo de separação judicial para a obtenção do divórcio por conversão).

2. O Novo Código Civil

a) Finalmente, após prolongada tramitação legislativa, veio a lume o novo Código Civil Brasileiro (NCCB), anunciado como um diploma legislativo da modernidade.

No âmbito do Direito de Família, não é o que se constata, entretanto. A menos que se tenha como inovação a simples incorporação em lei ordinária de princípios e regras já consagrados há mais de 13 anos, na Constituição Federal de 1988, como a igualdade entre os gêneros, a adoção do estatuto único da filiação e a consagração das uniões fáticas como entidades familiares!

Especificamente no que diz com a temática da separação judicial e do divórcio nenhum avanço significativo ocorreu com o novo Código. Ao contrário: retrocessos houve, para desalento da comunidade jurídica especializada.

b) A dissolução da sociedade conjugal e do casamento está tratada na novel codificação a partir do artigo 1.571 (Capítulo X, Subtítulo I, Título I, Livro IV).

c) Desperdiçou o legislador excelente oportunidade de extinguir o já anacrônico instituto da separação judicial, cuja manutenção em nosso ordenamento jurídico não mais se justifica. Primeiro, porque é uma "meia solução" para o matrimônio falido, uma vez que não põe fim ao casamento e, por conseqüência, inviabiliza novo consórcio enquanto não formalizado o divórcio. Segundo, porque as razões que levaram à sua manutenção quando da edição da Lei nº 6.515/77 não mais subsistem, considerando que a sociedade brasileira já amadureceu o suficiente para perceber que o divórcio não significou o fim da família, mas, sim, uma solução para as uniões onde pereceu o afeto, condição de subsistência do relacionamento conjugal.

d) Além de manter a figura da separação judicial, o NCCB ainda preservou o princípio da culpa como um de seus fundamentos, quando, a exemplo do que já ocorre com o divórcio, poderia ter se limitado a amparar o pleito separatório apenas na circunstância fática da ruptura da convivência (*princípio da ruptura*).

Nesse ponto, como antes dissecado, desconheceu o legislador a orientação doutrinária e jurisprudencial mais abalizada.

e) Entretanto, voltando as costas a essa realidade, o NCCB preserva o princípio da culpa na separação judicial. E o faz no artigo 1.572, prevendo as hipóteses em que se dará a separação judicial com fundamento na culpa do outro cônjuge, adotando, inicialmente, formulação semelhante, porém não idêntica, à da Lei nº 6.515/77 (artigo 5º, *caput*).

É que na redação de agora foi suprimida do artigo a figura da "conduta desonrosa", permanecendo apenas "qualquer ato que importe grave violação dos deveres do casamento e torne insuportável a vida em comum". Por sua vez, a "conduta desonrosa" foi deslocada para o inciso VI do artigo 1.573, como uma das hipóteses que podem ocasionar a "impossibilidade da comunhão de vida".

Optou o legislador, nesse dispositivo, como se vê, pela formulação genérica da lei divorcista, que, sem dúvida, é mais adequada, por permitir maior liberdade ao intérprete para preencher, no caso concreto, as hipóteses gerais previstas em lei.

Entretanto, logo a seguir, no artigo 1.573 e incisos, retorna à técnica da enunciação – do antigo artigo 317 do Código de 1916 –, agora em formulação meramente exemplificativa, das hipóteses em que poderá restar caracterizada a culpa, e, por conseqüência, a "impossibilidade da comunhão de vida", e que são: adultério, tentativa de morte, sevícia ou injúria grave, abandono voluntário do lar durante um ano contínuo, condenação por crime infamante e conduta desonrosa. As quatro primeiras hipóteses correspondem exatamente à dicção do antigo artigo 317 do Código de 1916 (apenas com a redução do prazo do abandono do lar de dois para um ano). Como antes destacado, a figura da *conduta desonrosa*, retirada que foi da formulação do artigo 1.572, é reintroduzida aqui como exemplo de proceder que pode levar à impossibilidade da comunhão de vida.

À diferença do Código anterior, entretanto, onde constituíam hipóteses taxativas, agora são meramente exemplificativas ("Podem..."). Ora, se assim o são – não afastando, portanto, a possibilidade de reconhecimento de outras circunstâncias caracterizadoras de culpa – é pertinente indagar a razão que teria levado o legislador a enumerá-las, quando, no artigo antecedente, já havia formulado as causas de pedir culposas de modo genérico. A inconveniência e falta de técnica salta aos olhos!

Não bastasse isso, o parágrafo único do artigo 1.573, surpreendentemente, dispõe que "o juiz poderá considerar outros fatos que tornem evidente a impossibilidade da vida em comum". Ou seja, introduz no sistema, de forma absolutamente incoerente com os dispositivos anteriores, uma hipótese de extremada abertura, ensejando, na linha do que já vinha sendo até agora decidido, a viabilidade de ser decretada a separação judicial com fundamento exclusivo na impossibilidade de continuação da vida em comum, pela ausência da *affectio* que constitui a própria razão de ser do relacionamento conjugal. Certamente por tal senda é que deverá enveredar a jurisprudência, mantendo a tendência, já assinalada, de abstração da culpa.

Melhor teria sido que, espelhando a evolução que se tem observado, sobretudo na jurisprudência, o legislador houvesse se limitado a prever apenas a separação judicial fundada em quaisquer fatos que tornem evidente a impossibilidade da vida em comum, eliminando a necessidade de apuração de culpas.

Nesse sentido, aliás, foi a proposta (não acolhida, pela Comissão de Redação da Câmara Federal) da Comissão de Acompanhamento do Código Civil, do Instituto Brasileiro de Direito de Família (IBDFAM), que tivemos a honra de coordenar, formulada nos seguintes termos:

"PROPOSTA: Suprimir o artigo 1.573 e dar ao *caput* do artigo 1.572 a seguinte redação: *Qualquer dos cônjuges poderá propor a ação de separação judicial, com fundamento em fatos que tornem insuportável a vida em comum, independentemente da ocorrência de culpa do outro.*

JUSTIFICATIVA: À parte a lamentável manutenção em nosso sistema do princípio da culpa como fundamento para ensejar separação judicial, tais dispositivos merecem outras considerações de ordem sistêmica. O artigo 1.572 adota a fórmula genérica das causas culposas que servem de fundamento para o pedido de separação judicial, nos exatos termos do artigo 5º, *caput*, da Lei nº 6.515/77, prevendo, ademais, em seus parágrafos, as hipóteses de separação com causa objetiva e a denominada separação 'remédio', com prazo encurtado para dois anos. Por outro lado, o artigo 1.573, surpreendentemente – em formulação que lembra o antigo artigo 317 (hoje revogado), do CCB – trata de elencar os motivos que 'podem' ensejar a 'impossibilidade da vida em comum'. Trata-se, é certo, de hipóteses meramente exemplificativas ('podem'), mas de todo desnecessárias, ante a formulação genérica do artigo anterior.

Ademais, para tornar ainda mais patente a incongruência e desnecessidade desse rol de hipóteses, o parágrafo único do artigo 1.573, em regra que merece encômios, concede, de forma bastante abrangente, ao juiz a possibilidade de 'considerar outros fatos, que tornem evidente a impossibilidade da vida em comum'.

Vê-se, assim, que o Projeto não guarda coerência, pois (1) em um primeiro momento, formula hipóteses relativamente abertas (nos moldes da LD); (2) depois, sem qualquer necessidade, exemplifica motivos específicos; e, finalmente, (3) para arrematar, dá total liberdade ao juiz para considerar quaisquer outras causas.

Ou seja, primeiro abre uma janela, depois fecha a janela e, por fim, abre todas as janelas e até mesmo a porta!

Impõe-se, pois, uma melhor sistematização, com a adoção de uma regra única, coerente, e que enseje certa liberdade ao juiz para decretar a separação judicial sempre que ficar evidenciada a impossibilidade da manutenção da sociedade conjugal pela insubsistência da *affectio conjugalis*, com ou sem ocorrência de culpa."

Cabe anotar que o PL 6.960/02, apresentado à Câmara Federal pelo Deputado Ricardo Fiúza – e que, em princípio, propõe-se a dar nova redação a 188 artigos do NCCB – sugere alterações aos incisos I e IV do art. 1.573. No inc. I, substitui o conceito de "adultério" pela expressão mais ampla "infidelidade", e, no inciso IV, retira a exigência de que o abandono do lar deva ser por período superior a um ano para dar ensejo ao pedido de dissolução da sociedade conjugal, com culpa. Como se vê, neste ponto, são alterações meramente cosméticas, que nada alteram o sentido da crítica aqui formulada.

f) Tratando da separação judicial com causa objetiva, o Código repete o que já era previsto na lei divorcista (artigo 5º, § 1º), mantendo a possibilidade de fundar-se o pedido de separação judicial na circunstância objetiva na separação fática do casal (§ 1º do artigo 1.572) durante mais de um ano, sem qualquer indagação acerca da causa que ensejou a dissensão. Nenhuma inovação ocorreu, portanto, neste ponto.

g) Ficou mantida – no § 2º do artigo 1.572 – a hipótese da denominada "separação remédio", com fundamento na doença mental do outro cônjuge, que tanta crítica recebeu da doutrina, uma vez que, inegavelmente, ofende o dever de mútua assistência moral (agora contemplado no artigo 1.566, inciso III, do NCCB). Restou, entretanto, encurtado o prazo de duração da doença para a obtenção da separação, que na lei divorcista é de cinco anos, e que agora passa a ser de dois anos. Os demais requisitos para a caracterização da hipótese, entretanto, foram preservados, a saber: (1) que seja grave a doença mental, (2) que tenha sido manifestada após o casamento, (3) que seja impossível a continuação da vida em comum e (4) que a doença tenha sido reconhecida de cura improvável. A redução do prazo, entretanto, em nada contribui para tornar mais aceitável, na perspectiva ética, a hipótese, cuja utilização, de outro lado, nunca encontrou eco no meio jurídico nacional, o que se constata pela jurisprudência quase inexistente acerca do tema. Certamente contribui para a pouca utilização desse fundamento não apenas as restrições éticas que encontra, mas a dificuldade de fazer prova de todos os requisitos que a caracterizam.

h) A regra do atual § 3º do artigo 5º da lei divorcista é mantida, com pequena alteração, no § 3º do artigo 1.572 do novo Código. Impõe ela uma sanção patrimonial – perda, por parte do autor do pedido, do direito a partilhar os remanescentes dos bens que o réu levou para o casamento, quando adotado o regime da comunhão universal de bens – a quem tiver a iniciativa do pedido de separação judicial. Na previsão da lei do divórcio, isso se daria quando o pedido tivesse por fundamento a separação fática do casal ("separação falência" – § 1º do artigo 5º) ou a doença mental do outro cônjuge ("separação remédio" – § 2º do artigo 5º). De acordo com a nova sistemática, a penalização passa a incidir apenas na hipótese de pedido fundado na doença mental do outro cônjuge. Regra que visa desestimular os pedidos de separação com tais fundamentos (agora limitado apenas a um deles), sempre se mostrou de aplicação muito restrita, e poderia ter sido eliminada do Código.

De qualquer forma, mister reconhecer, sua aplicação apenas à hipótese da "separação remédio" representa singelo avanço.

i) Merece encômios o fato de que o NCCB não reproduziu a denominada "cláusula de dureza", prevista no artigo 6º da lei divorcista, que

O novo Código Civil e a Constituição

281

possibilitava ao juiz negar a separação, nas hipóteses de "separação falência" e "separação remédio", quando verificasse que poderia ela "constituir, respectivamente, causa de agravamento das condições pessoais ou da doença do outro cônjuge, ou determinar, em qualquer caso, conseqüências morais de excepcional gravidade para os filhos menores".

Ocorre que tal previsão era absolutamente irreal, na medida em que o eventual prejuízo que visava evitar não decorreria, por certo, do pedido de separação judicial. Na hipótese de o casal já se encontrar separado faticamente, a formalização do pedido não iria trazer prejuízo a quem quer que fosse. Ao contrário, na medida em que fossem estabelecidas as regras a serem observadas, melhor resguardados estariam os direitos de todos. Outrossim, se o pedido fosse calcado na doença mental do outro cônjuge, a manutenção forçada do casamento provavelmente traria muito maior dano ao deficiente do que o pedido de separação.

j) O artigo 1.574 trata da separação judicial consensual, reduzindo o prazo mínimo de casamento – que, pelo artigo 4º da Lei do Divórcio, é de dois anos – para um ano. É, sem dúvida, inovação que merece ser saudada. Acontece que, sendo possível obter a separação com causa objetiva com um ano de separação fática, situações havia em que o casal preenchia o requisito para levar a efeito a separação litigiosa, por estar separado de fato há mais de um ano, mas não atendia o prazo para separação consensual (que era dois anos de casamento). Assim, mesmo que não houvesse qualquer conflito de interesses entre eles, poderiam ver-se na contingência de simular um pedido litigioso para obter o resultado por ambos desejado. Agora, com a unificação dos prazos em um ano (de casamento ou de separação fática, conforme a hipótese), fica afastada a ocorrência de situações de falso conflito, que eram antes possibilitadas pela lei.

Aqui o PL 6.960/02 avança significativamente, retirando qualquer exigência de prazo de duração do casamento para ensejar o pedido de separação na forma consensual.

l) O artigo 1.575 dispõe que "a sentença de separação judicial importa a separação de corpos e *a partilha de bens*" (grifo meu). Parece com isso determinar que, com a separação judicial, proceda-se, desde logo, à partilha. Tal regra, entretanto, não guarda coerência com o que dispõe o artigo 1.581 ("O divórcio pode ser concedido sem que haja prévia partilha de bens"), que, na linha do Enunciado 197 da Súmula do STJ, dispensa a partilha em se tratando de divórcio direto. Aliás, o artigo 1.581 vai mais além, uma vez que dispensa a partilha em qualquer das modalidades de divórcio (direto ou por conversão). Não tem sentido, assim, exigir-se a partilha de bens quando da separação judicial, o que parece evidenciar um "cochilo" do legislador (!) que deverá ser corrigido pela jurisprudência.

Quanto a esse ponto também foi encaminhada, pelo IBDFAM, sugestão à Comissão de Redação da Câmara Federal (afinal não acolhida), nos seguintes termos:

"PROPOSTA: Suprimir todo o dispositivo.

JUSTIFICATIVA: Por um lado, o artigo é desnecessário quando afirma que a separação judicial importa a separação de corpos, uma vez que o artigo seguinte (1.576) dispõe que a separação judicial põe termo ao dever de coabitação, o que resulta no mesmo!

Por outro, equivoca-se ao afirmar que a separação judicial acarreta a partilha de bens. Ocorre que não se justifica exigir partilha de bens em separação judicial quando, mais adiante, o artigo 1.581 claramente a dispensa no divórcio, o que constitui um paradoxo! Ademais, o artigo 1.576 corretamente dispõe que 'A separação judicial põe termo aos deveres de coabitação e fidelidade recíproca e ao regime matrimonial de bens', o que significa, simplesmente, a não comunicação dos bens adquiridos a partir desse momento, mas não determina a realização da partilha, que poderá ser feita, como enseja o artigo 1.581, até mesmo depois do divórcio.

O artigo em exame, pois, é absolutamente desnecessário, contradiz dispositivo posterior (artigo 1.581) e é equivocado em seu sentido."

O PL 6.960/02 propõe também alteração a este dispositivo, corrigindo a inconveniência apontada, para deixar claro que a partilha poderá ser feita, na forma consensual ou litigiosa, mesmo após o decreto separatório do casal.

m) O artigo 1.577 – na linha do que dispõe o artigo 46 da Lei nº 6.515/77 – autoriza o restabelecimento da sociedade conjugal pelos cônjuges que estejam judicialmente separados, respeitados os direitos de terceiros, de acordo com o comando do parágrafo único. Entretanto, restou suprimida do novo dispositivo a restrição constante do anterior, qual seja a de que o restabelecimento ocorra *nos termos em que fora constituída*. E é lógica a supressão ocorrida.

Ocorre que a referência anterior aos *termos em que fora constituída* a sociedade conjugal decorria da obrigatória manutenção do regime de bens, que desfrutava da característica da irrevogabilidade emprestada pelo artigo 230 do antigo Código. Com o novo Código, entretanto, consagrou-se a possibilidade de alteração do regime de bens no curso do casamento (artigo 1.639, § 2º), o que reflete na circunstância de que, quando do restabelecimento da sociedade conjugal, poderão, eventualmente, os cônjuges optar pela adoção de regime de bens diverso.

n) O parágrafo único do artigo 1.579 (*Novo casamento de qualquer dos pais, ou de ambos, não poderá importar restrições aos direitos e deveres previstos neste artigo)* contém omissão, uma vez que deixa de referir expressamente que a união estável de qualquer dos pais também não acarreta restrições aos direitos e deveres em relação aos filhos. É evidente que deve ser compreendida a união estável também nessa hipótese, uma vez que não teria qualquer sentido que a formação fática de nova família por qualquer dos pais pudesse gerar efeitos que a formação jurídica, pelo casamento, não acarreta.

o) Tratando do divórcio por conversão, o artigo 1.580 apresenta uma redação (*Decorrido um ano do trânsito em julgado da sentença que houver decretado a separação judicial, ou da decisão concessiva da medida cautelar de separação de corpos, qualquer das partes poderá requerer sua conversão em divórcio)* que peca pela falta de clareza. É evidente que a conversão de separação em divórcio pressupõe a prévia separação judicial. Entretanto, a dicção isolada do dispositivo – numa interpretação meramente gramatical, é certo – possibilita o entendimento de que seria viável converter a separação de corpos em divórcio. Felizmente a dubiedade resta afastada pelo § 1º, que não deixa margem à dúvida no sentido de que a conversão de que se trata é sempre de separação judicial em divórcio.

p) Inovou salutarmente o NCCB ao afastar, no caso de conversão da separação judicial em divórcio, a exigência adicional (artigo 36, parágrafo único, inc. II, da Lei do Divórcio) de que o autor do pedido estivesse em dia com obrigações anteriormente assumidas, o que já vinha sendo tido como inconstitucional pela melhor doutrina,[6] no entendimento de que o dispositivo da lei divorcista não foi recepcionado pelo artigo 226, § 6º, da Constituição Federal, cuja única exigência para o deferimento da conversão é o preenchimento do prazo de um ano de separação judicial. Assim também já se manifestara a jurisprudência do Tribunal de Justiça do Rio Grande do Sul, por sua Sétima Câmara Cível:[7]

"DIVÓRCIO POR CONVERSÃO. DESCUMPRIMENTO DAS OBRIGAÇÕES ASSUMIDAS AO ENSEJO DA SEPARAÇÃO JUDICIAL. DERROGAÇÃO DO INC. II, PARÁGRAFO ÚNICO, DO ART. 36, DA LEI 6.515/77. Derrogado o inciso II do art. 36, da lei 6.515/77, pelo art. 226, º 6º, da CF, o descumprimento das obrigações assumidas ao ensejo da separação judicial não mais representa óbice à sua conversão em divórcio. Negaram provimento, por maioria."

q) O divórcio direto mantém-se no § 2º do artigo 1.580 na forma como se encontra na Lei nº 6.515/77 (artigo 40), exigindo unicamente o

---

[6] CAHALI, Yussef Said. *Divórcio e Separação.* 8. ed. São Paulo: RT, 1995, v. 2, p. 1.196 e segs.
[7] APC nº 599314689, Sétima Câmara Cível, TJRS, Relator Des. José Carlos Teixeira Giorgis, julgada em 23/06/99.

preenchimento do lapso temporal de dois anos de separação fática, tanto em sua forma litigiosa quanto consensual. Apenas baseado no "princípio da ruptura", portanto, não se mostrando pertinente qualquer questionamento acerca da culpa.

r) Como antes salientado, o artigo 1.581, na linha do que já fora consagrado, quanto ao divórcio direto, pelo Enunciado 197 da Súmula do STJ, dispensa a partilha de bens em qualquer das modalidades de divórcio. Assim, não é mais exigível a partilha mesmo no divórcio por conversão, o que vinha ocorrendo com fundamento nos artigos 31 e 43 da lei divorcista.

Assim, parece-nos até tautológica a nova redação a este dispositivo, proposta no PL 6.960/02, que apenas explicita que a dispensa da partilha ocorre tanto no divórcio direto como no divórcio por conversão, o que, como visto, já resulta claro do texto original, na medida em que este não é restritivo.

s) Em regra que abrange tanto a separação judicial quanto o divórcio, o artigo 1.584 (*Decretada a separação judicial ou o divórcio, sem que haja entre as partes acordo quanto à guarda dos filhos, será ela atribuída a quem revelar melhores condições para exercê-la*) manda que seja atendido o melhor interesse da criança, desvinculando a guarda dos filhos de qualquer consideração quanto à culpa.

É, sem dúvida, salutar o dispositivo, que se harmoniza, aliás, com a doutrina da proteção integral, consagrada no artigo 227 da Constituição Federal. Merece registro que mesmo sob a égide da lei divorcista que, na separação judicial com causa culposa (artigo 5º, *caput*, da Lei nº 6.515/77), em princípio vinculava a guarda do menor à culpa do genitor (artigo 10), a jurisprudência já vinha efetuando a aplicação da doutrina do melhor interesse da criança, invocando como fundamento, além do regramento constitucional, uma interpretação mais liberal do artigo 13 da Lei nº 6.515/77 que, de exceção que era, passou à condição de regra.

Agora, o artigo 1.584, na linha de torrencial jurisprudência, expressamente determina que se observe, em qualquer hipótese, o que melhor consultar o interesse dos filhos.

Importa destacar aqui que o PL 6.960/02 propõe importantes alterações no que diz com a *proteção da pessoa dos filhos* (Cap. XI), todas elas destinadas a explicitar que sempre deverá ser observado o *princípio da prevalência dos interesses dos filhos* (parágrafo único do art. 1.586, na redação do PL 6.960/02). Dentre elas, introduz, no parágrafo único do art. 1.583, o conceito de *guarda conjunta ou compartilhada*, que, não por acaso, localiza-se como parágrafo de um artigo que trata da separação e do divórcio em sua forma consensual, o que deixa evidente a impossibili-

O novo Código Civil e a Constituição

dade dessa modalidade de guarda ser definida coercitivamente pelo juiz, o que, com efeito, seria de manifesta inconveniência.

t) O artigo 1.578 inova, ao trazer para o âmbito da separação judicial com fundamento em culpa ("sanção") a regra relativa ao nome, que hoje se aplica ao divórcio (artigo 25, parágrafo único, da Lei n° 6.515/77).

A primeira novidade aqui está no que se relaciona ao fato de que – na medida em que agora qualquer dos cônjuges poderá acrescer aos seus o patronímico do outro (artigo 1.565, § 1°)[8] – tanto o homem quanto a mulher poderão, quando culpados, sofrer a sanção relativa à perda do direito ao uso do sobrenome do outro.

A segunda decorre de que as hipóteses de manutenção do sobrenome do cônjuge (mesmo no caso de culpa reconhecida), que, pela lei divorcista, incidem quando do divórcio, passam agora a serem aplicadas ao ensejo da separação judicial com causa culposa.

A terceira consiste em que, ao contrário do que ocorre no sistema da lei divorcista (onde perda do direito ao uso do sobrenome pela mulher é conseqüência necessária da declaração de culpa – artigo 17) a sanção passa a admitir exceções, que reproduzem as hipóteses do artigo 25 da Lei do Divórcio, a saber: (1) evidente prejuízo para a sua identificação; (2) manifesta distinção entre o seu nome de família e o dos filhos havidos da união dissolvida; (3) dano grave reconhecido na decisão judicial.[9]

---

[8] Vemos com alguma reserva a possibilidade de o homem adotar o sobrenome da mulher, apresentada como consagração do princípio da igualdade entre os gêneros (artigo 5°, inciso I, e artigo 226, § 5°, da Constituição Federal). O Instituto Brasileiro de Direito de Família – IBDFAM encaminhou proposta no sentido de suprimir o dispositivo que abre tal possibilidade (artigo 1.565, § 1°), com o quê não mais seria possível a qualquer dos cônjuges (homem ou mulher) a adoção do sobrenome do outro, o que entendemos como a verdadeira expressão da igualdade constitucional. Na fundamentação da proposta, ficou dito:

"Tal regra tem sido comemorada, por muitos, como a consagração, no matrimônio, do princípio da igualdade. O princípio constitucional da igualdade dos cônjuges, entretanto, deve, ao inverso, extinguir a possibilidade de qualquer deles agregar ao seu sobrenome o do parceiro; e não permitir que o varão assuma o sobrenome da mulher! Para tanto cremos que já está suficientemente amadurecida a sociedade brasileira.

A possibilidade aberta pela regra em comento, aparentemente igualitária, não encontra qualquer justificativa histórica, ao contrário do que acontece com a que permite à mulher somar aos seus os apelidos de família do marido, cujas origens remontam à antiga Roma, onde, com o casamento, havia, por parte da mulher, o abandono de sua família de origem e a integração à do marido, como tão bem noticia FOUSTEL DE COULANGES (*in A Cidade Antiga*).

Igualmente no plano dos costumes, evidencia-se que resultará em uma regra praticamente sem uso, uma vez que, em nosso meio, não há qualquer tradição que a recepcione.

A possibilidade de o homem assumir o nome de família da esposa servirá somente aos mal intencionados, que poderão utilizar-se do permissivo legal para melhor engendrar seus ilícitos, para o quê contarão com a possibilidade de, a qualquer tempo, casando, vir a alterar seu nome."

[9] Há duas decisões do Tribunal de Justiça do RS que, sob a égide da Lei do Divórcio, deram por inconstitucional a regra que impõe à mulher o retorno ao uso do nome de solteira quando da conversão da separação judicial em divórcio. A saber: (1) "NOME. CONVERSÃO DA SEPARAÇÃO EM DIVÓRCIO. Não perde a mulher o direito de continuar usando o nome que adotou com o casamento.

Quanto às demais modalidades de separação judicial – ou seja: a forma consensual e as formas litigiosas com fundamento em causa objetiva e na doença mental do outro cônjuge – o § 2º do artigo 1.578 determina que *"caberá a opção pela conservação do nome de casado"*. Assim, deixou de existir o apenamento imposto à mulher pelo artigo 17, § 1º, da Lei nº 6.515/77, que determinava que, sendo dela a iniciativa do pedido com fundamento em causa objetiva ou na doença mental do varão, deveria voltar a usar o nome de solteira.

u) Inovação de relevo há quanto ao tema alimentar. Pela sistemática da Lei nº 6.515/77, em se tratando de separação judicial fundada em culpa, o artigo 19 impõe apenas ao culpado o encargo de prestar alimentos ao inocente, caso este necessite. Em decorrência, doutrina e jurisprudência têm uniformemente afirmado que o cônjuge reconhecido culpado pela separação perde o direito a alimentos.

O NCCB trata dos alimentos a partir do artigo 1.694, e o faz englobando a obrigação tanto proveniente do parentesco como originária do casamento e da união estável. O artigo 1.702, tratando da obrigação alimentar na separação judicial, condiciona, inicialmente, seu surgimento à circunstância de ser o cônjuge "inocente" e "desprovido de recursos". Idêntica regra (em desnecessária redundância) situa-se no *caput* do artigo 1.704. Portanto, sempre que não caracterizada a culpa, cabível será a estipulação de alimentos.

Entretanto – e aí se situa a inovação – a partir de agora mesmo o culpado poderá ser contemplado com alimentos. Dispõe o parágrafo único do artigo 1.704: "Se o cônjuge declarado culpado vier a necessitar de alimentos, e não tiver parentes em condições de prestá-los, nem aptidão para o trabalho, o outro cônjuge será obrigado a assegurá-los, fixando o juiz o valor indispensável à sobrevivência".

Duas, portanto, são as condições para que o culpado possa habilitar-se a receber alimentos do inocente: (1) não ter aptidão para o trabalho e (2) não ter parentes em condições de prestá-los. Não, portanto, basta que o cônjuge culpado necessite dos alimentos. É necessário, além disso, que não tenha parentes (ascendentes, descendentes ou irmãos) em condições de prestá-los. Caso os tenha, deverá pedir os alimentos a esses parentes,

---

Trata-se de atributo de personalidade, direito personalíssimo cuja decisão só cabe à mulher, revelando-se inconstitucional o parágrafo único do art. 25 da Lei do Divórcio. Apelo provido, com declaração de voto" (APC nº 70002262731, Sétima Câmara Cível, rel. Desa. Maria Berenice Dias, julgada em 05.09.2001); (2) "NOME. DIREITO DE PERSONALIDADE. Sendo o nome um dos atributos da personalidade, de todo descabido determinar à mulher o retorno ao nome de solteira, quando da conversão da separação ao divórcio, se esta não é a sua vontade. Apelo provido" (APC nº 70002607984, Sétima Câmara Cível, rel. Desa. Maria Berenice Dias, julgada em 30.05.2001).

não podendo, nestas condições, direcionar sua pretensão contra o cônjuge "*inocente*".

Assim, a condição de "culpado" ou de "inocente" refletirá na própria ordem de precedência da obrigação alimentar entre cônjuges. Isto é: se culpado, o parente precede o cônjuge; se inocente, o cônjuge precede o parente.

Não fica aí, porém, a inovação relativa aos alimentos em razão do casamento. Ocorre que, preenchendo o cônjuge as condições postas em lei para que possa postular os alimentos, estes, na hipótese de ser o alimentado considerado culpado pela separação, serão fixados pelo juiz no montante estritamente "*indispensável à sobrevivência*" (artigo 1.704, parágrafo único).

Em contrapartida, ao cônjuge que não for considerado culpado pela separação (ou seja, o "*inocente*") bastará provar sua necessidade (decorrente do fato de não possuir aptidão para o trabalho) e a possibilidade do potencial prestador para habilitar-se a receber pensão alimentícia. Não fica, nesta hipótese, obrigado a demonstrar que não possui parentes em condições de prestá-los. E mais: o valor dos alimentos deverá corresponder ao que for necessário à preservação do padrão de vida que desfrutava durante o casamento, e não fica adstrito ao mínimo indispensável à sobrevivência. É o que decorre do artigo 1.694, que estatui que os alimentos, como regra, devem corresponder ao que for necessário "para viver de modo compatível com a sua condição social, inclusive para atender às necessidades de sua educação" (anote-se que o PL 6.960/02 propõe alteração ao art. 1.694, substituindo, adequadamente, a garantia da *condição social* do alimentado pela preservação de sua *vida com dignidade*).

Em se tratando de divórcio direto, onde não cabe perquirição de culpa – baseando-se exclusivamente no *princípio da ruptura* (artigo 1.580, § 2º) – os alimentos serão devidos desde que reste caracterizado exclusivamente o binômio possibilidade-necessidade (artigo 1.695), descabendo qualquer outra averiguação. E, por decorrência, sempre deverão corresponder ao que for necessário à preservação do padrão de vida do beneficiário (ou de sua vida com dignidade – artigo 1.694).

No caso de divórcio por conversão da separação judicial (artigo 1.580, *caput*), manter-se-á, quanto aos alimentos, o que houver sido estipulado ao ensejo da separação judicial.

Importantíssima é a regra do artigo 1.707, que explicita que o direito aos alimentos é indisponível. É certo que tal característica da obrigação alimentar já existia no Código anterior (artigo 404). Porém, a jurisprudência mais recente vinha entendendo que indisponíveis eram apenas os alimentos decorrentes do parentesco, não os que eram devidos em razão do casamento.[10] De há muito superada, por sinal, inclusive no STJ, o Enunciado 379 da Súmula do STF, que espelhava entendimento diverso.

Isso porque o Código de 1916, a partir do artigo 396, regrava exclusivamente a obrigação alimentar decorrente do parentesco, e nesse contexto estava inserida a regra do artigo 404. Entretanto, o NCCB, a partir do artigo 1.694, dispõe acerca dos alimentos devidos tanto em razão do parentesco como do casamento e da união estável. Assim, a regra da indisponibilidade aplica-se agora, em princípio, a todo direito alimentar, independentemente de sua origem (parentesco, casamento ou união estável).

Evidente a inconveniência dessa disposição, no que diz respeito ao casamento e à união estável. É que, em se tratando de direito patrimonial, e ainda mais tendo em conta que o casamento (assim como a união estável, é claro) trata-se de um vínculo que há muito não mais desfruta da característica da indissolubilidade, injustificável que a ele se associe a geração de um direito indisponível! Ademais, como destaca Silvio Rodrigues[11] é sabido que muitas vezes a obtenção de um acordo de separação ou divórcio consensual exige determinadas concessões recíprocas. Nesse contexto, a renúncia aos alimentos é manifestada em troca de outras vantagens patrimoniais. Agora, com a impossibilidade de dispor dos alimentos estendida

---

[10] A jurisprudência do STJ – inobstante o Enunciado 379 da Súmula do STF – é pacífica no sentido de que os alimentos devidos em razão do casamento não desfrutam da característica da indisponibilidade. Assim, entre inúmeros outros, vale referir os seguintes julgados recentes: 1) REsp 70.630/SP (Quarta Turma – rel. Min. Aldir Passarinho Júnior) ; 2) REsp 254.392/MT (Quarta Turma – rel. Min. César Asfor Rocha); 3) REsp 221.216/MG (Terceira Turma – rel. Min. Carlos Alberto Menezes Direito); 4) RHC 11.690/DF (Terceira Turma – rel. Min. Nancy Andrighi).
Assim também se posiciona a jurisprudência do Tribunal de Justiça do Rio Grande do Sul, do que é exemplo o seguinte aresto: "ALIMENTOS. RENÚNCIA OU DISPENSA EM DIVÓRCIO. IMPOSSIBILIDADE DE NOVO PEDIDO. O divórcio rompe, salvante expressas exceções, todos os vínculos entre os ex-cônjuges. Inaplicabilidade da Súmula 379. O dever de assistência, somente persiste quando as partes o convencionam no acordo do divórcio, ou nos casos do artigo 26, da Lei nº 6515/77. Se a ex-esposa não fez atuar o direito a alimentos enquanto cônjuge, e se tal direito não foi ressalvado expressamente no acordo de divórcio, após desfeito o casamento já não cabe sequer indagar da ocorrência de renúncia ou dispensa. Carência de ação por parte da ex-esposa para pedir alimentos ao ex-marido. Apelação improvida." (Apelação Cível nº 599276409, Oitava Câmara Cível, Tribunal de Justiça do RS, Relator: Des. José Ataídes Siqueira Trindade, julgado em 10/06/99).
Na doutrina, conserva atualidade a lição de Sílvio Rodrigues: "Em primeiro lugar, há que se ter em vista que o acordo havido em processo de desquite por mútuo consentimento é negócio jurídico bilateral, que se aperfeiçoa pela conjunção da vontade livre e consciente de duas pessoas maiores. Se as partes são maiores, se foi obedecida a forma prescrita em lei e não foi demonstrada a existência de vício de vontade, aquele negócio deve gerar todos os efeitos almejados pelas partes, valendo, assim, a renúncia aos alimentos por parte da mulher. Ademais, o acordo no desquite se apresenta como um todo, em que cada cônjuge dá sua concordância, tendo em vista as cláusulas básicas que o compõem. É possível que se o marido soubesse que havia de ser compelido a sustentar sua ex-esposa não concordaria em subscrever a petição de desquite; afinal, o desquite é um distrato, que tira sua seiva da vontade das partes. Em segundo lugar, porque, homologado o acordo de desquite, desaparece o dever de mútua assistência entre os cônjuges, não havendo mais razão para impor-se ao homem o dever de sustentar sua ex-mulher" (in RODRIGUES, Sílvio. *Direito Civil*. 18. ed. São Paulo: Saraiva, 1993, vol. VI, p. 228).
[11] RODRIGUES, Sílvio. *Idem ibidem*.

também aos cônjuges, a margem de negociação de acordos restará significativamente restringida.

Felizmente, reconhecendo o equívoco, o PL 6.960/02 propõe-se corrigi-lo, emprestando nova redação ao artigo 1.707, onde a característica da indisponibilidade fica restrita apenas ao direito alimentar decorrente do parentesco.

v) Derradeira indagação cabe formular quanto à possível vigência de alguns dispositivos da Lei nº 6.515/77 mesmo após a entrada em vigor do novo Código.

Ocorre que o artigo 2.045 do NCCB (em obediência ao que dispõe o artigo 9º da Lei Complementar nº 95/98), ao enumerar expressamente as leis que revoga, refere apenas a Lei nº 3.071/16 (atual CCB) e a Primeira Parte do Código Comercial, Lei nº 556, de 25 de junho de 1.850. Portanto toda legislação extravagante na parte em que não colidir com o que dispõe o NCCB, ou que tratar de matéria por ele não regulamentada, continuará em vigor (artigo 2º, § 1º, do Decreto-Lei nº 4.657/42). No caso da lei divorcista, há que observar que contém, além de normas de direito material (inteiramente versadas no NCCB), também dispositivos de natureza processual, que tratam dos diferentes procedimentos da separação judicial e do divórcio. E tais regras (artigos 34-37; § 2º do artigo 40; e artigos 47-48), sem dúvida, permanecem em vigor.

Também neste ponto o PL 6.960/02 traz inovação, emprestando nova redação ao art. 2.045, onde restam explicitados diversos outros dispositivos legais revogados pelo NCCB. No que diz respeito à Lei do Divórcio (Lei 6.515/77), permanecerão vigendo os artigos 34 a 42 (com exceção do 38, já antes revogado), 45, 47 e 48.

3. Observações conclusivas

Vê-se que o NCCB, na parte do Direito de Família, e em especial na matéria de que aqui nos ocupamos, efetivamente não espelha toda a evolução jurisprudencial ocorrida nos últimos anos.

Renova-se, entretanto, a esperança de que o trabalho conjunto da doutrina e da jurisprudência permita, no tempo futuro, construir em torno do novo diploma que brevemente entrará em vigor, e em especial na matéria de que aqui nos ocupamos, interpretações construtivas que ensejem a superação das deficiências existentes, continuando a erigir um Direito de Família que, ao invés de entravar, contribua para facilitar a solução dos conflitos que ocorrem no âmbito da entidade familiar e que, muitas vezes, apontam como única alternativa a dissolução do matrimônio.

Referências bibliográficas

BEVILÁQUA, Clóvis. *Direito de Família.* 7. ed. Rio de Janeiro: Rio, [s. d.].

CAHALI, Yussef Said. *Divórcio e Separação.* t. 2. 8. ed., São Paulo: RT, 1995

GOUVEIA, Lúcio Grassi. *A culpa como fator para fixação dos efeitos do divórcio.* Revista da ESMAPE, v. 5., nº 12.

PEREIRA, Rodrigo da Cunha. *A Sexualidade vista pelos Tribunais.* 2. ed. Belo Horizonte: Del Rey, 2001.

PONTES DE MIRANDA. *Tratado de Direito Privado.* t. VIII, 4. ed. São Paulo: RT, 1983.

RODRIGUES, Sílvio. *Direito Civil.* v. VI. São Paulo: Saraiva, 1993.

Referências bibliográficas

11. Restrições à liberdade de dispor: o testamento no novo Código Civil

MARIA ARACY MENEZES DA COSTA
Juíza de Direito aposentada. Advogada. Mestre em Direito pela PUCRS. Especialista em Educação pela UFRGS. Doutoranda em Direito pela UFRGS. Professora de Direito Civil – Família e Sucessões – na ESM/RS - AJURIS, e na Faculdade de Direito da PUCRS. Membro do IARGS, IBDFAM e da ABMCJ.

Sumário: Introdução 1. Os herdeiros necessários no Novo Código Civil e a reserva testamentária da legítima; 2. Os gravames sobre a legítima; 2.1.1. Inalienabilidade; 2.1.2. Incomunicabilidade; 2.1.3. Impenhorabilidade; 2.1.4. Hipóteses de cancelamento do gravame; 2.2. A justa causa; 2.3. Considerações sobre o proveito e utilidade das cláusulas restritivas e a violação aos direitos constitucionais. Conclusão. Referências bibliográficas.

Introdução

Vivemos a era dos direitos. Direitos das minorias, igualdade, liberdade, vida, dignidade.

Hoje nos deparamos com a propagação dos direitos sociais, do direito civil constitucional. Ouvimos que os direitos sociais prevalecem sobre os individuais, e é voz corrente entre conceituados juristas que o novo Código Civil está repersonalizado e despatrimonializado.[1] E cons-

---

[1] SARLET, Ingo, em Notas introdutórias à obra de sua organização *Constituição, direitos fundamentais e direito privado,* afirma que: "Além disso, basta uma leitura dos diversos ensaios aqui reunidos para perceber o quanto a preocupação com a eficácia e efetividade dos valores mais elementares para a pessoa humana, a começar pela sua dignidade, marca sua presença em cada um dos estudos ora oferecidos ao público, revelando o quanto é correta a afirmação (hoje já corriqueira) de que – pelo menos nesse sentido – estamos vivenciando um salutar processo de humanização e despatrimonialização de toda a ordem jurídica, com especial ênfase na seara do direito privado, sem que com isso estejamos a refutar (justamente em função da influência da Constituição sobre a totalidade do ordenamento jurídico) a tese da imbricação dialética e dinâmica das esferas pública e privada, com a superação da idéia de uma recíproca indiferença. (Porto Alegre: Livraria do Advogado, 2003, p. 7).

tatamos essa verdade já na Parte Geral do Novo Código Civil. No entanto, em certas áreas específicas, como no Direito de Família e no Direito das Sucessões, há disposições que suscitam questionamentos a respeito dessa nova visão. E nos damos conta disso ao nos depararmos, exemplificativamente, com o instituto da União Estável, codificado por regras rígidas dispondo sobre seus efeitos materiais e pessoais que em nada lembram teses de *liberdade, livre arbítrio* ou *despatrimonialização*. Também ao lermos os artigos do Novo Código Civil que mantêm a reserva da legítima nos testamentos, não encontramos ali vestígios de repersonalização ou despatrimonialização, pelo contrário. E quando nos encontramos frente a frente com os artigos do Código que mantêm os gravames sobre a legítima – somente abrandados com a "justa causa" – também não identificamos um resultado que demonstre a prevalência do social sobre o egoístico individual.

Há dois pontos a serem abordados quanto aos testamentos e à liberdade de dispor. O primeiro trata da limitação imposta ao próprio testador por ocasião da elaboração do testamento, quando somente pode dispor da metade de seus bens na hipótese de haver herdeiros necessários, devendo reservar para estes a legítima; o segundo diz com a livre disposição dos bens herdados pelo herdeiro legítimo, quando os recebeu gravados com cláusulas restritivas a seu direito de propriedade, como a inalienalibilidade, a impenhorabilidade ou a incomunicabilidade. Dentre essas questões, a única modificação do Código Civil de 2002 foi acrescentar a obrigatoriedade da "justa causa" aos gravames impostos à legítima dos herdeiros, permanecendo intactas as demais disposições constantes do antigo Código Civil de 1916.

Questiona-se a respeito da manutenção da reserva da legítima, bem como da permanência dos gravames sobre a legítima, relativamente à harmonia de tais dispositivos com os princípios contidos na Constituição de 1988. Fala-se em direitos prevalentes, pelo que não pode o cidadão dispor livremente de seus bens em testamento, de forma absoluta, pois há direitos maiores em questão. E também há o questionamento relativo às restrições impostas à legítima, se pode ser gravada com cláusulas restritivas ao direito de propriedade do herdeiro necessário, tais como a inalienabilidade, a impenhorabilidade e a incomunicabilidade. E se busca a exata dimensão da "justa causa" sobre os gravames testamentários no Novo Código Civil.

O presente trabalho se propõe a uma abordagem – não dogmática – dessas questões, com o objetivo de tão-somente convidar à discussão sobre a matéria.

1. Os herdeiros necessários no Novo Código Civil e a reserva testamentária da legítima

"O testamento é um negócio jurídico e não ato jurídico, embora personalíssimo, porque repercute efeitos jurídicos relativamente a terceiros, que somente se produzem após o falecimento de seu autor".[2]

No direito brasileiro, qualquer pessoa capaz de testar pode fazê-lo, desde que reserve a metade dos bens da herança,[3] denominada "legítima", para seus herdeiros necessários; em não os tendo, é plena a capacidade de testar.[4] De conformidade com o Código Civil de 2002, são herdeiros necessários os descendentes, os ascendentes e o cônjuge. O cônjuge passou a constar do rol dos herdeiros necessários com a vigência do Novo Código Civil brasileiro, em janeiro de 2003, somando-se aos descendentes e ascendentes, que constavam do Código revogado.[5]

Os seguidores do pensamento do britânico Stuart Mill, sustentado por Le Play na França, admitem apenas a herança testamentária como manifestação incontroversa do direito de propriedade. Nessa linha, a legítima se constitui em ofensa ao direito de propriedade, e contribui para o enfraquecimento da autoridade paterna. Já de conformidade com a linha contrária, a sucessão legítima é apontada como a única válida para herdar. Entendem seus seguidores que a sucessão legítima é obra de Deus, e a lei aponta que a herança deve ficar na família. Por outro lado, a herança testamentária é obra dos homens, estando sujeita a fraquezas e imperfeições. Apesar de os defensores da sucessão legítima evocarem a vontade divina, o direito canônico se manifestou a favor do ato de testar.[6]

Sob outra variável, há ainda quem aceite ambas as formas de suceder, inclusive simultâneas, mas acolhendo a sucessão testamentária sem as restrições da legítima. Dessa forma, o testador, mesmo tendo herdeiros necessários, poderia dispor da totalidade de seus bens, sem a reserva contemplada pelo atual Código Civil.

A corrente a favor da ampla liberdade de testar quase preponderou no Brasil: durante a tramitação do projeto do Novo Código Civil pelo Congresso Nacional, foi aprovada pelo Senado, mas rejeitada posteriormente pela Câmara dos Deputados. Na época, os argumentos expendidos

---

[2] RIZZARDO, Arnaldo. *Direito das sucessões*. 2.ed. Rio de Janeiro: Forense, 2005, p. 234.

[3] Art. 1.789, Código Civil: Havendo herdeiros necessários, o testador só poderá dispor da metade da herança.

[4] Art. 1.846, Código Civil: Pertence aos herdeiros necessários, de pleno direito, a metade dos bens da herança, constituindo a legítima.

[5] Art. 1.845, Código Civil: São herdeiros necessários os descendentes, os ascendentes e o cônjuge.

[6] MONTEIRO, Washington de Barros. *Curso de Direito Civil, v. 6: direito das sucessões* 35. ed. rev. e atual. por Ana Cristina de Barros Monteiro França Pinto. São Paulo: Saraiva, 2003, p. 11-12.

pelas correntes antagônicas eram, de um lado, que a ampla liberdade de testar se chocaria com a ordem moral e jurídica, e, por outro lado, de que a existência da legítima implicaria ofensa ao direito de propriedade e enfraquecimento da autoridade paterna.[7]

Prevaleceu na discussão legislativa a teoria da liberdade limitada para testar. Washington de Barros Monteiro entende que é a melhor, pois ao mesmo tempo preserva o direito de propriedade – cunho pessoal – e também a família – cunho social. Argumenta o autor a favor de sua tese que a ampla liberdade de testar estaria a estimular o elemento individual em detrimento do social. "Com a irrestrita liberdade de testar, o testador poderia transformar-se num ser odioso, instrumento, talvez, de seu egoísmo e de sua cegueira. Entre o direito de testar e a liberdade de testar, há um abismo, disse Boissonade: aquele é o uso, esta, o abuso".[8]

Guilherme Calmon Nogueira da Gama ensina que hoje não mais nos encontramos na época da exacerbação do individualismo e do quase-absolutismo da autonomia da vontade, devendo ser repensado todo o tratamento jurídico dado à sucessão legítima em termos de Direito de Família e Direitos Reais. Os valores e princípios que norteiam o ordenamento jurídico contemporâneo à luz da Constituição Federal de 1988 conferem à família e à propriedade reconhecida função social de notável relevância. Com fundamento nos valores voltados ao "solidarismo, ao humanismo, cidadania, à repersonalização, à dignidade da pessoa humana, à efetividade dos direitos humanos nas relações intersubjetivas, entre outros, não se pode mais reconhecer ao testador poderes tirânicos, quase-absolutos, de disciplinar como melhor lhe convier sua sucessão".[9]

A sucessão legítima, no entender do Autor,[10] visa ao cumprimento do relevantíssimo valor e fundamento social que é o da solidariedade entre parentes, cônjuges ou companheiros, tutelando os interesses da família com base em afeto, solidariedade, humanismo e democracia, origem do reconhecimento da aplicabilidade imediata dos direitos fundamentais nas relações familiares. Dessa forma, a reserva da legítima se revela de suma importância ao possibilitar que os integrantes mais próximos da família possam ser amparados material e imaterialmente com o que lhes será destinado pela herança legítima necessária.

Efetivamente, o resultado que se vê no Código Civil brasileiro é um somatório do direito romano e do antigo direito germânico, com influência do direito canônico. O direito romano consagrava o absoluto respeito à

---

[7] Idem, ibidem, p. 12.

[8] Idem, ibidem, p. 12-13.

[9] GAMA, Guilherme Calmon Nogueira da. *Direito Civil: sucessões.*São Paulo: Atlas, 2003, p. 30.

[10] Idem, ibidem, p. 32.

liberdade de testar, de forma ilimitada, considerando vergonhoso uma pessoa falecer sem ter deixado testamento. O antigo direito germânico, por outro lado, sequer contemplava a possibilidade de testar: somente os herdeiros vinculados ao sangue mereciam herdar. E por meio do direito de representação na sucessão legítima foi que o direito canônico se manifestou, possibilitando aos sucessores do herdeiro pré-morto o representarem naquilo que ele herdaria, se vivo fosse.[11]

2. Os gravames sobre a legítima

O Código Civil de 1916 permitia ao testador prescrever, sem qualquer condição, a incomunicabilidade sobre os bens da legítima, bem como inalienabilidade temporária ou vitalícia.[12]

Por disposição do Novo Código Civil, contida no art. 1.848, não pode o testador estabelecer cláusula de inalienabilidade, impenhorabilidade e incomunicabilidade sobre os bens da legítima, salvo se houver justa causa.[13] O art. 1.911[14] amplia os efeitos da cláusula de inalienabilidade, que passa a também gravar os bens de incomunicabilidade e impenhorabilidade, num acolhimento ampliado da Súmula 49 do STF.[15]

O parágrafo único do art. 1.911 prevê que em casos de desapropriação ou alienação autorizada, os valores devem ser sub-rogados na conversão em outros bens.

Arnaldo Rizzardo sustenta que "incide a cláusula nas legítimas dos herdeiros, e não unicamente na porção disponível. Os herdeiros legítimos receberão seus quinhões gravados com a restrição (...) Parece evidente que poderá abranger a cláusula todo o patrimônio da herança, mesmo que

---

[11] MONTEIRO, Washington de Barros. *Curso de Direito Civil, v. 6: direito das sucessões* 35. ed. rev. e atual. por Ana Cristina de Barros Monteiro França Pinto. São Paulo: Saraiva , p. 4-5.

[12] Art. 1.723, Código Civil de 1916: Não obstante o direito reconhecido aos descendentes e ascendentes no art. 1.721, pode o testador determinar a conversão dos bens da legítima em outras espécies, prescrever-lhes a incomunicabilidade, confiá-los à livre administração da mulher herdeira, e estabelecer-lhes condições de inalienabilidade temporária ou vitalícia. As cláusulas de inalienabilidade, entretanto, não obstará à livre disposição dos bens por testamento e, em falta deste, à sua transmissão, desembaraçados de qualquer ônus, aos herdeiros legítimos.

[13] Art. 1.848, Código Civil. Salvo se houver justa causa, declarada no testamento, não pode o testador estabelecer cláusula de inalienabilidade, impenhorabilidade, e de incomunicabilidade sobre os bens da legítima. § 1º Não é permitido ao testador estabelecer a conversão dos bens da legítima em outros de espécie diversa. § 2º Mediante autorização judicial e havendo justa causa, podem ser alienados os bens gravados, convertendo-se o produto em outros bens, que ficarão sub-rogados nos ônus dos primeiros.

[14] Art. 1.911, Código Civil: A cláusula de inalienabilidade, imposta aos bens por ato de liberalidade, implica impenhorabilidade e incomunicabilidade.

[15] Súmula 49 do STF: A cláusula de inalienabilidade inclui a incomunicabilidade dos bens.

acarrete uma indisponibilidade injustificável e contrária aos princípios da sucessão hereditária".[16]

Conforme o entendimento de Cristiano Chaves de Farias, a legítima somente pode ser gravada com cláusulas restritivas se houver justa causa declarada no testamento e confirmada judicialmente, ao passo que, a *contratio sensu* a parte disponível pode ser gravada livremente, independentemente de justificação do fato gerador da clausulação.[17]

A inalienabilidade é o gravame de maior amplitude e o mais praticado nas restrições à legítima.

2.1.1. Inalienabilidade

A cláusula de inalienabilidade a ser imposta a um bem pode ser, quanto ao tempo, *vitalícia* ou *temporária*. Será *vitalícia* se não estiver predeterminado o tempo de duração do vínculo, e *temporária* quando determinada ou certa sua duração. A temporariedade implica a cessação do gravame com o implemento de condição (realização de evento futuro e incerto) ou termo (ocorrência de evento futuro e certo).[18]

No que diz respeito à abrangência, pode ser *total* ou *parcial*. Será *total* se estendida a todos os bens que compõem a legítima, e *parcial* quando se restringir a determinados bens.

Relativamente a terceiros, pode ser *absoluta* ou *relativa*. Será *absoluta* quando a impossibilidade de alienação se referir a quem quer que seja, podendo abranger vários bens, alguns ou um só; será *relativa* quando permitir a alienação em certos casos, para certas pessoas, ou sob certas condições.

Não há que confundir *vitalícia* com *perpétua*.[19] O herdeiro que recebe o bem gravado o transmite por sua morte sem o gravame; mas a ele é dado o direito de, por sua vez, testar aquele mesmo bem que recebeu, e, se assim o entender, impor ao bem novo gravame. Cláusula vitalícia não impede disposição por testamento

2.1.2. Incomunicabilidade

Implicitamente, na cláusula de inalienabilidade, está também a incomunicabilidade. No entanto, ela pode vir sozinha gravada no bem, tão-so-

---

[16] RIZZARDO, Arnaldo. *Direito das sucessões.* 2.ed. Rio de Janeiro: Forense, 2005, p. 401.

[17] FARIAS, Cristiano Chaves de. *Disposições testamentárias e clausulação da legítima,* in Hironaka, Giselda Maria Fernandes Novaes e Pereira, Rodrigo da Cunha, *Direito das sucessões e o novo Código Civil.* Belo Horizonte: Del Rey, 2004, p. 245.

[18] HIRONAKA, Giselda. *Disposições testamentárias.*in Cahali, Francisco e Hironaka, Giselda. *Curso avançado de direito civil.*São Paulo: RT, 2003, p. 341.

[19] Idem, ibidem, p. 340.

mente como "incomunicabilidade". O gravame impede a comunhão dos bens clausulados em qualquer regime do casamento, mesmo na comunhão universal de bens.

Dentro do princípio de que a cláusula é vitalícia, e não perpétua, o bem se integra na herança do legatário falecido, e então é dividido entre os herdeiros, podendo se direcionar para o cônjuge, conforme a situação sucessória.

Anteriormente ao Novo Código Civil, já havia a Súmula 49/STF, que determinava: "A cláusula de inalienabilidade inclui a incomunicabilidade dos bens."

O gravame da incomunicabilidade de bens diz respeito ao casal e suas divergências patrimoniais.[20] Findo o casamento, pode ser pleiteada a extinção do gravame,[21] como no caso de o pai ter imposto a incomunicabilidade porque a filha casou com um "caçador de dotes". Porém, se a filha – ou filho – tem tendência a se relacionar com "mau caráter", então o gravame não pode ser extinto.

2.1.3. Impenhorabilidade

O gravame de impenhorabilidade inviabiliza a penhora sobre o bem clausulado. São impenhoráveis os bens inalienáveis.[22]

Relativamente ao entendimento de que os bens gravados somente com a cláusula de impenhorabilidade podem ser vendidos, tal situação pode se prestar a encobrimento de proteção financeira ao herdeiro ou legatário, que pode lesar seus credores sem penhorar o bem, mas pode vendê-lo se assim o quiser. Os credores devem ser preservados e ter prioridade em seus créditos.[23]

---

[20] HIRONAKA, Giselda. *Comentários ao Código Civil*, p. 263.

[21] Ementa: Testamento. Cláusulas de inalienabilidade e impenhorabilidade. Causa expressa. Desaparecimento. Desaparecendo a causa expressa das cláusulas de incomunicabilidade, inalienabilidade e impenhorabilidade, ou seja, a existência de marido tido irresponsável, extinguem-se todas restrições. Voto vencido. (Apelação Cível nº 589004803, Primeira Câmara Cível, Tribunal de Justiça do RS, Relator: Milton dos Santos Martins, julgado em 25/04/1989.

[22] Art. 1.911, Código Civil.

[23] Ementa: agravo. Alimentos. Execução. Decisão que indefere penhora. Imóvel clausulado com impenhorabilidade. Descabimento. Prevalência de princípios constitucionais da dignidade humana e obrigação de garantir alimentos a criança e adolescente. A regra da clausula, de duvidosa recepção na ordem constitucional vigente, cede perante direitos assegurados pela carta federal, como o de uma vida digna, qualificada, com alimentação, saúde, bem-estar e lazer, que superam o relativo direito de propriedade. Desta forma, não e desarrazoada a penhora de bem que foi onerado com as clausulas da incomunicabilidade e impenhorabilidade, em testamento. Agravo provido, para autorizar a penhora de bem clausulado. (segredo de justiça) (5fls) (Agravo de Instrumento nº 70002268480, Sétima Câmara Cível, Tribunal de Justiça do RSs, Relator: José Carlos Teixeira Giorgis, julgado em 04/04/2001)

2.1.4. Hipóteses de cancelamento do gravame

As cláusulas restritivas não prevalecerão em algumas hipóteses previstas em lei: a) desapropriação por necessidade ou utilidade pública – Art. 1.911 Parágrafo único do Código Civil; b) alienação por conveniência econômica do donatário ou do herdeiro mediante autorização judicial – Art. 1.911 Parágrafo único do Código Civil; c) premente necessidade devidamente comprovada, quando se permite a sub-rogação mediante permuta com outros bens livres, imóveis ou mesmo apólices da dívida pública – DL 6777/44.

Pode haver ainda a ocorrência das seguintes situações: a) sinistro com seguro: nesse caso, sub-roga-se o valor do seguro em outro imóvel, que ficará clausulado – art. 1.408, *in fine*; b) execuções por dívidas provenientes de impostos relativos ao imóvel vinculado; c) venda por extinção de condomínio do bem clausulado, hipótese em que o produto fica em conta judicial, para posterior aplicação (art. 635 do Código Civil de 2002), com a condição de conversão do produto da alienação em outros bens que receberão o gravame.

2.2. A justa causa

O legislador do Código atual adotou uma posição intermediária, pois nem aboliu a possibilidade do gravame, e tampouco a acolheu integralmente: instituiu a "justa causa". A *justa causa* apresenta um problema em sua dimensão, pois conceitos abstratos como "certo" e "errado", "justo" e "injusto" se prestam a elasticidade e subjetividade. O que se constitui em "justa causa" em uma situação, para uma determinada pessoa, pode não sê-lo na mesma situação para outra pessoa. A exata dimensão será contextuada, e dependerá da interpretação que o Juiz fizer, não no contexto processual do Inventário, mas em processo autônomo,[24] eis que questão de alta indagação,[25] – prevalecendo, sempre a "voluntas testatoris". Embora se limite o poder de arbítrio do testador, está se criando, sem dúvida, mais um ponto de dissídio.[26]

Se a restrição do gravame se encontra concentrada na legítima, a parte disponível do testador esta liberada para a imposição dos gravames que bem lhe aprouver, sem necessidade de justificativa dos motivos que o levaram a gravar. No caso de o hereditando dispor a parte disponível

---

[24] HIRONAKA, Giselda Maria Fernandes. *Comentários ao Código Civil*: parte especial: direito das sucessões,vol. 20 (arts.1.784 a 1.856) Coord.Antonio Junqueira de Azevedo: São Paulo, 2003.

[25] Art. 984 CPC. O Juiz decidirá todas as questões de direito e também de fato, quando este se achar provado por documento, só remetendo para os meios ordinários as que demandarem alta indagação ou dependerem de outras provas.

[26] LEITE, Eduardo de Oliveira. *Comentários ao novo Código Civil, volume XXI: do direito das sucessões: (Arts. 1.784 a 2.027).* Rio de Janeiro: Forense, 2003, p. 270.

para os próprios descendentes, impondo ao bem testado cláusulas restritivas, não haverá necessidade de justificá-las.[27]

A abertura de nosso sistema jurídico com o advento do Novo Código Civil se presta à utilização de expressões abertas como a *justa causa*, denominadas na doutrina de "conceitos jurídicos indeterminados", mas que Eros Roberto Grau[28] define como "termos indeterminados de conceitos", e Nelson Nery Júnior e Rosa Maria de Andrade Nery[29] definem como "conceitos legais indeterminados".

Não há dúvida de que a expressão "justa causa" assume um contorno semântico maldefinido, com uma esfera de imprecisão, exigindo do intérprete um esforço de concreção. Será necessária a utilização de "método de preenchimento semântico que se opera através de valorações empreendidas pelo intérprete, e reclamam não só o domínio do vocabulário técnico-jurídico, mas também a utilização de pautas axiológicas que lhes fixe minimamente a amplitude".[30]

De qualquer forma, a "justa causa" se constitui em razão ou motivo convincente de parte do testador, seja o herdeiro perdulário ou porque casado com cônjuge dado a vícios e gastos imoderados, ou simplesmente para manter o patrimônio nas mãos da família do "de cujus". Não se pode aceitar cláusulas estipuladas por capricho, sem a devida justificativa. "Há de existir certa sensibilidade na persistência ou não de uma restrição que não revela qualquer sentido".[31]

2.3. Considerações sobre o proveito e utilidade das cláusulas restritivas e a violação aos direitos constitucionais

Dentre os doutrinadores, e mesmo na jurisprudência, existe uma significativa resistência à mantença dos gravames sobre a legítima, com base no entendimento de que tal medida atenta contra os direitos constitucionais dos herdeiros.[32]

No entender de Eduardo de Oliveira Leite, o direito à legítima é vocacionalmente absoluto. "Ou é absoluto e não admite restrições, ou é

---

[27] MONTEIRO, Washington de Barros. *Curso de Direito Civil, v. 6: direito das sucessões* 35. Ed. rev. e atual. por Ana Cristina de Barros Monteiro França Pinto. São Paulo: Saraiva, 2003, p. 179.

[28] GRAU, Eros Roberto. *O direito posto e o direito pressuposto.* 4. ed. São Paulo: Malheiros, p. 196.

[29] NERY JR, Nelson. *Código Civil anotado e legislação extravagante.* 2. ed. São Paulo: Revista dos Tribunais, 2003, p. 141.

[30] CARVALHO JÚNIOR, Pedro Lino de. *Das cláusulas restritivas da legítima,* in Farias, Cristiano Chaves de. (Org.) *Temas atuais de direito e processo de família. Primeira série.* Rio de Janeiro: Lúmen Júris, 2004, p. 621.

[31] RIZZARDO, Arnaldo. *Direito das sucessões* 2. ed. Rio de Janeiro: Forense, 2005, p. 400.

[32] HIRONAKA, Giselda. "Disposições testamentárias", in. Cahali, Francisco e Hironaka, Giselda. *Curso avançado de direito civil.* São Paulo: RT, 2003, p. 338-342.

O novo Código Civil e a Constituição

relativo e aceita a incidência da inalienabilidade, incomunicabilidade e impenhorabilidade. Por óbvio, é direito absoluto que gera perplexidade pelo reconhecimento legal das restrições (em boa técnica jurídica inadmissíveis) arroladas na lei".[33] Afirma ainda o eminente Doutor em Direito que a legítima, com o gravame da inalienabilidade, "pode ficar esvaziada de seu total sentido, tornando-se inútil".[34]

Para Orlando Gomes, trata-se de um "aniquilamento do direito de dispor".[35]

Os tribunais, com bastante freqüência, liberam os bens dos gravames testamentários, sob fundamentos diversos,[36] entendendo que ofendem a qualidade de vida,[37] a liberdade e a dignidade humana (art. 1º, III, CF),[38] o direito de propriedade e sua função social,[39] bem como o amplo direito de herança (CF, art. 5º, XXII, XXIII e XXX).[40] No entanto, os mantêm quando evidente o caráter protetivo.[41]

---

[33] LEITE, Eduardo de Oliveira. *Comentários ao novo Código Civil, volume XXI: do direito das sucessões: (Arts. 1.784 a 2.027)*. Rio de Janeiro: Forense, 2003, p. 269.

[34] Idem, ibidem, p. 271.

[35] GOMES, Orlando. *Sucessões.*12 ed. Rio de Janeiro: Forense, 2004, p. 173.

[36] EMENTA: Alienação. Cláusulas de inalienabilidade e impenhorabilidade. Cancelamento ação anulatória. Relativização. Inocorrência. Embora as regras de proibição do estatuto civil mereçam temperamento, devendo ser lidas na ótica de princípios constitucionais fundamentais, a relativização somente encontra abono em casos de exceção, em que os gravames representem palpável prejuízo para o proprietário, inserindo-se o cancelamento como única saída para o obstáculo posto. Inteligência do art. 1.848 do CC/2002. Apelação desprovida (Apelação Cível Nº 70005810338, Sétima Câmara Cível, Tribunal de Justiça do RS, Relator: José Carlos Teixeira Giorgis, Julgado em 18/06/2003)

[37] "Questiona-se a supremacia de vontade do ex-proprietário morto em relação ao bem transmitido sobre o direito de propriedade do legatário, que adquiriu o domínio limitado do bem, carecedor da disponibilidade sobre ele." (AC 70002796647, 7ª CC TJRS, Rel. Des. Sergio Fernando de Vasconcellos Chaves, jul. 03.10.2001)

[38] Art. 1º da Constituição Federal: A República Federativa do Brasil, formada pela união indissolúvel dos Estados e Municípios e do Distrito Federal, constitui-se em Estado Democrático de direito e tem como fundamentos: (...) III – a dignidade da pessoa humana.

[39] Ementa: Apelação cível. Sucessões. Testamento. Cláusulas de inalienabilidade e impenhorabilidade. Essa indisponibilidade dos bens não pode ser vista hoje como uma proibição absoluta, presente o interesse social na circulação dos bens, tendo em mira, inclusive, os preceitos constitucionais que asseguram o direito de propriedade e, mais do que isso, de que a propriedade deve ter uma finalidade social (art. 5º inc. XXII E XXIII, CFB).(...) assim, os gravames, que serviram outrora para evitar a dissipação dos bens e garantir à apelante condições de vida digna, agora estão a lhe causar problemas, dificultando o desempenho de suas atividades econômicas. Proveram o apelo. (Apelação Cível nº 70005352174, Sétima Câmara Cível, Tribunal de Justiça do RS, Relator: Luiz Felipe Brasil Santos, Julgado em 11/12/2002)

[40] Art. 5º da Constituição Federal: Todos são iguais perante a lei, sem distinção de qualquer natureza, garantindo-se aos brasileiros e aos estrangeiros residentes no país o direito a inviolabilidade do direito à vida, à liberdade, à igualdade, à segurança e à propriedade, nos termos seguintes: (...) XXII – é garantido o direito de propriedade; XXIII – a propriedade atenderá a sua função social. XXX – é garantido o direito de herança.

[41] EMENTA: Cláusulas Restritivas Estabelecidas Em Testamento Cerrado. Manutenção. Finalidade Protetiva. Embora seja possível o afastamento das cláusulas de impenhorabilidade, inalienabilidade e incomunicabilidade instituídas em testamento, tal providência somente se justifica quando a restri-

A própria finalidade social da propriedade é considerada atingida com a clausulação da legítima, que não pode ser uma proibição absoluta, pois há o interesse público e social na circulação dos bens e dinheiro: o direito de propriedade.[42]

Dentre as conseqüências negativas mais apontadas na cláusula de inalienabilidade, encontra-se o prejuízo aos credores do proprietário-devedor pela exclusão do bem do campo da incidência da responsabilidade patrimonial do devedor.

Considerada cláusula absurda, no entender de uns, pois altera o princípio de que a legítima é uma parte reservada sobre os bens da massa hereditária, e deve com ela guardar identidade. Esse o ensinamento de Orlando Gomes,[43] para quem os bens da legítima são de pleno direito dos herdeiros necessários, reserva inalterável, e devem passar do "de cujus" ao herdeiro ou legatário sob as mesmas condições.

A identidade com relação ao espólio deve ser somente de caráter valorativo, em qualquer caso, sempre no melhor interesse do herdeiro. Por isso o parágrafo único do art. 1.911 do CC, que determina que "no caso de desapropriação de bens clausulados, ou de sua alienação, por conveniência econômica do donatário ou do herdeiro, mediante autorização judicial, o produto da venda converter-se-á em outros bens, sobre os quais incidirão as restrições apostas aos primeiros".

O gravame enseja práticas fraudulentas, impede a circulação de bens, obstruindo a economia,[44] mutila o direito de propriedade,[45] pode reduzir a legítima a uma total inutilidade, durante toda a vida do herdeiro.[46] Pode ser utilizado como forma de vingança, pois já que o testador não pode privar os herdeiros necessários da legítima, então vai lhes impor gravames; implica impossibilidade de venda, doação, permuta ou dação em pagamento.

Por outro prisma, a cláusula de inalienabilidade ampara o beneficiário, salvando-o de prodigalidades,[47] da insolvência e da falência comercial,

---

ção se mostra onerosa ou imotivada, devendo ser mantida sempre que estiver presente e justificado o seu alcance protetivo. Recurso desprovido, por maioria. (Apelação Cível nº 70007598782, Sétima Câmara Cível, Tribunal de Justiça do RS, Relator: Sérgio Fernando de Vasconcellos Chaves, Julgado em 17/03/2004)

[42] Ementa: Cláusulas restritivas de propriedade. Ante a nova ordem constitucional vigente, que ressalta a função social da propriedade e consagra o direito a herança, não mais se justifica a perpetuação da vontade do titular do patrimônio para alem de sua vida mediante a fixação por testamento de cláusulas restritivas de propriedade, mormente quando tais cláusulas impedem a utilização razoável do legado pela beneficiaria. Apelo provido. (apelação cível nº 70004768305, Sétima Câmara Cível, Tribunal de Justiça do RS, Relator: Maria Berenice Dias, julgado em 18/09/2002)

[43] GOMES, Orlando. *Sucessões*. 12 ed. Rio de Janeiro: Forense, 2004, p. 171.

[44] VENOSA, Silvio de Salvo. *Direito Civil: direito das Sucessões.*São Paulo Atlas: 2003, p. 205/207.

[45] Idem, ibidem, p. 208.

[46] Idem, ibidem, p. 207.

O novo Código Civil e a Constituição

303

evita a dissipação dos bens, salvando a subsistência do herdeiro,[48] e não pode ser usucapido para evitar fraudes.

Sílvio Venosa classifica o gravame como medida violenta, polêmica e antipática.[49]

Conclusão

Uma das conseqüências da intervenção do Estado no domínio econômico é o limite das disposições do indivíduo. Muitos autores sustentam a extinção da autonomia privada, ou, no mínimo, uma diminuição do espaço de decisão livre do sujeito. O sentido da autonomia privada em nossos dias está subordinado aos princípios constitucionais da dignidade da pessoa humana e da ordem econômica.[50] As obrigações adquiriram cunho de função social. A doutrina evoluiu e apresenta a compreensão da primazia da Constituição, inserção dos estudos dogmáticos e dos princípios jurídicos, e o método de interpretação pela interpretação sistemática.[51]

No entender de Eduardo Kraemer, no Novo Código Civil "consagra-se de forma definitiva a relativização do direito de propriedade, afastando-se a tradição patrimonialista e individualista consagrada na legislação em ocaso".[52]

Lembra Ingo Sarlet, sem abordar méritos ou deméritos do Novo Código Civil, que "toda a normativa privada cada vez mais afinada com os valore superiores da ordem jurídica corre o risco de se ver superada (e não simplesmente substituída) de uma hora para outra, por um estatuto cujas raízes deitam no período anterior à própria Constituição vigente e que, se ainda formos considerar a data na qual foi apresentada ao Congresso a primeira versão do projeto de codificação, dificilmente poderia ser designada de 'novo'. (...) não há como se fazer uma avaliação consistente e justa sem que se faça uma análise tópico-sistemática (tal como enfaticamente propõe Juarez Freitas) de cada dispositivo da nova legislação, no

---

[47] MONTEIRO, Washington de Barros. *Curso de Direito Civil, v. 6: direito das sucessões* 35. ed. rev. e atual. por Ana Cristina de Barros Monteiro França Pinto. São Paulo: Saraiva , 2003, p. 177.

[48] VENOSA, Silvio de Salvo, *Direito Civil: direito das Sucessões.*São Paulo Atlas: 2003, p. 205/206.

[49] Idem, ibidem, p. 207.

[50] SILVA, Jorge Cesa Ferreira da. *Princípios de direito das obrigações no novo Código Civil*, in SARLET, Ingo Wolfgang (Org.) *O novo Código Civil e a Constituição*. Porto Alegre: Livraria do Advogado, 2003, p. 105.

[51] Idem, ibidem, p. 111.

[52] Kraemer, Eduardo. *Algumas anotações sobre os direitos reais no novo Código Civil*. In: SARLET, Ingo Wolfgang (Org.) *O novo Código Civil e a Constituição*. Porto Alegre: Livraria do Advogado, 2003, p. 201.

contexto de sua conexão com a realidade atual e da sua compatibilidade com a Constituição".[53]

Conforme Luiz Edson Fachin, os três pilares que sustentam o Direito Privado – propriedade, família e contrato – têm agora uma nova leitura, "que altera suas configurações, redirecionando-os de uma perspectiva fulcrada no patrimônio e na abstração para outra racionalidade que se baseia no valor da dignidade da pessoa".[54]

Após uma circulação por entre os institutos na área de Direito de Família, e mais especificamente, como é o caso presente, essa abordagem no Direito das Sucessões, comungo do entendimento de Eduardo de Oliveira Leite ao concluir que "não houve pois – é forçoso reconhecer – a evolução esperada em instituto que, de há muito, aguardava simples, pura e corajosa supressão. São vacilações dessa natureza que levam os detratores do novo Código Civil a visualizá-lo como obra ainda antiga e defasada, com roupagem nova".[55]

Na análise tópico-sistemática em que são evocados os princípios constitucionais, deve-se ter cautela para que nem o princípio da dignidade da pessoa humana nem a Constituição brasileira sejam tratados "como um espelho no qual todos vêem o que desejam ver, pena de a própria noção de dignidade e sua força normativa correr o risco de ser banalizada e esvaziada. (...) quanto mais elevado o valor que tem sido atribuído à dignidade mais triviais os objetivos para os quais tem sido invocada. Assim, resulta evidente (também neste contexto) que nem mesmo em nome da dignidade, se pode dizer (ou fazer) qualquer coisa".[56]

A análise tópico-sistemática, proposta por Juarez Freitas[57] e sugerida por Ingo Sarlet,[58] bem como defendida por Luiz Edson Fachin para a

---

[53] SARLET, Ingo Wlfgang (Org.). *O novo Código Civil e a Constituição*. Porto Alegre: Livraria do Advogado, 2003, p. 8.

[54] FACHIN, Luiz Edson. *Direitos fundamentais, dignidade da pessoa humana e o novo Código Civil: uma análise crítica*. In: SARLET, Ingo Wolfgang (Org.) *Constituição, direitos fundamentais e direito privado*, p. 99.

[55] LEITE, Eduardo de Oliveira. *Comentários ao novo Código Civil, volume XXI: do direito das sucessões: (Arts. 1.784 a 2.027)*. Rio de Janeiro: Forense, 2003, p. 270.

[56] SARLET, Ingo Wolfgang. *Dignidade da pessoa humana e direitos fundamentais*. 3. ed. rev. atual. ampl. Porto Alegre: Livraria do Advogado, 2004, p. 100/101. Na mesmo página 100, ver nota nº 242, em que o autor cita Häberle, que alertou para a utilização da dignidade de modo panfletário e como fórmula vazia de conteúdo.

[57] FREITAS, Juarez. *Interpretação sistemática do Direito*, 3.ed. rev. ampl. São Paulo: Malheiros, 2002. p.113-145. Síntese das conclusões hermenêuticas do autor: 1º) interpretar é sistematizar; 2º): interpretar é hierarquizar; 3º): interpretar é unificar; 4º): interpretar é fundamentar; 5º) interpretar é manejar o metacritério da hierarquização axiológica; 6º) interpretar é sintetizar; 7º) interpretar é relacionar; 8º) interpretar é bem diagnosticar; 9º): bem interpretar é concretizar a máxima justiça possível; 10º): interpretar é aperfeiçoar.

[58] Vide Nota 54.

necessária "correção hermenêutica" do Direito Civil,[59] se mostra adequada e necessária em múltiplas ocasiões. Paulo Bonavides ensina que "a unidade da Constituição, na melhor doutrina do Constitucionalismo contemporâneo, só se traduz compreensivelmente quando tomada em sua imprescritível bidimensionalidade, que abrange o formal e o axiológico, a saber, forma e matéria, razão e valor".[60] Essas lições podem e devem ser utilizadas no dimensionamento da "justa causa", por certo. É também indiscutível sua validade mesmo quando não expressa a "justa causa" na cláusula restritiva, e o herdeiro busca judicialmente cancelar o gravame. No entanto, não pode ser utilizada quanto à reserva da legítima, que é peremptória e se constitui em cláusula fechada, não sujeita a interpretações ou adequações.

A reserva da legítima ou se aplica ou não se aplica. E no ordenamento brasileiro ela prevalece, sem flexibilizações. Já a clausulação testamentária que incide sobre a legítima pode ser relativizada, tanto mais após a determinação da "justa causa" no novo Código Civil. Talvez seja esse o primeiro passo, tímido, do ordenamento jurídico brasileiro no caminho para a liberação total dos gravames. Isso, o tempo dirá. Como dirá se prevalecerá, no futuro, a reserva da legítima.

Referências bibliográficas

CAHALI, Francisco; HIRONAKA, Giselda. *Curso avançado de direito civil, volume 6: direito das sucessões.*São Paulo: Editora Revista dos Tribunais, 2003.

CARVALHO JÚNIOR, Pedro Lino de. *Das cláusulas restritivas da legítima,* in Farias, Cristiano Chaves de. (Org.) *Temas atuais de direito e processo de família. Primeira série.* Rio de Janeiro: Lúmen Júris, 2004, p. 615-646.

FACHIN, Luiz Edson. *Direitos fundamentais, dignidade da pessoa humana e o novo Código Civil: uma análise crítica,* in Sarlet, Ingo Wolfgang (Org.) *Constituição, direitos fundamentais e direito privado,* p. 99.

FARIAS, Cristiano Chaves de. (Org.) *Temas atuais de direito e processo de família. Primeira série.* Rio de Janeiro: Lúmen Júris, 2004.

——. *Disposições testamentárias e clausulação da legítima,* in Hironaka, Giselda Maria Fernandes Novaes e Pereira, Rodrigo da Cunha, *Direito das sucessões e o novo Código Civil.* Belo Horizonte: Del Rey, 2004, p. 229-250.

FREITAS, Juarez. *A interpretação sistemática do direito.* 3.ed. rev. ampl. São Paulo: Malheiros, 2002.

---

[59] FACHIN, Luiz Edson. *Direitos fundamentais, dignidade da pessoa humana e o novo Código Civil: uma análise crítica.*in SARLET, Ingo Wolfgang (Org.) *Constituição, direitos fundamentais e direito privado,* p. 88.

[60] Paulo Bonavides, em Prefácio à 1ª edição da obra de SARLET, Ingo Wolfgang. *Dignidade da pessoa humana e direitos fundamentais ,*3. ed. Porto Alegre: Livraria do Advogado, 2004, p. 16.

GAMA, Guilherme Calmon Nogueira da. *Direito Civil: sucessões.*São Paulo: Atlas, 2003.

GOMES, Orlando. *Sucessões.* 11 ed. Rio de Janeiro: Forense, 2001.

GRAU, Eros Roberto. *O direito posto e o direito pressuposto.* 3.ed. São Paulo: Malheiros, 2000.

HIRONAKA, Giselda. *Disposições testamentárias. In:* Cahali, Francisco e Hironaka, Giselda. *Curso avançado de direito civil.* São Paulo: RT, 2003, p. 341.

———. *Comentários ao Código Civil, parte especial: direito das sucessões, vol. 20, (arts. 1.784 a 1.856)* Coord. Antonio Junqueira de Azevedo. São Paulo, 2003.

———; PEREIRA, Rodrigo da Cunha (Org.). *Direito das sucessões e o novo Código Civil.* Belo Horizonte: DelRey, 2004.

KRAEMER, Eduardo. *Algumas anotações sobre os direitos reais no novo Código Civil,* in Sarlet, Ingo Wolfgang (Org.) *O novo Código Civil e a Constituição.* Porto Alegre: Livraria do Advogado, 2003, p. 201.

LEITE, Eduardo de Oliveira. *Comentários ao novo Código Civil, volume XXI: do direito das sucessões: (Arts. 1.784 a 2.027)* Rio de Janeiro: Forense, 2003, p. 270.

———. *Direito civil aplicado, v.6: direito das sucessões.* São Paulo: Editora Revista dos Tribunais, 2004.

MONTEIRO, Washington de Barros. *Curso de Direito Civil, v. 6: direito das sucessões* 35. ed. rev. e atual. por Ana Cristina de Barros Monteiro França Pinto. São Paulo: Saraiva, 2003.

NERY JR, Nelson. *Código Civil anotado e legislação extravagante.* 2. ed. rev. ampl. São Paulo: Revista dos Tribunais, 2003.

RIZZARDO, Arnaldo. *Direito das sucessões.* 2.ed. Rio de Janeiro: Forense, 2005.

SARLET, Ingo Wolfgang (Org.) *O novo Código Civil e a Constituição.* Porto Alegre: Livraria do Advogado, 2003.

———. *Constituição, direitos fundamentais e direito privado.* Porto Alegre: Livraria do Advogado, 2003.

———. *Dignidade da pessoa humana e direitos fundamentais,* 3. ed. rev. atual. ampl. Porto Alegre: Livraria do Advogado, 2004.

———. *A eficácia dos direitos fundamentais.* 3.ed. rev. atual. e ampl. Porto Alegre: Livraria do Advogado, 2003.

SILVA, Jorge Cesa Ferreira da. *Princípios de direito das obrigações no novo Código Civil,* in SARLET, Ingo Wolfgang (Org.) *O novo Código Civil e a Constituição.* Porto Alegre: Livraria do Advogado, 2003, p. 105.

VENOSA, Silvio de Salvo. *Direito Civil: direito das Sucessões.* São Paulo Atlas: 2003, p. 205/207.

12. A transmissão da obrigação alimentar

SÉRGIO GISCHKOW PEREIRA
Desembargador aposentado do Tribunal de Justiça do Rio Grande do Sul. Professor de direito de família na Escola Superior da Magistratura, Escola Superior do Ministério Público e Escola Superior da Defensoria Pública, todas do mesmo Estado.

Sumário: 1. Introdução: a justa e oportuna derrubada do dogma da intransmissibilidade dos alimentos aos herdeiros; 2. As correntes interpretativas do art. 23 da Lei do Divórcio; 3. O art. 1.700 do Código Civil de 2002; 4. Algumas dificuldades provocadas pela transmissão dos alimentos; 5. Conclusão.

1. Introdução: a justa e oportuna derrubada do dogma da intransmissibilidade dos alimentos aos herdeiros

É fácil avaliar a importância da matéria alimentar, respeitante aos mais fundamentais dos direitos humanos: o de viver e de viver com dignidade. *A matéria tem tudo a ver com a correta aplicação da Constituição Federal, em dispositivos que lhe são fundamentais*, o que será reiterado neste artigo. Este enfoque é indispensável a uma abordagem correta do assunto, a uma elaboração melhor do instituto, a uma análise justa dos dispositivos pertinentes. Não se está diante de interesses meramente patrimoniais, de conveniências econômico-financeiras plenamente disponíveis, regidas pelo direito das obrigações. A seriedade do tema o situa em plano elevado, de extremo relevo. As relações versadas são de direito de família, onde predominam interesses públicos, sociais, ligados à estrutura básica da coletividade. Os alimentos possibilitam a vida e a vida em condições de dignidade, permitindo ao indivíduo a evolução de seu potencial humano, em prol de si próprio e da comunidade. Não há lugar para egoísmos, para o individualismo exacerbado. Proveitos patrimoniais em absoluto podem sobrepujar a obrigação alimentar; eis um axioma basilar no equacionamento do problema da transmissibilidade daquela obrigação, em caso de falecimento do devedor, no que tange aos herdeiros deste.

O novo Código Civil e a Constituição

O art. 402 do Código Civil de 1916 previa a intransmissibilidade da obrigação alimentar. Sempre defendi que foi totalmente revogado pelo art. 23 da Lei n° 6.515, de 26 de dezembro de 1977. Agora temos o art. 1.700 do Código Civil de 2002, que insiste no conteúdo do art. 23.

Nunca se pôs em dúvida a transmissão do débito correspondente às prestações alimentares em atraso no instante do falecimento do devedor. Sempre foi assim para quaisquer débitos do falecido; quanto mais para o débito alimentar, importantíssimo que é! Aí já se percebe o sério equívoco dos que interpretaram o art. 23 como se se tratasse de mero comando no sentido da transmissão apenas dos alimentos vencidos. É exegese inadmissível, pois nada acrescentaria ao sistema em vigor e imputaria ao legislador uma assombrosa inutilidade, uma perfeita superfetação, uma risível obviedade. Doutrinadores e tribunais nunca se atreveram a pretender, no Brasil e nos outros países, que débito alimentar vencido do *de cujus* não se transmitisse aos seus herdeiros, dentro das forças da herança. Não seria em 1977 que uma lei federal viria declarar tal redundância. Não poderia ser tão mesquinho e pequeno o legislador.

Até a Lei n° 6.515/77, o direito brasileiro repousava, tranqüilo e imperturbável, sobre o dogma da intransmissibilidade. O art. 402 contava com simpatia geral, produto de arraigados preconceitos dominiais e sucessórios, campos perigosos e delicados. Não se apreendia o que há de justo e simples na assertiva de não se poder sobrepor o direito sucessório ao sagrado direito alimentar. As situações iníquas daí resultantes não eram sequer ponderadas.

Mas os fatos sociais pressionavam o legislador. Quis este coibir quadros de flagrante injustiça. Exemplo: "A" vem pensionando "B", sendo B pessoa idosa e inválida e que, para sua sobrevivência, depende da pensão de A. Este falece e deixa fabulosa herança. B não herda de A. Resultado: B fica na absoluta miséria, em que pese a monumental quantidade de bens distribuídos entre os herdeiros de A, que talvez deles nem necessitem. Dir-se-ia: mas e o parentesco de B com os herdeiros de A não possibilitaria viesse a exigir alimentos destes? A resposta pode ser negativa, bastando fossem A e B irmãos; nesta hipótese, os filhos de A seriam sobrinhos de B, ou seja, parentes colaterais em terceiro grau de B, grau de parentesco que não faculta a postulação alimentícia. Como um sistema jurídico, que se tem por bem-elaborado, não traria remédio para tal crueldade? Estou em que a solução veio com o art. 23 da Lei do Divórcio – hoje confirmado pelo art. 1.700 do Código Civil de 2002 –, que permite a B receber alimentos vincendos dentro das forças da herança.

A regra passou a ser a transmissibilidade. Houve reações qualificáveis como quase passionais contra a inovação, talvez porque o art. 23, ao permitir a transmissão dos alimentos vincendos, se atreveu a colocá-los como mais importantes do que a herança. Se considerarmos que a herança é mero corolário do direito de propriedade, minha tese implica dizer que alimentos são mais importantes do que propriedade, ou seja, que uma vida com dignidade pode ser mais relevante do que o direito de propriedade. Fácil perceber as implicações desta linha de pensamento e como é capaz de assustar alguns.

Com razão está Luiz Murillo Fábregas,[1] referindo-se ao art. 23: "Talvez tenha sido o dispositivo mais combatido e, na maior parte das vezes, em razão de pouca informação sobre a matéria ou da pouca meditação a respeito dela".

Tudo está em perceber que a transmissão opera exclusivamente no respeitante ao patrimônio deixado pelo *de cujus*, isto é, não vai além deste, não supera as forças da herança. A obrigação não se transmite, pura e simples, aos herdeiros, mas somente se transfere, incidindo sobre o patrimônio do falecido, na proporção deste. Inexistentes bens, desaparecerá a obrigação. Se insuficientes os bens para gerarem o valor integral da pensão, ver-se-á esta reduzida proporcionalmente. Por isto o art. 23 da Lei do Divórcio aludia ao art. 1.796 do Código Civil anterior.[2]

2. As correntes interpretativas do art. 23 da Lei do Divórcio

Três correntes básicas de opinião se constituíram, diante do art. 23 da Lei n° 6.515/77: 1) o art. 23 só se referia ao débito alimentar vencido e não pago, existente no instante do falecimento do devedor; 2) o art. 23 se estendia às prestações vincendas e a quaisquer alimentos de direito de família[3] (posição que defendi sempre, desde o surgimento do art. 23). A operacionalidade do novo sistema se daria pela constituição de um capital com os valores deixados pelo *de cujus,* cuja renda assegure o pagamento da prestação alimentar (sugestão que tomei a liberdade de dar quando da edição da Lei do Divórcio);[4] 3) a obrigação alimentar, que se transmitiria

---

[1] *O divórcio.* Editora Rio, 1978, p. 94.

[2] Alguns se preocupam porque o art. 1.700 do Código Civil de 2002 se reporta ao art. 1.694 e não menciona dispositivo legal pertinente à herança. Ora, isto em nada altera o fato de que a transmissão só ocorre dentro das forças da herança. Importa é que o artigo 1.700 é claro ao falar em transmissão aos herdeiros; isto significa que cabe aplicar as normas de direito hereditário e nestas é absolutamente pacífico que os débitos do falecido estão limitados pelas forças da herança.

[3] Evidente que, das quatro espécies de alimentos, somente me refiro aos alimentos de direito de família. É preciso lembrar que há outras três modalidades de alimentos: duas de direito obrigacional – alimentos resultantes de contrato e alimentos advindos de indenização por ato ilícito – e uma de direito sucessório (alimentos previstos em testamento).

[4] De maneira alguma serão vendidos bens para pagar os alimentos, sob pena de não sobrarem nem bens e nem alimentos. O que se faz é colocar os bens a produzir rendimentos: aluguéis de imóveis, dividendos de ações, juros de cadernetas de poupança ou outras aplicações financeiras.

aos herdeiros, seria unicamente aquela devida por um cônjuge ao outro ou, no máximo, devida pelos pais aos filhos, pois que o art. 23 aparece em uma lei que trata sobre separação judicial e divórcio, e, portanto, só se aplicaria aos alimentos que aparecem em separações e divórcios.

A primeira posição é, a meu pensar, muito fraca e já a critiquei neste texto.

A verdade reside na segunda orientação, como estou tentando demonstrar neste trabalho.

A terceira corrente foi a majoritária no Brasil, a partir do Tribunal de Justiça de São Paulo e dos ensinamentos de Yussef Said Cahali e Silvio Rodrigues.[5] Este último invocou argumento histórico, afirmando que o art. 23 se inspirou na legislação francesa e esta só prevê a transmissão dos alimentos devidos por um cônjuge ao outro (na França tais alimentos têm caráter indenizatório ou compensatório). Não vejo porque imitar o pensamento francês, principalmente se nossa lei não contém indicação de que só se transmitam os alimentos pela forma restritiva apontada. Por que não poderia o Brasil imprimir outra direção à matéria? Por que forçosamente precisaria ficar jungido pelo direito estrangeiro? Não encontro necessidade do apelo à teoria dos alimentos como compensação ou indenização. Importa é perceber a incomensurável significação do débito alimentar, relacionado diretamente com a sobrevivência do ser humano, e, por isto mesmo, devendo prevalecer sobre os interesses meramente patrimoniais dos herdeiros.

Na época, insisti pela segunda corrente e continuo a fazê-lo, agora com o apoio do novo Código Civil, como depois mostrarei. Com efeito, os bens do acervo hereditário devem primeiro responder pelo pagamento dos alimentos; depois serão atendidos os herdeiros. Se o capital a ser constituído, para render o valor da pensão, absorver toda a herança, não vejo nisto problema algum. A regra é sobrar aos herdeiros o que não foi consumido pelos débitos do falecido. O normal é ninguém esperar uma herança para sobreviver. A herança é aleatória, é como inesperado presente, doação imprevisível, questão de sorte até. Os alimentos são de características notavelmente distintas. Por que idolatrar os direitos sucessórios, ainda mais em detrimento de um valor maior? Os alimentos estão relacionados ao máximo de moralidade, pois dizem com a manutenção da vida e com nível digno de vida. A herança, diversamente, muitas vezes se reveste de duvidosa moralidade, dado que importa em torcer pela morte de outrem, além do que o herdeiro não fez por merecê-la: quem quiser dinheiro que trabalhe para obtê-lo.

---

[5] Quanto a Yussef: *Dos alimentos.* 3ª ed. São Paulo: RT, 1998, p. 57 a 104. Sílvio Rodrigues. *O divórcio e a lei que o regulamenta.* São Paulo: Saraiva, 1978, p. 141 a 143. Acórdãos: RT 616/177, 629/110, 574/68; Revista do STJ 135/359.

O dogma da intransmissibilidade nem era tão intocável como imaginam alguns. Baudry-Lacantinerie e Houques-Fourcade[6] (atenção: opiniões que emitiram em 1900!) reconhecem que nada há de herético na transmissão aos herdeiros do devedor, apenas não considerando este evento como normal. Dissertam: "On a voulu, à la vérité, découvrir dans lês arts. 762 à 764 la preuve quils nont pas 'vu, dans la nature de la dette alimentaire, um obstacle absolu à sa transmissibilité aux héritiers'. Aussi ne prétendons-nous pas quil faille violenter la nature des choses pour imposer cette charge aux successeurs universels du débiteur. Nous disons seulement quil nest pas normal que cette charge leur passe, quoiquil puísse être parfois très opportun de la leur faire supporter".[7] Mencionam ilustres vultos do direito francês com orientação favorável à transmissão:[8] Aubry et Rau, Demante, Duranton, Proudhon, Delvincourt, Marcadé, Allemand. Também admitem a existência de exceções marcantes ao princípio da intransmissibilidade: "Le Code Civil avait lui-même reconnu aux enfants adultérins ou incestueux un droit aux aliments opposable à la succession de leurs père et mère (art. 762 s.). La loi du 9 mars 1891 est venune depuis en reconnaître un semblable au conjoint survivant vis-à-vis de la succession de lépoux prédécédé, et enlever ainsi à cette question une forte partie de son intérêt pratique".

Colin e Capitant,[9] ainda que contrários à transmissão, percebem como "la intransmisibilidad de la obligación alimentícia, considerada desde el punto de vista pasivo, ha sido más discutida. En el caso em que las necesidades del acreedor hibieran nacido antes del fallecimiento del deudor, se há sostenido que, como la obligación alimentícia grava virtualmente el patrimonio del difunto, se transmite a los herederos de este de la misma manera que el resto del pasivo sucesorio". Além disto, reconhecem três exceções à regra da intransmissibilidade: a) "los hijos incestuosos o adulterinos pueden reclamar alimentos no sólo a su progenitor, sino a la sucesión del mismo (art. 762); b) el cónyuge superviviente tiene, em caso de necessidad, derecho a reclamar alimentos a la sucesión del cóyuge premuerto (art. 205, § 1°, 2ª parte, adicionada por la ley de 9 de marzo de 1891)"; c) "finalmente, cuando la deuda alimentícia no resulta de uma cualidad personal del difunto – esto deriva, naturalmente, de lo que precede – se transmite contra sus herederos. Así sucede, según hemos visto cuando se trata de uma pensión debida después del divorcio por el cónyuge

---

[6] *Traité théorique et pratique de droit civil.* 2ª ed. Paris: Librairie de la Société du Recueil Gal des Lois et des Arrêts, 1900. Des personnes, tomo 2°.

[7] Ob. cit., p. 592.

[8] Idem, p. 591.

[9] *Curso elemental de derecho civil.* 3ª ed. Madrid: Instituto Editorial Reus, 1952. Tomo 1°, p. 779 e 780.

O novo Código Civil e a Constituição

313

contra el cual el divorcio se ha concedido. El fundamiento de la obligación es, aqui, el delito cometido por el esposo cuya conducta ha provocado el divorcio, ...".

Henri, Léon e Jean Mazeaud trazem as mesma três exceções narradas por Colin e Capitant.[10]

Louis Josserand[11] fala das exceções correspondentes aos casos do cônjuge sobrevivente e dos filhos incestuosos e adulterinos. Admite também, ainda que criticando, a ocorrência de julgamentos fixando uma terceira derrogação da regra da intransmissibilidade: para a pensão de alimentos estabelecida como conseqüência de uma separação de corpos. As duas primeiras exceções são objeto de alusão por Planiol e Ripert.[12] Quanto aos filhos adulterinos, incestuosos e naturais simples, Roberto de Ruggiero indica como em relação a estes a obrigação alimentar não se extingue com a morte do devedor.[13]

Na tradução espanhola da obra de Ennecerus, Kipp e Wolff,[14] Blas Pérez Gonzáles e José Castán Tobeñas, em suas notas de comparação e adaptação ao sistema de seu país, mostram que com o falecimento do devedor não termina a obrigação alimentar no concernente aos filhos ilegítimos não-naturais. Aduzem: "En Aragon, según el art. 30, ap. 2°, del Apéndice foral, puede también transmitirse en algún caso a los herederos la deuda alimenticia relativa a los hijos legítimos del causante, pues el heredero forzoso que por la distribución Del caudal hecha por el testador resulte necesitado de alimentos, podrá ejercitar la acción, arregladamente al artículo 142, del Código general, contra los sucesores del ascendiente, en proporción con las respectivas participaciones en la herencia forzosa".

Qual o fundamento para as exceções observadas no direito comparado? Roberto de Ruggiero[15] situa o problema face ao fato de serem os filhos adulterinos, incestuosos e naturais simples excluídos da sucessão. Planiol e Ripert[16] igualmente destacam a ausência de vocação hereditária daquela categoria de filhos. Quanto ao cônjuge supérstite, busca-se a compensação por insuficiência de seus direito perante a sucessão do cônjuge falecido: Henri, Leon e Jean Mazeaud.[17] Estes juristas, ao abordar a hipótese do

---

[10] *Leçons de droit civil*. Paris: Éditions Montchrestien, 1955. Tomo 1°, p. 1.188 e 1.190.

[11] *Derecho civil*. Tomo I, II, Buenos Aires: Ediciones Jurídicas Europa-América, Bosch y Cia., 1952, p. 330 e 331.

[12] *Tratado practico de derecho civil francés*. Tomo 2°. Cuba: Cultural, 1946, p. 42.

[13] *Instituições de direito civil*. Vol. II, 3ª ed. São Paulo: Saraiva, 1972, p. 41 e 42.

[14] *Tratado de derecho civil*. Tomo IV, 2°, 2ª ed. Barcelona: Bosch, Casa Editorial, p. 251.

[15] Ob. e vol. cit., p. 41.

[16] Ob. e tomo cit., p. 42.

[17] Ob., tomo e loc. cit.

cônjuge divorciado, trazem a teoria do caráter indenizatório da pensão alimentar.

Aramy Dornelles da Luz[18] ensina: "O que responde pelo cumprimento da obrigação são os bens do devedor. Assim sendo, lícito não é transmitir seu patrimônio a outrem, fraudando os credores. Não há de ser a morte que operará a extinção da dívida se patrimônio lhe sobrevive. A obrigação grva então os bens. Eles é que respondem. Como, com a sucessão *causa mortis*, estes bens gravados ingressam no patrimônio de terceiros, a obrigação não se transmite, já que é pessoal, mas os herdeiros se sub-rogam no dever de cumprir a prestação, pois, em caso contrário, teriam de oferecer estes bens em pagamento ou em garantia". Portanto, compreendido que a transmissão não vai vincular os herdeiros, senão que em proporção ao que receberam na herança, ver-se-á o equívoco dos que se preocupam com situações como as que seguem: a) "A" casa com "B" e eles não têm filhos; divorciam-se, sendo que "A" fica pagando alimentos para "B"; "A" volta a casar-se, desta vez com "C", surgindo filhos; falece "A", com o que seus filhos com "C" ficam obrigados a suportar a pensão para com "B" (sempre, repito e enfatizo, dentro das forças da herança); b) na mesma hipótese, se "A" não deixa descendentes ou ascendentes ao morrer, "C" terá que prestar alimentos para "B" (a segunda esposa sustentando a primeira); c) "A" casa com "B"; divorciam-se, ficando "A" alimentando "B"; "A" morre sem deixar herdeiros, a não ser um primo-irmão; eis que este primo teria de sustentar "B".

A doutrina nacional, apesar da forte resistência ao art. 23 da Lei do Divórcio, acabou por se inclinar pela inevitabilidade da transmissão, mesmo os que a combatem veementemente. Quando muito, buscou-se restringir o alcance da norma, pela antes aludida tese de que só se aplicaria para alimentos entre cônjuges e dos pais para com os filhos.

3. O art. 1.700 do Código Civil de 2002

Editado o novo Código Civil, importantíssima modificação houve na matéria. Como *todos* os alimentos de direito de família estão regulados em um mesmo local (Livro IV, Título II, Subtítulo III; veja-se que o art. 1.694 cogita de parentes, cônjuges e companheiros), segue que não mais se sustenta a tese antes majoritária, que limitava a transmissão aos alimentos surgidos no interior de uma separação judicial ou de um divórcio. Hoje quaisquer alimentos de direito de família se transmitem aos herdeiros do

---

[18] *O divórcio no Brasil*. São Paulo: Saraiva, 1978, p. 101 e 102.

devedor, dentro das forças da herança. Com satisfação, vejo prevalecer a tese que sempre me pareceu a mais correta.

Yussef Said Cahali[19] aceita que, face ao atual Código Civil, outra não pode ser a solução. Belmiro Pedro Welter,[20] Sílvio de Salvo Venosa[21] e Maria Helena Diniz[22] têm igual compreensão. Forçoso, contudo, admitir que a resistência continua existindo: a) a) Regina Beatriz Tavares da Silva[23] diz que a transmissão deve ser restrita ao companheiro e ao côn-juge, dependendo, quanto ao último, de seu direito à herança; b) Zeno Veloso[24] quer que a doutrina e os tribunais restrinjam a exegese do art. 1.700 e tem por inadmissível que filhos do falecido sejam obrigados a pensionar um tio;[25] c) Nelcy Pereira Lessa[26] informa que o IBDFAM quer nova redação para o art. 1.700, a fim de que só abranja alimentos decor-rentes do casamento ou da união estável.; d) Washington Epaminondas Medeiros Barra[27] defende uma interpretação o mais restritiva possível ao art. 1.700, pois vê nele violação de elementares princípios gerais do direi-to, estando maculado pela eiva de inconstitucionalidade.[28]

Lamento, porém, que tenha surgido outra fórmula restritiva ao mag-nífico sentido do art. 23, hoje 1.700: a transmissão operaria somente até a partilha dos bens do *de cujus*. Mais perigosa esta interpretação porque seus argumentos valem para o art. 1700 do Código Civil de 2002. Neste teor foi deliberação do 4° Grupo Cível do Tribunal de Justiça do Rio Grande do Sul.[29] Mais preocupante é que o Superior Tribunal de Justiça

---

[19] *Dos alimentos*. 4ª ed. São Paulo: RT, 2002, p. 94.

[20] *Alimentos no Código Civil*. Porto Alegre: Síntese, 2003, p. 41.

[21] *Direito Civil – Direito de família*. Vol. 6, 2ª ed. São Paulo: Atlas, 2002, p. 378.

[22] *Curso de direito civil brasileiro*. Vol. 5°, 17ª ed. São Paulo: Saraiva, 2002, p. 463 e 464.

[23] *Novo código civil comentado*. Coordenador: Ricardo Fiúza. São Paulo: Saraiva, 2002, p. 1.509.

[24] *Código civil comentado: direito de família, alimentos, bem de família, união estável, tutela e curatela: arts. 1.694 a 1.783*. Coordenador: Álvaro Villaça Azevedo. Vol. XVII. São Paulo: Atlas, 2003, p. 39 e 40.

[25] Como expus antes, tenho que, bem ao contrário da idéia de Zeno Veloso, a hipótese de sobrinhos responderem para com um tio, dentro das forças da herança que receberam, é caso paradigmático das vantagens de uma interpretação ampla do art. 1.700.

[26] *O novo código civil: livro IV do direito de família*. Coordenação geral: Heloisa Maria Daltro Leite. Rio de Janeiro: Freitas Bastos, 2002, p. 398.

[27] *O novo Código Civil: Estudos em homenagem ao professor Miguel Reale*. Coordenadores: Ives Gandra da Silva Martins Filho, Gilmar Ferreira Mendes e Domingos Franciulli Netto. São Paulo: LTr, 2003, p. 1.258 e 1.259.

[28] Com todo o respeito, não atino com tais defeitos e não vejo em que a preservação da vida e da vida com dignidade, em detrimento da herança, afete qualquer princípio geral de direito. A verdade é bem outra, pois a interpretação que sustento está em conformidade com o art. 1°, inciso III, da Constituição Federal. A dignidade humana aparece na nossa Constituição antes do direito de proprie-dade e de sua seqüela, que é o direito à herança.

[29] RJTJRGS 213/189.

resolveu por igual forma.[30] Mais uma vez se revela, com toda a vênia, a injustificada resistência aos arts. 23-1700. Não tenho dúvida de que a transmissão continua mesmo feita a partilha. Esta exegese restritiva não pode ser acatada porque destrói a razão de ser da transmissibilidade e os elevados objetivos sociais e humanos que ditaram sua aceitação pelo direito brasileiro. Outra vez se põe a herança acima dos alimentos, e os arts. 23-1.700 ficam praticamente letra morta. Não importa, inclusive, que o alimentado reúna a condição de herdeiro; ainda que seja óbvio que se deva fazer uma compensação, para que o alimentado não receba duas vezes, seria injusto que desaparecessem os alimentos com a partilha, pois pode simplesmente acontecer que o quinhão hereditário seja totalmente insuficiente para a manutenção do alimentado! Neste caso, penso devem os quinhões dos demais herdeiros ser atingidos pelos alimentos. Interessante notar, todavia, que os dois acórdãos citados tratam de situações nas quais o alimentado cumulava a condição de herdeiro; continua a descoberto a hipótese em que não suceda esta cumulação, como no exemplo do irmão que alimentava o irmão, e, morrendo o alimentante, deixa filhos que recebem a totalidade da herança; ora, como o alimentado não é herdeiro, nada receberia na partilha, impondo-se a meu ver, pelo menos em tal quadro, que os quinhões dos herdeiros respondam pelo débito alimentar; resta desejar que a jurisprudência acate esta solução justa.

4. Algumas dificuldades provocadas pela transmissão dos alimentos

Aceitar a transmissão dos alimentos em quaisquer casos de direito de família, sem que haja limitação trazida pela partilha de bens do *de cujus* (não canso se insistir: transmissão dentro das forças da herança), traz grandes dificuldades jurídicas. Chego a imaginar que alguns preferem repelir a solução com receio de tais problemas....

Pretendo agora arrolar algumas das dificuldades que aparecerão quando operacionalizada a transmissão:

a) O fato de o alimentado ser legitimado também para acionar, pedindo alimentos diretamente a herdeiros do devedor, pois existente vínculo parental que torne isto possível, não elide seja transmitida a obrigação alimentar, que é condicionada ao patrimônio do *de cujus*. É uma garantia a mais para o credor dos alimentos. Se insuficientes os bens do espólio, restará ao credor a via de complementar a pensão voltando-se contra os herdeiros pessoalmente obrigados, ou, se preferir, acionará primeiro estes, e, no insucesso, se voltará contra a sucessão.

---

[30] Lex Jurisprudência do Superior Tribunal de Justiça e dos Tribunais Regionais Federais, 140/82.

b) E se o alimentado for herdeiro? Penso que não se trata de excluir a transmissão, como querem alguns, mas apenas de fazer as devidas compensações patrimoniais, para que o alimentado-herdeiro não receba duplamente. Já abordei este problema ao final do item 3 deste texto.

c) Conseqüência lógica das premissas de meus raciocínios (aplicam-se as regras cabíveis de direito sucessório) é a de que herdeiro que renuncie à herança não é onerado com a obrigação alimentar transmitida, pois simplesmente não recebe o patrimônio do falecido.

d) Como a obrigação permanece e se dimensiona em torno dos bens do acervo hereditário, desaparece a perplexidade oriunda dos casos em que o município receba a herança.

e) Se os herdeiros já receberam os seus quinhões, contribuirão, para a formação do capital produtor da pensão alimentar, na proporção das quotas hereditárias auferidas e sempre dentro de seus limites. A ação de alimentos será orientada contra todos os herdeiros, em litisconsórcio passivo.

f) Pelo significado vital da prestação alimentar, não vejo como não se lhe emprestar preferência sobre outros débitos do morto. Quando muito, devem ser antes pagas as despesas do processo de inventário e partilha (imposto de transmissão *causa mortis*, taxa judiciária, custas).

g) Cessadas as necessidades do alimentado, não há por que continuar a se beneficiar com os alimentos. O capital, cuja aplicação rende a pensão alimentícia, será liberado para ser plenamente usufruído entre os herdeiros.

É óbvio não terá influência a melhoria da situação econômico-financeira dos herdeiros, pois se trata de circunstância a eles pessoal e peculiar, desligada do patrimônio do *de cujus*.

Se aumentarem as privações do alimentado, nada haverá a fazer, posto que seria um erro grave pretender estivessem os herdeiros sujeitos, a qualquer momento, à ameaça de deverem fornecer verba para reforço do capital constituído. Não há outro percurso a não ser mensurar o valor da pensão alimentar, para apuração do citado capital, em conformidade com o que recebia o alimentado quando do falecimento do alimentante. Os alimentos serão apenas atualizados monetariamente. O cálculo do capital será entregue a peritos em matéria de moeda, inflação, finanças, estatística, ciência atuarial e matemática.

h) Pode acontecer que, sendo reduzida a herança, possa ser absorvida na totalidade para o pagamento dos alimentos vincendos. E se o falecido deixa filhos menores, que da herança precisam para sobreviver (como no exemplo antes mencionado do irmão que sustentava o irmão)? Aí não hesito em recuar na aplicação da minha tese, para dividir a herança de molde a garantir quinhão aos filhos necessitados, mesmo em prejuízo da separação dos bens voltados ao pagamento dos alimentos ao seu tio. Se a dificuldade for extrema, como na existência de um único imóvel como herança, pode acontecer a falta de solução para o irmão alimentado. O direito não opera milagres e sempre se podem imaginar situações limite que não são resolvidas por qualquer construção teórica.

i) Outro tema complexo será resolver se o credor terá o direito de reclamar a pensão alimentar se já não a estivesse recebendo no instante da abertura da sucessão. É das questões mais difíceis e polêmicas.

Aqui prefiro ficar com a interpretação menos ampla. Afinal, já estou conferindo ao art. 1.700 uma forte amplitude, da qual muitos discordam. Pelo menos me cabe considerar o texto legal, que fala em ser transmitida a "obrigação de prestar alimentos". O que se transmite é a *obrigação,* e não o dever jurídico.[31] Assim, deve existir obrigação devidamente pre-constituída, mediante sentença, condenatória ou homologatória de acordo, ou, pelo menos, mediante acordo extrajudicial, admitido até que este acordo não seja escrito, mas resultante de costumeiro e regular pagamento de alimentos. Não concordo é que a ação de alimentos seja proposta contra a sucessão ou contra os herdeiros, se os alimentos não vinham sendo pagos antes da morte do alimentante; aí me parece uma demasia, um excesso não confortado pelo sistema legal.

Muitas outras dúvidas surgirão, que a habilidade dos intérpretes saberá solucionar.

Importa, afinal e antes de tudo, é que não se queira destruir o art. 1.700, com interpretações menores totalmente divorciadas das finalidades notáveis que o ditaram. É preciso ter a grandeza de perceber que está envolvido o conflito entre dignidade humana e solidariedade de um lado, e, do outro, o direito hereditário; ora, a primeira e a segunda são prestigiadas nos princípios fundamentais da Constituição Federal (art. 1°, inciso III, e art. 3°, inciso I), parte mais importante da Carta Magna; o direito à herança vem bem *depois* (art. 5°, inciso XXX). Os alimentos são tão importantes que figuram mais de uma vez na Constituição Federal: art. 5°, inciso LXVII, art. 100, *caput* e § 1°-A, art. 227, *caput* art. 229.

5. Conclusão

Fica a esperança de que a doutrina e os tribunais compreendam a profunda relevância socioaxiológica do art. 1.700 do Código Civil e não

---

[31] Baseio-me no trinômio (tão bem explanado por Pontes de Miranda) dever jurídico – obrigação – exceção, ao qual se contrapõem direito subjetivo – pretensão – ação.

prossigam raciocinando com categorias ultrapassadas e antigos dogmas. Os alimentos são dotados de máximo conteúdo moral, pois dizem com a própria sobrevivência do ser humano e com sua vida digna, valor insigne resguardado pela Constituição Federal em seus *princípios fundamentais* (art. 1°, inciso III). Não há por que hesitar em colocá-los acima do direito hereditário, que envolve o recebimento de vantagem patrimonial à custa da morte de outrem. A hierarquia valorativa da Constituição Federal situa a dignidade humana em seu art. 1°, nos princípios fundamentais, ao passo que a propriedade e a herança estão no art. 5°, incisos XXII e XXX, nos direitos e garantias fundamentais.

Bibliografia

Barra, Washington Epaminondas Medeiros. *O novo Código Civil: estudos em homenagem ao professor Miguel Reale.* Coordenadores: Ives Gandra da Silva Martins Filho, Gilmar Ferreira Mendes e Domingos Franciulli Neto. São Paulo: LTr, 2003.

Baudry-Lacantinerie; Houques-Fourcade. *Traité théorique et pratique de droit civil.* 2ª ed. Paris: Librairie de la Société du Recueil Gal des Lois et des Arrêts, 1900.

Cahali, Yussef Said. *Dos alimentos.* 4ª ed. São Paulo: Editora Revista dos Tribunais, 2002.

Colin et Capitant. *Curso elemental de derecho civil.* 3ª ed. Madrid; Instituto Editorial Reus, 1952.

Diniz, Maria Helena. *Curso de direito civil brasileiro.* 17ª ed. São Paulo: Saraiva, 2002.

Ennecerus, Kipp e Wolff. *Tratado de derecho civil.* 2ª ed. Barcelona: Bosch, Casa Editorial.

Fábregas, Luiz Murillo. *O divórcio.* Editora Rio, 1978.

Josserand, Louis. *Derecho civil.* Buenos Aires: Ediciones Jurídicas Europa-América, Bosch, 1952.

Lessa, Nelcy Pereira. *O novo Código Civil: Livro IV do direito de família.* Coordenação geral: Heloisa Maria Daltro Leite. Rio de Janeiro: Freitas Bastos, 2002.

Luz, Aramy Dornelles da. *O divórcio no Brasil.* São Paulo: Saraiva, 1978.

Mazeaud, Henri, Léon e Jean. *Leçons de droit civil.* Paris: Éditions Montchrestien, 1955.

Planiol e Rippert. *Tratado practico de derecho civil frances.* Cuba: Cultural, 1946.

Rodrigues, Sílvio. *O divórcio e a lei que o regulamenta.* São Paulo: Saraiva, 1978.

Ruggiero, Roberto de. *Instituições de direito civil.* 3ª ed. São Paulo: Saraiva, 1972.

Silva, Regina Beatriz Tavares da. *Novo código civil comentado.* Coordenador: Ricardo Fiúza. São Paulo: Saraiva, 2002.

Veloso, Zeno. *Código civil comentado: direito de família, alimentos, bem de família, união estável, tutela e curatela: arts. 1.694 a 1.783. Vol. XVII.* Coordenador: Álvaro Villaça Azevedo. São Paulo: Atlas, 2003.

Venosa, Sílvio de Salvo. *Direito Civil – Direito de família.* 2ª ed. São Paulo: Atlas, 2002.

Welter, Belmiro Pedro. *Alimentos no código civil.* Porto Alegre: Síntese, 2003.